Soziologie kompakt

Klaus Feldmann · Stefan Immerfall

Soziologie kompakt

Eine Einführung

5. Auflage

Klaus Feldmann
Universität Hannover
Hannover, Deutschland

Stefan Immerfall
Pädagogische Hochschule Schwäbisch
Gmünd
Schwäbisch Gmünd, Deutschland

ISBN 978-3-658-31449-1   ISBN 978-3-658-31450-7   (cBook)
https://doi.org/10.1007/978-3-658-31450-7

Die Deutsche Nationalbibliothek verzeichnet diese Publikation in der Deutschen Nationalbiblio-grafie; detaillierte bibliografische Daten sind im Internet über http://dnb.d-nb.de abrufbar.

Planung/Lektorat: Cori Antonia Mackrodt
Springer VS ist ein Imprint der eingetragenen Gesellschaft Springer Fachmedien Wiesbaden GmbH und ist ein Teil von Springer Nature.
Die Anschrift der Gesellschaft ist: Abraham-Lincoln-Str. 46, 65189 Wiesbaden, Germany

Vorbemerkung

Tausende haben bei der Erstellung dieses Überblicks über die Soziologie mitgewirkt, ohne dass sie sich dessen bewusst waren. Der Autor steht also nicht nur auf den Schultern von Riesen oder Leitgestalten, sondern auch auf den Schultern vieler Zwerge.

Als Student liest man eine Einführung in die Soziologie, doch als professioneller Soziologe beschäftigt man sich in der Regel kaum mit den wenig prestigeträchtigen Einführungen, sondern mit Spezialliteratur aus Forschungsgebieten. Nachdem mir die Studierenden einen fremden Blick auf die Soziologie aufgedrängt haben, habe ich mich dieses didaktisch interessanten Gebietes angenommen. Um dieses Buch gut zu schreiben, habe ich viele Einführungen studiert und mich in dieses Spezialgebiet eingearbeitet. Gelernt habe ich von Soziologen, wie Günter Wiswede, Anthony Giddens oder Rodney Stark, die hervorragende Lehrbücher geschrieben haben. Doch auch lebendige Kommunikation mit Kollegen und Kolleginnen, vor allem mit Gerhard Fröhlich und Horst Pfeiffle, haben zur Verbesserung des Textes beigetragen. Für Hilfen bei der Erstellung des druckfertigen Manuskripts danke ich Elisabeth Wendebourg.

PS: Die vierte Auflage, die ich den Lesern und Leserinnen verdanke, enthält spannende nur in diesem deutschen Soziologielehrbuch zu findende theoretische und empirische Ergänzungen, zur Mutterschaft, zum Kapitalismus, zum deutschen Schulsonderweg, zur globalen Aristokratie …

PSS: Für die nun notwendig gewordene Überarbeitung konnte Stefan Immerfall als Mitautor gewonnen werden, der seit Jahren in seinen Lehrveranstaltungen dieses Buch verwendet und auch aufgrund seiner Spezialisierungen Kenntnisse hat, die ihm andere wichtige Perspektiven erschließen als dem ursprünglichen Autor.

Inhaltsverzeichnis

Abbildungsverzeichnis

Tabellenverzeichnis

Einführung 1

Was ist Soziologie? Das Wort „sociologie" wurde von Auguste Comte 1838 als Nachfolger des Ausdrucks „physique sociale" erfunden, als Bezeichnung der „Wissenschaft der sozialen Gesetze" (vgl. Fuchs-Heinritz 1998). Doch was ist moderne Soziologie? Die wissenschaftlich kontrollierte Betrachtung und Analyse des Zusammenlebens vieler Menschen, der Gesellschaft, des sozialen Handelns, der Interaktion und Kommunikation, der Institutionen und der eigenartigen Perspektiven, die von Soziologen eingenommen werden!? Wie arbeiten Soziologen professionell? Ideal: Sie beobachten theorie- und methodengeleitet das Handeln von Menschen und „soziale Strukturen". Real: Sie lesen und schreiben Texte (und manche führen Befragungen und andere Untersuchungen durch). Die Untersuchungsgegenstände liegen auf der Straße. Kinder spielen Mutter, Vater, Arzt[1], Soldat usw. Jungen spielen andere Spiele als Mädchen. Wenn die Kinder Erwachsene geworden sind, heiraten die meisten, viele lassen sich scheiden. Frauen

---

[1] Im Folgenden wird das generische Maskulinum verwendet, sofern es eindeutig ist, dass beide Geschlechter gemeint sind.

© VS Verlag für Sozialwissenschaften | Springer Fachmedien Wiesbaden GmbH, Wiesbaden 2021
K. Feldmann und S. Immerfall, *Soziologie kompakt*,
https://doi.org/10.1007/978-3-658-31450-7_1

1

gebären Kinder. Immer mehr gebildete Frauen werden ihr ganzes Leben lang kinderlos bleiben. Die Liste der Beobachtungen und statistischen Tatsachen ließe sich endlos weiterführen, doch das ist noch nicht Soziologie. Wenn man jedoch fragt: Warum spielen Mädchen andere Spiele als Jungen? Warum bleiben vor allem Frauen mit Hochschulabschluss kinderlos? – dann nähert man sich der sozialwissenschaftlichen Sichtweise.

Zwar sind alle Menschen Natur- und Kulturforscher, fragen nach den Ursachen menschlichen Handelns, doch Soziologen, Psychologen und andere Menschenwissenschaftler machen dies professionell, ständig, jahrelang und sie verwenden für die Lösung der Probleme bestimmte Begriffe, Theorien und Verfahrensweisen. Solche sozialwissenschaftlichen Begriffe oder Konstrukte lauten: Macht, Gruppe, Klasse, Kapital, Institution, Organisation, Rolle, Struktur, Gesellschaft. Viele Begriffe sind den gebildeten Menschen bereits vertraut. Soziologie knüpft also an das Alltagswissen an. Umgekehrt wird das heutige Alltagswissen von der Soziologie mitgeprägt und soziologische Begriffe, wie z. B. Sozialisation, sind längst in den Alltagsgebrauch eingesickert. Mit anderen Worten: Soziologie ist eine *reflexive Disziplin*. Ihr Gegenstandsbereich schließt sie selbst mit ein. Daraus ergibt sich eine Reihe von Folgerungen für die soziologische Theoriebildung, über die noch zu sprechen sein wird.

Die Soziologie ist im 19. Jahrhundert entstanden, hat sich aus anderen kulturellen und sozialen Prozessen herausgeschält: aus philosophischen, historischen, wirtschaftlichen, literarischen und politischen Diskussionen. Das ist kein Zufall: Die Wandlungsprozesse des 17. und des 18. Jahrhunderts (die amerikanische und französische Revolution, die in England ihren Ausgang nehmende industrielle Revolution!), waren so ungemein rasch, dass sie den Zeitgenossen als etwas von Menschen Gemachtes deutlich wurden – und damit auch dem menschlichen Verständnis und dem menschlichen Willen zugänglich. Comtes Motto war denn auch „savoir pour prévoir, prévoir pour pouvoir" (Wissen, um vorherzusehen, vorhersehen, um kontrollieren zu können).

Soziologen nennen das Differenzierung, wenn neue soziale Positionen (Professuren!), Räume (Institute!) und Formen entstehen. Wenn in einer Gruppe zuerst nur eine Person für Religion und Heilung von Krankheiten zuständig ist und schließlich die Aufgaben getrennt werden und es nun für die folgenden Generationen zwei Positionen gibt, den Priester und den Arzt, dann bezeichnet man diese Vorgänge als Arbeitsteilung und Differenzierung. Ist ein Soziologe vielleicht eine Art Arzt oder Priester, der nicht den Körper eines Menschen, sondern den der Gesellschaft betrachtet? Eine solche Frage wird bei vielen Soziologen Unbehagen hervorrufen, doch sie zeigt zumindest, dass es einfacher ist, die Arbeit eines Arztes zu beschreiben, als die eines Soziologen. Das liegt unter anderem daran, dass das Arbeitsfeld von Soziologen weiträumig und nicht eindeutig abgegrenzt ist. Sie „beobachten" Ärzte, Priester, Messer, Autos, Romane, verbale Nebelschwaden, die Genetik und soziologische Texte, in unterschiedlichen Kontexten, zu verschiedenen Zeiten und in verschiedenen Räumen – und sie beobachten, wie und was andere beobachten – und ihre eigenen Beobachtungen. Bei jeder Beobachtung wird unbewusst oder bewusst (mindestens) eine Perspektive, Sichtweise, Fangtechnik oder Theorie ausgewählt. Soziologie ist eine Perspektivenwissenschaft, d. h. sie stellt ein Repertoire von erprobten Sichtweisen und theoretischen Ansätzen zur Verfügung.

Soziologie als *Perspektivenwissenschaft* kann sich am besten in einer modernen Demokratie in einem Klima der Vielfalt von Meinungen und Weltanschauungen entfalten. Perspektivismus (und Konstruktivismus) bedeuten nicht Relativismus (anything goes), im Gegenteil, ist es eine Chance, sich im Dschungel der Kommunikationen, Konsumangebote und Bildungsirrgänge zu orientieren, die Fremdbestimmung zu verringern und einen eigenen Standpunkt zu finden.

Beim Schreiben des vorliegenden Textes ergab sich die Schwierigkeit, dass es eine Reihe von konkurrierenden Ansätzen und Theorien innerhalb der Soziologie gibt, teilweise personalisierter Natur: Marx, Max Weber, Parsons, Elias, Bourdieu, Habermas, Luhmann usw. Es musste eine Auswahl getroffen werden, doch dem Leser und der Leserin sollte auch nicht ein allzu enges Korsett der soziologischen Weltsicht geboten werden. Nach reiflicher Überlegung wurden vier Ansätze ausgewählt:

- *Funktionalismus:* Welche gesellschaftlichen Aufgaben erfüllen die Familie, die Religion und andere soziale Gebilde?
- *Konfliktansatz:* Welche grundlegenden Interessenkonflikte bestehen, welche Gruppen konkurrieren oder kooperieren miteinander und grenzen andere aus?
- *Nutzentheorie:* Wie wählen Personen zwischen möglichen Entscheidungen aus? Wie wägen sie Vor- und Nachteile ihrer Handlungen ab?
- *Symbolischer Interaktionismus:* Wie erkennt Julia, ob Romeo sie und sie Romeo liebt? Was verstehen verschiedene Personen und Gruppen unter „Liebe" oder „Freiheit" und wie entstehen diese Deutungsmuster?

Die vier hier gewählten Ansätze sind anerkannte, solide Dauerbrenner, vor allem im internationalen Lehrbetrieb der Soziologie und verwandter Wissenschaften. Sie schließen an die Alltagsdenkstrukturen besser an als stärker spezialisierte sozialwissenschaftliche Theorien und sie können leicht angereichert werden, d. h. Theoriebausteine können hinzugefügt werden. Im Gegensatz zu personbezogenen Ansätzen sind sie weniger geschlossen und werden kontinuierlich verbessert, weil viele Personen mit und an ihnen arbeiten. Zusätzlich wird in diesem Buch jedoch auch auf andere Theorien aus der Soziologie, Psychologie und Ökonomie und auf personale Ansätze (z. B. Bourdieu) Bezug genommen.

Das Buch stellt aber nicht nur theoretische Perspektiven vor, sondern informiert auch über Formen menschlichen Zusammenlebens und gesellschaftliche Bereiche: Familie, Geschlechterbeziehungen, Alter, soziale Herkunft und soziale Ungleichheit, Politik, Wirtschaft, Religion, Erziehung, Gesundheit und Massenmedien.TP Durch diese Auswahl bleibt selbstverständlich auch Wichtiges im Dunkeln. Eine einführende soziologische Analyse der entwicklungsbehindernden, europäischen Rechtssysteme oder der Vielfalt in den Kunst-, Kultur-, Freizeit- und Wissenschaftsbereichen kann hier nicht geleistet werden. Dennoch sollten die hier ausgewählten soziologischen Angebote helfen,

- soziale Situationen zu verstehen und mitzusteuern,
- kulturelle Unterschiede und Konflikte zu erklären und somit rationales Konfliktmanagement zu ermöglichen,
- über Handlungsverflechtungen und Handlungskonsequenzen nachzudenken, Alternativen in Betracht zu ziehen,
- regionale und nationale „Selbstverständlichkeiten" durch Vergleich mit anderen Ländern zu relativieren,TP
- die Informationsflut zu bewältigen und die Vernetzung zu fördern,
- die SelbsterkenntnisTP zu verbessern und
- die Widerstandsfähigkeit gegenüber Ideologien zu erhöhen.

Soziologie ist eine Institution in modernen Gesellschaften, die Dienstleistungen erbringt. Somit erfüllt sie Aufgaben. Allerdings gibt es keinen Konsens unter Soziologen über eine nach Relevanz gegliederte Aufgabenliste. Dieser Text soll jedenfalls in die Soziologie einführen und gesellschaftliches bzw. soziales Wissen vermitteln. Der Begriff „soziales Wissen" ist bewusst doppeldeutig gewählt. Zum einen meint er Wissen über soziale Tatbestände, zum anderen soll das von Soziologen ausfindig gemachte Wissen „sozial" aber auch in dem Sinn sein, dass es Gesellschaftsmitgliedern bei der Bewältigung ihres Mit- und Gegeneinander unterstützen kann. Damit fragen wir, welchen praktischen Nutzen die Soziologie stiften kann. Vier potenzielle Adressaten lassen sich unterscheiden:

a) ein einzelner Auftraggeber,
b) eine Institution oder Organisation,
c) die allgemeine Öffentlichkeit,
d) das einzelne Gesellschaftsmitglied.

a) Ein einzelner Auftraggeber wird in der Regel von einem Teilgebiet, den sog. Bindestrich- oder angewandten Soziologien, profitieren. Er wird sich beispielsweise an die Markt- und Meinungsforschung wenden, wenn er sich für die Chancen eines neuen Produktes interessiert oder seine Außendarstellung überprüfen will. Firmen und Behörden möchten etwas über das für sie ausschlaggebende Umfeld wissen, um auf Veränderungen möglichst frühzeitig reagieren zu können. Ein besonders bekannter Teilbereich in diesem Zusammenhang ist die Wahlforschung.

b) Innerhalb einer Institution oder Organisation kann sozialwissenschaftliches Wissen zur Verbesserung ihrer Effizienz dienen. Häufig richtet sich die Aufmerksamkeit nur auf direkte Anreize (Lohn, Belobigungen). Soziologen erkennen aber auch die Bedeutung informeller Anreize, die durch die Organisationsstruktur geschaffen werden. Oft sind nicht ungelöste Sachfragen die ausschlaggebenden, produktivitätshemmenden Faktoren, sondern Kommunikations-, Führungs- und Organisationsprobleme.

Eine inzwischen allgemein übliche Prüfung von Organisationen erfolgt durch Evaluationen. Unter einer Evaluation versteht man die begleitende Bewertung von Arbeitsprozessen und von Maßnahmen im Hinblick darauf, ob die erwünschten Ziele erreicht wurden. Beispielsweise müssen in vielen Bundesländern Schulen „interne" und „externe Evaluation" zur schulischen Qualitätsentwicklung vornehmen. Eine externe Evaluation wird überwiegend von externen Evaluatoren durchgeführt, bei einer internen Evaluation bestimmt die einzelne Schule selbst die Vorgehensweise. Das Ziel ist immer, Erkenntnisse über den Erfolg der eigenen Arbeit zu gewinnen und die Organisation weiterzuentwickeln.

c) Für die Öffentlichkeit, oder wie man auch sagen könnte „für die Gesellschaft als Ganzes" stellt die Soziologie, den „wissenschaftlich institutionalisierten Teil gesellschaftlicher Dauerbeobachtungen" dar (Dreitzel/Kamper1983). Damit ist gemeint, dass Soziologie zur sozialen Transparenz, zur Selbstbeobachtung und Selbstreflexion der Gesellschaft und ihrer Institutionen beiträgt. Indem sie mögliche Entwicklungsrichtungen und ihre wahrscheinlichen Folgen vergleichend darstellt, verbessert sie die öffentlichen Diskussionen und die politische Willensbildung und verdeutlicht die verschiedenen Konsequenzen, die mit wichtigen Entscheidungen verbunden sind.

Für die Beobachtung aktueller gesellschaftlicher Entwicklungen sind empirische Sozialforschung und amtliche Statistik gleichermaßen verantwortlich. Da uns ein Sinnesorgan für die gesellschaftlichen Wandlungsvorgänge fehlt, die sich mit uns und um uns vollziehen, braucht es zu ihrer Erfassung wissenschaftliche Instrumentarien. Ein Beispiel ist das Instrument der gesellschaftlichen Dauerbeobachtung. Unter gesellschaftlicher Dauerbeobachtung versteht man die kontinuierliche und vergleichbare Erhebung von Daten, die Rückschlüsse auf Stabilität und Wandel einer Gesellschaft ermöglichen sollen. Über die Erhebungen der amtlichen Statistik hinaus geschehen solche gesellschaftlichen Dauerbeobachtungen mithilfe wissenschaftlicher Repräsentativerhebungen, zum Beispiel von subjektiven Bewertungen und objektiven Lebenslagen, die sich auf die gesamte Bevölkerung oder auch auf bestimmte Teilgruppen richten.

In Deutschland wurden zu diesem Zweck einige Programme erfolgreich aufgelegt, zum Beispiel der „ALLBUS" (allgemeine Bevölkerungsumfrage), das „sozioökonomische Panel" (SOEP) oder – auf internationaler Ebene – das International Social Survey Program (ISSP). Sie werden turnusmäßig wiederholt und gestatten so einen Einblick in die gesellschaftlichen Strukturen und die Dynamik ihrer Wandlungsprozesse.

d) Der vierte Adressat, das einzelne Gesellschaftsmitglied, wurde oben unter dem Stichwort „Soziologie als Perspektivenwissenschaft" schon angesprochen. Wenn Soziologie Zusammenhänge über die Kräfte bereitstellt, die unser Leben formen, und über die wir häufig zu wenig Bescheid wissen, dann mag dies allein schon eine Hilfe bei der Bewältigung der eigenen Situation sein. Wird die Begrenztheit der eigenen Einstellungen, Annahmen und Entscheidungen begriffen, kann dies zu mehr persönlicher Freiheit und Gelassenheit führen. Eine soziologische Perspektive bietet Distanz zur eigenen Lage an; sie hält dazu an, in persönlich belastenden Konstellationen oder Konflikten sozusagen einen Schritt zurückzugehen und eine neue Sichtweise auf die eigene Situation zu gewinnen. Dies kann durchaus zur Bewältigung oder Lösung der eigenen Lebensprobleme beitragen.

Zum Vertiefen
Das derzeit aktuellste (und umfangreichste) Lehrbuch in deutscher Sprache (mit einer cleveren E-Book-Lösung):

Joas, Hans, und Steffen Mau, Hrsg. 2020. *Lehrbuch der Soziologie*. 4. überarb. und erw. Aufl. Frankfurt am Main: Campus.

Eine treffliche (und anschauliche!) Zusammenstellung bewährter soziologischer Theoriemodelle

Sighard Neckel/Ana Mijic/Christian von Scheve/Monica Titton (Hrsg.). 2010. *Sternstunden der Soziologie. Wegweisende Theoriemodelle des soziologischen Denkens*. Frankfurt a. M.: Campus. https://www.sternstunden-der-soziologie.de/

Die soziologische Perspektive

2

AUF EINEN BLICK
1. Die Soziologie teilt die Methoden und Verfahren der Sozialforschung mit den anderen Sozialwissenschaften.
2.. Ihre Besonderheit liegt in ihrem Blick auf die soziale Welt als Prozess und Struktur („Doppelperspektive").
3. Für das Buch wurden vier grundlegende Ansätze ausgewählt: Funktionalismus, Konflikttheorie, Symbolischer Interaktionismus, Nutzentheorie.

2.1   Ein erstes Verständnis von Soziologie

Die Frage, was Soziologie ist, ist anscheinend weniger leicht zu beantworten als eine Definition von Biologie oder Mathematik zu geben. Dafür gibt es mehrere Gründe, die wiederum soziologisch erklärt werden können:

- Soziologie ist eine „späte Wissenschaft": ein Verständnis von Gesellschaft als etwas von Menschen Gemachtes ist selbst an historische Voraussetzungen gebunden (wir werden dafür später den Begriff der „Doppelrevolution" einführen);
- aber auch inhaltlich ist eine Abgrenzung schwierig: Soziologie teilt ihre Gegenstände und viele ihrer Untersuchungsfragen mit anderen Wissenschaften: auch Wirtschafts-, Politik- oder Erziehungswissenschaft beschäftigen sich mit Arbeitslosigkeit, politischer Partizipation oder Schule und auch die Psychologie fragt nach Gründen für Ehescheidungen.

© VS Verlag für Sozialwissenschaften | Springer Fachmedien Wiesbaden GmbH,   7
Wiesbaden 2021
K. Feldmann und S. Immerfall, *Soziologie kompakt*,
https://doi.org/10.1007/978-3-658-31450-7_2

- Schließlich gibt es auch eine engere Verschränkung mit Alltagswissen und Alltagsdenken als beispielsweise in der Physik.

Kurzum, die Besonderheit der Soziologie besteht nicht in einem abgrenzbaren, nur ihr eigenen Gegenstand, sondern in der Art ihrer Fragen und in ihrer Theoriebildung, in ihrem besonderen Blick auf die soziale Wirklichkeit. Soziologen fragen z. B., wie und warum soziale Ordnung entsteht. Dabei gehen sie von folgenden Überlegungen aus:

- Aufgrund ihrer Verflechtungen üben Menschen Macht und Einfluss aufeinander aus.
- Die sozialen Tatbestände, z. B. Rechtsvorschriften, sind gemacht, könnten ganz anders sein, und werden auch im Laufe der Zeit stark verändert.
- Gleichzeitig erfahren wir diese Tatbestände (meist) als (weitgehend) unabänderlich.
- Gesellschaftliche Realitäten sind also einerseits Produkte individueller oder kollektiver Entscheidungen, andererseits Ergebnisse sozialer Strukturen, Regeln und Traditionen.

Von diesem Wechsel-, oder auch Spannungsverhältnis sollten Sie, die Leserinnen und Leser, in diesem Lehrbuch etwas mitbekommen. Wir werden in diesem Zusammenhang auch von einer **Doppelperspektive** sprechen: Soziologie hat es mit sozialen Strukturen zu tun, mit dauerhaften und regelhaften sozialen Beziehungen, wie Institutionen, Organisationen und ganzen Gesellschaften. Auch wenn diese Strukturen von Menschen geschaffen wurden, um bestimmte Ziele zu erreichen, weisen sie paradoxerweise ein Eigenleben gegenüber den Handlungen auf, durch die sie geschaffen wurden, und sind oft selbst dann schwer abzuändern, wenn sie nicht so funktionieren, wie viele Menschen es wünschen.

Damit sind wir zu einer ersten Definition bereit: *Soziologie kann ganz allgemein als die Wissenschaft von den sozialen Handlungen und Strukturen verstanden werden.* Max Weber (1985 [1922]: 1) hat dies genauer gefasst, indem er sagte:

Soziologie ist „eine Wissenschaft, die soziales Handeln deutend verstehen und dadurch in seinem Ablauf und in seinen Wirkungen ursächlich erklären will."

Bevor diese Definition näher erläutert wird, ist es sinnvoll, einige, häufig wiederkehrende Begriffe der empirischen Sozialforschung kennenzulernen.

2.2 Einige Anmerkungen zum sozialwissenschaftlichen Forschungsprozess

Das Ziel der Soziologie als Wissenschaft ist, wie im Eingangskapitel angesprochen, soziale Phänomene zu beschreiben und zu erklären. Um dieses Ziel zu erreichen sind innerhalb einer gesellschaftlichen Wirklichkeit viele Bedingungen erforderlich. Doch in diesen einführenden Anmerkungen wird eine idealtypische Vorgehensweise beschrieben, um die Komplexität des tatsächlichen Forschungsprozesses in einfacher Weise zu begreifen. Soziologie gelangt zu einem erklärenden Wissen durch ein Wechselspiel von Theorie und Empirie: Theoretisch angeleitete Fragestellungen führen zu empirischen Untersuchungen (1); in diesen Untersuchungen werden mit den Methoden und Modellen der empirischen Sozialforschung soziale Tatbestände systematisch erfasst und gedeutet (2); die daraus gewonnenen Ergebnisse und Erkenntnisse führen wiederum zur (vorläufigen) Bestätigung, Verwerfung oder Modifizierung der ursprünglichen theoretischen Annahmen (Abb. 2.1).

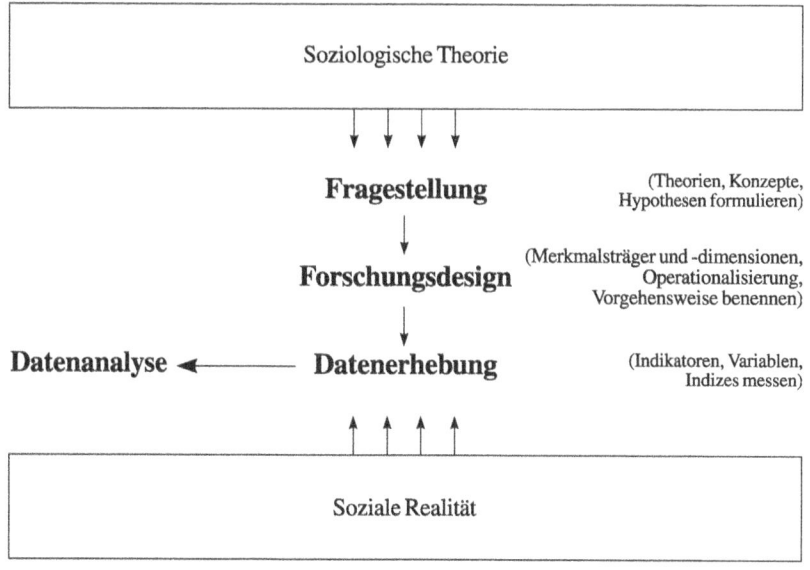

Abb. 2.1 Der Dreischritt der empirischen Sozialforschung. (Quelle: Immerfall 1995: 21)

(1) Die wichtigsten Bausteine, sowohl von Theorien, wie im Forschungs-
prozess, sind Begriffe. Begriffe haben eine Scharnierfunktion in der Forschung
– sie verbinden Theorie und Empirie. (Theoretische) Begriffe – auch *Konzepte*
genannt – sind der wichtigste Bestandteil von Theorien; Konzepte werden für die
empirische Prüfung einer Theorie konkretisiert.

Auf die vielfältigen Probleme, die mit der Begriffsbildung wissenschaftstheo-
retisch verbunden sind, kann hier nicht eingegangen werden. Man sollte sich aber
zumindest klarmachen, dass ein Begriff einen Vorstellungsinhalt darstellt, der auf
einen Gegenstand, einen Teil der Realität, hinweist, keinesfalls jedoch mit diesem
Gegenstand gleichzusetzen ist. Ein Begriff stellt noch keine empirische Aussage
dar, er verlangt vielmehr nach Annahmen über die soziale Realität. Man kann
deshalb nicht sagen, dass ein Begriff „wahr" oder „falsch" ist, sondern es geht
darum, ob er zweckmäßig, z. B. für eine empirische Untersuchung, brauchbar ist
oder nicht.

(2) In der Regel sollten am Anfang einer Untersuchung klar formulierte
Forschungsfragen stehen, die nach Möglichkeit aus einer entweder bereits bewähr-
ten oder noch zu überprüfenden Theorie entwickelt wurden. Auf jeden Fall
enthält eine Fragestellung theoretische Begriffe, die den sozialwissenschaftlichen Bezugsrahmen herstellen. In einem zweiten Schritt wird die Fragestellung
so konkretisiert, dass ihr empirische Ergebnisse gegenübergestellt werden können. Insbesondere müssen hierzu die theoretischen Begriffe forschungstechnisch
handhabbar gemacht werden. Das heißt, den theoretischen Begriffen werden ausgewählte Merkmalsdimensionen der Untersuchungseinheiten zugeordnet. Dies
wird als *Operationalisierung* bezeichnet. Schulbildung wird z. B. als erworbener
Schulabschluss bestimmt: Haupt-, Realabschluss, Abitur. Hinter der Übertragung
von Begriffen in operational handhabbare Regeln steckt die forschungspragmati-
sche Absicht, einen präzisen, wissenschaftlichen Zugriff auf interessierende Aus-
schnitte der sozialen Wirklichkeit intersubjektiv nachvollziehbar zu machen. Für
jedermann wird wiederholbar und kontrollierbar angeben, welche Messvorgänge
zu welchem Variablenwert führen.

(3) Schließlich werden die empirischen Sachverhalte erhoben. Den Vorgang,
der empirischen Sachverhalten nach angebbaren Regeln Symbole zuordnet, also
zu Daten führt, nennt man „messen". Daten sind nichts anderes als registrierte
und standardisierte Beobachtungen. Sie geben einen bestimmten Wert einer Variablen, z. B. Einkommen oder Alter, wieder. Unter einer *Variablen* versteht man die
symbolische Repräsentation von Merkmalsdimensionen.

Wichtig ist schließlich noch der Begriff des *Indikators*. Komplexe Begriffe
oder Konzepte, z. B. Armut, sind schwer zu erfassen. Durch Indikatoren, z. B.
Einkommen oder Abhängigkeit von Sozialhilfe, kann Armut gemessen werden.

Soziologie hat es bisweilen mit Begriffen zu tun, die Vorgänge und Untersuchungsgegenstände bezeichnen, die nicht direkt beobachtbar sind. Beispielsweise bemüht sich die Soziologie, wichtige Dimensionen von „Wohlfahrt" mit Sozialindikatoren zu messen. Ein Index schließlich ist eine Zusammenfassung von Indikatoren.

2.3 Besonderheiten der soziologischen Erklärung

Während die Soziologie Methoden und Verfahren zur systematischen Erhebung sozialer Sachverhalte mit anderen Sozialwissenschaften teilt, gibt es Besonderheiten ihrer Erklärung, wir haben das bereits oben als „Doppelperspektive" bezeichnet. Die Soziologie interessiert sich gleichermaßen für das soziale Handeln wie für die Struktur, die einerseits durch soziales Handeln hergestellt wird und andererseits soziales Handeln bestimmt und mitbewirkt. Eine soziologische Erklärung muss folglich das Wechselverhältnis von Strukturen und sozialem Handeln beinhalten: wie bringen Handlungen Strukturen hervor, und umgekehrt: wie prägen Strukturen das Handeln?

Das Grundmodell der soziologischen Erklärung lässt sich am besten mittels der „Colemanschen Badewanne" (Abb. 2.2) veranschaulichen. Dieses Modell ist nach James Coleman benannt und wurde in Deutschland von Hartmut Esser weiterentwickelt (Coleman 1990: 5–23; Esser 1999: 91–107), geht aber im Grunde schon auf Max Weber zurück. Es veranschaulicht, dass eine soziologische Erklärung nur dann vollständig ist, wenn sie die Mikro- und die Makroebene verbindet.

Handelnde (Akteure) befinden sich in einer bestimmten sozialen Situation, die sie hinsichtlich der ihnen zur Verfügung stehenden Möglichkeiten und den

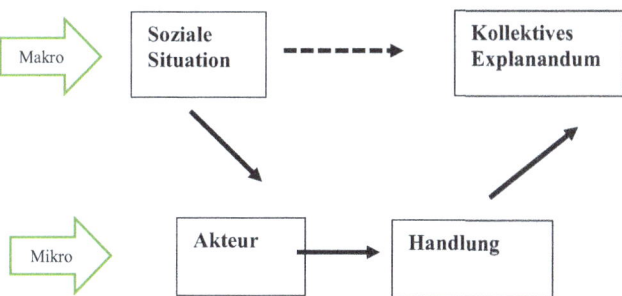

Abb. 2.2 Verbindung zwischen Mikro- und Makrobereich

daraus vermutlich resultierenden Konsequenzen deuten. Sie wählen eine Handlungsalternative aus. Aus den vielen Handlungen der vielen Akteure entsteht ein neuer kollektiver Zusammenhang, der für erneut Handelnde wiederum eine soziale Situation darstellt.

Erklärungen, die sich nur auf Zusammenhänge auf der Makro-Ebene beziehen (gestrichelte Linie), sind damit unvollständig. Dies lässt sich an der berühmten „Protestantismus-These" Max Webers verdeutlichen.

Max Weber ([1905], 1920) war ein Zusammenhang zwischen Protestantismus und Wirtschaftsentwicklung aufgefallen (d). Seiner Meinung war der Zusammenhang zwischen protestantischer Ethik, Kapitalbesitz und Unternehmertum nicht zufällig. Vor allem der puritanische Calvinismus mit seinem Askesegebot („Zeit ist Geld") und seiner Prädestinationslehre, d. h. die Menschen sind von Geburt an von Gott für den Himmel oder für die Hölle vorbestimmt, hat nach Zeichen für die Vorbestimmung gesucht und den beruflichen Erfolg als Ausdruck von göttlicher Gnade festgestellt. Verschwendung gilt nicht mehr als Tugend, sondern als Sünde. Wirtschaftliche Entscheidungen folgen zunehmend einem Leistungs- und Effizienzgedanken (b). Diese Haltung begünstige Kapitalbildung und Unternehmertum (d). Dadurch wurde Erziehung und Lebensführung protestantischer bürgerlicher Schichten geprägt (a). Damit ist – wenn hier natürlich arg vereinfacht – der makro-soziologische Zusammenhang (Protestantismus – Kapitalismus) indirekt als mikrosoziologische Interaktionskette erklärt.

Historisch gibt es allerdings gegen die hier angedeutete Vermittlung einige Einwände. So war kapitalistisches Denken lange vor der Reformation, etwa in den Städten Norditaliens verbreitet. Auch waren nicht alle protestantischen Strömungen so „kapitalismusaffin", wie Puritanismus und Calvinismus, insbesondere nicht das Luthertum. Denkbar ist, dass der tatsächliche nachweisbare Zusammenhang von Protestantismus und wirtschaftlicher Entwicklung einer Region über einen anderen indirekten Zusammenhang hergestellt wurde. Gemäß Luthers Wort soll jeder gute Christenmensch das Wort Gottes selbst lesen können. Aber um die Bibel lesen zu können, muss man zunächst einmal lesen können. Es lässt sich zeigen, dass der Protestantismus bereits vor Beginn der Industrialisierung zu mehr Schulen und höheren Schulbesuchsquoten führte, was die Wirtschaftsentwicklung zweifellos begünstigt hat (Becker und Wößmann 2009) (Abb. 2.3, 2.4).

Die geheimnisvolle Mikro-Makro-Verlinkung kann auch im Medienbereich studiert werden.

Der einzelne Fernsehzuschauer verändert nicht das Programm. Doch die Einschaltquoten haben vor allem über die Werbeeinnahmen einen bedeutsamen Einfluss auf den Sender und die Senderqualität. Wenn die Qualität nach Meinung des Betrachters gut ist, dann wird er sich die Sendung ansehen (Rückkoppelung).

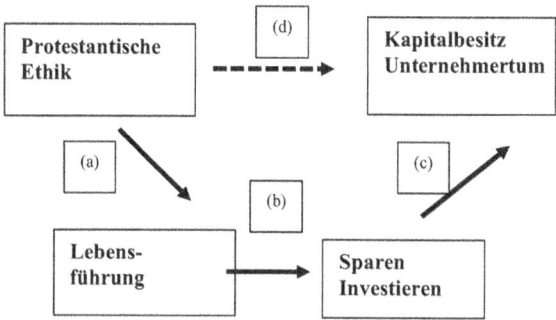

Abb. 2.3 Die Protestantismusthese

Verbindung von Handeln und Struktur

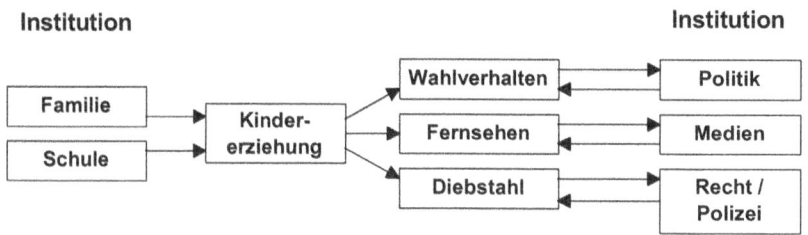

Abb. 2.4 Verbindung von Handeln und Struktur

Dass es schwierig, aber auch sehr wichtig ist, Modelle der Verbindung zwischen Handeln (Mikroperspektive) und Struktur (Makroperspektive) zu finden, wird durch das folgende Beispiel verdeutlicht. Die Erziehung eines Kindes ist das Werk der Mutter und weniger anderer Personen. Doch „in der Mutter ist Struktur": Familienideologie, tradierte Regeln der Kindererziehung usw. Das Kind sieht fern, stiehlt und wählt später eine Partei. Diese Handlungen führen zu institutionell abgesicherten, aber trotzdem nicht eindeutig festgelegten Reaktionen von Organen der Struktur (Lehrer, Polizist etc.). Diese Reaktionen verändern das Handeln dieses Menschen usw.

Im folgenden Text wird nicht nach Art von Foucault, Luhmann, Bourdieu, Sawyer, Esser, J.H. Turner, Willke oder anderen Komplexitätsspielern virtuos

Bereich	Perspektive	Theorieansatz	Soziales Gebilde
Mikro Handeln	Froschperspe ktive	Nutzentheorie Symbolischer Interaktionismus	Interaktion Lebensformen Individuum
Makro Struktur	Vogelperspek tive	Funktionalismus Konfliktansatz	Institution Gesellschaft, Wirtschaft etc.

Abb. 2.5 Theorieansätze für Mikro- und Makrobereiche

jongliert, sondern primär das biedere Vier-Masteransätze-Modell verwendet,
wobei Funktionalismus und Konfliktansätze mehr die Grob- und Makrostruktu-
ren und Interaktionismus und Nutzentheorie die Fein- und Mikrostrukturen zu
erfassen suchen (Abb. 2.5).

2.4   Funktionalismus

Die Basisfrage: Wozu dient X? Genauer: Welche Aufgaben oder Funktionen
haben soziale Gebilde, vor allem Institutionen (Familie, Wirtschaft, Religion
usw.)? Warum wird in manchen afrikanischen Ländern Frauen die Klitoris her-
ausgeschnitten? Kleine Kinder, die Erwachsene mit ihren Warum-Fragen nerven,
sind Funktionalisten.

Funktionalistische Vorstellungen vom Gleichgewicht des Körpers, der Person und der Gemeinschaft sind in altgriechischen, chinesischen, indischen und
anderen Mythologien verankert. Durch sie wurden Ordnungssysteme für Verhaltensweisen, Heilung, Moral und andere gesellschaftliche Aspekte geschaffen.

Ein naiver Alltags-Funktionalismus nimmt an, dass Juden oder Moslems
bestimmte Speiseverbote einhalten (z. B. kein Schweinefleisch zu essen), weil
dies in ihren (ursprünglichen) Gebieten eine hygienisch oder gesundheitlich rationale Regelung gewesen sei oder, dass Menschen auf die Idee kamen, ihre Toten
zu begraben, weil diese zu stinken beginnen und gesundheitliche Gefahren von
Leichen ausgehen. Plausible Annahmen sind häufig falsch oder nur teilweise
richtig.

Wenn Steinzeitmenschen der Leichengestank gestört hätte, dann hätten sie ja
die Leichen nur ein paar Meter wegschleppen müssen. Bestattungen hatten in
den meisten einfachen Kulturen nicht mit Gestank oder Gesundheit eine Verbindung, sondern dienten anderen Aufgaben: die Toten an der Wiederkehr zu hindern,
den Toten den Weg in ein jenseitiges Reich zu erleichtern usw. Das Verbot im

Judentum, Schweinefleisch zu essen, hatte wahrscheinlich nichts mit Gesundheit zu tun, sondern ergab sich aufgrund der Änderungen von Werten und Normen, die sich auf die Opferung von Tieren bezogen (Monotheismus), oder aufgrund von Umweltproblemen (z. B. Abholzung) und damit verbundenem Wandel in der Tierhaltung oder diente als Abgrenzungsmittel gegenüber benachbarten Völkern, Kulturen und gesellschaftlichen Systemen.

Auch in der Wissenschaft des 19. und frühen 20. Jahrhunderts trifft man auf naive funktionalistische Annahmen. Auguste Comte († 1857) und Herbert Spencer († 1903) verglichen eine Gesellschaft mit einem Organismus. Wie ein Organismus sei eine Gesellschaft aus kleinen Einheiten aufgebaut, sie benötige Ressourcen zum Überleben und ihre Teile müssen geordnet zusammenarbeiten. Das Organismusbeispiel ist zur Einführung geeignet, kann jedoch in die Irre führen. Organismen bleiben gleich, es kommen keine neuen Organe hinzu, in Kulturen und Gesellschaften jedoch verkümmern „Organe" (z. B. Religionen), neue werden geschaffen (z. B. Wissenschaft) usw.

Wenn etwas für eine Gesellschaft oder eine Institution funktional und stabilisierend wirkt, dann muss es nicht für die betroffenen Menschen von Vorteil sein. In vielen Kulturen gab und gibt es Regelungen, die für viele Menschen unangenehm waren und einen frühen Tod begünstigten, z. B. die Blutrache, der Krieg oder Essensregelungen. Trotzdem waren diese Normierungen funktional, d. h. sie dienten dem Erhalt der Kultur und der Gesellschaft – jedenfalls war dies meist die Meinung der herrschenden Gruppen.

Eine zentrale Frage im funktionalistischen Diskurs lautet:

Welche notwendigen Aufgaben in einer Gesellschaft sollen von Individuen, Institutionen und anderen sozialen Gebilden erfüllt werden? Der Hauptzweck dieser Aufgabenerledigung ist die Erhaltung des sozialen Systems und der Struktur. Verschiedene Sozialwissenschaftler haben Vorschläge gemacht und Aufgabenlisten entworfen (vgl. z. B. Schaefer und Lamm 1995, 130 ff.):

1. *Ersatz für personelle Verluste*: Primärgruppen (Familien, Sippen etc.) dienen der Reproduktion. Es werden Regeln geschaffen, wie Menschen produziert werden sollen und wie wichtige Positionen mit geeigneten Personen zu besetzen sind. Institution: Familie.
2. *Sozialisation und Erziehung*: Eltern und Lehrer versuchen, den Kindern die zentralen Normen, Werte und Kompetenzen beizubringen. Institutionen: Familie, Schule, Medien.
3. *Sicherung des physischen Überlebens* durch Herstellung und Verteilung von Gütern. Institutionen: Wirtschaft, Wissenschaft, Technik.

4. *Schutz vor Aggression* und Zerstörung der Gesellschaft: Es werden Sicherheits-
organisationen geschaffen. Institutionen: Polizei, Militär.

5. Festlegung und *Erhaltung von Werten* und Zielen: Es sollen für alle oder viele
oder auch nur für wichtige Gruppen verbindliche Wertsysteme geschaffen und
verstärkt werden. Institutionen: Religion, Politik, Recht, Bildung, Medien etc.

Der amerikanische Funktionalist Talcott Parsons stellte folgende Frage: Wie entsteht bei so vielen Handelnden eine *gesellschaftliche Ordnung*? Damit Ordnung
und Stabilität in einer Gesellschaft gewährleistet sind, müssen nach Parsons
folgende zentrale Aufgaben erfüllt werden:

• *Ziele* müssen gesetzt und erreicht werden.
• Das zentrale ideale Ziel betrifft das Überleben des Kollektivs. Doch solche
Setzungen können durch Ideologien und kulturelle Maskierung paradoxe Kon-
sequenzen haben. „Wollt ihr den totalen Krieg?" rief Göbbels. Deutschland
war durch den Wahn der Naziclique in einen – unnötigen – Überlebenskampf
hineingetrieben worden.
• Die Gesellschaft muss sich an ihre *Umwelt* anpassen.
• Mit Umwelt ist mehr als Ökosystem gemeint. Man kann eine „objektive"
Umwelt (z. B. Bodenfruchtbarkeit, Wassermangel, kriegerische Nachbarvölker) und eine „subjektive" Umwelt (z. B. Götter, Geister, Vorurteile über die
Nachbarvölker) unterscheiden. Wissenschaft, Technik und Ökonomie dienen
der Umweltanpassung, doch sie erzeugen auch Umweltschäden, die wieder neue Forschungen, Technologien und Wirtschaftsunternehmen entstehen
lassen.
• Die Systemteile müssen *integriert* werden.
• Integration ist notwendig; systemgefährdend sind Desintegration oder Überintegration. Desintegration: Bürgerkrieg, sich bekämpfende politische oder
religiöse Gruppen. Überintegration: Uniformierung, Zensur, politische Gegner
des herrschenden Regimes werden verfolgt.
• Es muss gemeinsame *Werte* geben. Abweichung muss durch soziale Kontrolle
vermieden oder korrigiert werden.

Eine Schwächung der „Wertharmonie" muss aber nicht zur Gesellschaftskrise führen. Die europäischen Fürsten und Meinungsführer hatten erst nach schrecklichen
Kriegen begriffen, dass auch innerhalb eines Herrschaftsgebietes Katholiken, Protestanten und andere Religionsgemeinschaften zusammenleben können, ohne dass
die Gesellschaft gefährdet ist (Abb. 2.6).

Grundfunktionen	Teilsysteme
Zielsetzung	Politik, Religion
Umweltanpassung	Wirtschaft, Technik, Wissenschaft
Integration der Systemteile	Bildung, Massenmedien
Strukturerhaltung	Wertsystem

Abb. 2.6 Gesellschaftliche Grundfunktionen nach Parsons

Es gibt Kulturen und Gesellschaften, die nach der Theorie von Parsons stärker geordnet und integriert sind als andere.

Japan, die meiste Zeit seiner Geschichte relativ isoliert, ist eine homogene und trotz der Modernisierung von traditionellen Werten bestimmte Gesellschaft. Ordnung und Konsens werden hoch geschätzt. Die Systemteile sind stärker integriert und aufeinander abgestimmt als in der EU. Konformität (Einhalten der Verhaltensregeln) ist genauso wichtig wie Leistung (Durchführung der vorgeschriebenen Arbeiten), während in den USA und in Europa zunehmend Leistung wichtiger wurde als Konformität.

Soziale Systeme
Der Funktionalismus ist ein Systemansatz. Wenn man nach den Funktionen oder Aufgaben eines Teils für das Ganze fragt, setzt man einen Systemzusammenhang voraus. Systeme sind allgegenwärtig: ein Virus, ein Organismus, ein multinationales Unternehmen, der Staat, die moderne Gesellschaft.

Zuerst zwei Bemerkungen, die die Tugenden Bescheidenheit und Humor stärken sollen:

A. Die Umwelt eines lebendigen Systems ist ungeheuer vielfältig (Komplexität), also nur sehr begrenzt erfassbar und verstehbar.
B. Auch bzw. gerade bei bester Planung geschieht in einem komplexen Systemzusammenhang völlig Unerwartetes (Kontingenz).

Ein einzelner Mensch nimmt an verschiedenen Systemen teil. Ein einfaches Modell geht von der Dreiteilung des Menschen aus: *physischer, psychischer* und *sozialer Teil*. Sein Körper (physischer Teil) ist ein komplexes Lebenssystem, das an dem Superlebenssystem der Gene beteiligt ist. Außerdem „hat" und ist er ein psychisches System[1] (Bewusstsein, Ich, personale Identität), das sowohl vom Körper als auch vom sozialen System abhängig ist. Das soziologische Interesse richtet sich primär auf den Sozialteil (Positionen, Rollen, soziale Identität, Vorurteile etc.). Von Geburt an entwickeln sich alle drei Systeme interaktiv[2]. Wenn ein Kind sozial isoliert wird, dann kümmern auch Körper und Psyche vor sich hin. Wenn eine Person ihre Stelle kündigt und sich als Einsiedler in die kanadischen Wälder zurückzieht, dann wird der Sozialteil wahrscheinlich stark reduziert. Wenn ein Mensch stirbt, dann sterben seine drei Teile in der Regel nicht synchron (vgl. Feldmann 2010).

Grundlagen von Systemtheorien

1. *Ein System besteht aus Teilen, Elementen, die vernetzt sind.*
   Aus welchen Elementen oder Teilen besteht eine Gesellschaft? Aus Menschen? Der Vorschlag des Soziologen Luhmann (1984) lautet: sie besteht aus Handlungen oder Kommunikationen. Andere Soziologen würden sagen, sie besteht aus Interaktionen (Giddens) oder aus vielen materiellen und immateriellen Bestandteilen, die durch Kommunikation und andere soziale Mechanismen und Medien aktiviert und verbunden werden.
2. *Ein System existiert in einer Umwelt, es grenzt sich von ihr ab und es muss sich dieser Umwelt anpassen, um zu überleben.*
   Ein System kann sich eher raumzeitlich von der Umwelt abgrenzen (Organismus, Staat) oder eher kommunikativ (Religion, Wissenschaft, Konzern). Sind konkrete Menschen Umwelt oder Teile des Systems? Wenn der Mensch als Polizist tätig ist, ist er als Positionsinhaber und Rollenspieler Teil des sozialen Systems, wenn er bei der Heimfahrt einen Unfall verursacht, so ist er auch Umwelt für die anderen am Unfall Beteiligten.
3. *Systeme haben einen Bauplan, eine Struktur.*
   Der Bauplan eines Organismus ist in seinem Genom enthalten, doch wo ist der Bauplan einer Gesellschaft? Sind es die Werte und Normen oder die Mythen? Nach Giddens besteht die Struktur (der „allgemeine Bauplan") aus generativen Regeln, Rahmenbedingungen, Schemata. Es gibt viele gesellschaftliche Baupläne: das Recht, die Organisationen und ihre Regelsysteme, die Fahrpläne, Prüfungsordnungen usw. Gemäß diesen Bauplänen werden ständig soziale Gebilde hergestellt, erhalten, umgebaut und zerstört.

---

[1] Dieses Modell muss nicht mit einer dualistischen Position verbunden sein.
[2] Nach Luhmann (1995a) sind diese Systeme füreinander intransparent, können sich also nicht wechselseitig steuern.

4. *Systeme befinden sich meist in einem dynamischen Gleichgewicht.*[3]
Das Körpergewicht eines Menschen, wie viele Stunden er schläft und die
Selbstmordrate einer Nation oder eines Staates bleiben oft lange Zeit innerhalb
gewisser Schwankungsbreiten konstant.
Wenn bestimmte Bevölkerungsteile zu stark ab- oder zunehmen, z. B. alte
oder junge Menschen, Migranten, Arbeitslose, dann kann das Gleichgewicht
gefährdet werden, wobei sich die Frage stellt, ob es eine Objektivierung dieser
Gefährdung oder nur Einschätzungen durch Gruppen gibt.

5. *Systeme importieren Energie aus der Umwelt.*
Man sollte nicht nur an Erdöl, sondern auch an qualifizierte Arbeitskraft oder
an Informationsbeschaffung denken.

6. *Sie wandeln die Energie in Produkte.*
Produkte sind Erfindungen, Autos, Fettzellen, Publikationen usw.

7. *Durch die Energieumwandlung und die Herstellung und Verwendung der
Produkte verändern Systeme die Umwelt.*
Umweltveränderungen betreffen nicht nur Betonierung und Luftverschmut-
zung, sondern auch Bildungs- und Familienstrukturen.

8. *Durch gezielte (oder auch unbeabsichtigte) Veränderung der Umwelt erwirt-
schaften Systeme Energie- und Produktüberschüsse.*
Produktüberschüsse umfassen ein breites Spektrum: Butterberg, Spielzeug,
Sparbuch, Qualifikationen und Lebensdauer der Mitglieder oder Nutzer des
Systems.

9. *Soziale Systeme können kurz oder sehr lange „leben".*
Die Lebenslänge von sozialen Systemen reicht von einer einsemestrigen
studentischen Arbeitsgruppe über das „Tausendjährige Reich" des Nationalsozialismus und die DDR bis zur Jahrtausende alten katholischen Kirche.

Beispiel Universität als System:
Die Universität als Organisation besteht aus Positionen (Stellen), Instituten, Fach-
und Forschungsbereichen, Fakultäten etc.
Die Universität grenzt sich von ihrer Umwelt ab: durch Gebäude, die nur
von der Universität genutzt werden, dadurch, dass nur bestimmte ausgewählte
Personen an Lehrveranstaltungen teilnehmen dürfen usw.

---

[3]Bei der Bestimmung des „Gleichgewichts" eines sozialen Systems können konservative
Wertungen einfließen. So kann der Eindruck erweckt werden, als wären Innovationen nicht
funktional oder schädlich für das System.

Abb. 2.7

Kommunikationsmedien

Subsystem	Kommunikationsmedium
Wirtschaft	Geld
Politik	Macht
Wissenschaft	Wahrheit

Die Universität verfügt über Baupläne: Hochschulgesetz, Beamtenrecht, andere Vorschriften, Prüfungsordnungen usw.

Die Universität befindet sich in einem Gleichgewicht. Die Studentenzahlen dürfen nicht zu sehr zu- oder abnehmen. Es dürfen nicht zu viele Stellen gestrichen werden. Studierende sollen ihr Studium erfolgreich abschließen, dürfen nicht „ewig" studieren.

Die Universität importiert Energie. Sie erhält jährlich Geld aus dem Landeshaushalt. Sie bekommt neue Positionsinhaber und neue Studierende.

Sie wandelt die Energie in Produkte. Produkte sind Qualifikationsnachweise, Abschlüsse, Forschungsergebnisse usw.

Sie verändert die Umwelt. Studierende, die einen Universitätsabschluss erhalten haben, gehen auf den Arbeitsmarkt, erhalten Stellen, erwirtschaften Überschüsse, zahlen Steuern usw.

Universitäten können aufgelöst oder in andere Organisationen integriert werden.

Soziale Systeme führen *Selektion* durch: es werden aus der Unzahl möglicher Ereignisse geeignete, erwünschte gewählt; die *Komplexität* wird reduziert, damit das System sich erhalten und entwickeln kann. Solche Aussagen machen stutzig: Man erinnert sich an Personen, die behaupteten, die Vorsehung hätte sie auserwählt. Nun wählt „das soziale System", selektiert. In Europa bzw. in der EU wurden Demokratie, Marktwirtschaft und Arbeitslosigkeit „ausgewählt".

In einem sozialen System entstehen Erwartungen und Regeln, Normen. Dadurch ergibt sich eine *Stabilisierung* des Systems. Eine moderne Gesellschaft differenziert sich in *Subsysteme* (Wirtschaft, Politik, Kunst, Bildung), eigene Codes[4] und Kommunikations- oder Austauschmedien (z. B. Geld, Macht und Wahrheit) entstehen (Abb. 2.7).

Luhmann spricht im Anschluss an Parsons von „symbolisch generalisierten Kommunikationsmedien". Geld ist generalisiert, da es für den Tausch allgemeiner verwendbar ist als Menschen, Kühe oder Felle, symbolisch, da die materielle Grundlage, Münzen oder Scheine, nur sicht- und fühlbare Zeichen für eine abstrakte Maßeinheit sind. Kommunikationsmedien sind Errungenschaften, sie

---

[4]Codes: Nach Luhmann zweiwertige Bewertungs- und Tauschdimensionen in Wirtschaft (zahlen – nicht zahlen), Wissenschaft (wahr – nicht wahr) und anderen Subsystemen.

verschaffen den sozialen Systemen Entwicklungschancen und sie entlasten – und entmündigen – Individuen in ihren Handlungsvollzügen. Das klingt alles sehr ordentlich und brav: „deutsche" Systemtheorie. Doch Systeme können sich unerwartet und fremd- und selbstzerstörerisch entwickeln und expandieren: die Reitervölker aus dem Osten, die mehrfach Europa heimgesucht haben, oder die Europäer, die gemeinsam mit ihren Mikroben die altamerikanischen Hochkulturen und noch einiges mehr zerstört haben. Wie gelingt es bzw. wie ist es erklärbar, dass gefährliche, sich selbst reproduzierende expandierende Systeme wieder in ein „Gleichgewicht" kommen? Antworten werden durch die folgende Tabelle angedeutet (Tab. 2.1).

Systemdenken hat sich in der Wissenschaft und Technik weit verbreitet. Viele Soziologen bezeichnen sich zwar nicht als Systemtheoretiker, doch sie wenden grundlegende systemtheoretische Überlegungen an, z. B. Bourdieu und Giddens. Soziale Bereiche, z. B. Essen, Sport, Kunst, Politik und Wirtschaft sind vernetzt. Wenn man jemandem beim Essen zuschaut, dann kann man auf seine sportlichen und künstlerischen Aktivitäten und auf seinen Beruf schließen und umgekehrt – und wird bei entsprechendem Geschick häufig, aber nicht immer Treffer erzielen.

Tab. 2.1 Systemexpansion und Gleichgewicht

Expandierendes System	Gleichgewicht
Population	Demographischer Übergang
Totalitärer Staat	Demokratisierung, Recht
Weltwirtschaftssystem, Neoliberalismus	Sozialismus, „gezähmter" Kapitalismus?
Ökonomisierung, „Invasion des Marktes" (Lukes)	Bildung, alternative Netzwerke, Demokratisierung
Soziale Ungleichheit (ökon., soz. u. kult. Kapital)	Sozial- und Bildungspolitik, UNO, NGOs
Kulturimperialismus	Pluralismus, „Glokalisierung", Multikulturalität
CO_2 Ausstoß	Gesetze, Internationale Vereinbarungen, Bildung

Systemdenken wird in modernen Gesellschaften immer mehr erforderlich, aufgrund steigender Komplexität, der zunehmenden Bedeutung von Informations- und Kommunikationstechnologien und der gravierenden Fehlermöglichkeiten (Kernkraftwerke, Flugzeuge, Finanzentscheidungen, Klimawandel etc.). Psychologische Experimente zeigen, wie schwer sich die meisten damit tun, dynamische, vernetzte, nichtlineare und komplexe Systeme (z. B. Städte oder Staaten) zu verstehen und zu beeinflussen (Dörner 1989). Simulation und Modellkonstruktion ermöglichen ein relativ gefahrloses Üben von Systemdenken. Doch Systemlernen findet nicht primär durch Schulungen statt, sondern durch das Aufwachsen in einer modernen Gesellschaft, durch den Gebrauch des Internets, durch Reisen in andere Länder, durch die Nutzung von Computerspielen, durch Entkrustung des Schulunterrichts und durch die Arbeit in komplexen Organisationen.

2.5   Konfliktansätze

Konflikte zwischen Göttern, Dämonen, Menschen, Tieren und anderen Wesen spielen in Mythen und Religionen entscheidende Rollen, z. B. bei der Entstehung der Welt oder als Begründung für die Sterblichkeit des Menschen. Auch im Christentum gibt es das Reich des Guten und des Bösen, Himmel und Hölle.

Verschiedene Weltanschauungen und Theorien erklären soziales Verhalten und gesellschaftliche Zustände durch Konflikte und Konkurrenz zwischen Gruppen. „Der Krieg ist der Vater aller Dinge?" Sozialwissenschaftlich interessant sind Interessensunterschiede und Kämpfe zwischen sozialen Gruppen, die vor allem nach folgenden Merkmalen getrennt sind: ökonomische Position (Einkommen, Kapitalbesitz, Beruf), Bildungsstatus, ethnische oder nationale Zugehörigkeit, Religion oder Geschlecht (vgl. Joas und Knöbl 2004, 251 ff.).

Auch ein Liberaler wie Ralf Dahrendorf (1999) stellt den Konflikt in das Zentrum seiner Gesellschaftstheorie. Der berühmteste Konfliktansatz stammt aber von *Karl Marx* und an ihn anschließenden Autoren. Marx ging von der Tatsache aus, dass in Hochkulturen herrschende Gruppen andere Gruppen unterdrücken und ausbeuten. In der Antike und auch später waren Sklaven die untersten Gruppen. In den Industriegesellschaften des 19. Jahrhunderts diagnostizierte Marx einen grundlegenden Konflikt zwischen Kapitalisten, die Produktionsmittel (Fabriken, Finanzkapital, Patente etc.) besitzen, und Arbeitern bzw. Proletariern.[5]

---

[5]In seinem Hauptwerk, dem „Kapital", unterscheidet Marx drei Klassen: Lohnarbeiter, Kapitalisten und Grundeigentümer, wobei das Grundeigentum allmählich in der kapitalistischen Produktionsweise aufgehen werde.

Marx erkannte, dass der Kapitalismus und die moderne Gesellschaft sich in einem sozialen Wandel befanden. Die Folgen dieser Veränderungen sahen Marx und seine Jünger jedoch zu mechanistisch und undifferenziert:

- Verelendung der Arbeiter bzw. des Proletariats,
- allmählicher Anstieg der Empörung und des erfolgreichen Widerstandes der Ausgebeuteten,
- durch den Mechanismus des kapitalistischen Produktionsprozesses kontinuierlich zunehmende internationale Vereinigung der Arbeiterklasse,
- die Akkumulation des Kapitals[6] (eine immer kleinere Zahl von Kapitalisten) behindert immer stärker die Entwicklung der Produktivkräfte,
- Revolution und Zerstörung des Kapitalismus.

Es fand zwar eine Akkumulation des Kapitals (z. B. multinationale Unternehmen, Fusionierung, Wachstum des Aktienkapitals)[7] statt, doch die Produktivitätssteigerung in den hoch entwickelten Industrieländern hat nicht zur Verelendung sondern zu einer Wohlstandsgesellschaft geführt. Auch den Armen in den Industriestaaten geht es heute viel besser als vergleichbaren Gruppen vor 150 Jahren. Außerdem unterschätzten Marx und Engels die zunehmende Differenzierung der Gesellschaft.[8] Somit erwies sich auch ihre Vorhersage, dass die internationale Solidarisierung und Organisation der Arbeitnehmer ein entscheidender Herrschaftsfaktor werde, als falsch. Zu einer Verelendung vieler Menschen kam es nicht in den kapitalistisch hochentwickelten, sondern in den unterentwickelten Ländern. Dies änderte nichts am Weltwirtschaftssystem, im Gegenteil, die Verelendeten lassen sich hervorragend ausbeuten. Die holzschnittartige Einteilung der Menschen in Kapitalisten und Proletarier berücksichtigte nicht die Vielfalt der ethnischen, religiösen und anderen Gruppen und die dynamische Entwicklung der Sozialstruktur und der Lebensstile und erwies sich somit als ziemlich unbrauchbar für die Erklärung von gesellschaftlichem Wandel. Die Verbindung von wissenschaftlicher Argumentation und Heilslehre in den Schriften von Marx und

---

[6]Akkumulation des Kapitals: Anhäufung von Geld und anderen ökonomischen Mitteln und Gütern. Bei Bourdieu und auch in diesem Text wird der Begriff Kapital ausgeweitet und bezieht sich auf alle materiellen und nicht-materiellen Güter, die von Gruppen für wertvoll gehalten werden.

[7]Akkumulation des Kapitals wird auch über die Vergabe von Toppositionen in der Wirtschaft an einen kleinen Kreis von Familien und Clans betrieben (Hartmann 2002).

[8]Max Weber wies 1918 auf die Tatsache der Schrumpfung des Anteils der Arbeiter und die Gefahren bürokratischer Herrschaft hin. „Die Diktatur des Beamten, nicht die des Arbeiters, ist es, die – vorläufig jedenfalls – im Vormarsch begriffen ist" (Weber 1988, 508).

seiner Nachfolger war ein guter Nährboden für Ideologien. Doch die Lehren von Marx sind wie die von Freud Teil der Weltkultur und des öffentlichen Bewusstseins geworden und somit wäre es unangemessen, sie nur als wissenschaftliche Theorien oder Hypothesen zu analysieren oder als falsifiziert abzutun.

Biologische und *soziobiologische* Theorien siedeln Konflikte auf der elementarsten Ebene des Lebens an: Kampf der Gene. Der Sozialdarwinismus ist in den Sozialwissenschaften ziemlich verkümmert, doch die Aufnahme biologischer Erkenntnisse in der soziologischen Theorieentwicklung wird auch in Zukunft eine bedeutende Rolle spielen.

Feministische Theorien beziehen sich auf den historischen Kampf zwischen dem Patriarchat und sich emanzipierenden Frauengruppen (Becker-Schmidt und Knapp 2001).

Theorien über *Kulturkonflikte* haben bereits ein ehrwürdiges Alter. Der Zweite Weltkrieg war durch einen Kulturkampf mitgeprägt: westliche, demokratische Kulturen vs. Kommunismus vs. Faschismus/Nationalsozialismus. Nach dem Sieg über den Faschismus dominierte der Ost-West-Konflikt, der zwar nicht verschwunden, aber unbedeutsamer geworden ist. Nach dem Zusammenbruch des Kommunismus traten alte kulturelle und kollektive Konflikte hervor: Jugoslawienkrieg, fundamentalistischer Islam vs. westliches Wertesystem und verschiedene ethnische Konflikte. Huntington (1996) prognostiziert aufgrund seiner Einteilung in fünf Hauptkulturen weltweit Kulturkonflikte. Doch es gibt nicht nur interkulturelle, sondern auch intrakulturelle Kämpfe. Der meist latente Konflikt zwischen Hoch- und Populärkultur, bzw. zwischen verschiedenen Subkulturen oder Gruppenkulturen wird häufig missachtet. Schulische und universitäre Curricula sind geronnene oder versteinerte Kulturkämpfe und begünstigen die oberen Schichten.

Verschiedene *ökologisch* orientierte Sozialwissenschaftler haben auf Konfliktpotenziale zwischen den im 20. und 21. Jahrhundert in den Industriestaaten lebenden Menschen und folgenden Generationen hingewiesen (Klimawandel, Ressourcenverbrauch, Umweltzerstörung, sozio-ökonomische Strukturen). Dieser Konflikt wird durch Umweltbewegungen und -organisationen zunehmend manifester und er könnte die spätere Einschätzung der derzeitigen westlichen Kultur bestimmen.[9].

Vor allem gibt es weltweit die vielen realen Konflikte zwischen Gruppen, die sich nach Religion, Tradition, Sprache und anderen Merkmalen unterscheiden.

---

[9]Falls die Erderwärmung schneller als erwartet katastrophale Konsequenzen für menschliche Gruppen erbringt, könnten Mitglieder der künftigen Konfliktgeneration bereits jetzt unter den Lebenden weilen.

Eine repräsentative Befragung im Jahr 2002 ergab, dass Deutsche in Zukunft vor allem Konflikte zwischen Ausländern bzw. Migranten und den Einheimischen und interessanterweise an zweiter Stelle zwischen Christen und Muslimen befürchten (Opaschowski 2004, 32). Erst an dritter Stelle wird der alte Klassenkonflikt zwischen Arm und Reich genannt. Allerdings wird von verschiedenen ExpertInnen als Ursache der im letzten Jahrzehnt sich verstärkenden Populismen, des Brexit und der Stärkung rechtsgerichteter Parteien neben kulturellen Spannungen der Klassenkonflikt genannt, der allerdings andere Definitionen des Begriffs Klasse benötigt, als sie von Marx gegeben wurde (vgl. Kalb 2011).

Konfliktansätze sollten mehrere Aspekte aufgreifen und spezifische Gruppen und Organisationen betrachten: z. B.

- Probleme der Weltgesellschaft (Kultur-, Sprachen-, Regions-, Klassen- und Geschlechterkonflikte),
- Arbeitslosigkeit (Klassen-, Generationen-, ethnische und Geschlechterkonflikte),
- Migration (Kultur-, Klassen-, Religions-, Institutionen- und Geschlechterkonflikte).

2.6   Symbolischer Interaktionismus

Im Gegensatz zu Funktionalismus und Konfliktansätzen, die von einer Makroperspektive (Vogelperspektive) ausgehen, bezieht sich der Interaktionismus[10] auf die Mikrowelt, die Alltagsbeziehungen der Menschen (Froschperspektive).

Der (symbolische) Interaktionismus beschäftigt sich mit dem Denken, Fühlen und Handeln der Menschen als Ergebnis zwischenmenschlicher Beziehungen (vgl. Abels 2010, 2012).

Menschen sehen einen Bettler auf der Straße, viele ignorieren ihn, finden ihn lästig, manche haben Mitleid oder andere Gefühle, geben ihm Geld. Ihr Urteil über den Bettler haben die meisten in Sekundenbruchteilen gefällt.[11] Was geht in

---

[10]Der Symbolische Interaktionismus wird teilweise unter dem Oberbegriff „Interpretatives Paradigma" eingeordnet, wobei noch die Phänomenologische Soziologie, die Ethnomethodologie, der Konstruktivismus und die structuration theory (Giddens) einbezogen werden können. (Vgl. Wiswede 1998, 118 ff.)

[11]Psychologische Experimente zeigen, daß Menschen ihre Einschätzungen anderer Menschen oft in einer Viertelsekunde durchführen, nicht nur bezüglich Schönheit oder Sympathie, sondern auch bezogen auf Intelligenz und Kompetenz (vgl. Frey 1999).

den Menschen vor? Warum denken und handeln sie so? Welche Formen des Bettelns findet man in modernen Großstädten? Die normalerweise von Soziologen verwendeten Merkmale Geschlecht, Alter, Schulbildung, Beruf und Gruppenzugehörigkeit helfen zwar, die Wahrscheinlichkeit des Verhaltens von Gruppen zu erklären, doch spezifische Forschungsansätze sind erforderlich, um die Feinstrukturen der Interaktionen, Deutungsmuster, Körperbewegungen und den „sozialen Sinn der Dinge" zu erfassen.

Ein Interaktionist fragt: Wie gestaltet der Bettler seine Aufführung, seine Fassade, das Rollenspiel? Er wählt eine Geschäftsstraße als Bühne. Alle, die ihn anblicken, werden in das Rollenspiel hineingezogen. Er aktiviert Gefühle bei den Vorbeigehenden. Er hat ein Schild aufgestellt: „Ich bin hungrig". Die meisten haben keine Lebensmittel bei sich. Was können sie stattdessen geben? Geld. Viele denken sich: Soll er doch arbeiten, wenn er Geld braucht. Was denken sie noch? Was fühlen sie? Neben ihm liegt eine Mütze, in der große Münzen oder auch Geldscheine liegen. Sie haben Aufforderungscharakter: Sei großzügig, gib! Der Bettler sucht den Blickkontakt mit den Passanten. Diese weichen seinem Blick aus.

Der Symbolische Interaktionismus wird der Soziologie zugeschlagen, obwohl er wie die Sozialpsychologie zwischen Soziologie und Psychologie angesiedelt ist. Seine wichtigen Vertreter, Mead, Blumer und andere, sind durch psychologische Konzeptionen, z. B. durch Freud und den Behaviorismus stark beeinflusst worden.

Nach *George Herbert Mead* (1968) entwickelt sich das Selbst aufgrund von sozialen Erfahrungen, die immer mit dem Austausch von Symbolen verbunden sind. Die Sprache ist das wichtigste Symbolsystem. Kinder entwickeln ein Verständnis von sozialen Situationen, indem sie innerlich oder auch in Form des Rollenspiels Erwachsene nachahmen. Sie spielen Mutter, Doktor, Kaufmann. Das innere und äußere Rollenspiel ist selbstverständlich auch für Erwachsene eine wichtige Form des Lernens und der Selbsterkenntnis. Andere Menschen sind unser Spiegel (oft auch ein Zerrspiegel), in dem wir uns sehen und begreifen, meinte der amerikanische Soziologe Cooley. Wir versuchen ihre Mienen, Worte und Handlungen zu lesen und denken darüber nach, was sie von uns halten. In uns ist nach Mead ein doppeltes Selbst: einerseits die personale Identität, von Mead „I" genannt, aktiv und spontan handelnd, andererseits das Objekt-Ich („Me"), die soziale Identität, wie ich meine, dass andere mich sehen. Kinder entwickeln allmählich ein eigenständiges Ich, da sie mit zunehmender Erfahrung immer mehr Objekt-Ichs (wie mich, Papa, Mama, Oma, die Erzieherin usw. sehen) zur Verfügung haben. Schließlich haben Menschen nicht mehr nur Mutter, Vater, einen

Lehrer usw. und deren Wünsche, wie sie sein sollen, verinnerlicht, sondern einen „allgemeinen Menschen", einen Proto- oder Idealtyp, der in der Regel die Normen und Werte der Kultur repräsentiert, eine Art Über-Ich. Das Selbst bleibt während des ganzen Lebens dynamisch: Das Zentral-Ich handelt jeweils mit seinen wechselnden Objekt-Ichs aus, wie es sich nach außen darstellen wird. Um diese flexible Identität sozial erfolgreich immer neu zu konstruieren, benötigt das Individuum verschiedene Kompetenzen: Z.B. sollten Menschen widersprüchliche Rollenerwartungen bewältigen und sich in andere einfühlen können.

Goffman († 1982), ein amerikanischer Soziologe, analysierte Interaktionen in verschiedenen Situationen und Organisationen und setzte dramaturgische Modelle zur Interpretation ein („Wir spielen alle Theater") (Goffman 1973, 1986).

Eine Lehrerin steht vor der Klasse (Vorderbühne), es klingelt, sie geht ins Lehrerzimmer (Hinterbühne). Es kommt zu einem Streit im Lehrerzimmer (Vorderbühne), sie geht zur Toilette und trifft dort eine andere Kollegin (Hinterbühne). Dienstleister machen sich oft auf der Hinterbühne über ihre Klienten (Schüler, Käufer, Patienten etc.) lustig. Auf der Vorderbühne versuchen die Akteure einen guten Eindruck zu machen und ihr Gesicht zu wahren (impression management). In Organisationen hängt das gute oder schlechte Image eines Menschen nicht nur von seinem Verhalten, sondern auch von der Größe, Ausstattung und Lage des Raumes ab, der ihm zur Verfügung steht. Die Kleidung, die Frisur, Statussymbole (Auto, Tasche, Uhr, Handy usw.), vor allem die Manieren, Bewegungsstrukturen, verbale Kompetenzen und Wissen formen den Eindruck, den jemand hinterlässt. In vielen Organisationen arbeiten Beschäftigte an ihrem Image, sie kaufen sich z. B. ein Auto, das vielleicht bei Kollegen Neid erregt, aber doch in seinem Status etwas unter dem Auto des Chefs angesiedelt ist.

Jeder hat für seine Aktivitäten und Rollen Skripte zur Verfügung, kleine Drehbücher und flexible Verhaltensketten, die in den konkreten Interaktionen meist verändert, gekürzt oder mit spontanen Einschüben versehen werden.

Zusammenfassend kann man den Symbolischen Interaktionismus, hier in seiner durch Sozialpsychologie und Theorien der Körpersprache erweiterten Form, durch folgende Annahmen charakterisieren:

1. Soziales Handeln ist *symbolvermittelt*. Menschen handeln aufgrund der ihnen selbstverständlich erscheinenden Bedeutungen von Dingen und Beziehungen.
2. *Bedeutungen* entstehen in der *Interaktion*. Worte und Gesten erhalten in sozialen Situationen ihre Bedeutung. Das kleine Wörtchen „Ja" kann ja, nein, vielleicht und vieles anderes bedeuten. Nicht-verbales Verhalten hat für das Erkennen und Bewerten von Menschen oft eine größere Bedeutung als verbales Verhalten.

3. *Erkenntnis* ist nicht eine Widerspiegelung von Wirklichkeit, sondern eine prozess- und kontextabhängige Interpretation der Beziehungen zwischen Begriffen, Gegenständen, Personen und anderen sozialen Gebilden.

4. Interaktion und Kommunikation vollzieht sich auf verschiedenen Ebenen oder Dimensionen, z. B. auf einer *Inhaltsebene* (z. B. Informationen) und einer *Beziehungsebene* (z. B. emotionale Botschaften) (vgl. Watzlawick und Beaven 2011).

5. Soziale Situationen werden durch die Beteiligten *definiert*. Dabei wird um alles gefeilscht: Bedürfnisse, Rollen, Interessen, Identität, Geld etc.

6. Personen, die von der Polizei eines Verbrechens beschuldigt und verhört werden, geben manchmal das Verbrechen zu, obwohl sie es nicht begangen haben. Es wird also eine „subjektive Realität" hergestellt, die der „objektiven Realität" nicht entspricht.

7. *Thomas-Theorem:* Wenn die Menschen Situationen als real definieren, so sind auch ihre Folgen real (vgl. Esser 1999, 59 ff.). In diesem Zusammenhang spricht man auch von sich-selbst-erfüllender Prophezeiung. Weil Menschen Hexen für „real" hielten, haben sie diese „leibhaftigen" Hexen verbrannt.

8. Widersprüchliche Erwartungen und Normen werden situationsspezifisch in Handeln „übersetzt". Manche laufen trotz roter Ampel über die Straße, um eine wichtigere Norm einzuhalten, z. B. pünktlich zu erscheinen.

9. Die Ausbildung von Selbstbewusstsein und Identität erfolgt durch antizipative (vorausschauende) *Rollenübernahme*. Eine Person definiert sich kontextabhängig als gläubige Christin, da sie die Absicht hat, später mit kirchlichem Pomp zu heiraten.

10. Die *Identität* wird immer wieder in Interaktionen ausgehandelt und bestimmt. Menschen ändern heute häufiger Identitätsteile als in früheren Zeiten: Berufs- und Partnerwechsel, Therapie, Gruppenveränderung, Weiterbildung (Identität als Prozess).

11. Um diese flexible Identität erfolgreich und situationsangemessen konstru- ieren zu können, sind Kompetenzen erforderlich: Rollendistanz, Ambi- guitätstoleranz (widersprüchliche Rollenerwartungen bewältigen), Empathie (Einfühlungsvermögen) etc.

Ein Beispiel für die Anwendung einer interaktionistischen Betrachtungsweise: Streckeisen (2001) hat den Prozess des Sterbens im Krankenhaus und der Behandlung der Toten in Fallstudien in der Schweiz detailliert analysiert.

Die sterbende Person im Krankenhaus wird teilweise als Objekt behandelt,
was als Vorbereitung auf die Totenrolle gesehen werden kann.[12] Manche Ärzte,
Krankenschwestern und Angehörige sprechen vor der sterbenden Person von ihr
und über sie, als wäre sie schon eine Leiche. Bezugspersonen stellen die Kran-
kenbesuche ein und rufen bei einem Bestattungsunternehmen an. Eine gestorbene
Person kann andererseits von Angehörigen noch als Person behandelt werden,
sie wird gestreichelt, mit ihr wird gesprochen usw. Nach dem physischen Tod
erfolgt durch das Herrichten der Leiche eine „Entpersonifizierung", die Person
wird durch das Umbetten und den Transport in den Kühlraum zum kommunika-
tionslosen toten Körper. Der Bestatter kann eine „symbolische Wiederbelebung"
(des Körperäußeren) bewirken, um den Angehörigen eine Kommunikation mit
dem Toten zu erleichtern. Durch die Erdbestattung oder Verbrennung wird die tote
Person in der Regel endgültig „physisch ausgegliedert". Freilich kommunizieren
viele Witwen mit ihrem verstorbenen Mann noch viele Jahre, sie verzögern also
in ihrem privaten Feld das soziale Sterben, obwohl das physische Sterben schon
lange abgeschlossen ist (vgl. Feldmann 1997, 1998b).

Eine Depersonalisierung kann auch bei lebenden Menschen erfolgen, z. B. bei
einer Untersuchung einer Frau durch einen Gynäkologen wird eine kurzzeitige
Verwandlung von einer personalen Beziehung (Gespräch mit der Patientin) zu
einer Objektbeziehung (Untersuchung eines Körperteils) vollzogen, um schließlich im Abschlussgespräch wieder zu einer personalen Beziehung überzugehen.

Dem Symbolischen Interaktionismus wird vorgeworfen, dass er auf historische
und kulturelle Entwicklungen nicht eingehe und Institutionen und soziale Gruppen (z. B. Klassen) zu wenig berücksichtige. Außerdem könnte durch die Vorliebe
für diese Position auch der durch die Massenmedien verbreitete Interaktionismus (Talkshows, Fernsehserien, Social Media) und Personenkult verstärkt und
das strukturelle, systembezogene und funktionale Denken „geschwächt" werden.

Doch die Verschwisterung des Symbolischen Interaktionismus mit gesellschaftlichen Prozessen kann auch als Pluspunkt für die theoretische Position
verbucht werden. Heute muss viel mehr ausgehandelt und situationsspezifisch
definiert werden als in früheren Jahrzehnten – auch die Familie hat sich in der
Tendenz „vom Befehlshaushalt zum Verhandlungshaushalt" (du Bois-Reymond
1994) entwickelt und das Internet ist ein lokales und globales Interaktions- und
Kommunikationsmedium. Es handelt sich folglich um eine theoretische Position,

---

[12]Kann ein Toter „eine Rolle spielen"? Ja, denn Rollen werden durch Erwartungen (der
Lebenden) definiert.

die dem Zeitalter der Individualisierung, Privatisierung, des homo oeconomicus, der Psychologisierung und der Globalisierung (Kosmopolitismus) angemessen ist.

2.7 Nutzentheorie

Als letzte Theorieperspektive wird die Nutzentheorie (ökonomische Handlungstheorie, rational choice Theorie) betrachtet. Einige wichtige Vertreter sind Raymond Boudon, James Coleman und Hartmut Esser, die sich auf Max Weber berufen. Für sie – und für viele andere Soziologen – stellt die (ökonomische) Handlungstheorie die Basis dar, aus der die anderen Perspektiven abgleitet werden können.

Diese Behauptung erscheint der Erkenntnis zu widersprechen, dass sich Soziologie in erster Linie für kulturelle und soziale Muster, Strukturen und Regelmäßigkeiten interessiert. Durkheim forderte, dass derartige soziale Tatbestände „losgelöst von den bewußten Subjekten, die sie sich vorstellen", erfasst werden (Durkheim 1976: 125). Durch die ökonomische Handlungstheorie werden dagegen diese kollektiven Sozialgebilde als Resultanten des Handelns vieler Individuen erklärt. Diese Sichtweise wird auch als „methodologischer Individualismus" bezeichnet. Anders gesagt:

Wie der Name schon sagt, geht der Ansatz davon aus, dass Akteure in Handlungssituationen Entscheidungen treffen, um ihren Nutzen zu mehren. Ihre Entscheidungen müssen nicht „objektiv" rational im Sinn der Maximierung einer Nutzenfunktion sein (Boudon 1980: 195–203). Denn die Akteure sind einer Vielzahl von Einschränkungen unterworfen, auch hinsichtlich ihrer Fähigkeit, Probleme und Informationen zu verarbeiten (Lindenberg 1985). Aber sie versuchen, die ihnen zur Verfügung stehenden Handlungsressourcen gemäß ihren subjektiven Präferenzen (Zielen, Bedürfnissen) einzusetzen.

Max Weber bezeichnete diese Motivationsgrundlage als *subjektiven Sinn.* Soziologen (und andere Mitmenschen) können aber ihre Fähigkeit nutzen, sich in die soziale Situation, wie sie Akteure typischerweise einschätzen und bewerten, hineinzudenken. Doch nach welchen allgemeinen Regeln wählen die Akteure mögliche Handlungen *(ursächliches Erklären)?*

Für die „Gesetze" dieses nutzenorientierten Handelns gibt es unterschiedliche Vorschläge. Harmut Esser (1999a) beispielsweise schlägt die sog. Wert-Erwartungs-Theorie vor. Ihr zufolge wählt ein Akteur zwischen Handlungsalternativen diejenige Handlung aus, die mit einer gewissen Wahrscheinlichkeit zu für sie positiven Konsequenzen führt. Dabei ist wichtig hervorzuheben, dass sowohl die

Eintrittswahrscheinlichkeit wie die Wünschbarkeit der Konsequenzen subjektiv – aus Sicht des Handelnden – ist.

Durch diese handlungstheoretische Theorieperspektive werden soziale Prozesse als indirekte, meist unbeabsichtigte Ergebnisse eines problemlösenden, situationsorientierten, mit guten subjektiven Gründen versehenen (sinnhaften), aber auch immer von Knappheiten begrenzten Handelns verstanden. Die Akteure werden durch diese Folgen ihres Tuns geprägt und so werden ihre Erwartungen und Bewertungen umgeformt (Esser 1999: X).

2.8 Theorieanwendung am Beispiel Scheidung

Die Fruchtbarkeit der vier zentralen Theorieperspektiven wird im Folgenden am Beispiel der Erklärung der hohen Scheidungsraten in Industrieländern dargestellt (Peuckert 2019, 257–296).

Scheidungen sind im Laufe des 20. Jahrhunderts in Deutschland und anderen Industriestaaten immer häufiger geworden. Während 1965 nur 12 von 100 Ehen geschieden wurden (bezogen auf eine Ehedauer bis zu 25 Jahren), waren es 2000 schon über 38. Seit dieser Zeit gibt es einen leicht rückläufigen Trend[13]. Heute wird etwa jede 3. Ehe geschieden.

Scheidung ist nicht nur in der Sicht vieler Menschen nach wie vor ein Problem, sondern sie kann auch ungünstige soziale Konsequenzen nach sich ziehen. Kinder aus Scheidungsfamilien zeigen häufiger als Kinder aus Familien, in denen sie mit beiden Eltern zusammenleben, psychische und soziale Abweichungen. Vor allem ist das Armutsrisiko der Alleinerziehenden – überwiegend Frauen – deutlich höher (Nave-Herz 2019, 133–141; Peuckert 2019, 297–330).

Wie kann der Problembereich Scheidung theoriebezogen erschlossen werden? (Vgl. auch die Ausführungen im Kapitel über „Familie, Verwandtschaft etc.")

Funktionalismus
Scheidung betrifft vor allem die Institution Familie, doch auch Religion, Recht und Gesundheit. In einer funktionalistischen Betrachtung kann geprüft werden, wieweit die Institution Scheidung mit der Institution Familie verträglich ist und für verschiedene Institutionen (Staat, Ökonomie, Schule etc.) als funktional oder

---

[13]Statistisches Bundesamt, 2019: Eheschließungen, Ehescheidungen und Lebenspartnerschaften [https://www.destatis.de/DE/Themen/Gesellschaft-Umwelt/Bevoelkerung/inhalt.html; 20.10.2019].

dysfunktional angesehen wird. Vertreter der christlichen Kirchen haben traditionellerweise gegen die rechtliche Zulassung von Scheidung erbittert gekämpft, weil sie eine Schwächung ihrer Institution befürchteten. Die Liberalisierung war jedoch im Interesse des Staates, der Wirtschaft und der Mehrheit der Bevölkerung.

Die Familie ist nicht mehr ein Kleinbetrieb oder ein patriarchalisches Gebilde, das alle Mitglieder in Abhängigkeit hält. Viele Funktionen der Familie wurden teilweise von staatlichen und anderen Institutionen übernommen: Kindererziehung, Krankenpflege. Geburtenkontrolle liegt in viel stärkerem Maße in den Händen der Frauen als in früheren Zeiten. Die Abhängigkeit der Frauen von der Ehe und ihren Männern hat sich durch rechtliche Regelungen, Bildung und zunehmende Berufstätigkeit verringert.

Vermehrte Scheidungen bedeuten nicht, dass die Ehe als Institution nicht mehr attraktiv ist. Bekanntlich heiraten die meisten, die sich scheiden lassen, wieder. Funktionalistisch gesehen sind also hohe Scheidungsraten weder eine Gefährdung der Institution Familie noch der Institution Ehe, sondern sie dienen der Anpassung an veränderte gesellschaftliche Verhältnisse. Allerdings ist die Unterstützung alleinerziehender Frauen und ihrer Kinder ein nach wie vor mangelhaft gelöstes Problem.

Symbolischer Interaktionismus
Die Interaktion zwischen Mann, Frau und Kind ist nicht mehr so standardisiert, eng festgeschrieben, normativ rigide geregelt wie früher. Es wird mehr ausgehandelt. Zufriedenheit und Harmonie der Gefühle sind von zentraler Bedeutung und Gefühle verändern sich eben leicht. Aufgrund dieser Auflösung des starren institutionellen und normativen Gefüges sind alle Familienmitglieder von den Erwartungen der anderen Familienmitglieder abhängiger geworden. Dadurch kommt es häufig zu einer „Überforderung" der Ehegemeinschaft. Die Liebesideologie (Ehrlichkeit, sexuelle Treue, dauerhafte emotionale Zuwendung) steht im Widerspruch zur Selbstverwirklichung und zum Genussstreben (Illouz 2011).

Das Ich, d. h. die personale Identität, hat sich auf Kosten des Über-Ichs, des verinnerlichten Normgefüges, stärker entwickelt: Individualisierung. Frauen haben mehr Vorder- und Hinterbühnen zur Verfügung als früher: Mobilität, Berufstätigkeit, sexuelle und soziale Freizügigkeit. Alternative Beziehungen stehen für beide Partner mit relativ geringeren sozialen Kosten zur Verfügung. Die Vorstellungen über richtige Kindererziehung und viele Tätigkeiten sind differenzierter und heterogener. Die vorherrschende gesellschaftliche Bedeutung von Scheidung hat sich von Sünde, Schande, Stigma, Katastrophe zu einem normalen Ereignis, Befreiung und Selbstverwirklichung geändert. Je mehr Personen nicht heiraten oder sich scheiden lassen, umso größer ist der Partnermarkt. Somit sind die Risiken, allein zu bleiben, wenn man sich scheiden lässt, geringer als früher. Die rationalistische Annahme, dass diejenigen, die einen Partner einige Zeit testen, bevor sie ihn heiraten, eher eine Scheidung vermeiden können, ist empirisch nicht bestätigt worden. Personen, die vor der Heirat in einem Haushalt zusammenleben, haben ein höheres Scheidungsrisiko als diejenigen, die erst nach der Heirat eine gemeinsame Wohnung beziehen. Die Institution Ehe wird von diesen Personen wahrscheinlich eher instrumentell gesehen, nach ihrem Nutzen beurteilt.

Untersuchungen belegen, dass Einstellungen und Interaktionsstrukturen die Scheidungswahrscheinlichkeit stark beeinflussen; sie steigt, wenn.

- beide Ehepartner liberale Einstellungen haben,
- Konflikte zwischen den Partnern bezüglich der häuslichen Arbeitsteilung bestehen,
- beide Partner geringe religiöse Bindungen und pessimistische Lebenseinstellungen haben (Calhoun et al. 1994, 302).

Konfliktansatz

Die Gesellschaft wird durch soziale Konflikte geprägt, vor allem zwischen sozialen Klassen, Geschlechtern und Altersgruppen.

Patriarchalische Strukturen haben die abendländische Kultur bestimmt. Frauen können heute aus familieninternen Unterdrückungsverhältnissen leichter ausbrechen: höhere Scheidungsraten. Früher waren die Machtverhältnisse in der Ehe durch ein rigides Wert- und Normsystem festgelegt. Heute haben Frauen bessere Gewinnchancen in Machtkämpfen mit ihren Ehemännern als früher. Die Scheidung wird als legitimes Mittel anerkannt, unerträglichen Konflikten zu entkommen. Geschiedenen Frauen werden die, in der Regel für sie besonders wertvolle Ressourcen, nämlich die Kinder, zugesprochen.

Die soziale Ungleichheit führt für die Unterprivilegierten zu Stress, Frustration und Krankheit, da die geweckten Konsum- und Statuswünsche und sozialen Erwartungen nicht befriedigt werden können. Diese Frustrationen werden in die Familie getragen und führen dort zu anomischen und desintegrierenden Prozessen. Die Scheidungs- und Trennungsraten sind in Unterschichtfamilien höher als in Mittel- oder Oberschichtfamilien. In diesen unterprivilegierten Familien steht weniger ökonomisches, soziales und kulturelles Kapital zur Verfügung, um Konflikte und Krisen zu bewältigen.

Kinder aus geschiedenen oder getrennten Familien sind von den Konflikten langfristig betroffen. Die Wahrscheinlichkeit, dass sie in psychosoziale Problemlagen geraten, dass sie sich z. B. scheiden lassen, ist erhöht.

Nutzentheorie

Für die ökonomische Handlungstheorie erklärt sich partnerschaftliche (In-)Stabilität durch das Zusammenspiel von Anreizen, Opportunitäten und Rahmungen (Esser 2014). „Anreize" beziehen sich auf den "Ehegewinn". Das kann ökonomisch gemeint sein, etwa geringere Kosten durch gemeinsame Haushaltsführung und ein höheres Gesamteinkommen durch eine vorteilhafte Arbeitsteilung in Haushalt und Beruf. Vor allem aber meint Gewinn hier den (möglichen) Beziehungsgewinn durch die Interaktion mit dem Partner.

Wird der Ehegewinn für einen Partner negativ, muss noch nicht die Trennung (Scheidung) erfolgen. Gegen eine Trennung können z. B. Suchkosten, mangelnde Gelegenheiten und die Abwesenheit potenziell neuer Partner sprechen (Opportunität). Vor allem aber ist jede Partnerschaft/Ehe sinnhaft gerahmt. Das meint zum einen die Einbettung in gesellschaftliche Normen und Erwartungen. Beispielsweise sind die Ansprüche an die partnerschaftliche Beziehungsqualität gestiegen, was rascher zu Enttäuschungen führt. Zum anderen unterliegt jede Ehe einer eigenen Definition für Situationen und Handlungen. Hier ist besonders die Rahmung (auch *Framing* genannt) am Beginn der Beziehung wichtig.

Idealtypisch lassen sich starke und schwache Frames unterscheiden: Erstere gehen von einer unbedingten Fraglosigkeit der Beziehung aus, schwachen Frames hingegen liegt ein Partnerschaftsmodell zugrunde, das die Möglichkeit von Trennung/Scheidung von vornherein beinhaltet. Schwache Frames reagieren auf allfällige Schwankungen der Ehequalität viel stärker als starke Frames. Am stärksten treten die Effekte des Framings bei einer Ehekrise zutage.

2.9   Integration der Ansätze?

Die vier Ansätze sind keine akademische Erfindung. Sie können im Alltagsbewusstsein entdeckt werden.

Ein Kleinkind beginnt als Interaktionist, von gesellschaftlichen Funktionen weiß es nichts und es kennt nur Konflikte mit Personen, nicht zwischen Gruppen. Erwachsene sind in der Familie meist interaktionistisch orientiert, im Beruf, vor allem wenn sie in bürokratischen Organisationen tätig sind, handeln sie häufig aufgrund funktionalistischer Annahmen, während sie bei Wahlkämpfen oder im Krieg oft eine Konfliktperspektive einnehmen. Bei Handlungsalternativen wägen

Menschen Kosten, Nutzen und Eintrittswahrscheinlichkeiten ab. Hitler war wahnhaft von einem rassistischen Konfliktansatz besessen. Witze kann man besser mithilfe des Symbolischen Interaktionismus, als aufgrund systemtheoretischer Konzeptionen verstehen und erklären.

Die vier Ansätze sollen miteinander konkurrieren, bzw. als getrennte Modelle oder Werkzeuge eingesetzt werden. Trotzdem ist die Frage interessant, wie sie kombiniert werden könnten. Das setzt voraus, dass man jeden Ansatz von der Warte der anderen beiden betrachtet.

Der Funktionalismus wurde vor allem von Konflikttheoretikern hart kritisiert – er sei nur zur Rechtfertigung des Bestehenden geeignet und könne gesellschaftliche Veränderungen nicht erklären. Der marxistische Konfliktansatz wird von vielen als veraltet und politisch diskriminiert bezeichnet. Der Interaktionismus wird von Funktionalisten (aber auch von vielen empirisch arbeitenden Sozialwissenschaftlern) als diffus und unsystematisch beschrieben. Der Nutzentheorie wird vorgeworfen, ein allzu rationalistisches Menschenbild zu haben.

Eine funktionalistische Erörterung kann man durch interaktionistische Überlegungen zu den Bedeutungsänderungen und -schwankungen von Begriffen wie Familie, Ehe, Kind, Erziehung, Selbstverwirklichung und Lebensqualität bereichern. Ein Konfliktansatz lässt sich durch Überlegungen über Funktionen von Klassen, Gruppen, Interessen und Ideologien und durch die Interaktionsspielräume von Gruppen und Personen differenzieren. Eine interaktionistische Perspektive wird durch historische Aspekte und den Einbezug der Unterschiede zwischen Institutionen an Erklärungskraft gewinnen.

Die Verbindung von Funktionalismus, Interaktionismus (unter Einbeziehung psychologischer Theorien) und Konfliktansatz soll am Beispiel Scheidung erörtert werden, d. h. die nach Ansätzen getrennten Aspekte können zusammengeführt werden. Soziologie erweist sich als Wissenschaft mit Praxisbezug, wenn folgende Fragen gestellt werden:

Ist Scheidung ein gesellschaftliches Problem? Werden die Scheidungs- und Trennungsraten weiter steigen? Wie können die Benachteiligungen, die durch Scheidung entstehen, gemildert werden?

Im ersten Schritt erfolgt eine funktionale (Makro-)Analyse, die gesellschaftliche Struktur wird in Modellen abgebildet, in die Makrodaten (Wirtschaftsdaten, Scheidungs- und Geburtenraten usw.) eingefügt werden. Prognosen werden erstellt (Wirtschaftsentwicklung, Politik, Technologien, Migration, Bevölkerung). Der Anteil der alten Menschen nimmt zu, während der Anteil der jungen Menschen abnimmt. Die steigende Bildung, vor allem der Frauen, und die Labilität des Arbeitsmarktes werden u. a. Folgendes bewirken: weiterhin geringe Geburtenraten, Erhöhung des Heiratsalters, häufiger Wechsel der Arbeitsstätte und zunehmende Mobilität mit der Folge, dass dauerhafte lokale Bindungen erschwert werden.

Als zweiter Schritt werden konkrete Interaktionen und Handlungsketten beschrieben, die das Problem betreffen. Am besten eignen sich Feldstudien, qualitative Interviews und Beobachtungen. Zur Erklärung werden nun sowohl die im ersten Schritt gewonnenen Makrokonzepte als auch interaktionistische und sozialpsychologische Analysen verwendet.

Personen werden nach ihren Erfahrungen mit Scheidungs- und Trennungsfolgen befragt. Faktoren, die Benachteiligungen verhindern oder mildern, werden erhoben. Langzeituntersuchungen sind erforderlich. Amerikanische Untersuchungen seit den 40er Jahren weisen auf einen Übergang von einer funktionalistischen zu einer interaktionistischen *Legitimation*. Während Personen in den 40er Jahren vor allem Mängel in der Erfüllung von familiären Aufgaben (Fernbleiben von zu Hause, Trunksucht etc.) als Scheidungsgründe angaben, wurden seit den 80er Jahren Selbstverwirklichung, Kommunikationsprobleme, emotionale Entfremdung, Bindungs- und Engagementmängel und Wertkonflikte angegeben (vgl. Gelles et al. 1995, 392 ff.; Bodenmann et al. 2007).

In einem dritten Schritt wird versucht, die durch die Interaktion und das interdependente Handeln vieler zu erwartenden Folgen auf der Makroebene, also die unbeabsichtigten Strukturänderungen und Gruppenkonflikte, vorherzusagen. Dies wird als Aggregation bezeichnet.

Scheidung und Trennung ist ein Konfliktgeschehen: zwischen den Partnern und den Personen, die sich jeweils einer „Partei" anschließen; zwischen religiösen und anderen weltanschaulichen Gruppen; zwischen Institutionen (Familie, Politik, Beruf, Religion). Bei steigendem Migrantenanteil steigt auch der Anteil der Ehen zwischen Deutschen und Migranten. Diese Ehen weisen ein erhöhtes Scheidungsrisiko auf (Roloff 1998 in Peuckert 2004, 185).

Zuletzt werden Szenarien aufgestellt, in denen Veränderungen der Rechtssituation, sozialpolitische Maßnahmen, Neuerungen im Erziehungsbereich mit den zu erwartenden Konsequenzen eingebaut werden (vgl. zur Soziologie der Scheidung Herzer 1998; Mazzurana 2018).

2.10   Ansätze und 3 Powertools

Wenn man die vier Ansätze anwendet, dann ist die Analyse einer sozialen Tatsache oder eines Ereignisses nicht abgeschlossen.

Wenn Sie die 4 Ansätze geladen haben, geben Sie GAS!

G = Geschlecht
A = Alter
S = Soziale Schicht.

Diese rätselhafte Aussage wird im weiteren Verlauf des Textes immer plausibler werden. Hier soll sie nur kurz durch ein Beispiel illustriert werden.

Nehmen wir an, das *Internet* wird soziologisch analysiert.

Funktionalismus: Das Internet verbessert die Kommunikation, erleichtert wirtschaftliches und wissenschaftliches Handeln und dient der Integration der Menschen und Institutionen.

Konfliktansatz: Gruppen bilden sich durch das Internet, Gruppen bekämpfen sich im Internet, das Internet ist eine neue Arena und ein neues Kampfmittel.

Interaktionismus: Im Internet wird interagiert, getäuscht, es entstehen Vorder- und Hinterbühnen, Identitäten werden konstruiert, Symbole und Deutungssysteme geschaffen und modifiziert.

Handlungstheorie: Das Internet bietet Anreize, Opportunitäten und Rahmungen. Die Sozialen Medien werden genutzt, weil dadurch Personen Ziele erreichen und Bedürfnisse befriedigen können. Durch die Medien wird der Erwartungshorizont gerahmt und normiert (Bowman et al. 2012).

Doch das ist nicht alles – GAS geben!

Geschlecht: Zuerst wurde das Internet von (jungen) Männern in Beschlag genommen, inzwischen ist der Frauenanteil kontinuierlich angestiegen.

Alter: Junge Männer und junge Frauen gestalten und nutzen es intensiv. Die soziale Distanz zwischen alten und jungen Menschen wird vergrößert.

Soziale Schicht: Über leistungsfähige Computer, Smartphones etc. und differenzierte Lesekompetenz verfügen hauptsächlich Mittel- und Oberschichtpersonen. Das Internet dient primär den Wohlhabenden, Gebildeten und den Inhabern gehobener Berufspositionen. Mittlerweiles ist in den wohlhabenden Ländern jedoch weniger die quantitative Nutzung als die qualitative Nutzung des Internets zwischen statusniedrigeren und -höheren Schichten bedeutsam. Jedenfalls werden digitale Medien weiterhin unterschiedlich konsumiert: von einigen Gruppen tendenziell passiv, zur Entspannung und zur Ablenkung, von anderen zur Informationssuche, zum Lernen und für berufliche Zwecke genutzt (Rudolph 2019: 109–172). Einfach im Internet „unterwegs" zu sein, ohne das Gefundene einordnen zu können, bringt keinen Lernfortschritt.

Die digitale Durchdringung der Gesellschaft hat somit nicht zu einer Vereinheitlichung des Medienkonsums oder zur Verringerung der sozialen Ungleichheit
geführt. Das Internet und Künstliche Intelligenz entwickeln sich in einer unüber-
sichtlichen politisch, umweltbedingt und sozial labilen Weltgesellschaft, wobei
soziologische Analysen Orientierungshilfen anbieten.

2.11   Der Ansatz von Bourdieu

Bourdieu kombiniert eine Konfliktperspektive mit einer interaktionistischen,
strukturalistischen (Lévi-Strauss) und funktionalistisch-systemtheoretischen
Sichtweise zu einem „strukturalistischen Konstruktivismus" oder einem „Denken
in Relationen" (vgl. Fuchs-Heinritz und König 2005, 232 ff.). Er will einseitige
Sichtweisen und die Mikro-Makro-Kluft zwischen Systemstruktur und Handeln
„überwinden".

Bourdieu führt ein Modell der Gesellschaft ein, in dem soziale Räume und Felder, z. B. Recht, Religion, Literatur oder Universität, und nicht nur Klassen oder
Schichten existieren. In diesen sozialen Feldern wird gespielt und gekämpft, und
zwar nach häufig verschleierten, impliziten Regeln. Jeder versucht, seine Position zu behaupten oder zu verbessern. Je mehr Kapital die Spieler zur Verfügung
haben, umso besser sind ihre Gewinnchancen.

Im Anschluss an Marx wählte Bourdieu den Schlüsselbegriff „Kapital"[14]. Der
Begriff bezieht sich nicht nur auf das „ökonomische Feld", sondern auf Politik,
Kunst, Religion, Wissenschaft usw.[15] Kapital ist entscheidend für die soziale Posi-
tion und für die „Spielchancen" (Geld, Grundbesitz, Beziehungen, Wissen usw.).
Bourdieu unterscheidet

1. ökonomisches (Einkommen, Vermögen),
2. soziales (Beziehungen zu einflussreichen Personen und Gruppen),
3. kulturelles (z. B. Fertigkeiten, Wissen, akademische Titel; siehe Kapitel
   „Erziehung") und
4. symbolisches Kapital (grundsätzliche Anerkennung, Prestige, Ehre, guter Ruf).
   Symbolisches Kapital wird überall benötigt, vor allem jedoch durch den
   Staat und in der Wissenschaft, Religion, Kunst und in den Massenmedien
   geschaffen.

---

[14]Vgl. den Abschnitt „Kapitalismus" im Kapitel „Wirtschaft".

[15]Bourdieu nennt die gesellschaftlichen Bereiche, die von den meisten Soziologen Institutionen oder von anderen Subsysteme genannt werden, Felder.

Soziales und symbolisches Kapital hängen eng zusammen, soziales Kapital bezieht sich auf die konkreten Beziehungen zu einzelnen Menschen oder Gruppen, symbolisches Kapital auf das allgemeine Prestige.

Die Vermehrung des Kapitals findet auf allen Ebenen statt, d. h. auf der des Individuums, der Familie, der Gruppe, der Region, der sozialen Klasse etc. Durch diese Akkumulation verstärkt sich die soziale Ungleichheit.[16] Bourdieu nimmt wie Marx an, dass es nicht ein Kontinuum der sozialen Ungleichheit gibt, sondern abgegrenzte hierarchisch geordnete soziale Gruppen. Mitglieder einer Klasse oder sozialen Gruppe haben einen ähnlichen „Geschmack" (Präferenzen für Kunst, Alltagsgegenstände, Freizeitaktivitäten, Einrichtungsgegenstände, Sprechgewohnheiten usw.), der gruppenspezifisch in den Körper und in das Bewusstsein eingeschrieben ist, den *Habitus* (vgl. Fröhlich 1994). Es handelt sich um ein durch Sozialisation erworbenes stabiles Wahrnehmungs-, Denk- und Interpretationsschema, das der Abgrenzung (Distinktion) gegenüber den anderen Klassen oder Gruppen dient. Am Habitus eines Menschen (Bewegung, Sprechen, Fertigkeiten, Kleidung, Ort, Einrichtung der Wohnung usw.) können die Mitglieder einer Klasse oder Gruppe erkennen, ob dieser Mensch einer der ihren ist.[17]

> „Es gibt mit anderen Worten tatsächlich, und das ist nach meiner Meinung überraschend genug, einen Zusammenhang zwischen höchst disparaten Dingen: wie einer spricht, tanzt, lacht, liest, was er liest, was er mag, welche Bekannte und Freunde er hat usw." (Bourdieu 1989, 25)

Das Grundgesetz der Bundesrepublik Deutschland gilt für alle Deutschen. Doch Sätze wie „Die Würde des Menschen ist unantastbar" klingen in den Ohren von Personen aus der Unterschicht fremdartig, kommen aus einer anderen Habituswelt, aus der des Bildungsbürgertums.

Habitus- und Kapitalbegriff überschneiden sich. Das Körperkapital und das kulturelle Kapital sind eng mit dem Habitus verwoben – der kurzsichtige, zart

---

[16]Für das ökonomische Kapital ist das einsichtig. Doch es gilt auch für kulturelles Kapital? Weiterbildungsmaßnahmen werden stärker von überdurchschnittlich gebildeten Personen in Anspruch genommen als von unterdurchschnittlich gebildeten.

[17]In früheren Jahrhunderten in einer Standesgesellschaft war dies allerdings viel leichter als heute in einer offenen pluralistischen Gesellschaft.

gestikulierende und gewählt sprechende Intellektuelle, der sich vom Maurer und vom Unternehmer abgrenzt.

Bourdieu ist hauptsächlich Strukturalist, d. h. die bewussten Handlungen der Menschen sind primär durch habituelle und feldgegebene Tiefenstrukturen erzeugt, an die die Personen „angekettet" sind. Trotzdem und vielleicht auch trotzig betont Bourdieu die Bedeutung der Selbstreflexivität, die Betrachtung des eigenen Habitus und des Feldes, die Aufklärung über Vorverständnisse und Selbstverständlichkeiten, und regt an, auf die Alltagswelt den distanzierenden Blick des Ethnologen zu richten (vgl. Fuchs-Heinritz und König 2005, 249 ff.).

2.12   Bedeutende Soziologen

Auf Comte, Spencer, Marx, Parsons, Goffman und Luhmann wird im Text Bezug genommen und Bourdieu wurde ausführlicher vorgestellt. Sie zählen zu den berühmten Soziologen, die häufig genannt und zitiert werden.

Im Social Sciences Citation Index werden die sozialwissenschaftlichen Aktienkurse (Häufigkeit der Zitate) mitgeteilt. In der Abb. 10 sieht man, dass Foucault, Giddens und Bourdieu in den 90er Jahren hinzugewonnen haben, während Marx und die Urväter Spencer und Comte keine Wachstumswerte sind[18] – Akkumulation des Kapitals oder der Matthäus-Effekt[19]. Von den Klassikern erweist sich Max Weber als der dauerhafteste. Wenn man allerdings in der Suchmaschine Google die Namen eingibt (Vorname und Nachname als eine Zeichenkette), schlägt Marx alle anderen mit großem Abstand. Die hier ausgewählten 13 Soziologen sind „weiße" Männer aus wenigen Ländern: 5 aus Deutschland, 4 aus Frankreich, 2 aus Britannien, 2 aus den USA. 11 von ihnen sind tot – also eine Art von Ahnenverehrung. Mindestens 3 von ihnen werden auch von einer anderen Wissenschaft, der Philosophie, beansprucht: Marx, Foucault und Habermas.

Auguste Comte († 1857) „erfand" den Namen Soziologie. Er wollte eine Art weltlicher Religionsstifter sein und teilte die Geschichte der Menschheit in drei Stadien (theologisch – metaphysisch – wissenschaftlich), das Dritte, hoffte er, als Oberpriester entscheidend mitzubestimmen. Nach seiner Lehre funktioniert die

---

[18]Eine kurze Recherche 2003 zeigt ein etwas verändertes Bild: Giddens und Habermas haben stark verloren, Foucault und Bourdieu sind nach wie vor Spitzenwerte, Marx, Parsons und Luhmann haben zugelegt. Das „Comeback" von Karl Marx scheint sich 2019 zu bestätigen.

Die Zahlen sind nur ein grober Hinweis auf die tatsächlichen Literaturbezüge, da schon die exakte Häufigkeit der Namensnennung im SSCI einer genaueren Recherche bedürfte, als sie hier geleistet wurde. Google Recherche am 15. 6. 2019.

[19]Matthäus-Effekt: Wer hat, dem wird gegeben werden.

Zitierte Soziologen	1992 (SSCI)	2006 (Google) in 1000	2019 (Google) in 1000
Michel Foucault	545	2930	7560
Anthony Giddens	350	664	1450
Pierre Bourdieu	364	1500	3770
Max Weber	494	2180	9180
Jürgen Habermas	438	1320	2280
Emile Durkheim	297	629	4330
Karl Marx	385	9010	29700
Talcott Parsons	287	303	856
Herbert Mead	189	184	516
Niklas Luhmann	99	597	1110
Norbert Elias	100	383	1040
Herbert Spencer	59	1070	2000
Auguste Comte	18	548	1850

Abb. 2.8 Anzahl der Nennungen in sozialwissenschaftlicher Literatur nach Social Sciences Citation Index und in Google

Gesellschaft wie die Natur nach Gesetzen, also müsse die Soziologie wie die Naturwissenschaft aufgebaut werden (Fuchs-Heinritz 1998) (Abb. 2.8).

Herbert Spencer († 1903) wird eher in angelsächsischen als in deutschen Lehrbüchern genannt. Er vertrat eine Variante des Sozialdarwinismus (Überleben der am besten angepassten Gruppen und Kulturen). Diese von Soziologen im 20. Jahrhundert stark abgelehnte Position hat zu seiner Abwertung geführt (Kunczik 1999; Deimling 1998, 203 ff.).

Karl Marx († 1883) betonte die wirtschaftliche Grundlage der Gesellschaftsentwicklung. Er interpretierte die Geschichte der Menschheit als Klassenkampf, der durch die Entwicklung der Produktivkräfte angetrieben werde. Der Kapitalismus (der wirtschaftliche Reichtum sammelt sich in den Händen weniger) werde zwangsläufig durch den Sozialismus (Sieg der Ausgebeuteten, klassenlose Gesellschaft) abgelöst werden. Er war der einzige Sozialwissenschaftler, dessen Werke einen bedeutsamen Einfluss auf Politik und Wirtschaft hatten (Dahrendorf 1999; Deimling 1998, 169 ff.).

Emile Durkheim († 1917) grenzte die Soziologie gegenüber anderen Wissenschaften ab. Er versuchte „soziale Tatsachen", z. B. Arbeitsteilung oder Selbstmordraten, nur durch soziale Tatsachen, z. B. soziale Integration und Kollektivbewusstsein, und nicht biologisch oder psychologisch zu erklären (König 1978; Müller 1999).

Max Weber († 1920) wies im Gegensatz zu Marx auf die eigenständige Wirksamkeit des symbolischen Bereichs (Denkmuster, Sprache, Glauben etc.) hin. Bestimmte Formen des Protestantismus (Calvinismus) hätten kapitalistisches Denken und Handeln begünstigt und damit die wirtschaftlich-technische Entwicklung (Kapitalismus) entscheidend beeinflusst. Weber forderte auch, dass Soziologen ihre religiösen, politischen und sonstigen Werturteile in ihrem beruflichen Handeln zurückstellen und werturteilsfrei forschen sollten (Käsler 1995).

Im 20. Jahrhundert wurde die US-amerikanische Soziologie zur dominierenden Kraft.

George Herbert Mead († 1931) gilt als Begründer des Symbolischen Interaktionismus und stellte Überlegungen an, wie das Bewusstsein gesellschaftlich erzeugt wird (Mead 1980; Joas 2003).

Talcott Parsons († 1979), der Hauptvertreter des Funktionalismus, errichtete ein theoretisches System zur Erklärung aller gesellschaftlichen Erscheinungen (Parsons 1972).

Die deutsche Soziologie ist durch den Nationalsozialismus in ihrer Entwicklung stark behindert worden. *Norbert Elias* († 1990), der aus Deutschland in den 30er Jahren fliehen musste, ist erst als alter Mann berühmt geworden. Er erforschte den europäischen Prozess der Zivilisation, die Bildung von immer größeren Herrschaftszonen (Monopolisierung von Macht und Gewalt) und die Zähmung des Verhaltens (die in aristokratischen Gruppen begann und sich schließlich in modernen Gesellschaften auf die Mehrheit der Menschen ausweitete) (Elias 1976; Kuzmics und Mörth 1991; Fröhlich 1991).

Außerdem sind in den 70er und 80er Jahren noch zwei deutsche Soziologen sehr bekannt geworden.

Jürgen Habermas, ein Nachfahre der Frankfurter Schule (Horkheimer und Adorno), wird sowohl als Philosoph als auch als Soziologe bezeichnet. Seine Unterscheidung zwischen einer eher kommunikativen und potenziell emanzipatorischen und einer kognitiv-technisch-instrumentellen Rationalität kann als ein Versuch der Verbindung der Gedanken von Max Weber und Karl Marx angesehen werden (Habermas 1981; Honneth 1999).

Niklas Luhmann († 1998) hat ähnlich wie Parsons eine eigene relativ geschlossene Systemtheorie geschaffen. Er hat sich mit einer Reihe von gesellschaftlichen Bereichen, wie Recht, Kunst, Wirtschaft usw., beschäftigt, sodass sein Werk vielfältige Anregungen nicht nur für Soziologen bietet (Luhmann 1984; Horster 2005; Stichweh 1999).

Von den französischen Soziologen der neueren Zeit haben international *Michel Foucault* († 1984) und *Pierre Bourdieu* († 2002) besonders viel Anerkennung erhalten. Foucault hat den geschichtlichen Wandel der Macht beschrieben, wobei

er Macht nicht als Eigenschaft von Individuen oder Gruppen, sondern als Netzwerk, als Teil der Sprache und aller menschlichen Äußerungen begreift (vgl.
Foucault 1977). In dem hier vorgelegten Text werden Konzeptionen von Bourdieu an verschiedenen Stellen verwendet (vgl. Bourdieu 1982, 1983; Fröhlich
1994; Bohn und Hahn 1999; Fuchs-Heinritz und König 2005).

Die britische Soziologie hat ebenfalls eine wichtige Gestalt hervorgebracht:
Anthony Giddens versucht (wie auch Bourdieu mit seinem Habitus-Begriff),
eine Verbindung zwischen (intentionalem) Handeln und institutionellen Strukturen, den unbeabsichtigten langfristigen Konsequenzen menschlichen Handelns,
herzustellen (Giddens 1986, 1999).

Diese Kürzestbeschreibungen können nur eine grobe Orientierung vermitteln.
Kenner werden in der Aufzählung eine Reihe von bedeutsamen Soziologen ver-
missen, auf die im folgenden Text allerdings Bezug genommen wird: Georg
Simmel, Theodor Geiger, Theodor W. Adorno, Erving Goffman u. a. Selbst-
verständlich ist lebendige Soziologie ein Unternehmen, an dem Zehntausende
intensiv mitwirken, nicht nur eine erlesene Schar toter und lebender berühmter
Männer, sondern auch viele Frauen; auf einige von ihnen wird im folgenden Text
Bezug genommen, z. B. Theda Skopcol, Arlie Hochschild, Jutta Allmendinger,
Petra Stanat, Rosemarie Nave-Herz oder Elisabeth Beck-Gernsheim.

Zum Vertiefen

Als knappes Nachschlagewerk zentraler soziologischer Begriffe hat sich etabliert:

Kopp, Johannes and Anja Steinbach, (Hrsg.) 2018. *Grundbegriffe der Soziologie*.
12. Aufl. 2016. Wiesbaden: Springer VS.

Es gibt viele gute Einführungen in die empirische Sozialforschung, zum Beispiel:

Kromrey, Helmuth et al, 2016: Empirische Sozialforschung: Modelle und
Methoden der standardisierten Datenerhebung und Datenauswertung. 13. Aufl.
Stuttgart: UTB.

Als Klassiker zu den Forschungsmethoden hat sich etabliert:

Döring, Nicola & Jürgen Bortz, 2016: Forschungsmethoden und Evaluation in
den Sozial- und Humanwissenschaften. 5. Aufl. Wiesbaden: Springer.

Auch für die hier nicht weiter behandelte, der Datenerhebung folgende Datenanalyse kann auf zahlreiche, gute Lehr- und Handbücher verwiesen werden, z. B.:

Bortz, Jürgen, Döring, Nicola, et al. 2016: Statistik für Human- und Sozialwissenschaftler. 7. Aufl. Wiesbaden: Springer.

und für Fortgeschrittene:

Backhaus, Klaus et al., 2018: Multivariate Analysemethoden: Eine anwendungsorientierte Einführung . 15. Aufl. Wiesbaden: Springer.

Mikrosoziologie

3

AUF EINEN BLICK

1. Aus Sicht der Soziologie ist es immer wieder erstaunlich, dass soziale Interaktionen zu funktionieren scheinen
2. Umfangreiche Lernprozesse (Sozialisation) und soziale Praxen (Erziehung, Kontrolle) sind hierfür nötig.
3. Dennoch ist Abweichung normal – und (alte) Normalität kann zu Abweichung werden.

Psychologie und Soziologie sind Schwestern. Trotz institutioneller und organisatorischer Grenzen und Rivalität gibt es viele Überschneidungen, wechselseitigen Austausch und Beziehungen zwischen den beiden wissenschaftlichen Disziplinen. Da es sich um Gruppen handelt, die um Positionen, Marktanteile (z. B. Buchmarkt, Forschungsgelder) und Territorien (z. B. den „Menschen" oder die Kleingruppe) konkurrieren, wird eifrig Abgrenzung betrieben, schon durch Namen wie Sozialpsychologie und Mikrosoziologie, aber auch durch (ab)wertende Begriffe, wie Behaviorismus, Reduktionismus, Subjektivismus, Spekulation oder Quasi-Theorie.

Von den vier Theorieansätzen ist der Symbolische Interaktionismus der Mikrosoziologie zuzuordnen, in der psychologische Theorien zu soziologischen Zwecken eingesetzt werden. Doch auch für die makrosoziologischen Konfliktperspektiven und funktionalistischen Ansätze haben sich mikrosoziologische und psychologische Konzepte als fruchtbar erwiesen.

© VS Verlag für Sozialwissenschaften | Springer Fachmedien Wiesbaden GmbH,   45
Wiesbaden 2021
K. Feldmann und S. Immerfall, *Soziologie kompakt*,
https://doi.org/10.1007/978-3-658-31450-7_3

3.1 Verhalten und Lernen

Lern- und Verhaltenstheorien sind Grundlagen für alle Beschäftigungen mit Menschen, also auch für die Soziologie (vgl. Esser 1999, S. 359 ff.). Solche Theorien lassen sich nicht nur mit dem Interaktionismus und der Nutzentheorie gut verbinden, sondern es gibt auch Vorschläge einer Kopplung von Funktionalismus und Lerntheorie (vgl. Wiswede 1998, S. 154 f., 266).

Belohnung (positive Verstärkung) und *Bestrafung* sind elementare Lernformen. Sie werden bei Tieren und Menschen mit Erfolg angewendet. Belohnung ist nicht nur aus humanen Gründen vorzuziehen, sondern sie ist auch die langfristig wirksamere und präzise Steuerungsform. Allerdings setzt wirksame Belohnung Kapital und die Kenntnis der Verstärker voraus. Mit Schokolade oder schönen Worten wird man nicht jedes Verhalten steuern können. Belohnung ist also die Lernmethode der Wohlstands- und Konsumgesellschaft. Bestrafung, die Lernmethode von Diktaturen und Gefängnissen, kann dagegen auch mit geringen Ressourcen durchgeführt werden, z. B. mit Drohung oder Gewalt – allerdings sollte man die mittel- und langfristigen Kosten einer solchen Verhaltenssteuerung nicht vernachlässigen (vgl. Feldmann 2002; Smith-Lovin 2001, S. 410)[1].

Strafen führen häufig zu unbeabsichtigten Wirkungen. Wenn ein Vater seinen Sohn, der ein anderes Kind geschlagen hat, prügelt, dann wird der Sohn lernen, dass die Informationen über seine eigenen Schlägereien möglichst nicht dem Vater zu Ohren kommen sollen. Er wird vielleicht auch lernen, dem Vater aus dem Wege zu gehen: *Vermeidungslernen.* Schüler, die die schulischen Stimuli (schlechte Noten, unfreundliche Lehrer) als bestrafend empfinden, werden in ihrer Leistungsmotivation geschädigt und eher die Schule schwänzen.

Der Begriff Belohnung ist mit den Begriffen Ressourcen, Kapital, Macht und Nutzen verwandt (vgl. die Abschnitte über Bourdieu, Kapitalismus und soziale Ungleichheit). Der Funktionalist Tumin (1967) unterscheidet im Anschluss an Max Weber drei Typen sozialer Belohnungen:

- finanzielle Belohnung (ökonomisches Kapital),
- Macht und
- Prestige (soziales und symbolisches Kapital).

---

[1] Sie wird auch in Demokratien, vor allem in den USA, deshalb noch allzu häufig angewandt (Strafrecht, Sozialgesetzgebung), weil die Kosten externalisiert werden, d. h. nicht die Gesetzgeber, die Polizei, die Richter oder die Reichen müssen die ökonomischen und sozialen Kosten tragen, sondern die Steuerzahler und die Armen.

Die offiziell vorgesehenen Belohnungen erhält man, wenn man konform den Institutionen dient und die Strukturen der Gesellschaft festigt, vor allem wenn man im Beruf und in der Familie erfolgreich arbeitet.

Nicht nur Bestrafung auch Belohnung kann (ökonomisch) kostenneutral erfolgen. In totalitären Regimen wurde Gefolgsleuten Gewalt über andere gegeben, z. B. über Regimegegner, die sie quälen durften, und die Verteilung von Orden und anderen Formen der symbolischen Anerkennung von Konformität und Leistung wurde gepflegt.

Verhalten, das nicht oder unwirksam belohnt wird, verkümmert, wird gelöscht. Wenn jemand sich immer strikt an die Einkommensteuergesetze oder die Verkehrsregeln hält, wird er nicht belohnt, ja sogar manchmal bestraft. Kein Wunder, dass sich die Steuermoral auf niedrigem Niveau befindet. Die meisten erhalten höhere Belohnungen für Steuerhinterziehung als für die strikte Einhaltung der Steuergesetze. Auch, dass die meisten leistungsschwachen Schüler leistungsschwach bleiben, ist u. a. durch diese einfachen Gesetze erklärbar: Sie werden durch schlechte Noten und Nichtversetzung für ihr schulisches Verhalten bestraft, Belohnungen dagegen erhalten sie kaum – ein Zeichen der Kompetenzschwächen von Kultusbeamten und Lehrern.

Doch Verhalten wird nicht durch ständige und übertriebene Belohnung besonders gefestigt. Verstärker nutzen sich ab, es entstehen Sättigungseffekte, wenn man täglich Bonbons bekommt. Außerdem verschwindet das Verhalten schneller, wenn einmal die ständige Belohnung abgesetzt wird. Also ist eine gelegentliche, aber immer wiederkehrende und den Bedürfnislagen angepasste Verstärkung wirksamer *(intermittierende Verstärkung)*.

In Belohnungskontexten können auch andere Reize oder Stimuli eine Verstärkerwirkung erhalten. Wenn es ein gutes Essen gibt, dann wird man eine Person, die anwesend ist, auch eher als angenehm empfinden, als wenn man gefoltert wird. In der Werbung werden Produkte mit angenehmen Stimuli (schönen Frauen, lieben Kindern, Palmen etc.) gekoppelt *(klassische Konditionierung)*.

Ein in bestimmten Situationen gelerntes und belohntes Verhalten wird auch in anderen ähnlichen Situationen auftreten: Lächeln, Höflichkeit, auf Fragen antworten (*Generalisierung* des Verhaltens). Andererseits lernen Menschen, in spezifischen Situationen auch besonderes Verhalten zu zeigen. Im Unterricht wird man für ruhiges Sitzen und Zuhören belohnt, bei einer Tanzveranstaltung nicht *(Reaktions- und Stimulusdifferenzierung)*.

Äußere Belohnung wird teilweise durch innere ersetzt. Fremdzwänge verwandelten sich in psychische Selbstzwänge. Kinder werden gelobt, wenn sie sich die Zähne putzen, die meisten Erwachsene haben das Verhalten verinnerlicht, empfinden Befriedigung bei der Zahnreinigung. *Internalisierung* wird vor allem beim Lernen wichtiger Werte und Normen angestrebt und ist ein Kennzeichen erfolgreicher Sozialisation.

Die hier skizzierte behavioristische Theorie des Verhaltens und Lernens war jahrzehntelang in der Psychologie dominant, wurde dann jedoch durch kognitive und sozialpsychologische Theorien in den Hintergrund gedrängt. Dieser Theoriewandel korrespondierte mit der Expansion des Bildungssystems, der Wissenschaft und der Entstehung einer Informations- und Wissensgesellschaft. Der behavioristische Ansatz ist jedoch als eine psychologische und mikrosoziologische Sichtweise, neben anderen, von Nutzen für die Erklärung sozialer Ereignisse und Bedingungen. Er steht auch in enger Beziehung zu modernen Ansätzen des rational choice und der Ökonomie.

Der Behaviorismus und das ökonomische Modell des homo oeconomicus werden kritisiert. Sie seien nur zur Beschreibung bestimmter Situationen geeignet und würden im Dienste einer self-fulfilling prophecy arbeiten und ein reduktionistisches Menschenbild vermitteln. So gibt es Hinweise, dass Volkswirtschaftsstudenten im Verlauf ihres Studiums egoistischer werden (Frank et al. 1993). Dies könnte mit den ihnen vermittelten Modellen zusammenhängen, in denen kooperatives und altruistisches Verhalten nur eine Nebenrolle spielen (Etzioni 2015; Gerlach 2017). Kasten 1 gibt ein Beispiel, dass es einen Unterschied machte, ob eine Handlung – das Zuspätkommen – als Kauf einer Dienstleistung oder als Verletzung einer sozialen Norm wahrgenommen wird.

KASTEN 1: Was passiert, wenn ein Kindergarten Strafgebühren für Eltern einführt, die ihre Kinder zu spät abholen?

Mit dem Problem haben viele Kindergärten zu kämpfen: Eltern holen ihre Kinder zu spät ab. Das ist lästig für die Erzieherinnen und Erziehern und für die Kinder. Verschiedene Kitas reagieren auf ständiges Zuspätkommen mit Bußgelder für Eltern, die ihre Kinder zu spät abholen (Berliner Zeitung vom 22.02.17). Aus Sicht der ökonomischen Theorie eine gute Idee: das Ausmaß der Verspätungen wird sinken.

Gneezy und Rustichini (2000) haben diese Voraussage in einem Feldexperiment überprüft. Zunächst haben sie von Januar bis Juni 1998 10 Kitas in Israel über eine Zeit von 20 Wochen beobachtet. Anschließend wurde in 6 zufällig ausgewählten Einrichtungen ein Bußgeld eingeführt, die übrigen 4 Einrichtungen dienten als Kontrollgruppe. Die Höhe des Bußgeldes wurde so festgelegt, dass sie nicht zu groß, aber auch nicht unbedeutend war (etwa in der Höhe dessen, was ein Babysitter pro Stunde verdient).

Und das Ergebnis? In Kitas mit Bußgeld **stieg** die Anzahl der Zuspätkommer signifikant an. Schlimmer noch: auch als das Bußgeld wieder gestrichen wurde, blieb die Rate der säumigen Eltern hoch.

Gneezy und Rustichini (2000) vermuten, dass die Strafe von den Eltern als Preis wahrgenommen wurde. Wenn sie nun zu spät kommen, haben sie kein schlechtes Gewissen mehr, den Arbeitsschluss der Erzieherinnen und Erzieher zu verletzen, denn sie „bezahlen" ja jetzt eine Dienstleistung. Die zunächst unentgeltliche Hilfe wird durch die Gebühr als kaufbare Ware wahrgenommen und diese Wahrnehmung bleibt nach der Aufhebung des Bußgeldes erhalten.

Modelllernen oder Imitation ermöglichen die Übernahme von Verhaltenskomplexen. Vor allem werden Personen nachgeahmt, die ähnlich sind oder die als Autorität anerkannt werden. Nicht nur Personen werden nachgeahmt. Im Rahmen von Märkten und Netzwerken von Organisationen spielt Imitation eine bedeutsame Rolle. Da japanische Firmen sehr erfolgreich waren, wurden ihre organisatorischen Regelungen teilweise von amerikanischen und europäischen Unternehmen übernommen.

Die weltweite Europäisierung und Amerikanisierung wurde früher primär mit militärischen und ökonomischen Mitteln betrieben (Bestrafung und Belohnung). Inzwischen sind die Medien und Kommunikationstechnologien feinere und langfristig wirksamere Instrumente der Anpassung anderer Kulturen und sozialer Systeme an die „westlichen Deutungsmuster" geworden (Modelllernen).

Beispiel für die Verbindung von Lerntheorien und soziologischen Ansätzen: In Schulen dienen *Zensuren* der Leistungsmessung, der Zuweisung zu Positionen und als Belohnungen. Da Noten somit drei schwer vereinbare Funktionen erfüllen sollen, sind systematische Fehler vorprogrammiert (*funktionalistischer* Ansatz). Dagegen legt ein *Konfliktansatz* den Schwerpunkt der Betrachtung auf die gruppenspezifische Ungleichheit des Zuganges zu Verstärkern und Ressourcen. Zensuren dienen nach einem Konfliktansatz der Verstärkung und Legitimation von Klassen-, ethnischen oder anderen Gruppenunterschieden. Die gleichen Belohnungen und Bestrafungen, Noten oder Lehrerverhaltensweisen haben gemäß einer *interaktionistischen* Analyse unterschiedliche Bedeutung, die von den Erwartungen der Schüler, Eltern, Lehrer und anderer Personen abhängig sind. Ein Schüler mit überkritischen Akademikereltern denkt schon bei einer Drei an Selbstmord, die einen anderen Schüler, dessen Vater ausländischer Arbeiter ist, überglücklich macht.

In der folgenden Tabelle werden die vier soziologischen Theorieansätze mit den wichtigen verhaltens- und lerntheoretischen Konzepten kombiniert. Die Informationen in den Kästchen sollen zur Anregung dienen, Beispiele für den Theoriebezug der Mechanismen des Lernens zu finden (Tab. 3.1). Kognitive Prozesse spielen beim Lernen eine entscheidende Rolle. Es werden persönliche Theorien (mentale Modelle) gebildet, die das Verhalten mitsteuern oder rechtfertigen.

> Wenn zwischen zwei oder mehreren miteinander verbundenen Kognitionen (Vorstellungen, Einstellungen) Widersprüche auftreten, wird das Individuum versuchen, diesen Spannungszustand (*kognitive Dissonanz*) zu reduzieren (vgl. Stroebe und Jonas 1996, S. 276 ff.).

Ich besitze ein Auto der Marke x und bin überzeugt, dass Autos der Marke x besser sind als Autos der Marke y. In der ADAC-Statistik über Autopannen hat Marke y besser abgeschnitten als Marke x. Ich halte die Statistik für unverlässlich. Meine Erfahrung bestätigt meine Theorie.

Einstellungen kann man änderungsresistent machen, wenn man unterstützende Hypothesen (kognitive Hilfe) liefert sowie mögliche Gegenargumente (kognitive Impfung) widerlegt oder bagatellisiert.

Die Dissonanztheorie ist für Konfliktansätze einsetzbar. Die West-Medien haben die DDR-Bürger in kognitive Dissonanzen gebracht. Die einen haben dann die kommunistische Ideologie abgewertet, die anderen haben die West-Medien als unglaubwürdig bezeichnet und die sozialistische Wirklichkeit konformistisch anerkannt.

Gefühle
Es gibt genetische Grundlagen für Gefühle und damit verbundene körperliche Reaktionen. Ebenso gewiss ist eine weit gehende Offenheit von Menschen für kulturelle und soziale Beeinflussung in diesen Bereichen (vgl. Giddens 1999, S. 76 ff.). In vielen untersuchten Kulturen wurden zwar ähnliche körperliche Ausdrucksweisen der Grundgefühle Ärger, Furcht, Ekel, Glück, Überraschung und Trauer gefunden. Doch die Ge- und Verbote, in Situationen Gefühle durch bestimmtes Verhalten zu zeigen oder auch zu unterdrücken, variieren stark. Interkulturelle Vergleiche und psychologische Untersuchungen beweisen, dass Gefühle „programmierbar" sind, d. h. mit unterschiedlichen Verhaltensweisen und Kognitionen verbunden werden können (vgl. Scherer 1996).

Tab. 3.1 Lerntheorie und soziologische Theorieansätze

	Funktionalismus	Konfliktansatz	Symbolischer Interaktionismus	Ökonomische Handlungstheorie
Belohnung	Belohnung für Konformität, soziale Anerkennung	Kampf um Belohnung und Ressourcen	Belohnung kann beschämen	Nutzen
Bestrafung	Bestrafung bei Normverletzung → Sichtbarmachen der Norm	Bestrafung trifft die Mitglieder feindlicher Gruppen	Strafen im Rahmen eines Deutungssystems, z. B. Jüngstes Gericht	Wahrscheinlichkeit
Internalisierung	Erhaltung von Traditionen und der gesellschaftlichen Stabilität	Internalisierung der Moral im Interesse herrschender Gruppen	Internalisierung bedeutet Uminterpretation der Normen	Abwägen der lang- und kurzfristigen Kosten und Nutzen
Vermeidungslernen	Personen oder Organisationen vermeiden Situationen, die zu Systemstörungen führen	Konfliktvermeidung: unterdrückte Gruppen lernen, dass Kapital nicht für sie bestimmt ist	Personen vermeiden Situationen die ihre Identität gefährden	„Weg des geringsten Widerstandes"
Imitation	Imitation japanischer Firmen, um wirtschaftlich erfolgreich zu sein (Funktion: Anpassung)	Imitation des Gegners (z. B. männlicher Verhaltensweisen durch Frauen) erhöht Gewinnchancen	Ausführung imitierten Verhaltens hängt von Situationsdefinitionen ab	Übernahme von Präferenzen

In Europa wurde seit vielen Jahrhunderten die Affektzähmung (ruhig sitzen, gesittet essen, nicht schlagen etc.) allmählich durchgesetzt (vgl. Elias 1976). Nach Elias wurden solche Manieren zuerst an Fürstenhöfen gelernt, an denen man das Risiko verringern wollte, dass die Krieger auch außerhalb des offiziellen Kriegsgeschehens verletzten und töteten. Diese rauen Gesellen sollten gezähmt werden. Folglich hat man das Fleisch nicht mehr mit dem Dolch, mit dem man den Feind tötete, geschnitten, sondern mit einem nicht so spitzen Messer. Affektzähmung bedeutet nicht, dass Gefühle „verschwinden", sondern dass die Koppelung von Gefühlen und Verhaltensweisen verändert wird. Wenn man zornig ist, schlägt man nicht zu, sondern verbalisiert oder geht aus dem Feld. Gefühle wurden gedämpft oder „umgeleitet", der Habitus geändert, d. h. im 19. Jahrhundert setzte sich ein bürgerlicher Leithabitus durch. Manche Bereiche, z. B. Organisationen, wurden „entemotionalisiert", andere gefühlsmäßig angereichert. Ein prominentes Beispiel ist die Emotionalisierung der modernen Familie, d. h. Liebe und Empathie spielen in modernen Familien und Partnerschaften eine bedeutsamere Rolle als in vergangenen Zeiten. Wie in allen Kulturen formen auch in modernen Gesellschaften Erwartungen und Normen das Gefühlsleben. Wenn Eltern heute ein Kind verlieren, wird erwartet, dass sie einen schweren Gefühlsschock erleiden und entsprechende Betroffenheit zeigen. Wenn einem dagegen jemand ins Auto fährt, so darf man die Person nicht anbrüllen, schlagen oder gar töten.

Die richtige Programmierung der Gefühle ist bedeutsam, denn von ihr hängt das moralische Verhalten und damit die Ordnung in der Gesellschaft ab. Gefühle und Moralvorstellungen entstehen in Kleingruppen und beziehen sich auf diese. Folglich ergeben sich Probleme in einer technisierten und bürokratisierten Massengesellschaft. Ein Unternehmer empfindet Scham, wenn er seine kleine Tochter belügt, aber nicht, wenn er den Staat um Millionen betrügt. Ein heutiger EU- oder NATO-Soldat wäre schwer geschockt, wenn er einen Feind mit dem Bajonett aufschlitzen müsste, hat jedoch weniger emotionale Probleme, in seinem wunderschönen Jet Bomben auszulösen, die für ihn nicht sichtbare Verheerungen in fremden Gebieten anrichten. Man kann sozio- oder evolutionsbiologisch argumentieren: Die menschlichen Gefühle sind in der Evolution für den Kleingruppengebrauch und für den Nahraum und nicht für Hochtechnologie und Hochbürokratie geschaffen worden.

Durkheim hat zur Programmierung von Gefühlen Stellung genommen und darauf hingewiesen, dass sie nicht „natürliche", sondern gesellschaftliche Produkte sind.

„Die Trauer ist kein spontaner Ausdruck individueller Gefühle.... sie ist eine Pflicht, die von der Gruppe auferlegt wird. Man klagt nicht, weil man traurig ist, sondern weil man die Pflicht hat, zu klagen.... Am Anfang der Trauer steht der Eindruck der Schwächung, den die Gruppe empfindet, wenn sie eines ihrer Mitglieder verliert. Aber genau dieser Eindruck hat die Wirkung, die einzelnen Individuen einander näher zu bringen, ihre Beziehungen enger zu gestalten, sie in ein- und demselben Seelenzustand zu vereinigen, und aus all dem entsteht ein Gefühl des Trostes, das die anfängliche Schwäche aufwiegt." (Durkheim 1981, S. 532 ff.)

Merton (1968, S. 436) stellte Gefühlsänderungen durch sozialstrukturellen Wandel fest. Moderne Menschen spielen verschiedene Rollen und werden mit widersprüchlichen Erwartungen konfrontiert. Dies führt dazu, dass sie andere Perspektiven einnehmen und Einfühlungsvermögen (Empathie) entwickeln. Personen, die solche Gefühlskompetenzen erwerben, sind unter diesen Bedingungen erfolgreicher. Sie managen Konflikte. Funktionalistisch betrachtet werden also jeweils die Gefühle hergestellt, die auf sozialen Märkten nachgefragt werden.

In traditionalen Kulturen wurden Pakete geschnürt, in denen auch Gefühle mit verpackt wurden. Kindern und Jugendlichen wurde keine Wahl gelassen, sie mussten das gerade dominante Paket annehmen und sie wurden entsprechend modelliert, auch in ihrem Gefühlskostüm. In der modernen Gesellschaft wird vielen Kindern und noch mehr Jugendlichen eine größere Vielfalt angeboten. Damit soll nicht gesagt werden, dass sie „frei" entscheiden. Eltern, andere Autoritätspersonen, Gleichaltrige und vor allem die riesige Gefühlsmaschine der Medien manipulieren sie.

> „In der Bilderwelt der Werbung werden heute nicht bestimmte Objekte verkauft, sondern bestimmte Gefühle, genauer: ersehnte Gefühls- und Erfahrungskomplexe, zum Beispiel mit Zigaretten der Geschmack des Wilden Westens, mit Automobilen das Gefühl der Potenz ..." (Heuermann 1994, S. 181).

Können in der „schönen, neuen Welt" also alle glücklich werden? Die meisten spüren den sozialen Druck, positive Gefühle zu produzieren. Vor allem sind im Zeitalter der Individualisierung und Leistungsverherrlichung die psychologisch gebildeten Turbo-Individuen selbst schuld, wenn es mit dem Glück nicht klappt. Folglich wird harte Glücksarbeit geleistet (vgl. Cabanas und Illouz 2019). Früher hatte man das Schicksal, die Götter oder die Natur. Jetzt steht man selbst vor dem inneren Richter – das persönliche Jüngste Gericht findet im Diesseits statt. Das dem unerbittlichen Hedonismus verfallene Ich gerät in Stress und sucht nach Ich-heilern. Etwa ein Viertel der Bevölkerung der westlichen Industriestaaten glaubt an die Wiedergeburt – vielleicht klappt es mit dem Glück beim nächsten Mal.

3.2   Soziale Interaktion und Rollen

Individuen sind selten isoliert, sie interagieren in der Regel in Gruppen. In den Gruppen haben die Mitglieder jeweils einen Status, einen Rang, spielen Rollen und verfügen über Macht, d. h. sie können das Handeln der anderen beeinflussen.

Tausch, sozialer Vergleich, Nutzen, Erwartung
Durch Interaktionen versuchen Menschen, ihre Tauschsituation zu verbessern, Belohnungen zu erhalten, Strafen zu vermeiden und Macht zu gewinnen (vgl. Wiswede 1998, S. 112 ff., 151 ff.; Weymann 2001, S. 103 f.).

Wie sich das Geben und Nehmen vollzieht, hängt von den kulturellen und sozialen Bedingungen ab. Bei afrikanischen Buschmännern besteht die Pflicht, das Wild, das ein Jäger erlegt hat, unter allen Sippenmitgliedern zu teilen, die dann ihren eigenen Verwandten und Bekannten auch etwas abgeben müssen, sodass für den Jäger selbst oft nur ein kleines Stück übrig bleibt. In einer modernen Gesellschaft würde kaum jemand die Einkäufe und die ausgezahlte Lebensversicherung mit Verwandten, den Hausbewohnern oder mit einem Armen, an dem er vorbeifährt, teilen.

Menschen erwarten, dass sie etwas bekommen werden, wenn sie etwas gegeben haben (reziprokes Verhalten, Gerechtigkeit).

Menschen werden benachteiligt, bevorzugt, zu gut oder zu schlecht bezahlt. Wenn sie bevorzugt werden, versuchen sie sich und anderen zu beweisen, dass sie die Gratifikationen zu Recht erhalten, z. B. Spitzenmanager und -politiker.

Menschen vergleichen, was sie bekommen, mit dem, was andere bekommen.

Sie vergleichen sich mit Verwandten, Nachbarn oder Arbeitskollegen. Ostdeutsche vergleichen sich mit Westdeutschen, nicht mit Polen oder Tschechen. Obwohl die meisten Ostdeutschen heute finanziell bessergestellt sind als in den 80er Jahren, empfinden viele eine relative Benachteiligung gegenüber den Westdeutschen.

Theorie des Austausches von Thibaut und Kelly (1959):
1. Menschen halten Beziehungen aufrecht, wenn ihr persönlicher Kosten-Nutzen-Vergleich positiv ist.
2. Menschen vergleichen ihre Kosten und ihren Nutzen mit den Profiten anderer Interaktionsteilnehmer.

Die Austauschtheorie, die als eine spezielle Nutzentheorie verstanden werden kann, geht von der Annahme aus, dass Individuen Investition/Kosten und Ertrag/Nutzen von Handlungen vergleichen, wobei besonders hervorgehoben wird, dass sie Normen distributiver Gerechtigkeit entwickeln.[2] In modernen Gesellschaften ist es jedoch für die Konsumenten kaum durchschaubar, ob „gerechte oder ungerechte Tauschbeziehungen" vorliegen, da Güter in immer längeren Ketten weitergereicht werden.

Verhalten wird auch von Austauschbeziehungen und Reziprozitätsvorstellungen bestimmt, wodurch es als „nützlich" oder „rational" erscheinen kann. Wenn ein Jugendlicher zu rauchen beginnt, dient sein Verhalten etwa dazu, einer begehrten Gruppe anzugehören, in Beziehungen eingebunden zu werden und das eigene Selbstwertgefühl zu stärken. Ob das Rauchen eine positive oder negative Tausch- und Beziehungsqualität besitzt, hängt von Milieu und anderen sozialen Bedingungen ab. In Gruppen von Hauptschülern erbringt Rauchen meist höhere Anerkennung als in Gruppen von Gymnasialschülern. Doch langfristig ändern sich die Kontexte, die Gruppen und Organisationen, in denen das Individuum verkehrt. Es lernt andere Perspektiven kennen, und so kann das Rauchen von der Person als irrationales Verhalten angesehen werden, weil es die eigene Gesundheit untergräbt (vgl. Smelser 1998). Doch es kann Suchtverhalten sein und wird häufig aufrechterhalten aufgrund von Ritualisierung und Routinisierung.

Rollen
Wenn Menschen regelmäßig und in Gruppen miteinander interagieren, dann entstehen Normen (Verhaltensregeln) und Rollen.

Rollen sind Erwartungen von Bezugsgruppen, die an Inhaber von Positionen (z. B. an einen Arzt) gerichtet sind.

---

[2]Distributive Gerechtigkeit: Eine Person vergleicht sich mit einer anderen bezüglich der Investitionen und des Ertrages bei Beziehungen, Leistungen etc.

Das den Positionen und Rollen zugrunde liegende Modell sieht Gesellschaft als ein Netzwerk sozialer Stellen. Ein wesentlicher Teil dieses Netzwerks sind die Berufspositionen, doch es gibt auch andere, z. B. familiäre (Mutter, Vater, Tochter usw.) oder ehrenamtliche Positionen. Ein solches Modell entspricht einer *funktionalistischen* Perspektive. So wurde auch die soziologische Rollentheorie zuerst von dem Funktionalisten Talcott Parsons entwickelt. Rollen sind die Schnittstellen zwischen Person und sozialem System (Wiswede 1998, S. 179 ff.). Das konkrete Verhalten ist nicht mit der Rolle gleichzusetzen. Die Erwartung eines Bankkunden an den Berater in der Bank kann mit dem tatsächlichen Verhalten des Beraters im Widerspruch stehen, wenn dieser nur nach den Interessen seiner Vorgesetzten berät. Der Berater wird jedoch in der Regel den Schein aufrechterhalten, dass er im Interesse des Kunden spricht. Diese Betrachtung leitet zu einer *symbolisch-interaktionistischen* Perspektive über, nach der die Rolle nicht durch normative Erwartungen festgelegt, sondern ausgehandelt und interpretiert wird. In einer modernen Gesellschaft wird zunehmend eine starre, konforme Rollenübernahme abgewertet und eine flexible, kreative Gestaltung gefordert. Freilich gibt es noch viele stark formalisierte Rollen und Rollenteile: Fließbandarbeiter, technische Hilfskräfte, Angestellte im Fastfood-Restaurant (Abb. 3.1).

Das Strukturschema (Werte, Institutionen, Normen, Positionen, Rollen) in Abb. 3.1 ist zwar primär funktionalistisch ausgerichtet, doch konflikttheoretische oder interaktionistische Interpretationen sind dadurch nicht ausgeschlossen.

Werte sind abhängig von Institutionen. In der Wirtschaft herrscht der Wert Gewinnmaximierung vor und in der Politik Machtvermehrung. Am Beispiel

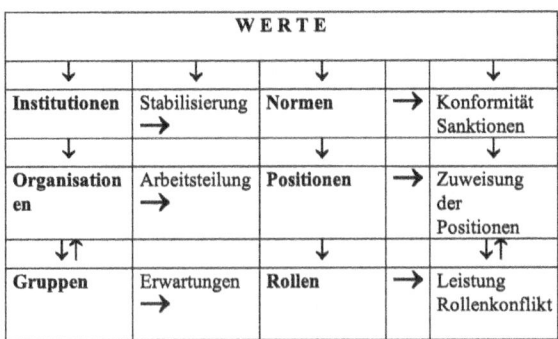

WERTE				
↓	↓	↓		↓
Institutionen	Stabilisierung →	**Normen**	→	Konformität Sanktionen
↓	↓	↓		↓
Organisationen	Arbeitsteilung →	**Positionen**	→	Zuweisung der Positionen
↓↑	↓	↓		↓↑
Gruppen	Erwartungen →	**Rollen**	→	Leistung Rollenkonflikt

Abb. 3.1 Werte, Normen, Positionen und Rollen

Beispiel Unternehmen: Wert „Gewinnmaximierung"				
↓	↓	↓		↓
Institution: Wirtschaft	Stabilisierung →	**Normen:** Betriebs- vorschriften	→	Anweisungen des Vorgesetzten ausführen
↓		↓		↓
Organisation: Gewinn AG	Arbeitsteilung →	**Positionen:** Arbeiter, Manager	→	Einstellung oder Entlassung
↓↑		↓		↓↑
Gruppen: Arbeitsgruppen Vorstand Kunden Aktienbesitzer	Erwartungen →	**Rollen:** Schriftverke hr/- Kundenbetre uung	→	Rollenkonflikt zwischen Erwartungen der Kollegen und des Chefs

Abb. 3.2 Werte, Normen und Rollen (Beispiel Unternehmen)

„Unternehmen" wird im folgenden Schaubild der Zusammenhang von Werten, Normen, Positionen und Rollen dargestellt (Abb. 3.2).

Für die meisten Menschen sind wahrscheinlich Kindergarten und Schule die ersten Organisationen, in denen sie für ihr späteres berufliches Leben entscheidende Rollenkompetenzen erwerben.

Schüler wünschen, dass Lehrer und Lehrerinnen gerecht sein sollen, nicht nur Lehrer Hempel. Wenn Lehrer Hempel die Schule verlässt, wird seine Position eine andere Person übernehmen. Von dem neuen Lehrer erwarten die Schüler ebenfalls, dass er gerecht sein soll. Positionen und Rollen bleiben, Menschen gehen. Ein Positionsinhaber, z. B. ein Lehrer, kann seine Rollen besser oder schlechter spielen, er kann die Erwartungen interpretieren, er kann sich nur nach den Wünschen der guten Schüler richten, er kann Dienst nach Vorschrift machen oder übermäßig viel arbeiten.

Moderne Rollen sind meist durch widersprüchliche Erwartungen verschiedener Gruppen bestimmt. Lehrer haben es mit Schülern, Eltern, Kollegen, Vorgesetzten und der Öffentlichkeit zu tun. Es kann zu *Intra-Rollenkonflikten* (Konflikt innerhalb der Lehrerrolle) kommen, wenn sie offenen Unterricht durchführen, der den Schülern gefällt, aber von einem Teil der Eltern und Kollegen abgelehnt wird. Eine Lehrerin kann auch in einen *Inter-Rollenkonflikt* (Konflikt zwischen zwei Rollen) geraten, wenn sie einerseits ihre Berufsrolle ernst nimmt, andererseits ihre beiden Kinder zu Hause, von denen eines auch noch krank ist, gut

Rollen des Hochschullehrers	Bezugsgruppen (Erwartungen)
Lehrer	Studierende, Kollegen
Forscher	Forscher, Berufungskommission
Berater	einzelne Studierende
Verwalter	Kollegen (lokal), Verwaltungsbeamte

Abb. 3.3 Rollen des Hochschullehrers

betreuen möchte (Mutterrolle). Inter-Rollenkonflikte treten in modernen Gesellschaften häufig auf, da Einzelne heute oft sehr unterschiedliche Rollen einnehmen müssen (Angestellter, Vater, Tennisspieler im Verein, Kunde, Vermieter).

Bisher wurde die Berufsrolle als Einheit dargestellt, doch sie zerfällt meist in Teilrollen. Die Rolle des Hochschullehrers kann als Beispiel herangezogen werden. Teilrollen sind: Lehrer, Forscher, Berater, Verwalter, Intellektueller usw. Der Intra-Rollenkonflikt wird durch die Erwartungen von Bezugsgruppen und durch die Konkurrenz der Teilrollen erzeugt (Abb. 3.3).

Rollen sind nicht isoliert, sondern in einem Rollensystem eingeordnet: Lehrer-Schüler, Arzt-Krankenschwester-Patient. Moderne Menschen spielen also viele Rollen, die verzahnt sind. Sie werden teilweise schon von den Kindern im Spiel gelernt: Geschlechterrollen, Vater, Mutter, Erzieherin, Lehrer, Arzt usw. Rollen werden im Set gelernt, d. h. man lernt immer auch die Komplementärrolle mit, also als Schüler lernt man auch die Rolle des Lehrers. So werden Rollenmuster tradiert. Lehramtsstudierende und Lehrende greifen auf die Rollenerfahrungen zurück, die sie in der Schule gemacht haben.

Das Erlernen von Rollen kann lerntheoretisch erklärt werden:

* *Imitation:* Jemand beobachtet eine Person, welche die Berufsrolle gut beherrscht und ahmt deren Verhalten nach.
* *Belohnung und Bestrafung:* Eine Verkäuferin richtet ihr Verhalten danach, wie die Kunden reagieren und ob ihr Chef sie lobt oder tadelt.
* *Generalisierung und Differenzierung des Verhaltens:* Jemand erprobt bewährtes Verhalten in einer neuen Position (generalisiert) und verändert es gemäß den Reaktionen der anderen Rollenspieler (differenziert).
* *Vermeidungslernen:* Jemand vermeidet Situationen, Personen oder Handlungen, wenn er unangenehme Erfahrungen gemacht hat. Ein Arzt vermeidet, offene Fragen an Patienten zu stellen, weil er die Erfahrung gemacht hat, dass sie dann zu lange reden.

In den professionellen Berufen (Ärzte, Juristen, Wissenschaftler) herrschen teilweise große Freiheitsspielräume des Verhaltens (Autonomie), d. h. die Rollen können vielfältig gestaltet werden. Rollen werden – wie gesagt – meist als Verhaltenserwartungen bestimmt, d. h. sie werden primär nicht vom Rollenspieler, sondern von den Bezugsgruppen und -personen geformt. Dies steht in einem Spannungsverhältnis zu den professionellen Werten Autonomie, Individualisierung und Selbststeuerung.

Moderne Rollenspieler versuchen, ein Gleichgewicht zwischen Rollenidentifikation (Aufgehen in der Rolle) und Rollendistanz (kritische Reflexion, Selbstbeurteilung) zu erreichen. Rollendistanz ergibt sich aufgrund der Notwendigkeit, rasch Rollen zu wechseln, oder auch bei relativer Minderwertigkeit von Rollen.

3.3 Konformität und Abweichung

Menschen wollen Sicherheit und Vertrauen, d. h. Minimierung von Räubern und Geisterfahrern. Harte Bestrafung von Verbrechern wird immer wieder gefordert. Doch Normen können auch zu streng oder eng sein. Dann werden sie häufig verletzt und unflexible Konformisten werden von den anderen kritisiert, z. B. bei „übertriebenen" Geschwindigkeitsbeschränkungen. Trotz vielen Regelverletzungen dominiert fast immer Konformität, normengelenktes Verhalten, auch wenn es für einen Fremden wie Chaos aussieht. Wenn ein Deutscher in manchen außereuropäischen Ländern mit dem Auto fährt, stellt er häufig Übertretungen der offiziellen Verkehrsregeln durch die Einheimischen fest, doch nach kurzer Zeit wird er bemerken, dass es anerkannte inoffizielle Regelsysteme gibt, z. B. die Erwartung, jederzeit bremsen und geschickt ausweichen zu können.

Normen sind Verhaltensregeln, die in Gruppen oder Gesellschaften Geltung haben. Normen beziehen sich nicht nur auf Verhalten, sondern auch auf Denken und Wahrnehmen, ja auch auf nicht bewusst gesteuerte Körpervorgänge oder Gefühle.

Wenn ihre Wahrnehmungen den geltenden Normen widersprechen, dann misstrauen Menschen ihren eigenen Augen, Ohren und Urteilen: Prinzip „Des Kaisers neue Kleider" (vgl. Asch 1951; Stroebe et al. 1996, S. 505 ff.).

Viele Normen werden gelernt, ohne dass die Personen sich dieser Normierung immer bewusst sind, z. B. Regeln für nicht-verbales Verhalten (Gehen, Stehen, Sitzen, Liegen, Kopfbewegungen, Lachen usw.). Warum gibt es Normen?

- *Funktionalismus:* Die Gesellschaft wäre sonst nicht stabil. Die Institutionen, z. B. Ehe oder Religion, wären ohne fixe Normen nicht existent und könnten ihre Aufgaben nicht erfüllen.
- *Konfliktansatz:* Herrschende Gruppen erzwingen die Regeln, die zu ihren Gunsten und zu Ungunsten der unterdrückten Gruppen aufgestellt werden. Kriminalisiert werden hauptsächlich Mitglieder unterer Schichten und unterprivilegierter Gruppen (vgl. Dimmel und Hagen 2005, S. 207 ff.).
- *Symbolischer Interaktionismus:* Menschen handeln aus, welche Regeln gelten und auch wann neue aufgestellt werden sollen. Wenn sich die Bedürfnisse und Interessen vieler Menschen ändern, dann ändern sie auch die Normierung, was in den vergangenen Jahrzehnten im Bereich der Beziehungen zwischen Frauen und Männern und des sexuellen Verhaltens der Fall war.

Dass Normierung für Gruppen notwendig ist, lässt sich am Beispiel der Sprache darlegen. Ständige Veränderungen der Worte und der Bedeutungen würden die Kommunikation erschweren. Doch die Sprache wird unabhängig von der Kommunikation auch im Kampf der Gruppen eingesetzt. An der Art der Aussprache und der Verwendung bestimmter Worte erkennt man die Gruppenzugehörigkeit. Die Kinder der oberen Schichten lernen, welche Worte sie nicht verwenden dürfen. Wenn französische Eliten versuchen, die eigene Sprache vor einer Überfremdung durch das Englische zu schützen, dann steht die sprachliche Normierung im Dienst der Erhaltung der französischen Kultur und Gesellschaft. Wenn man die beiden Merkmale Alter und soziale Schicht einbezieht, dann kann man den Versuch der Reinhaltung der französischen Sprache als Verbindung von Kultur-, Generations- und Klassenkonflikt interpretieren.

Normen sind ungleich verteilt. Es gibt Gruppen, Räume und Zeiten mit qualitativ und quantitativ unterschiedlichen Normen. In Dörfern gab es häufig wenige aber streng überwachte Normen. In einer modernen Großstadt in Europa gibt es eine riesige Menge von Normen, doch die Sanktionen bei Verletzung der meisten Normen sind relativ schwach.

Kasten 2: Zwei amerikanische Soziologen beobachten Deutsche

Linda Schneider und Arnold Silverman beschrieben das Normverhalten von Deutschen wie folgt:

„Normale Deutsche halten es für ihre Pflicht, jeden zurechtzuweisen, der ein Gesetz übertritt. Sie zögern nicht, Fremde zu tadeln. In Bussen in Westdeutschland werfen die Fahrgäste ihr Fahrgeld in einen Behälter; ein unwissender Fremder, der dies nicht tut, wird von den Anwesenden ausgezischt.... Deutsche überqueren die Straße nur, wenn die Ampel grün ist und lassen ihre Hunde nur in speziell markierten Bereichen ihr Geschäft verrichten" (Schneider und Silverman 1997, S. 217 f.; Übersetzung K.F.)

Fußt diese Beschreibung der „normalen Deutschen" auf Urteil oder Vorurteil? Galt sie vielleicht nur in einer bestimmten Region, in der Vergangenheit aber nicht in der Gegenwart? Lässt sich für die Verkehrserziehung deutscher im Vergleich zu amerikanischen Schulkindern eine andere Erklärung finden, als der „deutsche Hang zur Maßregelung"?

In einer pluralistischen Gesellschaft wird man feststellen, dass das tatsächliche *Verhalten* und die *Einstellungen* vieler Bürger nicht mit den offiziellen Normen übereinstimmen. Dies war z. B. bei Sexualnormen im 20. Jahrhundert der Fall. Als Kinsey durch seine empirischen Untersuchungen des Sexualverhaltens in den 50er Jahren offenlegte, dass sehr viele US-Amerikaner wichtige Sexualnormen (z. B. Verbot vorehelichen und außerehelichen Geschlechtsverkehrs) nicht einhielten, kam es zu heftigen öffentlichen Diskussionen. Annahmen über konformes oder abweichendes Verhalten haben Einfluss auf die Anerkennung von Normen. Konservative Kritiker meinten, dass das Wissen über die große Häufigkeit von Normverletzungen die Zunahme von Normverletzungen und die weitere Schwächung traditioneller Normen begünstige. Ein traditionell vorgegebenes nicht realitätsbezogenes Wissen, also Lügen und Illusionen, seien funktional für die Stabilität von Werten und Normen.

Die Ängste vor einem allgemeinen Normwandel oder -verlust sind alt.[3] Durkheim nannte den Zustand, in dem wichtige Normen an Verbindlichkeit verlieren, *Anomie*. Eine allmähliche Auflösung von Normen und ihrer Verbindlichkeit kann durch ökonomischen und technischen Fortschritt oder Zusammenbruch des politischen Systems erfolgen. Anomie auf der Makroebene, z. B. nach einem verlorenen Krieg, verursacht häufig Anomie auf der Mikroebene (Schwarzhandel, Kriminalität).

---

[3]Die Veränderung der Normen wird im Kapitel „Wertewandel" ausführlicher behandelt.

Abb. 3.4 Abweichung auf
verschiedenen strukturellen
Ebenen

Ebene	Abweichung
Makro	Anomie, Anarchie, Bürgerkrieg
Meso	Organisiertes Verbrechen
Mikro	Straftat, Krankheit

Die Kulturen der Indianer Nordamerikas wurden zerstört und die Menschen wurden von ihren Territorien vertrieben (Anomie auf der Makroebene), wodurch auf der Mikroebene kriminelles Verhalten und Alkoholismus zunahmen.

In den neuen Bundesländern wurden nach der Wende 1989 ca. 40 Jahre geltende Normen in sehr kurzer Zeit außer Kraft gesetzt oder stark verändert, und zwar nicht nur rechtliche Bestimmungen, sondern auch viele ungeschriebene Regeln des Lebens. Dies verunsicherte viele Menschen in den neuen Bundesländern, manche fühlten sich orientierungslos und negative Gefühle, wie Hass, Angst und Depression traten verstärkt auf. Als objektives Zeichen bzw. Folge dieser Anomie kann die in den ersten Jahren nach der Wende gesunkene Geburtenrate gedeutet werden.

Doch auch weniger dramatische soziale Ereignisse begünstigen Anomie: Mobilität, häufiger Ortswechsel aus beruflichen und anderen Gründen. Es gibt also strukturelle Bedingungen der modernen Gesellschaft, die anomiefördernd sind. Anomische Weltbilder entstehen unter spezifischen Umwelt- und Gruppenbedingungen und gelten dann nur für manche Gesellschaftsmitglieder (vgl. Baier 2005, S. 383 f.) (Abb. 3.4).

Ein konformer Mensch hält sich an die Regeln seiner Gruppe oder Gesellschaft. Man kann *äußere Konformität* (compliance) und *innere Konformität* (Akzeptanz, Einstellung, Internalisierung von Normen) unterscheiden. Äußere Konformität wird meist über Fremdsteuerung (Belohnung oder Bestrafung) aufrechterhalten, innere Konformität über Selbstzwang oder interne Kontrolle.

Kleine Kinder zeigen zuerst äußere Konformität, da sie Angst vor Bestrafung und Belohnungswünsche haben, doch im Laufe des Sozialisationsprozesses verinnerlichen sie viele Normen und benötigen weniger Fremdsteuerung, gehen z. B. nur mehr, wenn es grün ist, über die Kreuzung. Manche weisen dann andere Kinder oder auch Erwachsene, die Fehlverhalten zeigen, auf das Gebot hin, nehmen als Moralwächter Stellvertreterrollen ein.

In modernen Gesellschaften wechseln die meisten Menschen soziale Situationen und Gruppen häufiger als in traditionalen Gesellschaften. Dadurch ergeben sich Situationen, in denen es ganz „normal" ist, nicht konform oder abweichend zu sein.

Vier Jugendliche sitzen in einem Auto, für diese Gruppe ist es selbstverständlich, dass man sich nicht an die vorgeschriebene Geschwindigkeitsbeschränkung hält. Geschwindigkeitsüberschreitung ist also Norm in der Gruppe. Abweichendes Verhalten (nach den Normen der Mehrheit) kann konformes Verhalten (nach den Normen der Gruppe oder Subkultur) sein.

Auch von stark abweichenden Personen wird erwartet, dass sie sich an Normen halten – eine nur scheinbar paradoxe Erwartung. Man erwartet von Todeskandidaten bei Hinrichtungen im Interesse der gesellschaftlichen Stabilität die Bereitschaft „mitzuspielen".

„Exekutionen geschehen unter Bedingungen, in denen das Publikum ziemlich labil reagiert, und in denen vom Verurteilten physische Kooperation und psychisches Gleichgewicht verlangt werden, wenn alles glatt ablaufen soll. Die Überlieferung von Hinrichtungen berichtet dementsprechend von Leuten, die um sich schlugen, tobten, kotzten, wehklagten, in Ohnmacht fielen oder inkontinent waren in den Minuten vor dem Tode und auf diese Weise Mangel an Charakterfestigkeit demonstrierten.... Dagegen berichten andere Überlieferungen von Hinrichtungen, in denen die Verurteilten mit dem Publikum scherzten, die sozialen Höflichkeitsregeln respektierten, dem Henker halfen, die Schlinge zu richten, und überhaupt allen Anwesenden die Angelegenheit erleichterten." (Goffman 1986, S. 249 f.)

Viele Normen der alltäglichen Kommunikation (z. B. Grüßen, Lächeln, einen vorgeschriebenen räumlichen Abstand wahren) werden *unbewusst* befolgt. Normen werden teilweise erst durch die Beobachtung von abweichendem Verhalten bewusst.

Häufig werden Personen, die AIDS oder Krebs haben, die sich getrennt haben usw., von Bekannten nicht mehr angerufen oder eingeladen. Sie haben Normen verletzt (auch schwere Krankheit ist abweichendes Verhalten!) und werden durch Isolation „bestraft". Oft handelt es sich nicht um eine Bestrafungsabsicht, sondern um Unsicherheit und Vermeidungsverhalten, da die normativen Regelungen der neuen Situation unklar sind.

Hat sich die *soziale Kontrolle* in modernen städtischen Gesellschaften verringert oder verstärkt? Die erste Antwort lautet: verringert. Denn in dörflichen Gemeinschaften waren alle einer ständigen Beobachtung ausgesetzt, in Großstädten dagegen herrscht teilweise Anonymität. Die Zunahme von Ein-Personen-Haushalten hat für viele einen früher unbekannten privaten Raum geschaffen, in dem wahrscheinlich viele (meist harmlose) Formen der „Abweichung" gedeihen. Doch es gibt neue Formen der sozialen Kontrolle. Die psychologische Schulung von Kindergärtnerinnen, Grundschullehrerinnen und Müttern dient auch dazu, abweichendes Verhalten von Kindern zu entdecken und zu verhindern. Durch verstärkten Mediengebrauch von Kindern und Jugendlichen erhöhen sich sowohl die Chancen der sozialen Kontrolle (man richtet sich nach den durch die Medien vermittelten Regeln) als auch der Abweichung (Gewaltdarstellungen), die jedoch in (abweichenden) Gruppen wieder als Konformität erscheinen kann. Die soziale Kontrolle wird immer weniger von lokalen Gruppen oder Gemeinschaften, sondern von wirtschaftlichen und staatlichen Organisationen, Gleichaltrigengruppen (peer groups) und Medien ausgeübt.

Abweichendes Verhalten ist in *Interaktionsketten* eingebettet. Durchbricht man diese, dann besteht auch die Möglichkeit, das Auftreten des abweichenden Verhaltens unwahrscheinlicher zu machen. Also wird in manchen Städten und Ländern schon von der Polizei eingegriffen, wenn eine Gruppe Jugendlicher grölend durch die Straßen zieht. Dadurch können Eskalationen abweichender Verhaltensketten vermieden werden.

In früheren Gesellschaften wurde mehr die *Tat* als die *Absicht* betrachtet und bestraft. Deshalb konnten sich auch Menschen, die andere getötet hatten, freikaufen. Viele Abweichungen konnten durch Tausch wieder in Ordnung gebracht werden.

Die Einordnung abweichenden Verhaltens hängt von ideologischen und weltanschaulichen Positionen ab. Im westlichen Kulturkreis ist in den letzten drei Jahrhunderten eine Verschiebung von der Einordnung als Sünde und Verbrechen zur *Krankheitsdefinition* (Medikalisierung) festzustellen. Jemand ist nicht mehr vom Teufel besessen, sondern hat eine Psychose, ist schizophren. Wer einen Selbstmordversuch begangen hat, wird nicht mehr schwer bestraft oder hingerichtet, sondern erhält Antidepressiva und psychotherapeutische Beratung.

Das gesamte institutionelle Gefüge hat sich geändert. Staat und Wirtschaft sind dominant geworden, folglich sind staatliche und wirtschaftliche Werte und Normen von zentraler Bedeutung, während Verwandtschaft, Familie und Religion an Bedeutung eingebüßt haben – jedenfalls im öffentlichen Bereich.

Der *Zivilisationsprozess* hat das Normengefüge verändert (Elias 1976). Physische Gewalt wird heute eher als abweichend empfunden als vor 100 oder 200 Jahren. Dagegen hat die Akzeptanz abweichender religiöser, sexueller oder politischer Einstellungen zugenommen. Die restriktiven Normierungen der Geschlechtsrollen wurden allmählich verringert oder aufgehoben.

Rauchen in der Öffentlichkeit ist ein Beispiel für den Normwandel. Im 19. Jahrhundert durften Frauen nicht in der Öffentlichkeit rauchen. Nach dem Zweiten Weltkrieg galt Rauchen als positives und sozialintegratives Verhalten – in zunehmendem Maße auch für Frauen. Allmählich wurde es ab den 70er Jahren in vielen öffentlichen Räumen als abweichend gebrandmarkt. Heute müssen Raucher oft auch im privaten Bereich ihr Verhalten rechtfertigen und mit Ablehnung rechnen.

Abweichende Personen und Gruppen werden wissenschaftlich und bürokratisch klassifiziert und den jeweiligen Organisationen zugewiesen: Gefängnissen, Krankenhäusern, psychiatrischen Kliniken, Heimen etc. Durch diese Organisationen werden die entsprechenden Klassifikationen (z. B. schizophren, verhaltensgestört, psychotisch, Triebtäter) institutionalisiert, d. h. ihre wissenschaftliche, rechtliche und soziale Bearbeitung wird abgesichert und ritualisiert.

Theorien über abweichendes Verhalten
Biologische Theorien: Lombroso († 1909) behauptete, Kriminelle an der Schädelform zu erkennen. Neuerdings wird durch Genanalysen versucht, abweichendes Verhalten zu erklären. Mit hoher Wahrscheinlichkeit sind Alkoholismus, hohe Aggressivität und Gefühlskälte teilweise genetisch bedingt. Gehirnveränderungen durch Krankheit, Unfall oder andere Ursachen können zu unterschiedlichen Formen abweichenden Verhaltens führen.

Psychologische Theorien: Kognitive und emotionale Überforderungen (Schule, Arbeitsuche, Arbeitsbedingungen, Verhaltenserwartungen von Partnern) bewirken abweichende Verhaltensweisen. Fehlverhalten der Betreuungspersonen kann bei Säuglingen und kleinen Kindern dauerhafte psychische Schädigungen hervorrufen.

Soziologische Theorien: Wenn Eigentum eine bedeutsame Institution ist und Knappheit an hoch geschätzten Gütern herrscht, dann spielen Eigentumsverletzungen in der Gesellschaft eine wichtige Rolle. Je mehr Waffen verkauft werden, umso höher ist die Rate der Gewalttaten (vgl. Lamnek 1994; Sack und Lindenberg 2001).

Sozialwissenschaftlich gesehen ist abweichendes Verhalten ein Gruppeneffekt: Normen sind eine Grundbedingung funktionierender Gruppen und für normiertes Verhalten gelten dynamische Gleichgewichtsvorstellungen (Modell Thermostat). Wenn das Kind zu sehr schreit oder zappelt, dann wird die Mutter ärgerlich und wenn es sich zu lange ruhig und apathisch verhält, dann wird sie ängstlich. Abweichung wird zwar als Störung empfunden, ist jedoch ein unvermeidliches funktionales Ereignis in sozialen Systemen.

Neigen Ausländer bzw. Migranten in Deutschland mehr zu kriminellem Verhalten als Inländer?

Auch wenn bei einer Erhebung der einer Straftat Verdächtigen der Ausländeranteil größer ist, als es dem Anteil der offiziell gemeldeten Ausländer
entspricht, ist die Interpretation dieser Tatsache wissenschaftlich schwierig. Man
muss nämlich viele Faktoren zur Korrektur[4] heranziehen (vgl. Schellhoss 2019;
Griese/Mansel 2003, 180 ff.), von denen hier einige genannt werden:

1. Ausländer leben überproportional in Großstädten, in denen auch für die
   Deutschen eine doppelt so hohe Kriminalitätsrate festzustellen ist.
2. Ausländer werden eher als Deutsche einer Straftat verdächtigt, ohne dass der
   Tatbestand sich erhärtet bzw. tatsächlich gegeben ist.
3. Etwa ein Drittel der „Straftaten" sind Verstöße gegen das Ausländer- und
   Asylverfahrensgesetz.
4. Ausländer gehören überproportional der Unterschicht an, deren deutscher
   Anteil ebenfalls überdurchschnittliche Kriminalitätsraten aufweist.

Von Personen, die abweichend aussehen (Hautfarbe, Haarform, Kleidung, Verhalten etc.), erwarten viele auch generell abweichendes Verhalten. Durch diese
Erwartungen und das daraus folgende Verhalten (Abwertung, Distanzhaltung, Ver-
meidung etc.) wird solchen „abweichenden" Menschen die Integration zusätzlich
erschwert. Bei Integrationsmängeln steigt die Wahrscheinlichkeit abweichenden
Verhaltens – sich-selbst-erfüllende Prophezeiung.

Lern- und Verhaltenstheorien ermöglichen ebenfalls Erklärungen abweichen-
den Verhaltens. Positive Verstärkung (z. B. durch den Gebrauch gestohlener
Güter) oder Modellernen (der erfolgreiche Verbrecher) sind bedeutsam. Wenn
Jugendliche in eine kriminelle Gruppe eintreten, dann lernen sie das Hand-
werk des Stehlens, Betrügens oder Prügelns (die Theorie der differenziellen
Kontakte von Sutherland). Es gibt also eine Sozialisation zu abweichendem Ver-
halten. Abweichendes Verhalten wird in kriminellen Subkulturen – die auch in
Gefängnissen hergestellt werden – immer wieder reproduziert.

Verschiedene *funktionalistische* Ansätze versuchten Kriminalität, vor allem
Jugendkriminalität, zu erklären. In abweichenden Gruppen von Jugendlichen
bilden sich wie in allen Gruppen Normen und Werte, nur stehen diese im Widerspruch zu der Normwelt der angepassten Erwachsenen. Nach der Anomietheorie
von Merton (1968) akzeptieren die meisten Kriminellen die Ziele und Werte der
Gesellschaft (sozialen Aufstieg, Leben im Wohlstand, Status, Reichtum), doch
sie verfügen nicht über legitime Mittel, also versuchen sie die Ziele auf illegalen

---

[4]Die WZB-Forscherinnen Sabine Hübgen und Ellen von den Driesch haben hierzu einen
kurzen Animationsfilm erstellt: https://vimeo.com/wzb/kriminalstatistik.

Wegen zu erreichen; sie verletzen die Normen (betrügen, stehlen etc.), gerade weil sie die Ziele erreichen möchten. Wenn man kein Geld hat, um den schicken Pulli zu kaufen, dann muss man ihn eben stehlen. Deshalb wird man auch hauptsächlich Mitglieder der Unterschicht und kaum Oberschichtpersonen in Gefängnissen antreffen, da diese über legitime Mittel verfügen.

Verhaltensregeln waren immer geschichtet, d. h. schwere Strafen erwarteten Mitglieder der unteren Schichten bei Missachtung von Regeln, die den oberen Schichten nützten; dies ist auch heute der Fall (z. B. Wirtschaftskriminalität der oberen Schichten wird selten und milde bestraft, die ökonomische Kriminalität der unteren Schichten dagegen wird häufig und streng geahndet).

Große Verbreitung und Anerkennung hat der *labeling approach* (Etikettierung, Stigmatisierung) gewonnen, der interaktionistische und konfliktorientierte Perspektiven verbindet.

Er geht u. a. von einer wichtigen Tatsache aus: Nur eine Minderheit der abweichenden Handlungen und Personen werden Sanktionen unterworfen. Bei manchen Verbrechensarten und entsprechendem Geschick (Professionalisierung!) ist die Chance, bestraft zu werden, nur 1:10 oder 1:20. Eine Frage ergibt sich: Wie werden die Bestraften ausgewählt? Handelt es sich um ein Zufallsgeschehen?

Das Recht, d. h. die mächtige juristische Profession, und der Staat sind verantwortlich, dass Personen ins Gefängnis kommen. Folglich sollte man die Interessen, die „hinter" den Gesetzen stehen, offenlegen.

Eigentumskonzentration und soziale Ungleichheit werden durch Rechtssysteme begünstigt. Wenn jemand etwas stiehlt, wird er bestraft. Wenn jemand von seinem Reichtum Armen nichts abgibt oder Steuern erfolgreich „vermeidet" (= hinterzieht), wird er belohnt, d. h. er erhält oder vermehrt sein Kapital und seine Anerkennung.

Doch nicht nur die Gesetze führen zu abweichendem Verhalten, sondern die Kontrollorgane (Jugendamt, Polizei, Lehrer, Richter etc.) wählen aus: Aktennotizen, Art der Bestrafung. Menschen werden beschuldigt und stigmatisiert: Wer vorbestraft ist, ist gezeichnet. Verschiedene Gruppen in der Gesellschaft werden ungleich behandelt. Juden wurden in den vergangenen Jahrtausenden gezwungen, in bestimmten Gebieten zu wohnen, vorgeschriebene Kleidung zu tragen etc., in Nazideutschland mussten sie einen Stern tragen. Sie wurden öffentlich „gebrandmarkt".

Wie erfolgt diese soziale Produktion von Verbrechen, Krankheit, Minderwertigkeit und moralischer Verworfenheit? Herrschende Gruppen definieren Handlungen als konform oder abweichend. In einem Altenheim gilt es als abweichend, wenn man die Insassen tötet. Im Krieg ist ein Soldat abweichend, der nicht an der effizienten Vernichtung der Feinde mitwirkt.

Normen werden über *Macht* und Herrschaft festgelegt. Folglich werden hauptsächlich unerwünschte Handlungen der Geringmächtigen bestraft. Vor allem Mitglieder der Unterschicht und unterprivilegierter Gruppen werden sozial kontrolliert. Wer sich auf der Straße aufhält, kann von der Polizei gut beobachtet werden. Wer also nicht im Auto oder mit anderen hochwertigen Fahrzeugen fährt, hat schon schlechtere Karten. Die Beobachtung des Verhaltens erfolgt mit Vorannahmen, selektiv; man erwartet von bestimmten Personen (z. B. Obdachlose, Mitglieder fremder ethnischer Gruppen) abweichendes Verhalten.

Stigmatisierung erfolgt relativ früh, schon bei Kindern und Jugendlichen im Kindergarten, in der Schule und an anderen öffentlichen Orten, und zwar nach Gruppenzugehörigkeit (nach Wohnort, Familienzugehörigkeit, Kleidung, Verhalten). Für dauerhafte Stigmatisierung wurden eigene Organisationen geschaffen: Sonder- und Hauptschulen, Heime, Jugendgefängnisse. Typisierungen (die Juden, die Russen, die Arbeitslosen, die Ausländer) und Zuschreibungen von (negativen) Eigenschaften begünstigen Stigmatisierung. Fremdzuschreibung kann als Selbstzuschreibung übernommen werden (Du bist brutal. Ja, ich bin brutal.). Die sozialen Chancen einer abweichenden, bzw. kriminellen Person, ein normales Leben zu führen, verringern sich in diesem Prozess. So verfestigt sich Abweichung.

Kritik des *Etikettierungsansatzes:*

• Wenn nur auf die Kontrollinstanzen geachtet wird, wird die Erforschung der Ursachen des Verhaltens vernachlässigt.
• Verhalten wird nicht nur über soziale Kontrolle gesteuert, sondern es kann genetisch bedingt sein oder durch andere Umweltbedingungen entstehen.
• Entstehung und Veränderung der offiziellen und informellen Normsysteme werden nicht ausreichend erklärt.

Was wissen wir über die tatsächliche Kriminalität?

Nur ein Teil der kriminellen Handlungen wird der Polizei gemeldet, die Dunkelziffern sind hoch. Über Banküberfälle weiß man gut Bescheid, über die Misshandlung von Kindern und alten Menschen weniger gut.

Die gestiegene öffentliche Sensibilität gegenüber Kriminalität und das professionalisierte Polizeisystem führten zum Anstieg der Anzeigen.

Ca. 90 % aller Mörder sind Männer und über 70 % aller Opfer sind Männer. Mord geschieht primär im engen Kreis von Bezugspersonen, oft unter Drogeneinfluss.

Warum gibt es gewaltige Unterschiede der Kriminalität in verschiedenen Staaten?
2017 betrugen die Mordraten pro 100.000 Personen in Deutschland 1,00, in den USA 5,30 und in Japan 0,20 (UNODC).

Gründe für die Tatsache, dass die Mordraten in den USA viel höher sind als in Deutschland oder Japan:

• Tradition: Die von den Siedlern in früheren Jahrhunderten neu gegründeten Gemeinden verteidigten sich selbst.
• Kulturelle, soziale und ethnische Diversität: Die USA sind in ihrer Sozialstruktur heterogener als die europäischen Staaten und weisen eine höhere soziale Ungleichheit auf.
• Verfügbarkeit von Schusswaffen: Aufgrund der Gesetzeslage verfügt ein viel höherer Anteil der US-Bevölkerung über Schusswaffen, als es in der EU der Fall ist.
• In vielen amerikanischen Großstädten gibt es gewalttätige Subkulturen.
• Die kriminelle Sozialisation wird in den USA vom Staat stärker gefördert als in der EU: viel höhere Strafgefangenenrate

Japan unterscheidet sich in starkem Maße von den europäischen und nordamerikanischen Staaten. Es ist eine stärker integrierte Gesellschaft als Deutschland oder die USA. Die japanische Kultur ist homogener, kollektivistischer und geschlossener als die westliche oder europäische. Sowohl Einwanderung als auch Binnenwanderung sind geringer als in Nordamerika und Europa.

In der japanischen Kultur ist Anpassung an die Normen ein besonders hoher Wert. Japaner versuchen, Ärger, Zorn und Hass zu unterdrücken, nicht direkt zu zeigen. In Japan wird von jedem erwartet, dass er sich in die Gruppe einfügt. Widerspruch und harte Kritik werden vermieden. Selbstkontrolle und Gehorsam werden belohnt. Die meisten Japaner sind von der Familie und von anderen lokalen Gruppen (Nachbarschaft, Schule, Betrieb usw.) abhängiger als Deutsche oder US-Amerikaner. Verwitwete Schwiegermütter ziehen in der Regel in die Wohnung oder das Haus des Sohnes und überwachen das Verhalten der Schwiegertochter. Die Zusammenarbeit zwischen Polizei und Bevölkerung ist in Japan enger und effektiver als in Europa oder in den USA. Diese „Kultur der sozialen Kontrolle" ist höchstwahrscheinlich eine zentrale Ursache für die niedrigen Kriminalitätsraten in Japan (Hechter und Kanazawa 1993; Johnson 2007).

Der oft behauptete Abschreckungseffekt der *Todesstrafe* ist empirisch nicht bestätigt.

Allerdings ist eine empirische Überprüfung der Abschreckungsthese sehr schwierig und die bisherigen Untersuchungen liefern inkonsistente Resultate (Stark 1998, S. 211 ff.; National Research Council 2012). Alternativthese: Durch die Todesstrafe wird in einem Staat Tötung gegen den Willen des Opfers legitimiert. Dadurch wird bei einem Teil der Bevölkerung die Bereitschaft zu solchen Formen der Tötung erhöht.

Der positive Zusammenhang zwischen legitimer und nicht-legitimer Tötung gegen den Willen des Opfers kann dadurch belegt werden, dass nach Kriegen die Mordraten vor allem in den Siegerstaaten ansteigen (Archer und Gartner 1976).

Das Festhalten der Vereinigten Staaten an der Todesstrafe kann man u. a. folgendermaßen begründen:

- Die meisten Staaten, in denen die Todesstrafe legitim ist, werden undemokratisch und diktatorisch regiert. In eine solche Gruppe passen die USA nicht. Die USA sind die militärische und ökonomische Supermacht. Deshalb wird Stärke von ihnen erwartet. Betrachtet man die Todesstrafe als Distinktionszeichen, dann besteht ein „historisch gewachsenes Interesse" der USA, sich von den Staaten der EU zu unterscheiden, und zwar bezüglich des Merkmals „Stärke". Die EU gilt bei den US-Amerikanern trotz ihrer ökonomischen Potenz als „schwach".
- In den USA ist eine traditionelle religiöse Haltung in der Bevölkerung weiter verbreitet als in den Leitstaaten der EU. Eine solche Haltung ist mit der Bejahung der Todesstrafe und dem „Krieg gegen das Böse" gut vereinbar.
- Die Bevölkerung der USA vertritt in stärkerem Maße die Ideologie, dass der Einzelne für seine Taten voll verantwortlich ist, „seines Glückes und Unglückes Schmied ist".

Sozialisation in Gefängnissen
In Deutschland ist in den 90er Jahren die Anzahl der Strafgefangenen angestiegen. Dabei hat sich der Ausländeranteil der Gefangenen überproportional erhöht. Viele Gefängnisse sind überfüllt, sie sind Sozialisationsinstanzen für abweichende Subkulturen, Drogengebrauch und Akzeptanz von Gewalt. Allerdings ist die

Gefangenenrate in den vergangenen zehn Jahren relativ stabil geblieben und sie ist geringer als in den anderen großen Staaten der EU. In den USA ist die Anzahl der Gefängnisinsassen seit den 1970er Jahren sehr stark gestiegen. Die Gefangenenrate der Vereinigten Staaten beträgt das Sechs-bis Achtfache westeuropäischer Staaten! Die amerikanischen Gefängnisse sind überfüllt, sodass ein „ordnungsgemäßer" Strafvollzug nicht gewährleistet ist. Die vom Steuerzahler zu bezahlenden Gesamtkosten der amerikanischen Gefängnisse wurden für 2010 auf 39 Mrd. US$ geschätzt. Das jährliche Wachstum der Kosten für Gefängnisse war in den 70er und 80er Jahren größer als das der Kosten des Erziehungssystems (vgl. Reiman 2002).

Das Kosten-Nutzen-Verhältnis des Strafvollzuges ist, wenn man den Gesamtnutzen für die Bevölkerung in Betracht zieht, nach Expertenmeinung ungünstig. Die gewaltige Erhöhung der Gefangenenrate in den USA war nicht von einer entsprechenden Verringerung der Kriminalitätsraten begleitet (vgl. Tischler 1999, S. 206 ff.) und auch komplexe Kosten-Nutzen-Berechnungen weisen auf die Notwendigkeit der Verringerung der Gefangenenrate hin (Stemen 2017).

> „Materiell gesehen sind die Vereinigten Staaten das reichste Land der Welt. Dennoch sind sie ein Land, das Gefängnisse anstelle eines sozialen Netzes verwendet." (Christie 2005, S. 167)

Von der Normalität abweichende Situationen begünstigen das Erlernen und Verstärken abweichenden Verhaltens. Da die für Männer hauptsächlich erwünschten positiven Verstärker, beruflicher Erfolg und familiäre Gratifikationen, im Gefängnis weitgehend außer Kraft gesetzt sind, findet dort eine gesellschaftsfeindliche Sozialisation statt.

Der Frauenanteil ist unter Kriminellen sehr gering und vor allem sind nur sehr wenige Frauen physisch gewalttätig. Allerdings ist der Frauenanteil an den Gefangenen in den USA seit den 80er Jahren überproportional gestiegen. Fast zwei Drittel der Frauen in amerikanischen Gefängnissen haben minderjährige Kinder, bei denen durch den Gefängnisaufenthalt der Mutter häufig Entwicklungsschädigungen bewirkt werden (Sawyer 2018).

Verbrecher in Villen und organisiertes Verbrechen
Verbrechen der gehobenen Schichten, der Personen in führenden Positionen und legaler und illegaler Organisationen sind strukturell die gefährlichsten und die am wenigsten entdeckten und verfolgten (vgl. Dimmel und Hagen 2005, S. 225 ff.). Eine der seltenen Schadensschätzungen des Verhältnisses von Weißer-Kragen-Kriminalität zu „normaler" Kriminalität in den Vereinigten Staaten betrug 40 zu 1

(President's Commission on Organized Crime 1985). Neuere Schätzungen weisen zwar auf eine Überschätzung dieses Unterschiedes durch den genannten Bericht hin, doch die bedeutsamere Schädigung durch die Weiße-Kragen-Kriminalität ist unbestritten (Cohen 2016). Viele Staaten und Rechtssysteme begünstigen das „große" und das organisierte Verbrechen. „Staatsgefährdend ist … das Zusammenspiel von kriminellen und gesellschaftlichen Eliten, die ihre Interessen ohne Rücksicht auf gesellschaftliche Legitimation verfolgen" (von Lampe 2019, S. 46). Bekanntlich wurden und werden in autoritären Regimen Gesetze hergestellt, die Verbrechen (im Sinne der Gesetze anderer Staaten) legalisieren bzw. erleichtern, sodass die Definition von (organisiertem) Verbrechen wissenschaftlich umstritten ist (Kleemans 2014). Die strukturell bedeutsamen Verbrechen, die sehr viele Menschen schädigen, sind weniger sichtbar, werden von den Medien weniger präsentiert und sprechen die Emotionen weniger an als Mord und Totschlag. In den Schulen und Hochschulen wird vermieden, die junge Generation in diesem Bereich zu bilden, da es sich um Herrschaftswissen handelt.

Wie kann „normale" Kriminalität verringert werden?
„Normale" Kriminelle sind vor allem junge Männer, die kurzfristige Lebensperspektiven haben und deren Fähigkeit zur Selbstkontrolle unterentwickelt ist (Gottfredson und Hirschi 1995). Nur ein geringer Prozentsatz der Verbrecher wird verurteilt und Gefängnisse sind ungeeignet, sie zu resozialisieren. Nach Hirschi üben also Gefängnisse keine positive soziale Wirkung aus, sondern es muss bei den Ursachen angesetzt werden. Erziehung und Umwelt von Kindern und Jugendlichen ist von entscheidender Bedeutung.

Auch Sampson und Laub (1993) und Thomas et al. (1998) konnten die „soziale Kontrolltheorie" bestätigen (vgl. auch Baier 2005). „Wenn ein Kind bzw. ein Jugendlicher eine schwache emotionale Bindung zu seinen Eltern aufweist, einem inkonsistenten und gewalttätigen Erziehungsstil ausgesetzt ist oder ungenügend beaufsichtigt wird, steigt die Wahrscheinlichkeit abweichenden Verhaltens." (Thomas et al. 1998, S. 324).

Will man abweichendes Verhalten verändern, dann sollte man das soziale System, den Kontext, die Institutionen und die Politik betrachten. Studien zeigen, dass Verringerung der sozialen Ungleichheit, Verbesserung der frühpädagogischen und schulischen Maßnahmen (Selbststeuerung und -bewertung erlernen!), und Unterstützung armer und unterprivilegierter Familien und Kinder billiger und wirksamer sind als Strafrechtsverschärfung und Gefängnisexpansion (vgl. Lindsey und Beach 2004, S. 236).

Ein Blick von oben (oder von der Seite)
Es ist empfehlenswert, in Distanz zu treten. Zuerst eine beruhigende Tatsache: Zwar sind die Verbrechensraten in Deutschland seit den 60er Jahren angestiegen (allerdings in den vergangenen 20 Jahren stabil geblieben), doch es gibt heute viel weniger deutsche Verbrecher als in der Zeit zwischen 1933 und 1945 und die Verbrechen sind harmloser. Nun die beunruhigende Erkenntnis des 20. Jahrhunderts: Staatliche und private Organisationen sind für die Menschen gefährlicher, als die „normalen" Kriminellen es sind. Dafür kann man nicht nur Nazideutschland oder die Sowjetunion als Belege heranziehen, sondern auch viele derzeit amtierende Regime.

Warum erregen sich die meisten Menschen mehr über abweichendes, als über konformes Verhalten? Wenn man eine Bilanz des 19. und 20. Jahrhunderts zieht, wird man wahrscheinlich feststellen, dass die katastrophalen Ereignisse (Erster und Zweiter Weltkrieg, Kolonialismus, Holocaust, Hungersnöte usw.) hauptsächlich durch konformes Verhalten (Gehorsam, Akzeptanz traditioneller Vorurteile, staatliche Regelungen, Ethnozentrismus, Verfolgung von Minoritäten und sogenannten Nonkonformen) und nicht durch abweichendes Verhalten verursacht wurden.

Der Blick von oben (oder von der Seite) führt zu provozierenden Thesen:

- Konformes Verhalten hat sich – zumindest in Deutschland in der ersten Hälfte des 20. Jahrhunderts und in Russland etwas länger – für das Kollektiv und für seine „Feinde" als gefährlicher erwiesen als abweichendes Verhalten (Befehlsgehorsam).
- Gesellschaftlich bedeutsames abweichendes Verhalten wird in der Öffentlichkeit häufig wenig beachtet (Wirtschaftsverbrechen).
- Bestimmte Formen abweichenden Verhaltens bieten in einem funktionierenden sozialen System wichtige Anregungen, z. B. ein umweltschonender und emissionsvermeidender Lebensstil. Massive Unterdrückung abweichenden Verhaltens durch Zensur, Überwachung, Eindringen in die Privatsphäre führt zu Stagnation und sozialer Fehlentwicklung.
- Positives und negatives abweichendes Verhalten sind gekoppelt (Kreativität, Innovation, Kunst, Kritik an Autoritäten).

Wenn man Konformität demokratisch bestimmen will, kann dies durch die folgende grundsätzliche Frage geschehen: Welche Werte, Ziele und Wünsche haben die meisten Menschen in Europa? Frieden, Wohlstand, Sicherheit, Zufriedenheit, eine gesicherte Zukunft für ihre Kinder. Konform ist, wer diesen Zielen dient, abweichend, wer gegen ihre Verwirklichung handelt.

Wenn ein Staat in Friedenszeiten ohne schwerwiegende Bedrohung von außen für Verteidigung und Rüstung zu viel ausgibt, dann ist dies abweichendes Verhalten – verantwortlich sind die Volksvertreter, die Regierung und die leitenden Beamten in den Ministerien. Wenn es das Rechtssystem reichen und mächtigen Personen ermöglicht, auf Kosten der Mehrheit der Bevölkerung sich zu bereichern und mächtiger zu werden, dann sind vor allem diejenigen abweichend, die solche rechtlichen Vorschriften produzieren, bejahen und ihre Beibehaltung begünstigen[5]. Eine Regierung und ein Kultusministerium, das Lehrpläne für allgemeinbildende Schulen und für Hochschulen vorschreibt, in denen Inhalte einen großen Platz einnehmen, die hauptsächlich im Interesse einer Minderheit der Bevölkerung sind, sind abweichend. Selbstverständlich ist auch ein Jugendlicher abweichend, der einer alten Frau die Handtasche entreißt. Warum richten Juristen, Politiker und die Massenmedien ihre Aufmerksamkeit eher auf kriminelle Jugendliche als auf die Organisationen und Personen, die für das wirtschaftliche und soziale Elend vieler Familien und für die Verletzung zentraler Werte verantwortlich sind?

In der bisherigen Argumentation erschien stark abweichendes Verhalten primär als negativ, unerwünscht, sozial schädlich, ja oft verabscheuenswert. Durkheim ging von einem funktionalistischen Ansatz aus und meinte, dass eine Gesellschaft unerwünschtes abweichendes Verhalten benötigt, weil dadurch den Menschen die Grenzen und Normen bewusst gemacht werden, vor allem durch die Bestrafung der Abweichenden.

Doch es gibt auch verherrlichtes abweichendes Verhalten: Märtyrer, große Künstler, bedeutende Entdecker und Gelehrte. Innovation und sozialer Wandel benötigen abweichendes Verhalten.

Minderheiten, die konsistent, langfristig und im allgemeinen Interesse abweichende Positionen vertreten, beeinflussen die Mehrheit (Moscovici 1976). Im Europa des 19. Jahrhunderts waren es kleine Gruppen von „abweichenden" Frauen, die beharrlich über Jahrzehnte mehr Rechte für alle Frauen gefordert haben. In Deutschland sind Umweltgruppen und die Grünen seit den 70er Jahren Beispiele für diese These. Fridays for Future ist eine globale Bewegung, welche versucht, Politiker und möglichst viele Menschen für eine progressive Klimapolitik zu gewinnen. Minderheiten werden dann besonders einflussreich sein, wenn hinter ihrem Standpunkt nicht primär Eigeninteresse gesehen wird (z. B. Heterosexuelle setzen sich für Homosexuelle ein) (Wiswede 1998, S. 177).

---

[5]Das Recht dient u. a. der Verfestigung von Privilegierung und partikularen Interessen (vgl. Vester 2005, S. 41, 62).

Bisher wurde das abweichende Verhalten von Personen und Gruppen besprochen, doch es gibt auch „Systemabweichung". Sie wurde bereits als Anomie
eingeführt, Norm- und Wertverluste. Ab gewissen Schwellenwerten oder Auf-
trittswahrscheinlichkeiten werden soziale Abweichungen zu sozialen Problemen,
z. B. Arbeitslosigkeit, Kriminalität, Umweltzerstörung. Soziale Probleme hängen also von Normsetzungen und öffentlicher Sensibilität ab. Einige durch die
Medien, Politiker oder andere Meinungsmacher hoch gespielte Fälle können genü-
gen, „um das Fass zum Überlaufen zu bringen". Auch hier kann eine Art *labeling
approach* herangezogen werden: Soziale Probleme entstehen durch kollektive
Definitionen. Somit kann auch nicht „objektiv" festgestellt werden, wie gravierend oder „gesellschaftsgefährdend" ein soziales Problem, z. B. Drogengebrauch,
ist. In Deutschland wäre die Öffentlichkeit wahrscheinlich in heller Aufregung,
wenn die Mordraten ähnlich hoch wie in den USA wären. In den 70er Jahren
konnte eine kleine Gruppe von Terroristen in Deutschland ein soziales Problem
erzeugen. Hunderttausende Verletzte im Straßenverkehr oder tausende Opfer fehl-
organisierter Rechts-, Gesundheits- und Bildungssysteme sind dagegen für die
deutsche Öffentlichkeit und Politik keine sozialen Probleme.

3.4 Integration und Konflikt

Menschen leben in Primärgruppen, in Familien, und in Sekundärgruppen, in
beruflichen oder anderen Zusammenhängen. Sie kooperieren, sie sind aufeinander angewiesen, sie entwickeln Solidarität in ihren Gruppen, die Gruppen sind
integriert (in der Gesellschaft), die Gruppenmitglieder integrieren sich (in der
Gruppe). Der Säugling wird in einer Primärgruppe aufgezogen, er ist allein nicht
lebensfähig. Da in modernen Gesellschaften fast allen sofort Überlebenshilfen
geboten werden, wenn sie hilflos, krank oder gefährdet sind, ist für Erwachsene eine Integration in einer Primärgruppe nicht mehr überlebensnotwendig.
Trotzdem hat die überwiegende Mehrzahl der Menschen das Bedürfnis, in einer
Primärgruppe, mag sie auch nur aus zwei Personen bestehen, eingebunden zu
sein. Menschen benötigen den Schutz in Gruppen. Wenn sie herausfallen, sind sie
gefährdet. Schon in der Einleitung wurde dargestellt, dass nach Durkheims Forschungen Personen, die nicht in religiösen oder anderen Gemeinschaften leben,
eher selbstzerstörerisches Verhalten zeigen, dass aber auch überstarke Integration für Gruppenmitglieder fatale Wirkungen haben kann (z. B. Sektenmitglieder,
die gemeinsam Suizid begehen). Durkheim beobachtete schon im 19. Jahrhundert
die westeuropäischen Länder mit Sorge. Die Bevölkerung wuchs und die *soziale
Differenzierung* schritt schnell voran. Immer mehr Institutionen, Organisationen,

Positionen, Rollen und andere soziale Gebilde entstanden und grenzten sich voneinander ab. Durkheim meinte, dass ein kollektives Bewusstsein diese vielfältigen Gebilde zusammenhalten müsse, wobei die christliche Religion oder ein Herrscherhaus diese Aufgabe immer schlechter erfüllten. Viele Heilmittel wurden angepriesen: Vaterlandsliebe, Nationalgefühl, Heimatbewusstsein oder der Glaube an das christliche Abendland, das wieder einmal gerettet werden musste.

Aufgrund eines Konfliktansatzes könnte man jedoch behaupten, dass eine *zu starke Integration* in vielen Staaten oder ethnischen Gruppen das Problem des 19. und 20. Jahrhunderts war, nicht eine zu schwache. Starke Integration und ein fest gefügtes Wert- und Normsystem sind mit Ethnozentrismus[6] verbunden. Die anderen sind *Fremde*. Integration von und in Gruppen ist meist mit Schließung und Ausschluss von anderen Gruppen und deren Mitgliedern verbunden.

Nach der „Theorie der sozialen Identität" (Tajfel und Turner 1979) schreiben Gruppen sich selbst bestimmte positive Eigenschaften zu, die sie anderen Gruppen absprechen. Dadurch wird soziale Identität und (feindliche) Abgrenzung gegenüber anderen Gruppen konstituiert.

> Integration und Schließung (Exklusion) und damit „normale Fremdenfeindlichkeit" sind unvermeidliche Prozesse innerhalb von Gesellschaften.

Es herrscht immer Knappheit an begehrten Positionen und Gütern und folglich versuchen fast alle Menschen, ihre eigenen Chancen und die der nahe stehenden Gruppenmitglieder zu erhöhen. Um zwischen Eigen- und Fremdgruppe zu unterscheiden werden Menschen kategorisiert, und zwar vor allem nach leicht erkennbaren Kennzeichen: Hautfarbe, Geschlecht, Alter, Aussehen, Staatszugehörigkeit, Religion, Sprachkompetenz, Statussymbole (Kleidung, Auto, Wohnort etc.).[7]

Die „Feindlichkeit" äußert sich in der Regel nicht durch Gewalt, sondern durch vielfältiges Ausschließen. Wenn möglich, versucht jemand sich selbst und seine Familie zu begünstigen, im nächsten Schritt die Verwandten, dann die guten Bekannten usw. Also gibt es Integration und „Fremdenfeindlichkeit" in mehreren Schichten (Abb. 3.5).

---

[6]Ethnozentrismus: übertriebene Hochschätzung der eigenen ethnischen Gruppe und Abwertung anderer Gruppen.

[7]Vgl. das Kapitel über „Soziale Schichtung".

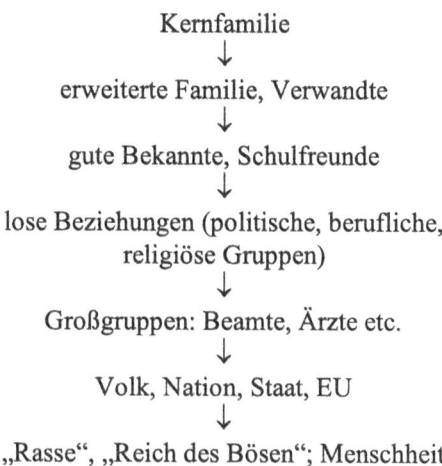

Abb. 3.5 Integration und „Fremdenfeindlichkeit" auf verschiedenen Ebenen

Kernfamilie
↓
erweiterte Familie, Verwandte
↓
gute Bekannte, Schulfreunde
↓
lose Beziehungen (politische, berufliche, religiöse Gruppen)
↓
Großgruppen: Beamte, Ärzte etc.
↓
Volk, Nation, Staat, EU
↓
„Rasse", „Reich des Bösen"; Menschheit

Ethnische und kulturelle Konflikte und Vorurteile
Ethnische Gruppen werden nach Sprache, Tradition, Religion, Kleidung, Verhalten, Wohnort u. a. Faktoren unterschieden.

Die meisten räumlich oder institutionell abgegrenzten menschlichen Gruppen weisen keine bedeutsamen genetischen Unterschiede auf. Die genetischen Unterschiede innerhalb von Populationen sind größer als die zwischen Populationen. In rassistischen Ideologien werden meist pseudobiologische Erklärungen als Rechtfertigung für die Über- oder Unterlegenheit von menschlichen Gruppen und für den Ausschluss von Fremden verwendet. Zwar ist es biologisch nicht sinnvoll, von menschlichen Rassen zu sprechen, doch man kann ähnlich der Trennung zwischen sex und gender den Begriff der „sozialen Rasse" einführen. Denn im Alltagsbewusstsein ist der Rassenbegriff weltweit nach wie vor verankert.

Je länger Gruppen in physischer und sozialer Isolation leben oder sich von anderen Gruppen territorial und ideologisch abgrenzen, umso mehr kulturelle Eigenarten entwickeln sie. Diese kulturellen Eigenarten und Traditionen wirken als Barrieren zwischen Gruppen.

Konflikte zwischen ethnischen und kulturell unterschiedlichen Gruppen ergeben sich aufgrund folgender Ursachen:

• Verschiedenheit von Traditionen,
• Konkurrenz um knappe Ressourcen,
• durch vergangene Konflikte entstandene Vorurteile und „kollektive Gefühle".

Vorurteile sind generalisierende negative Einstellungen gegenüber Mitgliedern anderer Gruppen; sie sind verbunden mit *stereotypem* Denken („der Jude") und Projektionen (eigene unerwünschte Eigenschaften der Fremdgruppe zuschreiben).

Sind ethnische Konflikte tatsächlich ethnische Konflikte?
Der Bürgerkrieg im ehemaligen Jugoslawien war ein Beispiel für das Zusammenwirken verschiedener Konfliktursachen: anomische Zustände durch die Schwächung der zentralen politischen Gewalt, Machtkämpfe zwischen rivalisierenden Gruppen, verschiedene religiöse Wert- und Normsysteme, relative Benachteiligung (ökonomische Unterschiede zwischen Landesteilen). Liegt die Hauptursache in den ethnischen Unterschieden?

Im Punjab in Indien kommt es seit den 80er Jahren ständig zu gewaltsamen Auseinandersetzungen; es scheint sich um einen Kampf zwischen zwei religiösen bzw. ethnischen Gruppen, den Sikhs und den Hindus, zu handeln. Doch Shiva (1991) gibt eine andere Erklärung für den Konflikt. Die grüne Revolution hat in der Landwirtschaft zu Mechanisierung, Gebrauch von Pestiziden und Kunstdünger, zu einer Schädigung der Böden, zur Verschuldung der Kleinbauern, teilweise zur Vergrößerung der Gruppe der landlosen Bauern und in diesem Zusammenhang zu sich steigernder Unzufriedenheit geführt. Die betroffenen Menschen machen die Mitglieder anderer ethnischer Gruppen für die Misere verantwortlich. Gruppendenken, eingeschränkte Realitätswahrnehmung und Gesinnungskontrolle führen unter diesen ökologischen und sozialen Bedingungen zu einem Dauerkonflikt.

Auch die Verfolgung von Juden unter dem Nationalsozialismus lässt sich ohne Rückgriff auf ethnische oder kulturelle Gruppenunterschiede erklären.

Eine *interaktionistische* Erklärung könnte von den sozialen Erfahrungen Hitlers in Wien ausgehen, als er von den antisemitischen Äußerungen und Schriften bekannter Persönlichkeiten beeinflusst wurde. Diese Personen waren für Hitler Vorbilder. Die Wirklichkeitskonstruktionen von prunkvoll inszenierten Massenveranstaltungen, wie Parteitagen, begünstigten eine kollektive Selbsterhöhung mit der Konsequenz der relativen Abstufung anderer Gruppen.

Eine *funktionalistische* Betrachtung würde sich auf den verlorenen Krieg, die Modernisierung und die Weltwirtschaftskrise beziehen, d. h. das soziale System geriet in ein Ungleichgewicht, es ergab sich ein für viele bedrohlicher Wert- und Normwandel, für den der Nationalsozialismus scheinbar eine Lösung anbot. Wie sozialpsychologische Untersuchungen zeigen, neigen Personen, die sich in ihrem zentralen Wertbereich gefährdet fühlen, zu autoritärem und fremdenfeindlichem Verhalten (Solomon et al. 1991). Juden, Kommunisten und andere „Vaterlandsverräter" wurden für den Niedergang Deutschlands verantwortlich gemacht. Dadurch wurde die Integration der Deutschen, einer 100 Jahre lang ideologisch und mit Gewalt homogenisierten „Gruppe", verstärkt. Juden und andere „Volksfeinde" wurden aus wichtigen Positionen hinausgedrängt und ihrer Güter beraubt, die nun an Nationalsozialisten und ihnen nahestehende Personen vergeben werden konnten, was die soziale Bewegung stärkte.

Ein *Konfliktansatz* könnte schon bei den Verwüstungen des Dreißigjährigen Krieges ansetzen, die das deutsche Gebiet besonders stark getroffen hatten, und würde in den 20er und 30er Jahren die Folgen des Ersten Weltkrieges und die Weltwirtschaftskrise hervorheben, wodurch die Verelendung von Millionen bewirkt und damit die Klassengegensätze verstärkt wurden, aber auch auf den Machtkampf zwischen immer gewalttätiger werdenden Gruppen in der Weimarer Republik hinweisen. Der Nationalsozialismus wurde wegen seines Kampfes gegen kommunistische Gruppen von vielen unterstützt, die im Kommunismus und in der Sowjetunion die zentrale Gefahr für Deutschland sahen. Doch auch der Geschlechterkampf kann herangezogen werden. In den 20er Jahren war die Emanzipation der Frauen relativ stark vorangekommen. Viele deutsche Männer, die sich schon durch die Niederlage im Ersten Weltkrieg gedemütigt fühlten, sahen sich durch die relative Statusverbesserung der Frauen und durch die weitere Degradierung des Mannes in der Wirtschaftskrise in einer psychosozialen Abseitsposition. Sie ergriffen verzweifelt und entzückt die kollektive Chance des Faschismus, die Dominanz ihrer Geschlechtsposition abzusichern.

Integration heute und morgen

Deutschland und viele andere europäische Staaten haben Integrationsprobleme. Der Anteil an Ausländern ist in Deutschland von 8,8 % (1996) auf 12,2 % (2018) gestiegen und 19,6 % der deutschen Bevölkerung haben einen Migrationshintergrund. Doch nicht nur zu geringe Integration schafft Probleme, sondern auch zu starke Integration kann schädlich sein, wie Durkheim in seinem Buch über den Selbstmord dargelegt hat. Untersuchungen von Silbereisen u. a. (1999, S. 181 f.) bestätigen die These. Aussiedler aus Oststaaten, die in traditionellen deutschsprachigen Gemeinden gelebt hatten, hatten größere Anpassungs- und Integrationsprobleme in Deutschland als Aussiedler, die nicht aus solchen deutschen Enklaven in Rumänien, Russland oder anderen Staaten stammen. Die starke Integration in eine altdeutsche Kultur erschwerte die Eingliederung in die moderne deutsche Gesellschaft. Vor allem wurden in diesen traditionellen

Gemeinschaften kollektivistische Werte (Einordnung in der Gruppe, Konformität) vermittelt, während für sozialen und wirtschaftlichen Erfolg in Deutschland eher individualistische Werte (Betonung von Selbstbestimmung und individueller Leistung) erforderlich sind.

Bourdieu, Coleman und andere verwenden den Ausdruck „*soziales Kapital*", eine andere Bezeichnung für hochbewertete soziale Integration und Anerkennung (vgl. Bourdieu und Coleman 1991). Soziales Kapital wird in Netzwerken aufgebaut, in denen persönliches Vertrauen und wechselseitiges Geben und Nehmen (Reziprozität) herrschen (Putnam 2001; Kern 2004). In vielen öffentlichen Organisationen, z. B. Schulen, wird Personen, die Mangel an sozialem Kapital haben, zu wenig geholfen (vgl. Weymann 1998, S. 168 f.). Vor allem kann soziales Kapital in, für die gesellschaftliche Stabilität oder Integration, ungünstiger Weise erworben werden, z. B. in korrupten politischen Netzwerken, Jugendbanden oder fundamentalistischen Gruppen.

Ferner wird durch die Massenmedien, vor allem durch das Fernsehen, soziales Quasi-Kapital und sozialer Quasi-Raum aufgebaut, d. h. Menschen bilden sich ein, sie hätten zum US-Präsidenten, zu einem Popstar oder zum Helden in einer Serie eine Beziehung[8].

Innerhalb der Institutionen Bildung und Wissenschaft und den Massenmedien entstehen neue universalistische Formen von Integration. So können Millionen, ja sogar Hunderte Millionen, gleichzeitig eine Rede des Präsidenten der Vereinigten Staaten oder Spiele der Fußballweltmeisterschaft miterleben, wodurch Kollektivgefühle aktiviert werden.

Integration entsteht auch als ein unbeabsichtigtes Ergebnis wissenschaftlich-technisch-wirtschaftlicher Unternehmungen. Durch das Internet können neue Vergemeinschaftungen mit relativ geringem Aufwand entstehen, ohne dass Territorien verteidigt oder erobert werden müssen, und alte lose gekoppelte Gruppen können ihren Zusammenhalt festigen. Der Gebrauch eines Handys, eines Computers oder eines Autos führt bei Christen, Moslems und Hindus zu gemeinsamen Ritualen, zu interkulturellen Verhaltensmustern.

Freilich sollte man nicht einen paradiesischen Zustand erwarten. Die Motive, Einstellungen und Verhaltensweisen ändern sich nicht in Richtung Mutter Teresa oder Kant. Alle neuen Technologien führen zu neuen Kämpfen und Selektionen im sozialen Raum, aus denen Sieger und Verlierer hervorgehen.

Die Zukunft der weltweiten Integration ist also offen. Eine allmähliche Entwicklung zu einer relativ friedlichen und wirtschaftlich stabilen Weltgesellschaft,

---

[8]Meyrowitz (1987) nennt dieses soziale Quasi-Kapital para-soziale Beziehung.

in der immer weniger Menschen verhungern oder frühzeitig gewaltsam sterben müssen, ist jedenfalls möglich geworden.

Zum Vertiefen
Einen eleganten Zugang durch die Hintertür handlungspraktischer Zweckdienlichkeit wählt Clemens Albrecht. Das Buch ist zugleich eine spannende Einführung in die Mikrosoziologie:

Albrecht, Clemens. 2020. *Sozioprudenz. Sozial klug handeln.* Frankfurt: Campus.

Sozialstruktur und soziale Schichtung 4

AUF EINEN BLICK

1. Der ungleiche Zugang zu begehrten Gütern und Positionen ist – jedenfalls in modernen Gesellschaften – ein immerwährender Gegenstand der Auseinandersetzung.
2. Doch selbst in modernen Gesellschaften ist die Stabilität sozialer Rangabstufungen und Hierarchien erstaunlich.
3. Häufig ist mit der Beschreibung und Erklärung sozialer Ungleichheiten auch eine Aussage darüber verbunden, ob sie gerecht oder ungerecht sind.

4.1 Einführende Überlegungen zur sozialen Schichtung

Menschen sind genetisch verschieden, also „von Natur" ungleich. Allerdings beginnt schon im Mutterleib die soziale Ungleichheit zu wirken – offensichtlich eine anthropologische Konstante.

Die soziale Schichtung beginnt schon vor der Empfängnis. Wer schon vor der Geburt stirbt, gehört der „untersten Unterschicht" an. In vielen Kulturen hatten die meisten Menschen, die vor der Geburt starben, einen sozialen Nullstatus. In modernen Industriegesellschaften wird einigen dagegen mehr soziale Aufmerksamkeit gewidmet, z. B. erhalten manche ein Grab, auf dem ein Name steht.

Es wird permanent soziale Selektion ausgeübt.

© VS Verlag für Sozialwissenschaften | Springer Fachmedien Wiesbaden GmbH, Wiesbaden 2021
K. Feldmann und S. Immerfall, *Soziologie kompakt*,
https://doi.org/10.1007/978-3-658-31450-7_4

Die Geretteten nach dem Untergang der Titanic (Hall 1986):

1. Klasse: über 60 %
2. Klasse: 36 %
3. Klasse: 24 %.

Über 800 Mio. Menschen sind unterernährt – ein Faktum, das in der Regel nicht im Zusammenhang mit sozialer Schichtung genannt wird. In Westeuropa ist es gar nicht so leicht, Mitglieder der untersten Schichten der Menschheit zu treffen. In Burundi gehören mehr als die Hälfte der Bevölkerung dazu. Die Grundlage sozialer Schichtung ist ein höchst ungleicher Kampf um Lebenschancen. Verhungern ist leicht, doch Millionär werden ist schwer.

In allen Hochkulturen gab es eine kleine oberste Schicht, die Mächtigen und die Reichen, und eine unterste Schicht, sozial Verachtete. In modernen westlichen Gesellschaften gehören zu dieser untersten Schicht: arme, illegal im Land lebende Ausländer, Obdachlose, viele Insassen von Heimen, Gefängnissen und anderen geschlossenen oder totalen Organisationen[1], und Personen, die sozial (fast) tot sind, arm, alt oder chronisch krank sind und allein leben. Doch wirklich neu in der modernen Gesellschaft, im Vergleich zu früheren Jahrhunderten, ist das große Mittelfeld: eine relativ wohlhabende und gut gebildete Mittelschicht. Schelsky meinte in den 50er Jahren im Rausch des Wirtschaftswunders etwas vorschnell, dass man von einer „nivellierten Mittelstandsgesellschaft" sprechen könne. Doch die Gesellschaft ist nicht eingeebnet. Gemäß dem Altertumswissenschaftler Walter Scheidel (2018) waren es Kriege und Katastrophen, die (zwischendurch) für mehr Gleichheit gesorgt hätten. Es sei viel schwerer, die Schere zwischen Arm und Reich auf friedliche Weise auszugleichen.

Prozessen, in denen die Ungleichheit infrage gestellt wird, stehen ständig solche der Schließung der Reihen, der Abgrenzung, der Segregation und der Verstärkung sozialer Ungleichheit gegenüber. Reiche verkehren nicht mit Armen, sondern mit Reichen, Superreiche nicht mit Reichen, sondern mit Superreichen. Arme ärgern sich über andere arme Nachbarn, die ein wenig mehr als sie erhalten, nicht über Reiche, die viel mehr erhalten. Arme ermorden oder berauben hauptsächlich andere Arme. Diebe und Betrüger arbeiten meist innerhalb ihrer Schichten. Eine dauerhafte Solidarisierung von Angehörigen der unteren Schichten oder Klassen, wie Marxisten und andere es erträumen oder beschwören

---

[1]Totale Organisationen (Goffman) unterwerfen die in ihr lebenden Menschen und ihre Lebensvollzüge einem umfassenden Plan und sondern sie von der Umwelt ab.

wollten, ist schon aus diesen Gründen illusionär. Die Hauptkämpfe der Individuen und Gruppen finden innerhalb ihrer Milieus und Schichten statt. Auch in Kriegen werden viel häufiger Mitglieder unterer Schichten getötet als Mitglieder oberer Schichten.

Die Stabilität sozialer Rangabstufung und Hierarchien in modernen demokratischen Gesellschaften ist erstaunlich. Denn, politische Tätigkeiten, Rechte, Bildung, Gesundheitssystem, Informationsmöglichkeiten, wirtschaftliche Tätigkeiten – all dies ist in den reichen demokratischen Staaten offiziell allen zugänglich, eine Privilegierung oder Benachteiligung ist scheinbar nur in geringem Maße verankert. Ist es tatsächlich so? Bei genauer Untersuchung erweisen sich all diese Teilsysteme so gestaltet, dass sie die oberen Schichten begünstigen und die unteren Schichten benachteiligen: z. B. die Regeln der Wirtschaft, des Rechts, der Politik, der Wissenschaft, der Schule. Unter den Institutionen, die soziale Ungleichheit zementieren, sind das Eigentum, besser, seine spezifische rechtliche Formung, und vor allem das Erbrecht zu nennen, gegen das sich der Soziologe Durkheim wandte. Es besteht ein Konsens, dass moderne Gesellschaften hierarchisch geordnet sind, dass soziale Ungleichheit herrscht und dass diese Tatsachen immer wieder zu Unzufriedenheit und politischen Konflikten führen und auch viele andere negative Konsequenzen haben (Wilkinson und Pickett 2018). Für die Soziologie ist dieser Problembereich von zentraler Bedeutung. Es wurden verschiedene theoretische Modelle entwickelt und viele empirische Untersuchungen durchgeführt.

4.2 Theorien sozialer Ungleichheit

„Sollen die Reichen mehr arbeiten, dann muss man ihnen mehr bezahlen. Sollen die Armen mehr arbeiten, dann muss man ihnen weniger bezahlen."

Das Karma lehrt einen Hindu, dass er sein Schicksal, nämlich in eine bestimmte Kaste hineingeboren zu sein, verdient, da es die Konsequenz seiner Handlungen in einem früheren Leben ist. Dharma, die Moral der Hindus, lehrt, dass sich in sein Schicksal zu fügen, wenn man Mitglied einer unteren Kaste ist, mit der Wiedergeburt in einer höheren Kaste belohnt wird.

Nach Rousseau († 1778) entstand die Ungleichheit unter den Menschen durch Tausch und Marktmechanismen und die über viele Generationen laufende Vermehrung von Macht und Reichtum. Begrenzt aber nicht abgeschafft kann die Ungleichheit durch rechtliche Regelungen (Sozialverträge) werden.

Ökonomie	Prestige	Macht
USA	Japan	Nazi-Deutschland
Supermarkt	Hochschule	Gefängnis

Abb. 4.1 Soziale Ungleichheit nach Max Weber

Nach Marx ist der Besitz von Produktionsmitteln (Maschinen, Fabriken, Wissen, Experten) entscheidend, im Zeitalter der Manager ist es zusätzlich die Verfügungsgewalt über Produktionsmittel. Es werden Überschüsse erwirtschaftet, Mehrwert, den sich einige wenige aneignen.

Nach Max Weber gibt es drei wichtige Faktoren der sozialen Ungleichheit: ökonomische Ressourcen, Prestige (soziale Anerkennung) und Macht (Abb. 4.1).

Nazi-Deutschland wurde durch ein autoritäres militaristisches Regime beherrscht, Macht war also das zentrale Kriterium sozialer Ungleichheit. In Japan ist traditionell soziale Anerkennung bzw. Prestige bedeutsamer als das Einkommen. Die USA gelten als der Staat mit der stärksten Akzeptanz des herrschenden ökonomischen Systems, d. h. Einkommen und Vermögen sind die Hauptindikatoren für die soziale Ungleichheit. Hochschullehrer und Forscher werden hauptsächlich nach ihrer Anerkennung (Prestige) in der jeweiligen wissenschaftlichen Community bewertet. In Gefängnissen wird legitime Macht durch das Wachpersonal und illegitime Macht durch Gefängnisinsassen ausgeübt. An der Kasse des Supermarkts ist nur die Verfügbarkeit über finanzielle Mittel entscheidend.

Da die Faktoren ökonomische Ressourcen, Prestige und Macht teilweise unabhängig voneinander sind, ergeben sich Inkonsistenzen. Jemand kann viel Geld und ein geringes soziales Ansehen haben, z. B. ein Zuhälter. Hohes Prestige und wenig Geld hatten früher verarmte Adelige. In einfachen Kulturen war und ist Prestige das zentrale Kriterium, in Industriegesellschaften, vor allem im Wirtschaftsbereich, ist es die ökonomische Potenz, in bürokratischen staatlichen Organisationen ist legitime Macht entscheidend.

Anhand der folgenden Tabelle kann man erkennen, dass soziale Schichtung und soziale Ungleichheit vieldimensional strukturiert sind (Tab. 4.1).

Merkmale können zugeschrieben (ascribed, askriptiv), also körperlich oder sozial (meist schon von Geburt an) festgelegt, oder (im Laufe des Lebens) erworben (achieved) sein. Zugeschrieben oder festgelegt ist das Geschlecht, erworben der Beruf. In traditionalen Kulturen waren elementare Merkmale, wie Geschlecht, Alter, Hautfarbe und regionale oder ethnische Zugehörigkeit, zentrale Kriterien für soziale Ungleichheit. Dies hat sich in modernen Gesellschaften abgeschwächt,

Tab. 4.1 Dimensionen sozialer Ungleichheit

Soziale Ungleichheit	Ökonomie	Soziale Beziehungen	Politik	Symbolische Gegenstände	Zuschreibung/ Elementare Merkmale
Karl Marx	Produktionsmittelbesitz	Organisation, Gewerkschaft		Ideologie	
Max Weber	Ökonomische Ressourcen	Prestige, Status	Macht, Herrschaft		
Pierre Bourdieu	Ökonom Kapital	Soziales Kapital		Kulturelles Kapital	
Feminismus	Patriarchat				Geschlecht
Integrativer Ansatz	Ökonomische Mittel, Beruf	Soziale Beziehungen, Prestige	Macht, Gewalt, Herrschaft	Kulturelle und symbolische Mittel	Geschlecht, Alter, Körper, Ethnie etc.

erworbene Merkmale wie Schulbildung und Beruf sind wichtiger geworden, doch die zugeschriebenen Eigenschaften sind trotzdem bedeutsam geblieben – was sich nicht nur in Kindergruppen gut studieren lässt.

Noch immer wird in einer Gruppe von Ministern oder Vorstandsvorsitzenden eine Frau oder eine Person einer ethnischen Minderheitsgruppe nur selten die Spitzenposition einnehmen. Ein Berufstätiger, der alt und krank ist, wird vielleicht seinen Arbeitsplatz, zumindest jedoch an Prestige und Macht verlieren. Auf der gleichen Hierarchiestufe in einem Unternehmen hat ein Angestellter in Paris einen höheren Status als einer in Reims oder Lille. Auch der Körper spielt eine wichtige Rolle. Große, gut aussehende Männer haben bessere Chancen, ins höhere Management aufzurücken, als kleine, nicht so gut aussehende.

Soziale Schichtung durchzieht die gesamte Wirklichkeit. Hunde und Katzen gehören in Deutschland den oberen Tierschichten an, während Schweine und Rinder untergeordnet und Fliegen und Schlangen Parias sind. Warum werden Mitglieder der obersten und der untersten Tierschichten nicht gegessen?

Je größer die soziale Ungleichheit und je höher die Mobilitätserwartungen in einem Staat sind, umso mehr Abstiegsängste und Aufstiegshoffnungen treten auf. Ein permanenter Aufstiegskampf zehrt am Hedonismus. Denn selbst in den Freizeittätigkeiten wird ständig Leistung, Selbstzwang und bekennendes Statusverhalten gefordert.

Die Frage „Wie ist soziale Ungleichheit zwischen Personen und Gruppen entstanden?" wird durch die bisherigen Ausführungen nicht zureichend beantwortet.

Nach Lenski (1966) ist die Bildung von Überschuss (an Nahrungsmitteln etc.) entscheidend. Je mehr produziert wird, das nicht gleich oder jedenfalls in kurzer Zeit verbraucht wird, umso eher kommt es zum Kampf um die Überschüsse und zu einer ungleichen Aneignung. Ungleichheit ist also auf der niedrigsten kulturellen Stufe (Jäger- und Sammlerkulturen) am geringsten, da kein Überschuss produziert wird. Schließlich verstärkt sich die soziale Ungleichheit immer mehr im Laufe der kulturellen Entwicklung und erreicht ihren Höhepunkt in agrarischen Gesellschaften, die feudalistisch organisiert sind. Durch zunehmende Industrialisierung und Modernisierung verringert sich die soziale Ungleichheit wieder etwas, meint Lenski. Doch noch nie gab es so viele Überschüsse an Gütern in so vielen Bereichen wie heute. Gleichzeitig gibt es in einigen Regionen der Welt archaische Knappheit an Überlebensmitteln, obwohl es noch nie so wirksame Transportmöglichkeiten gab. Folglich leben wir in der bisherigen Hochzeit der sozialen Ungleichheit. In den meisten Ländern hat die Polarisierung zwischen ReichenPT und Armen in den letzten Jahrzehnten zugenommen, obgleich der Anteil der Hungernden an der Weltbevölkerung gesunken ist. Dies ist nicht verwunderlich, da die Reichen ja nicht nur über den Hauptteil der ökonomischen Überschüsse verfügen, sondern auch über die Ideologieproduktion, die Wissenschaft, die Technik, die Information, das Recht und alle anderen Mittel, um die Aneignung zu legitimieren und effektiver zu gestalten (vgl. Hickel 2017).

Nach der Theorie von Lenski, die dem Konfliktansatz zugeordnet werden kann, soll nun die elementare *funktionalistische* Erklärung der sozialen Schichtung dargestellt werden. Um eine Gesellschaft zu erhalten sind verschiedene Leistungen notwendig. Manche können von vielen, andere nur von wenigen erbracht werden. Manche sind schwierig und risikoreich (z. B. Menschen operieren), andere leicht und ohne besondere Ausbildung zu vollbringen (z. B. Äpfel ernten). Um nun genügend Personen für schwierige, hohe Kompetenzen erfordernde Leistungen zu gewinnen, muss ihnen eine höhere Belohnung geboten werden als Personen, die leichte oder geringe Kompetenzen erfordernde Tätigkeiten durchführen (Davis und Moore 1945).

Die funktionalistische Ansicht vom Zusammenhang zwischen Leistung, bzw. Ausbildungsaufwand und Belohnung ist auch in der Bevölkerung weit verbreitet, vor allem in Deutschland und in den Vereinigten Staaten. Die übergroße Mehrheit stimmt beispielsweise der Aussage zu: „Man kann nur dann von jemandem erwarten, dass er jahrelang studiert, um Rechtsanwalt oder Arzt zu werden, wenn er dann viel mehr als ein einfacher Arbeiter verdient" (ISSP 1987). In den USA erhalten Ärzte im Durchschnitt mehr als drei Mal so viel Geld als Krankenschwestern. Ist dies „funktional"? Oder würde es für die Stabilität der Gesellschaft und die Gesunderhaltung der Bevölkerung reichen, wenn ihr Einkommen nur doppelt so groß wäre wie das der Krankenschwestern? Und wie steht es mit Spitzenmanagern: Ist das Zweifache oder das Tausendfache des Durchschnittsgehalts im Konzern „funktional"?

Wie steht es nun mit der *Leistung* und der Belohnung tatsächlich? Die meisten Positionen in modernen Industriegesellschaften werden offiziell nach Leistung vergeben. Allerdings ist bei Führungspositionen vor allem die Zugehörigkeit zu bestimmten Gruppen, Klassen oder Eliten, also das Beziehungskapital, und die formale Bildung entscheidend, wobei dann die (oft nur schwer messbare) sachliche Leistung ein zweitrangiges Auswahlkriterium ist (Hartmann 2002). Je geringwertiger die Position ist, die besetzt werden soll, (und – was damit zusammenhängt – je leichter die Leistung messbar ist) umso eher ist tatsächlich ein offener Markt und eine transparente Leistungskonkurrenz die Regel. Vor allem ist die Belohnung in Führungspositionen meist überhöht, d. h. man würde die gleiche Leistung mit einer geringeren Bezahlung erhalten.

Die Kritik am Funktionalismus hat zum *Konfliktansatz* zurückgeführt. Nach der klassischen Position von Marx stehen sich vor allem zwei Klassen unversöhnlich gegenüber: Besitzer und Nichtbesitzer von Produktionsmitteln. Dieses

Modell ist jedoch zu undifferenziert und statisch, denn soziale Schichtung war immer von kulturellen Faktoren geprägt und verändert sich, ist also ein dynamisches Geschehen. In Verbindung mit dem Ersten und dem Zweiten Weltkrieg ist es in vielen Gebieten Europas und in außereuropäischen Regionen zu starken Zerstörungen oder Umformungen sozialer Strukturen gekommen. Doch die soziale Ungleichheit wurde langfristig nicht verringert; auch wenn viele Mitglieder der alten Oberschicht vertrieben, unterdrückt oder ermordet wurden, bildete sich bald eine neue Oberschicht, z. B. in der Sowjetunion. Dass freilich Eigentum, vor allem an Produktionsmitteln, ein zentrales Kriterium für soziale Ungleichheit ist, wird von den meisten SozialwissenschaftlerInnen anerkannt.

Die *Nutzentheorie* führt Ungleichheiten in der Einkommensverteilung unter anderem auf die unterschiedliche Produktivität der Arbeitnehmer zurück. Diese wird in der Regel umso höher sein, je mehr eine Person in ihre Bildung investiert hat. Gemäß der Humankapitaltheorie handelt es sich bei Bildung um eine Investition, sodass man fragen kann, welcher monetäre Nutzen den für die Bildungsmaßnahmen aufgewendeten Kosten gegenübersteht. Aktuelle Schätzungen für Deutschland legen nahe, dass die Bildungsrendite eines Hochschulstudiums deutlich über den Renditen am Kapitalmarkt liegt (Bildungsbericht 2018).

Es versteht sich, dass die Berechnung von Bildungsrenditen mit einer Reihe anfechtbarer Annahmen verbunden ist. Es ist auch nicht so, dass die Nutzentheorie Verdienstunterschiede nur auf Unterschiede der Begabung und der Bildungsanstrengung zurückführt. Beispielsweise lässt sich die exorbitante Steigerung der Vorstandsgehälter in den letzten zwanzig Jahren wohl kaum mit einer entsprechenden Leistungssteigerung der Vorstände großer Unternehmen, hingegen sehr wohl mit den Netzwerkstrukturen von Vorständen, Aufsichtsräten und Besitzern großer Aktienanteile erklären. Dieser Zugriff einer weitgehend geschlossenen Gruppe auf sich bietende Gelegenheiten wurde schon von Max Weber unter dem Begriff der „sozialen Schließung" thematisiert.

Dass diese Gruppe – entgegen ihrer Selbstdarstellung, dass nur die individuelle Leistung den Weg in die Top-Position öffnet– durchaus als geschlossen bezeichnet werden kann, hat der Elitenforscher *Michael Hartmann* vielfach gezeigt. „Der Zugang zur *Wirtschaftselite* im engeren Sinne bleibt weitgehend für den Nachwuchs des gehobenen und (noch stärker) des Großbürgertums reserviert." (Hartmann 2002, S. 87). Zudem ist, wer es bis an die Spitze schafft, üblicherweise weiß, groß und männlich. Daran hat sich in den vergangenen 50 Jahren erstaunlich wenig geändert (Abb. 4.3): 81 der 100 Topmanager stammen aus diesen beiden Gruppen, die zusammen nur 3,5 % der Gesamtbevölkerung ausmachen. Bemerkenswert ist auch der weiterhin geringe Internationalisierungsgrad

(gemessen am Ausländeranteil), dienen doch Globalisierung und die internationale Konkurrenz um die Spitzenkräfte als Begründung für die exorbitant gestiegen
Vergütungen der Spitzenmanager. Auch in anderen Elitensektoren, wenn auch
nicht in gleichem Maße wie in den großen Wirtschaftsunternehmen, werden die
Spitzenpositionen überwiegend durch die Söhne – und allmählich auch: Töchter
– aus gehobenen Milieus besetzt. Aus Ostdeutschland stammt übrigens kein ein-
ziger der 100 Chefs in den größten deutschen Unternehmen; weiblich sind derzeit
vier. Eine ostdeutsche Karriere ist (immer noch?) ein ähnlicher Malus wie ein
Migrationshintergrund (Abb. 4.2).

Wie kann das sein? Zumal der enge Zusammenhang zwischen sozialer Herkunft und gesellschaftlicher Macht in Ländern mit höchst unterschiedlichen
Bildungssystemen gilt (Hartmann 2000)? Zwar steht in unserer Leistungsgesellschaft der Zugang zu den Eliten prinzipiell allen offen, welche die jeweiligen
Leistungskriterien erfüllen. Doch die Kinder aus der Oberschicht und der oberen Mittelschicht haben im Konkurrenzkampf einen entscheidenden Vorteil: sie
verfügen über eine habituelle Ähnlichkeit mit denjenigen Personen, die über
die Auswahl zu entscheiden haben. Als erwünschte Persönlichkeitsmerkmale
nennt Hartmann (2002, S. 122 ff.) intime Kenntnis der Dress- und Benimmco-
des, breite Allgemeinbildung, unternehmerisches Denken, verbunden mit einer
optimistischen Lebenseinstellung und – vor allem – Souveränität im Auftreten und Verhalten. Während die einen den *Habitus* der Elite gleichsam mit
der Muttermilch aufgesogen haben, müssen sich soziale Aufsteiger die zwang-
lose Selbstverständlichkeit im Auftreten erst aneignen und lassen daher den
spielerischen Umgang mit den herrschenden Regeln und Codes leicht vermissen.

Zum Verständnis der Mechanismen der Elitenreproduktion muss somit auch
der *symbolische Interaktionismus* herangezogen werden. Zumindest wenn es um
die Besetzung von Spitzenpositionen im kleinen Kreis geht, in dem sich Bewer-
ber und Entscheider als „zum gleichen sozialen Stall" gehörend erkennen und
schätzen.

Doch soziale Ungleichheit wird in einer modernen Demokratie auch institutionell hergestellt und stabilisiert. Unterstützungssysteme für Problemfamilien und
-kinder sind höchst mangelhaft (hierzu eindringlich: Allmendinger 2012). Das
Schul- und Sozialsystem gilt als mittelschichtorientiert, sodass die Kinder, die
am dringendsten Hilfe benötigen, diese zu wenig und oft in ungeeigneter Weise
erhalten. Dies ist eine Ursache für die zu große Anzahl gering qualifizierter
Männer und Frauen, die von Arbeitslosigkeit, Wirtschaftskrisen, Krankheit und
anderen teilweise vermeidbaren „Schicksalsschlägen" besonders betroffen sind.
Die dadurch verursachte soziale Schwächung der Lebenslage und des Selbst-
wertgefühls kann dazu beitragen, dass die Männer Dauerpartnerschaften eher

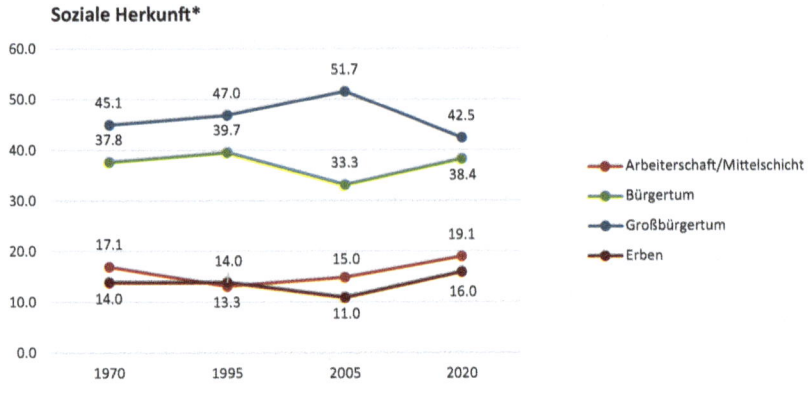

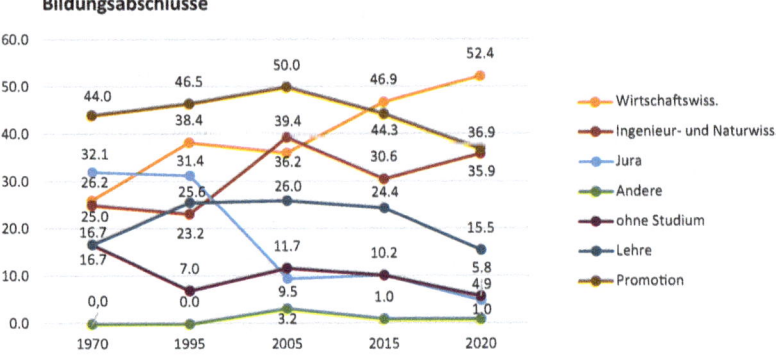

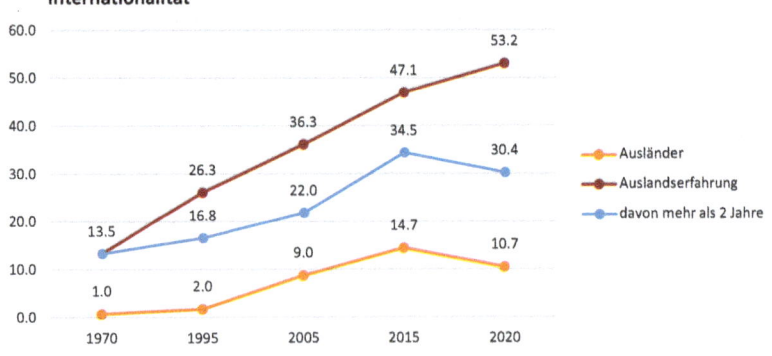

Abb. 4.2 Eigenschaften von Vorstandschefs der 100 größten deutschen Unternehmen. (Quelle: Hartmann nach Welt am Sonntag, Nr. 40, 4. Oktober 2020)

Einstellungen zur sozialen Ungleichheit in Westdeutschland			
Ablehnung der Aussagen durch die Befragten in %	1976	1994	2010
Die wirtschaftlichen Gewinne werden heute in Deutschland im Großen und Ganzen gerecht verteilt.	58	71	79
Ich finde die sozialen Unterschiede in unserem Land im Großen und Ganzen gerecht.	37	55	60

Abb. 4.3 Einstellungen zur sozialen Ungleichheit. (Quellen: Braun (1998, S. 120), Noll und Weick (2012, S. 6–11))

ausweichen. Aufgrund der zu großen sozialen Ungleichheit verstärkt sich die Segregation, d. h. bestimmte Stadtteile und Schulen werden immer unattraktiver, werden von Personen und Organisationen der mittleren und oberen Schichten verlassen oder gemieden. Dort erhöht sich die Anomie (Normschwäche), wodurch vor allem Kinder, die dort aufwachsen, gefährdet werden. Machtlosigkeit und Frustrationen werden von den Jungen mit Aggressivität, Zerstörung und Bildung von Subkulturen zu kompensieren versucht.

Zunehmend entstammt auch die politische Elite gehobenen sozialen Schichten. So haben mehr als 82 % der Abgeordneten im Bundestag einen Hochschulabschluss, während es in der Bevölkerung kaum 20 % sind (Die Welt vom 15.06.2019). Dies kann ihre Einstellung gegenüber sozialen Unterschieden und deren Reduzierung mittels politischer und steuerlicher Maßnahmen prägen und die Gefahr erhöhen, dass ihnen die Wirklichkeit der Normalbevölkerung verschlossen bleibt. Wer schon immer zu den Privilegierten zählte, unterschätzt die Bedeutung einer gut ausgestatteten öffentlichen Infrastruktur (Hartmann 2018). Es entsteht eine Schere: einerseits werden „steigende Anforderungen" an die Arbeitskräfte gestellt, andererseits sinkt von Generation zu Generation die unterste soziale Gruppe immer mehr unter die, von herrschenden Gruppen „mitgestalteten" Schwellenwerte der „minimalen Qualifikation". Es gibt auch einen negativen gesellschaftlichen Fortschritt: Die relative Benachteiligung der untersten Gruppen nimmt zu. Je mehr Entwicklungschancen für Kinder bei entsprechendem Kapitaleinsatz gegeben sind, umso mehr polarisieren sich die produzierten Habitus- und Persönlichkeitsstrukturen. Heute kann man in viel mehr Bereichen versagen und diskriminiert werden als früher!

Soziale Ungleichheit ist ein *globales* Phänomen. Man kann es auf verschiedenen Ebenen betrachten: Individuen, Familien, soziale Gruppen, Ethnien,

Staaten. Die soziale Ungleichheit auf der obersten Ebene, zwischen den reichen Industriestaaten und den armen Entwicklungsländern, wird unterschiedlich erklärt:

Kolonialismus: Die derzeitige ungünstige Lage vieler Entwicklungsländer ist teilweise das Ergebnis einer langfristigen Ausbeutung durch Kolonialmächte. Neo- bzw. Postkolonialismus, Neoliberalismus und Globalisierung sind in komplexer Weise miteinander verbunden (Hickel 2017; Varela und Dhawan 2020).

Kapitalismus: Das herrschende ökonomische System ist ein Instrument in Händen einer weltweit operierenden, vor allem in den Industriestaaten lokalisierten Ausbeuterklasse. Das internationale Finanzkapital vermag heute viel schneller als früher Regionen auf- oder abzuwerten, wodurch sich das Ungleichgewicht zwischen ökonomisch unterentwickelten und entwickelten Zonen vergrößert. Allerdings hat sich der Kapitalismus differenziert, d. h. er tritt verbunden mit unterschiedlichen politischen und kulturellen Strukturen auf. Manche sprechen von einem westlichen und einem chinesischen Kapitalismus (Milanovic 2019).

Ideologie, Wertsystem, Tradition: Ethnische Gruppen mit geeigneten Ideologien und Werten (z. B. Hochschätzung individueller Leistung und Konkurrenzorientierung) setzen sich gegen Gruppen mit erfolgsbehindernden Weltanschauungen (z. B. traditioneller Hinduismus oder Islam) durch.

Politische Eliten: Die politischen Eliten in vielen Staaten sind korrupt und zerfallen in sich befehdende Gruppen. Allerdings haben internationale Netzwerke von politischen und ökonomischen Eliten an Bedeutung gewonnen, sodass nationale Elitenstrukturierung an Grenzen stößt.

Natürliche Ressourcen: Natürliche Ressourcen begünstigen bestimmte Gruppen und Staaten, wie z. B. Erdöl in Saudi-Arabien und Kuwait, wodurch ökonomisches Kapital nur in einigen Regionen im Überfluss vorhanden ist und somit eine Infrastruktur geschaffen werden kann. Natürliche Ressourcen werden teilweise so ausgebeutet, dass die Mehrzahl der regionalen Bevölkerung dadurch mehr Nachteile als Vorteile gewinnt. Natürliche Ressourcen können sich auch verschlechtern, wie es in den Staaten südlich der Sahara der Fall ist und damit auch zu einer weiteren Verelendung der Bevölkerung und wirtschaftlicher und politischer Instabilität beitragen. Vor allem geraten natürliche Ressourcen durch den durch Industrialisierung, Modernisierung, Kapitalismus und (Neo)kolonialismus bewirkten Klimawandel in eine viele Menschen gefährdende Dynamik.

Bevölkerungswachstum: Zu starkes Bevölkerungswachstum trägt zur Verelendung von großen Menschengruppen bei, doch die Resultate sind abhängig vom Entwicklungsstand, den Ressourcen, der Bevölkerungsdichte und anderen Faktoren.

Beispiel China

China war vom europäischen Kolonialismus weniger betroffen als die meisten afrikanischen Länder. Durch eine überdurchschnittlich lang dauernde Hochkulturentwicklung wurden große Teile der Bevölkerung in dem riesigen Reich homogenisiert und zivilisiert. Das traditionelle und vorherrschende Wertsystem ist familien- und leistungsorientiert. Durch eine autoritäre staatliche Zentralgewalt wurde das Bevölkerungswachstum im Vergleich zu anderen Entwicklungsländern überdurchschnittlich verringert. China ist erst seit kurzer Zeit mit dem Weltmarkt stärker verbunden und inzwischen ein zentraler *global player.* Die langfristigen wirtschaftlichen Aufstiegschancen erwiesen sich im Vergleich zu afrikanischen Staaten, aber auch im Vergleich zu einer Reihe von anderen asiatischen Ländern, als überdurchschnittlich gut. Im Gefolge dieses wirtschaftlichen Aufstiegs verstärken sich allerdings die interne soziale Ungleichheit und die Konflikte mit konkurrierenden Staaten, vor allem mit den USA. Funktionalistisch betrachtet erwies sich China in den vergangenen beiden Jahrzehnten als positiv für das Wirtschaftswachstum und den Erfolg des Kapitalismus. Konflikttheoretisch wird China allerdings als Risiko für die durch die USA stabilisierte und beherrschte politische Weltordnung gesehen. Von der Warte des symbolischen Interaktionismus würde man China inzwischen als stärker durch die westliche Kultur als den Westen durch chinesische Symbolwelten geformt bezeichnen.

Selektion, Abgrenzung und Distinktion

„Alles was sein kann, und alles was ist, ist Selektion" (Luhmann 1986, S. 164). Selektion vollzieht sich dauernd auf allen Ebenen: Zellen, Organismen, Gruppen, Ökosysteme usw. Menschen, Gruppen und Gesellschaften versuchen, das Selektionsgeschehen zu ihren Gunsten zu beeinflussen. Neben der „unvermeidlichen", meist schicksalhaft hingenommenen Selektion entwickelte sich in allen Hochkulturen ein wachsender Bereich der interessegesteuerten Abgrenzung und Auswahl.

Der europäische Adel hat sich in früheren Jahrhunderten durch viele Kennzeichen von den anderen Ständen und Gruppen abgegrenzt: Schlösser, Hüte, Waffen, Redewendungen. In modernen Gesellschaften ist die Abgrenzung komplexer und veränderbarer geworden als in traditionalen, doch Wohngegend, Schul- und Hochschulwahl, Ferienort, Rechtsanwalts-, Steuerberater- und Arztwahl, Kleidung, Auto, Möbel, Lektüre, Kinobesuch, Auswahl der Restaurants und vieles mehr unterscheiden die Menschen. Ab- und Ausgrenzungen finden überall und ständig statt. Institutionen dienen zur Erhaltung und Rechtfertigung der Grenzziehungen: z. B. Staat, Recht, Religion, Ehe, Schule. Die Lehrer teilen die Kinder in gute und schlechte Schüler. An der Abgrenzung arbeiten alle gesellschaftlichen Gruppen.

Ständig werden stereotype, ein- und ausgrenzende Informationen über Gruppen verbreitet (Kurden, Skinheads, Ossis, Beamte, Lehrer, Unternehmer, Hausfrauen usw.). Menschen koppeln meist unbewusst Kategorisierung (z. B. scheinbar neutraler Art, wie Wohnort, Brillenträger, dicker Mensch) mit Bewertung (intelligent, dumm, gut, schön, unangenehm): der betrunkene Penner, der brutale Rocker, der skrupellose Geschäftsmann, der korrupte Politiker usw.

Gruppen, die über Privilegien verfügen, z. B. deutsche Beamte, Topmanager, englische Adelige, oder Rentner der Oberschicht in Florida, schließen ihre Reihen und errichten echte und virtuelle Mauern. Manche Gruppen nehmen nur Personen auf, die mit ihren Mitgliedern verwandt sind, andere haben andere Auswahlkriterien. Allen gemeinsam sind Strategien des Ausschlusses (Exklusion) und der Abgrenzung, durch die auch Randgruppen geschaffen werden, Drogensüchtige, Asylbewerber, Obdachlose, Straffällige, ethnische Minderheiten. Sie sind ein warnendes Beispiel für alle anderen, im Schutz von anerkannten Gruppen zu bleiben, sich in der Mitte zu halten. Am Rand kann man leichter abgezwackt werden. Ohne die sozial Abgewerteten, z. B. Flüchtlinge, wären die Mitglieder der unteren Unterschicht, z. B. Hilfsarbeiter, ganz unten. Und ganz oben stehen bzw. standen Lichtgestalten, der Papst, Lady Diana, Lady Gaga, Bill Gates. Wir sehen, des einen Gott, des anderen Teufel. Die Lichtgestalten dienen also nicht nur zur Integration, sondern immer auch zur Ausgrenzung. Wer die jeweilige Lichtgestalt ablehnt oder eine Teufelsgestalt bewundert, gehört nicht zu „uns".

Dies zeigt: *Abgrenzungsspiel* und *Integrationsspiel* sind verbunden. Abgrenzung und Ausschluss funktionieren nämlich nicht ohne Kuscheln. Wenn es ernst wird und sie von außen angegriffen werden, beenden die Gruppenmitglieder ihre Streitigkeiten und fassen sich an den Händen. Zwei feindliche Kollektive können sich auch gegen einen gemeinsamen Feind wenden, so haben sich z. B. Kommunisten und Konservative gegen Faschisten verbündet.

Doch nicht nur Gruppen grenzen sich ab, sondern auch andere soziale Gebilde. Man spricht dann meist von *Differenzierung.* Kunst hat sich im Laufe der Geschichte von der Religion und von der Politik abgegrenzt, sich einen eigenen sozialen Raum geschaffen. Beethoven wollte nicht mehr wie seine musikalischen Vorgänger von Fürsten und Bischöfen abhängig sein. Künstler haben sich zu Gemeinschaften zusammengeschlossen, Kunst ist zu einem eigenen anerkannten Bereich geworden. Doch die Autonomie der Kunst oder der Künstler ist auch heute nur in den seltensten Fällen Realität, meist nur „Theater", da die mächtigen Institutionen Wirtschaft und Politik die Lenkung auch in diesem Bereich übernommen haben. Künstler konnten sich also nur besonderen Abgrenzungsluxus leisten, wenn sie ökonomisch gut gestellt waren und im richtigen Land lebten.

Getrennte soziale Räume (Segregation)
Räume sind einerseits objektiv bestimmbar: Größe, Ausstattung, klimatische Bedingungen, Lärmbelastung usw. Doch *interaktionistisch* betrachtet sind es Ansammlungen von im Bewusstsein von Menschen konstruierten situativen Gegenständen. Stühle sind Sitzmöbel, doch bei einer Befragung antworteten Frauen, dass die Küchenstühle sie an ihre Kinder, den Mann und verschiedene soziale Ereignisse erinnern, während Männer mit den Stühlen und dem ganzen Haus ihren beruflichen und sozialen Erfolg und Erholung von der Arbeit assoziierten. Räume werden von Menschen besetzt, verändert, interpretiert, mystifiziert und einverleibt.

Reiche Männer nehmen mehr Raum ein als arme Frauen. Tiere im Zoo und Gefangene werden durch Raumbeschränkung sozial degradiert. Die Körper wohlhabender Menschen blähen sich auf und gewinnen an Bedeutung mit der Anzahl der Flugreisen, der Häuser, die sie bewohnen, und der Fernsehsendungen, in denen sie gezeigt werden.

In vielen Großstädten, z. B. in Paris, ist es in den vergangenen Jahrzehnten zunehmend zu einer räumlich-sozialen Teilung (Segregation) gekommen. Es gibt Stadtteile, in denen sich sozial Verachtete, Arbeitslose, Einwanderer, Problemfamilien und Drogensüchtige konzentrieren. Diese Stadtteile sind auf vielen Dimensionen „asozialer" geworden: zerstörte Aufzüge, Briefkästen, Türen, Müll auf der Straße, Kriminalität, Drogensucht usw. (Dubet und Lapeyronnie 1994; Farwick 2012). Andererseits ist in der gleichen Zeit die französische Oberschicht zunehmend wohlhabender geworden. Ob wohl ein Zusammenhang zwischen dieser sozialen Privilegierung und Benachteiligung und Polarisierung und der zwischen 1974 und 1994 um fast 200 % gestiegenen Gewaltkriminalität der 10- bis 18-jährigen bzw. der Ausschreitungen im Jahr 2005 in Frankreich besteht? (Pfeiffer 1997, S. 27).

Die gewöhnlichen Mittelschichtpersonen betreten durch die Eingangstür die (brasilianische) Bank, die wichtigen Oberschichtpersonen landen mit dem Hubschrauber auf dem Dach der Bank, die Armen werden die Bank nie betreten. Der Lebensstil, z. B. in die Oper oder in erstklassige Restaurants zu gehen, in Luxushotels zu logieren oder im Bahnhof Leute anzubetteln, dient der Reproduktion, Bestätigung und Erhaltung der sozialen Klassenzugehörigkeit.

Viele Reiche in den USA und anderen Ländern wohnen in Luxus-Ghettos, geschützt, allerdings auch eingegrenzt, doch sie können sich mit Flugzeugen, Fahrzeugen und Kommunikationstechnologien, durch die sie vor den anderen sozialen Gruppen abgeschirmt sind, zwischen den Zonen hin und her bewegen. Sie schicken ihre Kinder auf Privatschulen und Elitehochschulen und sie arbeiten in geschützten Raumteilen. Inzwischen haben sie eigene Vernetzungsstrukturen und verfügen über Schaltzentralen, z. B. Banken. Sie haben eigene Clubs, Feriendomizile und Inseln. Selten nähern sie sich anderen sozialen Gruppen und klassenfremden physischen und virtuellen Räumen; ausgewählte Mitglieder niedriger sozialer Schichten werden nur als Untergebene oder Dienstpersonal in die Nähe gelassen. Aus den entscheidenden Kommunikationen können alle Unerwünschten elegant herausgehalten werden. Der sich beschleunigende soziale, ökonomische und technologische Wandel ermöglicht es den herrschenden Gruppen weltweit immer mehr, ihre physischen und sozialen Räume sturmfest und gleichzeitig flexibel zu gestalten und ihre Privilegien und Netzwerke auszubauen.

Doch auch unterprivilegierte Gruppen kreieren eigene soziale Räume, z. B. No-Go-Areas in amerikanischen und anderen Großstädten. Gesellschaftlich benachteiligte Gruppen versuchen auf diese Weise Macht zu gewinnen. Sie können es meist nur mit illegitimen oder illegalen Mitteln erreichen, von ihnen zumindest teilweise kontrollierte Räume zu schaffen, was die Privilegierten und Reichen mit legalen Mitteln schaffen. Und die sozialen Räume der Unterprivilegierten sind immer gefährdet. Slums werden abgerissen. Jugendliche werden kriminalisiert. Außerdem werden diese No-Go-Areas immer weniger wert, während die von den Reichen okkupierten Gebiete immer wertvoller werden.

Auch in Deutschland, wenn auch nicht im gleichen Maße wie in Frankreich oder den USA, hat soziale Segregation zugenommen (Helbig und Jähnen 2018). Zwar ist die Arbeitslosigkeit in deutschen Städten im Vergleich zu vielen anderen Großstädten in Europa relativ gering, dennoch konzentrieren sich von Armut betroffene Haushalte zunehmend in bestimmten Stadtteilen. Das hat eine Reihe – überwiegend negativer – Folgen, z. B. für die Sozialisierung der in diesen Wohnquartieren Lebenden sowie deren Teilhabechancen im Schulsystem und am Arbeitsmarkt (Alisch 2018). Kinder in benachteiligten Stadtteilen haben deutlich schlechtere Bildungschancen. Dies zeigt sich selbst in der Grundschule, die im deutschen Bildungssystem die einzige Schule für Alle ist. Je gespaltener die Stadtviertel werden, desto mehr unterscheiden sich auch die Grundschulen entlang ethnischer und sozialer Trennlinien.

Die schulische Segregation wird durch elterliche Schulwahlen verstärkt. Zwar bestimmt in den meisten Bundesländern der Wohnort der Familie die Grundschule der Kinder. Doch viele Eltern wollen sich damit nicht abfinden, wenn ihre Kinder in einer Schule mit einem einen schlechten Ruf eingeschult werden. Dort, wo in einem Einzugsbereich bildungsnahe und bildungsferne Milieus aufeinandertreffen, sind die Wechselwunsch-Zahlen besonders hoch (Jurczok 2019). Notfalls bleibt immer noch die Wahl einer Privatschule.

Kasten 3: Formen der sozialen Ungleichheit zwischen Gruppen

In den verschiedenen Kulturen und Epochen gab oder gibt es unterschiedliche Formen der sozialen Ungleichheit.

- Sklaverei (der alten Art!)TP PT erwies sich langfristig als ineffizient, d. h. komplexe Gesellschaften können mit dieser Form nicht erfolgreich sein. Nach wie vor existiert vor allem in Entwicklungsländern die alte Sklaverei. In afrikanischen Ländern werden Kinder verkauft und dann zu Sklavendiensten gezwungen.
- Kasten sind in Indien religiös fundiert. Für die Akzeptanz der eigenen Kastenzugehörigkeit wird man im nächsten Leben belohnt. Bei starren Schichtsystemen werden physische Abgrenzungen eingebaut. Die niedrigste Kaste, die „Unberührbaren", müssen sich verbergen, wenn Mitglieder anderer Kasten sich nähern.
- Stände: Die feudale europäische Gesellschaft war ständisch gegliedert (Adel, Geistlichkeit, Bürger, Bauern, Ausgestoßene und sozial Verachtete). Die Ständegesellschaft löste sich im Zuge der Entwicklung des internationalen Handels und des Kapitalismus auf.TP PT Allerdings werden von manchen Sozialwissenschaftlern Ansätze für einen globalen Neofeudalismus bzw. eine Refeudalisierung festgestellt (Neckel 2016).
- Schichten oder Klassen sind Expertenkonstrukte (Erfindungen von Wissenschaftlern), stammen also nicht aus dem Kollektiv- oder Alltagsbewusstsein wie Sklaverei, Kasten oder Stände, sie sind nicht durch Tradition, Gesetz oder Religion vorgegeben. Dadurch ergibt sich auch eine relativ willkürliche Einteilung, z.B. in Ober-, Mittel- und Unterschicht. Während in früheren Zeiten eine winzige Oberschicht über eine große Unterschicht herrschte, wird heute in den reichen Staaten die Mittelschicht als die größte Gruppe definiert.

Man kann auch ein universales oder globales Schichtungssystem konstruieren. Die unterste Schicht, die „modernen Sklaven", besteht aus Hunderten Millionen Menschen, die unterernährt und willkürlicher Ausbeutung ausgeliefert sind und über kein ökonomisches und nur rudimentäres kulturelles Kapital verfügen. Die oberste Schicht bzw. der oberste Stand oder die Leitkasten nutzen die Ströme des ökonomischen Kapitals und haben einen großen Einfluss auf die politische Herrschaft. Eine globale verlinkte *Aristokratie* ist entstanden, deren „Gemeinsamkeit" und Herrschaftsstabilisierung sich auch durch die Unmöglichkeit einer herrschaftsrelevanten Kommunikation und Kooperation zwischen Millionen von

Menschen erklären lässt (vgl. Joas und Knöbl 2004, S. 166 ff.). *Die oben* sind, wissen, wer oben und wer unten ist. Nur – im Gegensatz zur traditionellen Stände- oder Kastengesellschaft haben *die da unten* kein stabiles Wissen darüber, wer oben ist. Ihnen werden von den Medien Stellvertreter gezeigt, die viele für die wahren Kings halten: Medien-, Fußball- und Popstars, Spitzenpolitiker.

In Großbritannien trifft man die herrschende Klasse oder das Establishment vor allem in den oberen Etagen folgender Organisationen und Institutionen: Konservative Partei, public schools, Eliteuniversitäten, Militär, Rechtssystem und Church of England. In Saudi-Arabien ist die herrschende Klasse noch nach alten Verwandtschafts- und Clanprinzipien zusammengesetzt, eine Adelsherrschaft.

4.3   Wandel der Sozialstruktur

Im Europa der vergangenen Jahrhunderte gab es folgende Stände, Klassen oder soziale Milieus (vgl. Kaelble 1998), die durch die Modernisierung grundlegend verändert wurden:

Bauern: Das bäuerliche Milieu traditioneller Prägung ist in Mittel- und Westeuropa nur mehr in Nischen anzutreffen, obwohl es jahrhundertelang die überwiegende Mehrzahl der Bevölkerung umfasste.

Aristokratie: Die europäische Aristokratie hat die politische Macht, die sie noch im 19. Jahrhundert besaß, weitgehend eingebüßt. Es gibt allerdings noch immer sehr reiche Adelsfamilien in Europa, die wirtschaftlichen und manch- mal auch politischen Einfluss haben. Einige wenige Adelige nehmen in der, durch die Medien produzierten Fantasiewelt neben Pop- und Filmstars einen herausgehobenen Platz ein.

Bürgertum: Das Bürgertum des 18. und 19. Jahrhunderts bildete sich in Abgrenzung gegenüber dem Adel, den Kirchenfunktionären und den Bauern. Viele Aspekte des bürgerlichen Leitbildes haben in verschiedenen Milieus und im Bildungssystem auch heute noch eine große Bedeutung.

Arbeiter: Das klassische Arbeitermilieu hatte seine Hochblüte zwischen 1850 und 1950. Nachdem in den letzten Jahrzehnten der Wohlstand zunahm, der Industriesektor im Vergleich zum Dienstleistungssektor schrumpfte, sich Wohl- fahrtsstaaten entwickelten und eine Bildungsexpansion stattfand, löste sich das klassische Arbeitermilieu weitgehend auf.

Kleinbürgertum: Das Kleinbürgertum hatte in der zweiten Hälfte des 19. Jahrhunderts seine wirtschaftliche Basis vor allem in kleinen selbstständigen Unternehmen (Handwerker, Einzelhändler usw.).

Die Auflösung und Veränderung dieser Klassen und Milieus hat viele Ursachen:

- Dramatische Schrumpfung der Anzahl der in der Landwirtschaft Beschäftigten
- Umstrukturierung der Oberschicht: Machtverlust des europäischen Adels und der Großgrundbesitzer
- Verringerung der Industriearbeiterschaft, vor allem in traditionellen Industriezweigen, wie der Stahl-, Textilindustrie und im Bergbau
- Verbürgerlichung eines Teils der Arbeiter durch steigenden Wohlstand
- Vergrößerung des Dienstleistungssektors, Wachstum der akademischen Berufe und Professionen, aber auch eines Dienstleistungsprekariats
- Machtgewinn des Finanzkapitals und der Klasse der Topmanager
- Dequalifizierung von unteren Angestellten
- Feminisierung von Berufen (z. B. Grundschullehrerinnen, auch teilweise Arztberuf)
- Privatisierung und Individualisierung (geringere Bereitschaft zu kollektiven Aktionen, individuelle und (klein)familiäre Nutzenorientierung).

In Europa besteht ein Nord-Süd- und ein West-Ost-Gefälle, was den Wandel der Sozialstruktur betrifft: Die skandinavischen Länder sind überdurchschnittlich stark modernisiert, während Portugal, Südspanien, große Teile Griechenlands, Süditalien, Polen und andere Oststaaten noch traditionelle Strukturen aufweisen.

Charakteristisch für moderne Gesellschaften ist die vielfältige *Mobilität* (vertikal, d. h. Auf- oder Abstieg; horizontal: Wechsel von Arbeitsstellen usw.; räumlich). In den Jahrzehnten nach dem Ende des Zweiten Weltkrieges gab es mehr Aufwärts- als Abwärtsmobilität, da ein kontinuierliches Wirtschaftswachstum und eine Bildungsexpansion stattfand, und sich der Dienstleistungsbereich, vor allem auch in den oberen Etagen (Ärzte, Hochschullehrer usw.) ausweitete. Man kann von einem „Fahrstuhleffekt" sprechen, d. h. alle Schichten oder Gruppen wurden hochgehoben. Dies führte zum Gefühl der Statuserhöhung auch in unteren Schichten bei gleichzeitiger Erhaltung oder auch Vergrößerung der objektiven ökonomischen Unterschiede der obersten und untersten sozialen Schichten. In den letzten Jahrzehnten blieb jedoch der Fahrstuhl vor allem für die Unterschicht in den Industriestaaten stecken. Dadurch wurde vielen erst klar, dass nach wie vor der „Matthäus-Effekt" dominant ist: Wer hat, dem wird gegeben. Der Fahrstuhleffekt dagegen tritt nur zeitweise, regional und gruppenspezifisch in Aktion. Diese Veränderung der gesellschaftlichen Großwetterlage spiegelt sich

teilweise auch in Meinungen und Einstellungen: In Deutschland haben Meinungs-
umfragen ergeben, dass von 1976 bis 2010 die kritische Haltung gegenüber der
sozialen und wirtschaftlichen Gerechtigkeit zugenommen hat.
     Ob und wieweit die Sozialstruktur stabil und verfestigt ist, ist umstritten. Vallet
(1999) analysierte offizielle für Frankreich repräsentative statistische Daten und
stellte fest, dass die Verbindung (Korrelation) zwischen sozialer Herkunft (Haupt-
indikator: Beruf des Vaters) und der eigenen sozialen Stellung kontinuierlich um
ca. 0,5 % jährlich abgenommen hat. Breen et al. (2014) bestätigen diese für
weitere, wenngleich nicht für alle europäische Länder. Andererseits zeigen Län-
dervergleiche, dass die Schrumpfung des Industriesektors und das Wachstum des
Dienstleistungssektors tendenziell mit einer Verstärkung der sozialen Ungleichheit verbunden sind (Gustafsson und Johansson 1999; Nederveen Pieterse 2005).
Allgemeine Aussagen werden erschwert, da – wie gesagt – soziale Ungleichheit
vieldimensional ist.
     Eine Möglichkeit des Gewinns oder Verlusts von Status stellt die Heirat dar.
Nach einer neuen, auf Deutschland bezogenen Untersuchung sind die klassenspezifischen Heiratsmuster erhalten geblieben. Vor allem hat sich in der Gruppe
der un- und angelernten Arbeiter die Tendenz zur Homogamie (gruppenin-
terne Partnerwahl) zwischen 1970 und 1993 sogar erhöht (Wirth und Lüttinger
1998). Homogamie ist in der obersten und der untersten Schicht oder sozialen
Gruppe besonders ausgeprägt (Tronu 2005, S. 128). Die Bildungshomogamie
hat sich verstärkt. Wenn zunehmend Frauen und Männer zusammenfinden, die
einer ähnlichen Einkommens- und Bildungsschicht angehören, wird die soziale
Ungleichheit zementiert. An den sozialen Determinanten der Partnerwahl und
Heiratsmuster haben auch die neuen Möglichkeiten, im Internet potenzielle
Partner kennenzulernen, offensichtlich wenig geändert (Klein 2015).
     Die Aufstiegschancen eines Kindes aus der Unterschicht sind von vielen
Faktoren abhängig, z. B. vom Wirtschaftswachstum und von der Güte des Bildungssystems. Dies ist plausibel, doch einige andere, nicht allen bekannte Aspekte
sollen kurz vorgestellt werden.
     Kohorte: Wenn es sich um Geburtsjahrgänge handelt, die überdurchschnittlich
groß sind, dann ist auch die Konkurrenz hart und Unterschichtkinder werden die
Kämpfe gegen die Mittelschichtkinder meist verlieren.
     Geburtenrate der mittleren und oberen Schichten: Wenn die Geburtenraten die-
ser Schichten gering sind, dann haben Unterschichtkinder bessere Chancen. Im
ersten Drittel des 20. Jahrhunderts waren die Geburtenraten der oberen Mittelschicht geringer geworden, sodass die heranwachsenden jungen Männer dieser
Schicht nicht für die Besetzung der guten Positionen ausreichten. Erfolgreiche
Unterschichtmänner hatten also gute Chancen.

Erwerbsquoten von Frauen: Es könnte sein, dass durch den zunehmenden Anteil von Frauen in gehobenen Positionen der Anteil der Unterschicht in dieser Positionsgruppe sinken wird.

Anzahl gehobener Positionen: Diese begehrten Positionen sind knapp und sie bleiben nicht konstant. Ihre Anzahl ist von vielen Faktoren abhängig: Wirtschaftswachstum, Organisationskonzeptionen, Umstrukturierung (Wachstum und Differenzierung des Dienstleistungsbereichs), Qualifikationsanforderungen usw.

Bevölkerungswachstum: Wenn die Bevölkerung wächst, dann vermehren sich in der Regel auch die gehobenen Positionen. Erfolgreiche Kinder aus der einheimischen Unterschicht haben vermehrte Aufstiegschancen, wenn die Bevölkerung durch Einwanderung wächst und die Einwanderer aufgrund von sprachlichen und kulturellen Problemen und von Diskriminierung geringe Aufstiegschancen haben. In der Leitnation, den Vereinigten Staaten, stieg nach dem Zweiten Weltkrieg ungefähr 20 Jahre bis 1968 der Lebensstandard kontinuierlich, gemessen am (standardisierten) Durchschnittseinkommen (Gesamtanstieg 65 %). Dadurch bildete sich eine generelle Aufstiegserwartung. Von 1968 bis 1998, also 30 Jahre lang, stagnierte das Durchschnittseinkommen. Ab 2005 vergrößerte sich der Anteil der Bevölkerung, deren Einkommen stagnierten. Der gleiche Trend lässt sich auch an der Armutsrate in den USA nachweisen, die in dem Jahrzehnt von 1960 bis 1970 stark zurückging, seitdem stagnierte und seit den 90er Jahren wieder etwas angestiegen ist. Für die meisten Mitglieder der unteren Schichten hat sich die soziale und ökonomische Lage im Vergleich zu den oberen Schichten, z. B. dem oberen Drittel der Bevölkerung, in den letzten 20 bis 30 Jahren verschlechtert – nicht nur in den USA (Andersen und Taylor 2004, S. 266), auch in vielen anderen Industrieländern (Kenworthy 2004, S. 22 ff.; Pérez-Moreno et al. 2019).

4.4 Darstellung der sozialen Schichtung

In den Medien wird die soziale Schichtung verzerrt dargestellt. Vor allem die Wohlhabenden und die Mitglieder der oberen Schichten werden sowohl im dokumentarischen als auch im Fiction-Bereich vorgeführt. „Die im Dunkeln sieht man nicht", wie Brecht uns mitteilte. Auch in der Schule werden von Lehrern und Schulbüchern direkte und informative Aussagen über soziale Schichtung und vor allem über die unterprivilegierten Gruppen vermieden. Welche Funktion hat diese Ignoranz? Vielleicht soll die Illusion der sozialen Chancengleichheit und einer Gleichheit fördernden Demokratie erhalten werden.

Wie kann soziale Ungleichheit gemessen und damit auch vergleichbar gemacht werden? Eine grobe Möglichkeit, die soziale Ungleichheit in einem Staat zu messen, bietet ein Einkommens- oder Vermögensvergleich zwischen Gruppen. Auf diese Weise kann auch festgestellt werden, ob sich die soziale Ungleichheit in einem Zeitraum verringert oder vergrößert. T In den USA und in Europa wurden in den vergangenen 40 Jahren die Gesetze im Interesse der großen Unternehmen und der Reichen geändert, wodurch die unteren Schichten benachteiligt wurden (vgl. Hartmann 2004, 171 ff.; Krenek und Schratzentaller 2018). Das oberste 1 % kontrolliert etwa 40 % des Vermögens; 1980 waren es noch 25 % (Zucman 2019).

Eine bekannte grafische Darstellung des Schichtungssystems erfolgt in Form einer Zwiebel (oben und unten sind die Gruppen relativ klein). Früher war es eine Pyramide – dies ist heute noch in den armen Entwicklungsländern der Fall. Vielleicht wandelt sich das System in den westlichen Ländern zur Flaschenform.

Wie kann man soziale Schichtzugehörigkeit einzelner Personen messen? Ursprünglich war die universale Maßeinheit soziale Anerkennung (z. B. als Held oder erfolgreicher Jäger), die zwischen Vergöttlichung und sozialer Nichtexistenz schwanken konnte. Inzwischen ist die Verfügung über Geld und Macht die universale Maßeinheit für sozialen Erfolg und soziale Positionierung geworden.

Die soziale Schicht wird heute meist aufgrund von folgenden Merkmalen bestimmt: Beruf, Einkommen, Schulbildung (gemessen an Schul- und Hochschulabschlüssen) (Abb. 4.4).

Das international am häufigsten verwendete Klassen- oder Schichtmodell stammt von Goldthorpe und Erikson (vgl. Hradil 2001, S. 368):

1. Dienstklasse (freie Berufe, leitende Beamte und Angestellte, Professionelle)
2. Nicht-manuelle Routinetätigkeiten (ausführende Personen)
3. Kleinbürger (Kleinhändler, Handwerker)
4. Landwirte
5. Facharbeiter

Begriff	*Dimensionen*	*Indikatoren*
Soziale Schicht	Ökonomie	Einkommen
		Vermögen
		Beruf
		Bildungsstatus
	Soziale Dimension	Soziale Anerkennung
		Gruppenzugehörigkeit

Abb. 4.4   Indikatoren der sozialen Schicht

6. An- und ungelernte Arbeiter
7. Landarbeiter (Erikson und Goldthorpe 1992, S. 38 f.).

Diskutiert wird, ob es in westlichen Industriestaaten eine „Unterklasse" gibt, die unter der unteren Unterschicht (an- und ungelernte Arbeiter) anzusiedeln ist (Buckingham 1999), Personen, die durch abweichendes Verhalten seit der Kindheit, Langzeitarbeitslosigkeit, Armut und Ablehnung der herrschenden Wertvorstellungen gekennzeichnet sind (Welshman 2013).[2].

Die Begriffe, die sich auf diese Unterklasse beziehen, wandeln sich im Laufe der Zeit: Problemfamilien, Risikogruppen, prekäre Lebensverhältnisse etc. Armut als Kennzeichen dieser Gruppe bleibt allerdings stabil.

Kritisch anzumerken ist, dass die Zuordnung von Personen zu sozialen Schichten durch Mobilität und häufige Veränderung der Lebensumstände erschwert wird. Außerdem ist oft Statusinkonsistenz festzustellen, d. h. jemand hat auf einer Dimension einen hohen Rang und auf einer anderen einen niedrigen Rang:

- Unternehmer mit Hauptschulabschluss (er heiratet eine Frau mit Hochschulabschluss) oder
- promovierter Geisteswissenschaftler, Taxifahrer.

4.5   Schicht- oder Klassenbewusstsein

In der feudalen Standesgesellschaft war jede Person Mitglied eines Standes und wusste dies. In modernen Gesellschaften wissen zwar fast alle, dass es eine Hierarchie gibt, doch über die Grenzen zwischen den Schichten oder Klassen und damit die Zugehörigkeit besteht keine Einigkeit.

Auch werden die wichtigen sozialen Gruppen unterschiedlich genannt: die Reichen, die Mächtigen, die Armen, der Mittelstand, das Bürgertum usw. Man kann nun Menschen fragen, wie sie sich selbst in ein Kategoriensystem einordnen, und zwar durch.

- Fragen nach wichtigen gesellschaftlichen Gruppen (die Reichen, die oben sind und die unten sind etc.) oder
- Fragen, welcher Schicht sich Personen zuordnen: Die meisten Personen in reichen Industriestaaten ordnen sich der Mittelschicht zu.

---

[2]Im Zwiebelmodell der 60er Jahre wurde die unterste Gruppe als „sozialer Bodensatz" bezeichnet.

In Westdeutschland stuften sich noch in den 90er Jahren die meisten in der Mittelschicht ein, in Ostdeutschland in der Unter- oder Arbeiterschicht. In Ostdeutschland gaben 1996 nur 1 % an, dass sie sich der oberen Mittel- und der Oberschicht zurechnen (in Westdeutschland 11 %). Die Ostdeutschen waren in den 90er Jahren in ihrer Selbsteinschätzung den Ausländern ähnlicher als den Westdeutschen.

> „Beide Gruppen, die in Westdeutschland lebenden Ausländer wie auch die ostdeutsche Bevölkerung nehmen die gesellschaftliche Statushierarchie demzufolge nach wie vor mehrheitlich aus der Perspektive des ‚wir hier unten und Ihr da oben' wahr, während sich die Westdeutschen weiterhin in ihrer Majorität im mittleren und oberen Bereich platzieren" (Noll 1999, S. 151).

Kasten 4: Subjektive Wahrnehmung sozialer Ungleichheit in Deutschland
Die beiden linken Abbildungen fassen Meinungen der deutschen Bevölkerung über den Schichtaufbau der Gesellschaft zusammen, während die rechte Abbildung eine Möglichkeit darstellt, den realen Schichtaufbau zu veranschaulichen.

Die beiden linken Abbildungen fassen Meinungen der deutschen Bevölkerung über den Schichtaufbau der Gesellschaft zusammen, während die rechte Abbildung eine Möglichkeit darstellt, den realen Schichtaufbau zu veranschaulichen.

Anders sieht es aus, wenn sich die Befragten auf einer mehrstufigen Skala von 0 (unterste Einkommensschicht) bis 7 (oberste Einkommensschicht) einordnen sollen. Es zeigt sich: die meisten Menschen ordnen sich in die mittleren Schichten ein – relativ unabhängig von der tatsächlichen Einkommensposition der Befragten. In der Tendenz überschätzen Befragte mit geringem Einkommen ihre soziale Position in der Gesellschaft, bei hohen Einkommen verhält es sich umgekehrt (Engelhardt und Wagener 2018)

Wiederum anders sieht es aus, wenn nach der allgemeinen Ungleichheitswahrnehmung gefragt wird. Die linke Abbildung fasst die Meinung der Befragten zusammen, welcher Aufbau der Schichten der Situation in Deutschland am ehesten entspricht. Ein größerer Anteil der Bevölkerung vermutet, dass der Gesellschaftsaufbau einer Pyramide gleicht, dass also die Ungleichheit sehr groß ist.

Es bestätigt sich die soziologische Grundannahme, dass Wahrnehmung und Realität auseinanderfallen (können): Ungleichheitswahrnehmung und eigene gesellschaftliche Einordnung haben nur bedingt mit der tatsächlichen Situation zu tun. Doch die subjektive Wirklichkeit ist bekanntlich Teil der sozialen Realität, sie beeinflusst z. B. das politische Verhalten.

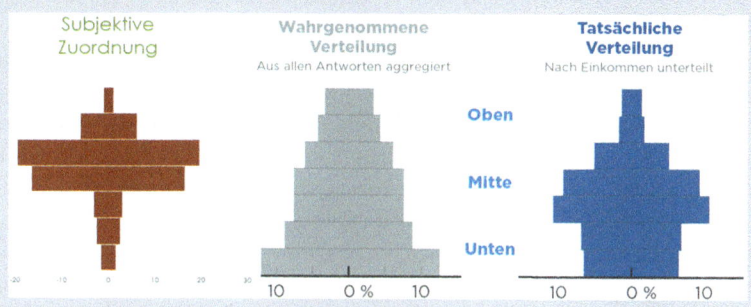

Quelle: Vereinfachte Darstellung nach Niehues (2014) und Grabka et al. (2019)

Manche meinen, dass Positionen hauptsächlich nach Leistung vergeben werden. Andere sind Anhänger eines Klassenkampfmodells. In traditionellen bäuerlichen Gebieten findet man die „Jeder-an-seinem-Platz-Ideologie". Auch sozialdarwinistische Vorstellungen sind häufig anzutreffen: survival of the fittest. Mitglieder der Oberschicht vermeiden in der Regel die Ausdrücke Schicht und Klasse, sprechen diffus von „wir" oder von „Menschen, die Verantwortung tragen". Das Klassen- bzw. Standesbewusstsein der meisten Oberschichtmitglieder ist überdurchschnittlich stark und Arbeit am eigenen Habitus ist ressourcenfressend, was an den vielfältigen Abschließungshandlungen (Distinktion) gegenüber anderen Schichten und Gruppen abzulesen ist.

Beruf, Ausbildung, Konsumgewohnheiten, aber auch zugeschriebene Merkmale, wie Geschlecht, Alter, ethnische Zugehörigkeit etc. formen die soziale Identität, in den meisten Fällen eine Patchwork-Identität. Gelegentlich wird eine kollektive soziale Identität aktiviert, vor allem im Kriegsfall.

4.6   Milieus, Lebensstile

Wie schon im vorherigen Abschnitt beschrieben wurde, wird eine Schicht- oder
Klasseneinteilung nicht nur aufgrund relativ abstrakter Kategorien durchgeführt,
sondern bezieht sich auch auf Bewusstsein und Verhalten. In der Beschreibung des Ansatzes von Bourdieu wurde auf den Zusammenhang zwischen dem
klassenspezifischen Habitus und dem Geschmack und Lebensstil bereits hingewiesen. Allerdings wird die Theorie von Bourdieu (1982, 1998) kritisiert, der vor
allem von Untersuchungen in Frankreich der 60er Jahre ausging und vier soziale
Gruppen unterschied, die voneinander abgegrenzte Lebensstile haben: Bildungsbürgertum, Besitzbürgertum, Kleinbürgertum, und Arbeiter und Bauern. Solche
Typologien, die auf die Verwurzelung der europäischen Gesellschaften im 19.
Jahrhundert hinweisen, werden durch Sozialwissenschaftler zunehmend infrage
gestellt (vgl. Lüdtke 1989; Groß 2015). Empirische Befunde zeigen eine Pluralisierung von Milieus und Lebensstilen, z. B. wird zwischen einem traditionellen
und einem traditionslosen Arbeitermilieu und in der Mittelklasse zwischen einem
kleinbürgerlichen, einem hedonistischen und einem aufstiegsorientierten Milieu
unterschieden (Vester et al. 1993; Sinus-Institut 1998; Hradil 2013).

   Beispiel *Traditionsloses Arbeitermilieu:* In diesem Milieu werden hauptsächlich un- und angelernte Arbeiter und Arbeitslose mit geringer Bildung zusammengefasst. Sie träumen von Geld, Luxus und Anerkennung, tätigen Spontankäufe,
verdrängen die Zukunft und leben häufig über ihre Verhältnisse.

   Nach Schulze (1992) sind die individuellen Lebensstile inzwischen weniger von Einkommen und Beruf abhängig als früher. Dagegen ist der Lebensstil
vom Bildungsstand und vom Alter stärker bestimmt. Schulze unterscheidet fünf
Erlebnismilieus:

- *Niveaumilieu* (traditionelles Bildungsbürgertum),
- *Integrationsmilieu* (Konformisten),
- *Harmoniemilieu* (familienorientierte Arbeitergruppen, Trivialkultur der Mas-
  senmedien),
- *IntegrSelbstverwirklichungsmilieuationsmilieu* (junge Menschen mit über-
  durchschnittlicher Bildung, Hochkultur, Körperkultivierung, Weiterbildung),
- *Unterhaltungsmilieu* (junge Menschen mit geringer Bildung, aktionsorientier-
  ter Freizeitstil).

Gemeinsam ist allen Milieus, dass der Erlebniswert der angestrebten Produkte
oder Ereignisse bedeutsam ist. Wie auch Beck nimmt Schulze an, dass die traditionellen sozialen Klassen oder Gruppen an Bindekraft verloren haben. Dass

Alter, Bildung und Alltagsästhetik eine größere Bedeutung als in früheren Zeiten haben, ist aufgrund des sozialen Wandels, der erweiterten Handlungsmöglichkeiten der jungen Menschen und der Institutionalisierung einer Konsum- und Mediengesellschaft sehr plausibel.

Die im Schatten stehen, Randgruppen wie Obdachlose, viele Ausländer oder Heiminsassen, werden durch diese Typologie nicht erfasst. Außerdem werden regionale, religiöse und andere Gruppierungen durch solche allgemeinen Lebensstilkonzeptionen vernachlässigt. Trotzdem haben solche Typologien heuristischen Wert, d. h. sie ermöglichen grobe Trendaussagen.

4.7 Armut und negative Akkumulation von Kapital

Die absolute massiv existenzgefährdende Armut ist vor allem in Entwicklungsländern zu finden. Trotz einer weltweit gigantischen Reichtumsvermehrung ist es im 20. Jahrhundert nicht gelungen, für viele hunderte Millionen Menschen eine ständige Existenzgefährdung zu vermeiden. Die relative Armut hat sogar zugenommen. Die ärmsten 20 % der Weltbevölkerung sind im Vergleich zu den obersten 20 % in den letzten Jahrzehnten immer ärmer geworden (Hickel 2017). Das ökonomische Wachstum ist also vor allem den Wohlhabenden zugutegekommen. Vor allem die Zukunftsaussichten vieler armer Gruppen und ihrer Kinder haben sich aufgrund von Umweltschäden und Klimawandel, die vor allem durch die Wohlhabenden bewirkt wurden, verschlechtert.

> Die Armut wird kulturell unterschiedlich eingeordnet. In Indien wird die Armut durch Religion, Tradition und das Kastenwesen institutionell gestützt und verfestigt.

Armut: Mangel an Mitteln, um ein normales Leben zu führen, bzw. um am gesellschaftlichen Leben teilzunehmen. Die Bestimmung „normal" hängt von kulturellen und gesellschaftlichen Normen ab.

Die Bestimmung von Armut hängt vom Lebensstandard und von den (gesellschaftlich und individuell bestimmten) Bedürfnissen ab. Arme erhalten sehr wenig von den Überschüssen, von den wirtschaftlichen, sozialen und kulturellen Gewinnen.

Innerhalb moderner Gesellschaften findet ein Kampf um die Bestimmung des Existenzminimums statt. Nach dem Ausgang dieses Kampfes werden die Sozialhilfesätze festgelegt. Sozialhilfe hat nach § 1 des BSHG die Aufgabe, ein Leben zu ermöglichen, „das der Würde des Menschen entspricht".

Absolute Armut: Die Weltbank definiert Menschen als extrem arm, wenn sie weniger als 1,90 US$ pro Tag zur Verfügung haben. Bei diesem Ansatz wird die Kaufkraft des US-Dollars in lokale Kaufkraft umgerechnet. Diese Grenzsetzung wird von einigen Wissenschaftlern in Frage gestellt (vgl. Hickel 2017).
Relative Armut: Wenn das Haushaltseinkommen weniger als 50 % des nationalen Medianeinkommens beträgt, wird jemand als arm bezeichnet. Als *armutsgefährdet* gilt jemand, wenn er oder sie dauerhaft weniger als 60 % des mittleren Netto-Einkommens zur Verfügung hat. Diese Schwelle lag 2018 für einen alleinlebenden Erwachsenen in Deutschland bei 1136 EUR, in Bulgarien bei 351 EUR im Monat (nach eurostat).

In den westlichen Industriestaaten hat der Anteil der relativ Armen seit Mitte der 70er Jahre zugenommen, derzeit sind 10 bis 20 % der Bevölkerung als relativ Arme zu bezeichnen (Arbeitslose, Alte, Kranke, Behinderte, Kinder).
In den USA hat die Armut zwischen 1960 (über 20 %) und 1970 (unter 10 %) stark abgenommen und ist in den achtziger und 90er Jahren wieder gestiegen (auf ca. 12 %). Vollzeitbeschäftigung in Niedriglohngruppen schützt in den Vereinigten Staaten nicht vor Armut und sozialem Abstieg. Die Kinderarmut ist in den USA im Vergleich mit anderen reichen Staaten überdurchschnittlich hoch (Smeeding and Thévenot 2016).
Deutschland ist ein reiches Land. Die Säuglingssterblichkeit ist sehr niedrig und die Lebenserwartung hoch. Das Durchschnittseinkommen übertrifft das der meisten anderen Industriestaaten. Doch Armut ist auch hier anzutreffen. Wie in den USA ist in Deutschland (alte Bundesländer) die Armutsquote in den sechziger und 70er Jahren gesunken und seit den achtziger Jahren wieder gestiegen (Hauser 1998). Man spricht auch von Arbeitsarmut, dem Armutsrisiko von Beschäftigten. Deutschland hat einen höheren Anteil an Geringbeschäftigten als vor 20 oder 30 Jahren. Die Zahl der Sozialhilfeempfänger hat sich in den letzten Jahrzehnten stark erhöhtPT, wobei der Anteil armer Kinder überproportional zugenommen hat. Ca. 10 % der Menschen in Deutschland erhalten Leistungen der sogenannten sozialen Mindestsicherung. Die relative Einkommensarmut unterscheidet sich nach Regionen, sie betrifft in Bayern ca. 12 % und in Berlin 19 % (IW Gutachten 2019).

Familiäre Bedingungen erweisen sich als wichtige Ursachen von Armut. Alleinerziehende Frauen haben besonders häufig wirtschaftliche Probleme. „Rund 42,8 % der Haushalte von Alleinerziehenden war im Jahr 2017 von relativer Einkommensarmut betroffen."[3] In der EU sind 26 % der Kinder armutsgefährdet, in Ungarn 50 % und in Rumänien und Bulgarien ca. 70 %. Die geringste Armutsgefährdung von Kindern besteht in den skandinavischen Ländern (ca. 4 %).[4]

Da die Armen weniger sichtbar sind als die Wohlhabenden, wird die Armut unterschätzt. Vor allem wird die Langzeitproblematik von vielen nicht gesehen. Untersuchungen haben einen eindeutigen Zusammenhang zwischen Armut und Kriminalität bei Kindern und Jugendlichen in europäischen Staaten gefunden. Es entsteht ein Zyklus der Benachteiligung und eine „Kultur der Armut", in die Kinder hineinsozialisiert werden – Probleme, die in der Öffentlichkeit viel zu wenig diskutiert und von Spitzenpolitikern und öffentlichen Sprechern verdrängt werden.

Als Ursachen der Armut werden in der Fachliteratur genannt: ökonomische Strukturänderungen, Sozialisations- und Ausbildungsmängel, Arbeitslosigkeit, Niedriglöhne, Scheidung, Krankheit, ungünstige genetische Ausstattung usw., also primär Bedingungen, auf die die Betroffenen nur wenig Einfluss haben. Doch viele Menschen sehen Armut in einem anderen Licht. Viele Menschen sind der Meinung, dass die Armen an ihrem Schicksal selbst schuld seien (Giddens 1999, 297), wobei diese Vorurteile mit anderen Annahmen verbunden sind, z. B. mit der Rechtfertigung der großen Einkommensunterschiede (Schneider und Castillo 2015). Auch in Deutschland findet man viele Menschen, die meinen, dass „Sozialschmarotzer" unter den Armen und Sozialhilfeempfängern weit verbreitet wären.[5] Doch im Vergleich zu den Steuerhinterziehungen der Wohlhabenden handelt es sich bei den Betrügereien von Sozialhilfeempfängern um unwesentliche Beträge. Die meisten Menschen geraten nicht aus Faulheit oder über eigene Entscheidungen in Wohlfahrtsabhängigkeit, sondern primär aufgrund von drei Ursachen: Arbeitsplatzverlust, Verlust eines Partners oder einer zentralen Bezugsperson oder Erkrankung (Abb. 4.5).

In Abb. 4.6 erkennt man, wie weit verbreitet das Vorurteil ist, dass Armut ein Ergebnis von Faulheit sei; jedoch sind große Unterschiede im Vergleich

---

[3] https://de.statista.com/themen/5182/alleinerziehende-in-deutschland/

[4] https://www.europarl.europa.eu/RegData/etudes/BRIE/2019/638429/IPOL_BRI(2019)638 429_EN.pdf

[5] Allerdings lehnte die Mehrheit der Deutschen (54 %) nach einer repräsentativen Befragung 2000 folgende Aussage ab: „Die meisten, die heutzutage im Leben nichts erreichen, sind selber schuld." (vgl. Vester 2003, 32).

Abb. 4.5 Ursachen der
Armut

Ursache der Armut (in %) (1990, in Klammern 1995)	Faulheit	soziale Ungerechtigkeit
USA	39 (60)	33 (40)
Tschechien	[68]	[34]
Japan	33 (59)	29 (41)
Ostdeutschland	29	47
Westdeutschland	23 (12*) [48*]	31 (54*) [64*]
Schweden	16 (17) [19]	35 (61) [72]
Frankreich	15 [27]	42 [70]

Abb. 4.6 Meinungen über Ursachen der Armut. (Quelle: Inglehart et al. 1998; Inglehart 2000: ( ), European Values Study 2000: [ ]). * Gesamtdeutschland)

der Staaten festzustellen. Wie sind diese Unterschiede zu erklären? In den kommunistischen Ländern, in Schweden und in Frankreich haben jahrzehntelang sozialistische und kommunistische Gruppen größeren Einfluss in vielen gesellschaftlichen Bereichen gehabt als in den Vereinigten Staaten oder in Japan. Diese These gilt aber offensichtlich nicht für Tschechien. Vor allem die Vereinigten Staaten sind das Land des Glaubens an den individuellen Aufstieg und an die Freiheit des einzelnen, wobei Medien und Politik bezüglich der Manipulation der Bevölkerung offensichtlich erfolgreicher sind als in Deutschland. Die Unterstützung von Armen wird in der Bevölkerung unterschiedlich akzeptiert, arme alte Menschen werden eher als unterstützungswert angesehen als Migranten (van Oorschot 2006).

Zum Vertiefen

Das Standardwerk zur Sozialstruktur Deutschlands ist für 2021 in einer Neuauflage angekündigt:

Hradil, Stefan, 2005: Soziale Ungleichheit in Deutschland (8. Aufl.) Wiesbaden: Springer

Stefan Hradil hat auch einen allgemein verständlichen, sozialkundlichen Überblick über Gesellschaft, Wirtschaft und Politik der Bundesrepublik, herausgegeben, der kostenlos bei der Bundeszentrale für Politische Bildung online und gedruckt erhältlich ist:

https://www.bpb.de/politik/grundfragen/deutsche-verhaeltnisse-eine-sozial kunde/137984/einleitung

Trotz seiner Knappheit eine multidimensionale Übersicht über die Entwicklung der europäischen Ungleichheitsverhältnisse:

Kaelble, Hartmut. 2017. *Mehr Reichtum, mehr Armut. Soziale Ungleichheit in Europa vom 20. Jahrhundert bis zur Gegenwart.* 1. Auflage, neue Ausgabe. Frankfurt: Campus.

Eine nüchterne Bestandsaufnahme zu den verschiedenen Gesichtern der Armut in Deutschland liefert:

Cremer, Georg. 2017. *Armut in Deutschland. Wer ist arm?, was läuft schief?, wie können wir handeln?* München: C. H. Beck.

Internetquellen
Regelmäßig aktualisierte Datenquellen sind:

Datenreport. Ein Sozialbericht für die Bundesrepublik Deutschland. Bonn: Bundeszentrale für Politische Bildung. (zuletzt 2018)
https://www.destatis.de/DE/Service/Statistik-Campus/Datenreport/Downloads/ datenreport-2018.html

Unter der Federführung des Bundesministeriums für Arbeit und Soziales erarbeitet die Bundesregierung zweijährlich einen Armuts- und Reichtumsbericht:

https://www.armuts-und-reichtumsbericht.de/

Individualisierung, Privatisierung und Rationalisierung

AUF EINEN BLICK

1. Durch die Erweiterung der Entscheidungsspielräume werden viel mehr Selektionshandlungen als in traditionalen Gesellschaften realisiert.
2. Individualisierung ist keine Persönlichkeitseigenschaft, sondern ein sozialer Prozess.
3. Individualisierung und soziale Ungleichheit sind keine Gegenbegriffe.

Führer, Häuptling, Patriarch, Kaiser oder Prophet! Doch die anderen blieben im Dunkeln, waren Masse. In allen Hochkulturen gab es individuelle Hochentwicklungen für eine kleine privilegierte Schar, für die Mehrheit Kollektivierung. Dann setzte in der westlichen Kultur ein über Jahrhunderte laufender Prozess ein, in dem immer mehr Menschen und Institutionen aktiviert wurden: Individualisierung. In der modernen Gesellschaft wird Individualisierung für die Mehrheit der Bevölkerung angeboten, ja vorgeschrieben – „programmatischer Individualismus" nach Gehlen (2004, 66). Die strukturellen Hauptursachen für diese Neuerung haben schon Simmel und Durkheim genannt: Durch Industrialisierung und Modernisierung beschleunigt sich die *Arbeitsteilung* und die *Komplexitätssteigerung* (und *Differenzierung*), es entstehen zunehmend „Knoten" in der Vernetzung von psychischen und sozialen Systemen, an denen Mütter, Lehrerinnen und die betroffenen „Lebenslänglichen" verbissen arbeiten (vgl. Erickson 2001, 325).

Der moderne individualisierte Idealtyp (?): Ein Single (kann ruhig auch verheiratet sein, wenn ihn seine Familie nicht an der Entwicklung hindert), mobil, überall einsetzbar, begreift blitzschnell, handelt rational, kann seine Emotionen perfekt kontrollieren, ist freundlich, aber cool, pflegt seinen Body und sein Image,

© VS Verlag für Sozialwissenschaften | Springer Fachmedien Wiesbaden GmbH, Wiesbaden 2021
K. Feldmann und S. Immerfall, *Soziologie kompakt*,
https://doi.org/10.1007/978-3-658-31450-7_5

weiß über das Neueste Bescheid, ist technisch brillant, medienkompetent, multikulturell eingestellt, setzt sein Wissen ökonomisch ein, kann perfekt Englisch, ist offen und verschlagen nach Bedarf, bleibt jugendlich, skrupellos konkurrenzorientiert und kooperationsfähig, kreativ, Speichellecker, selbstständig usw. Zwar gibt es viel mehr von dieser Sorte als jemals in der Geschichte der Menschheit, trotzdem handelt es sich um eine kleine Minderheit.

Wie wird ein moderner Individualist hergestellt? Er oder sie liegt nicht zwischen den Eltern im Ehebett, sondern erhält ein eigenes Bettchen. Frühzeitig lernt das Baby seine Macht über die Mutter kennen. Es ist Einzelkind oder es sind zwei Kinder und jedes wird wie ein Einzelkind behandelt. Die Wünsche des Kindes werden gefördert und berücksichtigt. Es erhält frühzeitig Eigentum, viele Spielsachen, die nur ihm gehören. In vielen Kleinfamilien hat dieses Kind inzwischen – bis es in den Kindergarten kommt – den Eindruck, Mittelpunkt der Welt zu sein. Im Kindergarten und in der Schule muss es sich jedoch im Kampf mit den anderen Kindern durchsetzen. In der Schule lernt es, dass nur die eigene Durchsetzungsfähigkeit zählt, nicht die Kooperation. Durch die Medien, mögen dies Märchen oder Fernsehsendungen sein, wird frühzeitig Heldenverehrung und Identifikation mit Siegern bzw. Siegerinnen eingeübt.

In einfachen Stammeskulturen waren die Menschen Kollektivisten, sie waren sich ähnlich, waren selten allein, konnten nicht lesen oder schreiben, kamen kaum aus ihrem Dorf oder ihrer Gruppe in die weite Welt hinaus.

Einfache Kulturen → Kollektivismus
Moderne Kultur → Individualismus.

Wahrscheinlich leben die meisten Menschen noch immer in kollektivistischen Kulturen. In den entwickelten Regionen dagegen hat sich der Individualismus ausgebreitet, doch keineswegs alle Bereiche erfasst.

5.1   Was bedeutet „Individualisierung"?[1]

Individualisierung erscheint zuerst als ein Gegenbegriff zu Integration und Gemeinschaft. Man assoziiert Vereinzelung, Egoismus, Singledasein, Vereinsamung, Isolation, Distanz. Kann man sich auf diese Assoziationen verlassen? Nein: Das moderne Individuum muss mit hohem Aufwand in einer Kleinfamilie mit massiver Unterstützung der Schule und anderer Sozialisationsinstanzen hergestellt werden, es ist also das Produkt einer aufwendigen Vergesellschaftung. Und nur wenige bleiben Singles, die meisten Individualisten gründen Familien, sind konforme Mitglieder von Sportvereinen, Kirchengemeinden usw.

Die Gefahren der *Einsamkeit,* Isolation und Entfremdung in modernen Gesellschaften wurden freilich von berühmten Soziologen thematisiert: Marx, Durkheim, Weber, Simmel und Elias (vgl. Kippele 1998, 235 f.). Also sollte man das Argument ernst nehmen. Nach Marx ergibt sich Isolation und Entfremdung in der bürgerlichen und kapitalistischen Gesellschaft aus den veränderten Produktionsverhältnissen. Nach Simmel ist der moderne Mensch zwar nach wie vor in Gruppen tätig, doch er fühlt sich häufiger (subjektiv) einsam. Nach Weber haben sich Autonomiebestrebungen, Rationalität und innere Isolation der Einzelnen durch die Modernisierung, vor allem durch die Veränderung des Wirtschaftssystems und die Einbindung in Organisationen, verstärkt.

In Großbritannien wurde ein *Ministry of loneliness*[2] eingerichtet und der bekannte Psychiater Manfred Spitzer, der schon allerlei Krisen ausgerufen hat, erkennt eine „Epidemie der Einsamkeit" (Spitzer 2018). Die Suizidraten sind in den Industriestaaten höher als in traditionalen Kulturen, die Menschen treten als souveräne Konsumenten auf und es gibt mehr Ein-Personen-Haushalte. Aber: Wer erfolgreich und normgerecht individualisiert wurde, kann die Einsamkeit besser bewältigen und der Isolation eher entkommen.

---

[1]Individualisierung kann vieles meinen, z. B. auch die passgenaue Anpassung der Lernangebote an einzelne Lernende. Im folgenden Kapitel geht es um den möglichen Gestaltwandel im Verhältnis von Individuum und Gesellschaft. Zu diesem Thema gibt es schon eine Reihe von Schriften, z. B. Kron 2002, Wieland 2004, Burzan 2016.

[2]Walker P. May appoints minister to tackle loneliness issues raised by Jo Cox. The Guardian. 2018. Jan 16 [www.theguardian.com/society/2018/jan/16/may-appoints-minister-tackle-loneliness-issues-raised-jo-cox; 20.10.2019]. Abgesehen davon, dass es doch eigentlich „Ministerium *gegen* Einsamkeit" heißen müsste: Deutschland hat es immerhin auf diverse Heimatministerien gebracht.

Einsamkeit und Isolation sind also Zeichen einer misslungenen Individualisierung.

Der Begriff Individualisierung wird in der Regel mit dem 2015 verstorbenen Soziologen Ulrich Beck (1986) assoziiert, obwohl die Thematik schon seit mindestens hundert Jahren von vielen Autoren diskutiert wurde. Seine Individualisierungsthese bezieht sich nicht primär auf den über Jahrhunderte laufenden Prozess in der westlichen Kultur, sondern auf die Veränderungen seit den 60er Jahren des 20. Jahrhunderts. Hierbei nennt er drei Aspekte:

1. Herauslösen aus historisch vorgegebenen Sozialformen,
2. Verlust von traditionalen Sicherheiten,
3. eine neue Art der sozialen Einbindung (206).

Diese Prozesse sind schon im 19. Jahrhundert ausgeprägt vorhanden gewesen, doch sicher ist es richtig, dass sie sich in den vergangenen Jahrzehnten verstärkt haben.

Nach Honneth (1994, 24 f.) besteht Individualisierung zumindest aus zwei unterscheidbaren Aspekten:

- *Erweiterung der individuellen Entscheidungsspielräume,* Autonomisierung, Selbstverwirklichung, Selbstbestimmung (Vergleich eines Sklaven mit einem Manager oder eines Fließbandarbeiters mit einem Philosophieprofessor)
- *Privatisierung.*

Während die Handlungs- und Entscheidungsräume in der Geschichte der europäischen Kultur ständig erweitert wurden, ist die Privatisierung erst später zu einem allgemeinen und selbstverständlichen Gut geworden – vor allem durch den Übergang von einer agrarischen zu einer Industrie- und schließlich zu einer Dienstleistungsgesellschaft. Es gab in früheren Jahrhunderten Einsiedler, Sonderlinge und andere abweichende Menschen, die sich der Öffentlichkeit teilweise verweigerten oder ausgeschlossen wurden. Doch die moderne Privatisierung ist eine normale Massenerscheinung.

Ist die folgende These haltbar? Je stärker die Privatisierung voranschreitet, umso mehr schließen sich die Einzelnen gegenüber sozialen öffentlichen Bereichen ab und geben damit Handlungsspielräume auf.

Die These trifft nur für eine Minderheit zu.

Ein Beispiel: Ein alter Mensch, der hochprivat, vereinsamt, halb gelähmt in seiner Wohnung lebt. Er ist sozial fast tot. Seine öffentlichen Rollen sind verschwunden. Das Fernsehen ist die Gemeinschaft. Er zieht die Einsamkeit der Zwangskollektivierung im Pflegeheim vor.

Doch in der Regel gilt: Eine dauerhafte und geschützte Privatsphäre kann nur derjenige aufbauen, der sich in Beruf und Öffentlichkeit anpasst und dessen Leistung von anderen anerkannt wird. Gesellschaftlich belohnt und idealisiert wird ein Gleichgewicht zwischen leistungsorientierter und konformistischer Individualisierung in der Öffentlichkeit und Privatisierung, deren Qualität ebenfalls von den Entscheidungsspielräumen (großes Haus, eigenes Zimmer, Garten, Swimming Pool, technische Ausstattung usw.) abhängt.

Doch es kann auch zu Konkurrenz, Kampf und Vermischung zwischen der privaten und öffentlichen Sphäre kommen. Öffentliches dringt in das Private und Privates in das Öffentliche.

- Die alte Frau, die gegen ihren Willen ins Altenheim gebracht wird: Öffentlich triumphiert über Privat? Sie wird zwangskollektiviert und in ihrer Identität beschädigt.
- Die Sexualpraktiken des amerikanischen Präsidenten werden in den Massenmedien diskutiert: Triumph des Öffentlichen über das Private oder umgekehrt?
- Die meisten Menschen lesen lieber Romane oder Klatsch über Prominente als Abhandlungen über Gesellschaft, Politik und Ökonomie: Sieg des Privaten?
- Der Fernseher und das Smartphone als Familienmitglied: Das Trojanische Pferd der Öffentlichkeit? Kollektivierung durch das Fernsehen und das Internet?

Ausgehend von einer kulturkritischen Position, die z. B. an Adorno anschließt, kann man fragen: Ist Individualisierung marktgesteuerte Privatisierung + Erweiterung der Entscheidungsspielräume in kulturell nebensächlichen Bereichen? Eine Individualisierung, die sich in den Kaufwahlhandlungen im Supermarkt und Internet, im Zappen von Kanal zu Kanal und im Erproben von Kochrezepten realisiert, ist vielleicht von einer Verkümmerung der Sozialkompetenzen oder von einer „geheimen" Kollektivierung in politischen und sozialen Bereichen begleitet? Dies mag sein, doch offensichtlich ist eine solche Argumentation von einem Ideal der allseitig entwickelten Persönlichkeit geleitet. Diese wird man in EU-Wohnungen und auch anderswo selten finden. Doch es gibt einen höheren Anteil an selbstbewussten, gebildeten und wohlhabenden Menschen in Europa als vor 50, 100 oder 200 Jahren und die Verfügung über eine kultivierte Privatsphäre ist ein Indikator dafür. Obdachlose und Gefängnisinsassen haben kaum private Welten und werden meist zwangskollektiviert.

> Individualisierung und Selbstbestimmung ist abhängig vom sozialen Erfolg und von der sozialen Gruppenzugehörigkeit, mit Bourdieu gesprochen: sie ist Merkmal eines privilegierten Habitus. Individualisierung erhält, verstärkt und modifiziert die soziale Ungleichheit und ihre „neuen" Legitimationsstrategien.

Individualisierung bedeutet folglich nicht „Jenseits von Stand und Klasse" (Beck 1983), also Aussteigen aus sozialen Klassen oder Schichten, vielmehr ist sie ein Instrument für soziale Strukturierung und verbunden mit sozialen Aufstiegshoffnungen. Diese Klassen- und Milieugebundenheit der stark Individualisierten lässt sich an folgenden Kennzeichen erkennen: Dienstleistungsberufe, gute Schul- und Hochschulbildung, Stadtbewohner. Die mehrdimensional Individualisierten sind ständig damit beschäftigt, sich von Angehörigen der unteren Schichten zu unterscheiden, sind also Spezialisten der *Distinktion* (Kleidung, Wohnung, Essen, Reisen, Kunstkonsum usw.) und aufstiegsmotiviert – und sie veranstalten keine Revolutionen, sie arbeiten an der Erhaltung der sozialen Ungleichheit und des Kapitalismus.

Durch die Erweiterung der Entscheidungsspielräume werden viel mehr Selektionshandlungen als in traditionalen Gesellschaften realisiert und folglich akkumulieren sich die positiven und negativen Entscheidungskonsequenzen schneller. Die Diversifizierung der Gruppen und Netzwerke und die Bereitschaft, Inkonsistenzen und Unverträglichkeiten zu ertragen, wird gesteigert. Ein nicht geübter Betrachter kann also eine Fehlzuordnung der Person vornehmen: Mann ohne Krawatte – kein Mitglied der Oberschicht oder oberen Mittelschicht. Die Annahmen von Bourdieu über den Habitus werden dadurch relativiert, doch nicht irrelevant, denn die zentrale soziale Bedeutung der Distinktion bleibt erhalten – er trägt zwar Jeans und Freizeithemd, doch sein Sprechen, sein Auto und seine Wohnung verraten die Schichtzugehörigkeit.

Individualisierung ist nicht gleichzusetzen mit Zerstörung von Traditionen, sie kann zur Veränderung und teilweise auch zur Erhaltung von Traditionen beitragen. Prototypisch für den Traditionsverlust waren und sind Menschen, die aus ländlichen Gemeinschaften in die Stadt kommen, Rohmaterial für Individualisierung, nicht Fertigprodukte. Nur ein Teil der Traditionen verkümmert, andere wandeln sich oder werden konserviert. Traditionen werden internalisiert, verleugnet, kommen wieder hoch, werden instrumentalisiert. In Alpendörfern werden moderne Hotels mit Whirlpool und Tennisplatz errichtet und Folkloreveranstaltungen angeboten. Der fromme Traditionalist im Regionallook kann auch ein leidenschaftlicher Internet-Surfer sein.

5.2 Geschichte der Individualisierung

Individualisierung ist nicht eine Persönlichkeitseigenschaft, also z. B. nicht mit Egoismus zu verwechseln, sondern ein *sozialer Prozess.* Immer schon war der einzelne Mensch ein Organismus mit einem eigenen psychischen System, mit eigenen Gedanken und Gefühlen. Doch die Ausbildung einer selbstbewussten, das eigene Leben gestaltenden Persönlichkeit war in den meisten Kulturen – wenn überhaupt – nur für wenige Auserwählte möglich: für Sokrates, Plato, Seneca, Michelangelo.

Die jahrhundertelange Konkurrenz zwischen kleinen und größeren Fürstentümern, Städten und anderen kulturellen Gebilden in Europa, die sich weder vernichten noch aufsaugen noch dauerhaft hierarchisch ordnen konnten, hat zur Entdeckung und Förderung des kreativen Potenzials von Individuen einen bedeutsamen Beitrag geleistet und so die bisher erfolgreichste Kulturentwicklung in Gang gesetzt (Weede 1988; Diamond 1998). Die Bildung eines Großreiches, wie in China, hätte wahrscheinlich weniger individualisierend und innovationsfördernd gewirkt.

Entscheidend war das Zusammenspiel von Religion, Ökonomie (Kapitalismus), Kriegführung und Staatenbildung. Im Christentum war die Individualisierung angelegt, wie sich bis heute in der Familienstruktur zeigen lässt (dazu mehr in Kap. 9). Die Individualisierung wurde durch den Protestantismus verstärkt, da er die Kommunikation des Einzelnen mit dem einen Gott betont.

Für die erstarkenden staatlichen Gebilde waren Individuen leichter lenkbar als Familien, Clans, Sippen und Kleinkollektive. Viele Kollektive und regionale

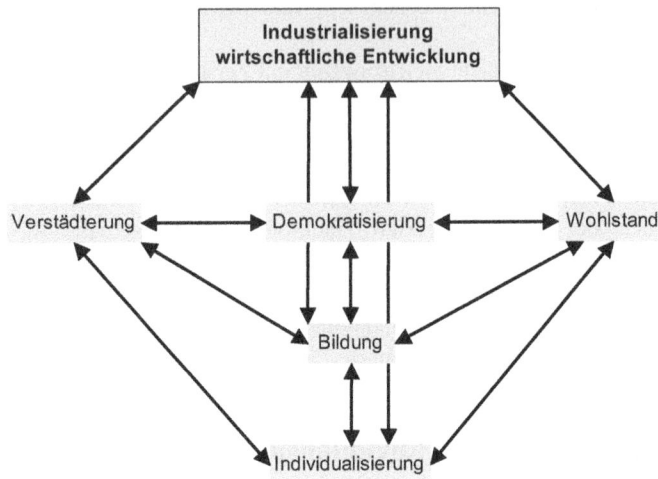

Abb. 5.1 Gesellschaftliche Bedingungen der Individualisierung

Kulturen in Europa wurden schrittweise entmachtet; Individuen und ihre Klein-familien wurden freigesetzt: soziale Atomspaltung. Die Individuen konnten sich von den Gruppen, an die sie früher stark gebunden waren, emanzipieren, gerieten aber gleichzeitig verstärkt unter die Herrschaft von Großkollektiven, Staaten und später von neuen ökonomischen Organisationen (Abb. 5.1).

Immer mehr Menschen mussten ihre Arbeitskraft in wechselnden Organisa-tionen anbieten. Die Problemlösung „Individualisierung" war – selbstverständlich nur in Kombination mit diesen politischen und wirtschaftlichen Faktoren – sehr erfolgreich, d. h. die Großkollektive (Nationalstaaten) blühten auf.

Ein starker Entwicklungsschub für die Individualisierung erfolgte im 18. Jahrhundert durch die Aufklärung, die Gründung der Vereinigten Staaten von Amerika, die Französische Revolution und durch viele Schriften. Doch die tatsächliche materielle ökonomische Basis für die Mehrheit fehlte noch lange.

Erst im 20. Jahrhundert wurde diese Basis vor allem in Westeuropa und Nordamerika gefestigt: Wohlstand, Lebensverlängerung, Informalisierung, Libe-ralisierung des Rechts, „Bildung für alle", Anregungen durch die Massenmedien und beschleunigter sozialer Wandel. Hofstede (1980) konnte eine hohe Korrela-tion zwischen dem Ausmaß individualistischer Einstellungen und dem Wohlstand von Staaten nachweisen.

Die modernen Individuen sind Produkte eines langwierigen *Zivilisationsprozesses:* Zähmung des Körpers, seine medizinische und juristische Vereinnahmung, Instrumentalisierung (meist im Dienst des Staates), Erziehung zu Reinlichkeit und Aggressionsbeherrschung. Die elementaren Bedürfnisse wurden in früheren Zeiten, z. B. im Mittelalter, von den meisten in einer, für moderne Menschen schockierenden Weise befriedigt und offengelegt. Zum Essen, Schnäuzen der Nase und auch für aggressive Handlungen nutzte man seine Finger und Hände. Die Darmentleerung erfolgte in Städten auf der Straße. Erst eine Zähmung, Hemmung und Technisierung, die Jahrhunderte dauerte, brachte das moderne Individuum und seine Körperbeherrschung hervor (Elias 1976).

Das Individuum kann gesellschaftlich umso mehr freigesetzt werden, je mehr und je intelligenter es fremd- und selbstkontrolliert wird.

Diese zunächst seltsam anmutende These ist dann wahr, wenn die Art der Kontrolle spezifiziert wird: raffinierte und reaktanzfreie Koppelung des Individuums mit meist nicht bewusster Fremd- und überbewerteter Selbstkontrolle (z. B. über Technologien und Internalisierungen). Die Verbindung von Selbst- und Fremdkontrolle kann so gedeutet werden, dass sich gesellschaftliche Kämpfe teilweise in das Individuum verlagert haben. Zwar ist die Individualisierung funktional für Demokratie und Kapitalismus, doch auch ein Konfliktansatz wird für die Erklärung der gesellschaftlichen Probleme, die durch Individualisierung entstehen, benötigt. Diese Probleme wurden schon im 19. Jahrhundert von Durkheim (1984) angesprochen. Er beklagte den „Kult des Individuums" und unterschied zwischen kooperativem und utilitaristischem Individualismus. Auch in heutigen westlichen Gesellschaften wird der kooperative Individualismus in Schulen, Hochschulen, Medien und Organisationen zu wenig gefördert. Mit dem utilitaristischen und kompetitiven Individualismus ist eine Gesellschaft verbunden, die Wirtschaftswachstum und gigantischen Ressourceneinsatz benötigt, was sich vor allem bei der Begrenzung des Klimawandels als schwer lösbares Problem erweist.

Der Prozess der Individualisierung hat sich in der zweiten Hälfte des 20. Jahrhunderts beschleunigt. Leinberger und Tucker (1991) haben zwischen 1945 und 1965 geborene Kinder von erfolgreichen Vätern interviewt. Während die Väter in wichtigen Bereichen eher *kollektivistisch* und konformistisch waren: Konsumorientierung, Anerkennung der Organisationsstrukturen und Familiennormen, bevorzugten die Söhne und Töchter eher *individualistische* Tugenden: Selbstverwirklichung und Kreativität.

Individualisierung bringt für viele Befreiung und Verlust gleichzeitig, Befreiung von Zwängen und muffigen Gemeinschaften, doch auch Verlust von Bindungen (sozialem Kapital) und Entfremdung. Mobilität, Rollenwechsel, soziale Distanz aktivieren und stressen viele Menschen, sie müssen sich einen sozialen Platz suchen, der nicht von Geburt an zugewiesen ist. Wer über die jeweils geforderte kommunikative Kompetenz oder Chips (ökonomisches und soziales Kapital) verfügt, kann mitspielen. Wenn der Kunde Geld hat, kann er kaufen, seine Vergangenheit, Persönlichkeit und Eigenschaften sind irrelevant. „In der Moderne muß (nach Max Weber, K.F.) der Mensch als isolierter Wirtschaftsmensch funktionieren." (Kippele 1998, 130).

Die Arbeitsmärkte, Konsum- und Freizeitstätten begünstigen *Rollenvielfalt* und *Rollendistanz.* In einem solchen Sozialklima kann sich eine personale Identität bilden. Eine personale Identität entsteht, wenn es verschiedene Rollen zur Auswahl gibt, wenn man sie unterschiedlich spielen und wenn man aussteigen kann, wenn Sanktionen für Abweichung nicht lebensbedrohlich sind. Die personale Identität ist ein gesellschaftliches Produkt und die Erwartungen an ihre spezifische Ausformung sind ein Wachstumsbereich. Nicht alle können die dafür notwendigen Statusobjekte und -kompetenzen erwerben: Kleidung, Einrichtungsgegenstände, Sprechweise, Handy, richtiges Auto usw. Wer es sich nicht leisten kann, muss im Massensumpf verharren und erhält seine personale Identität von der Stange. Seit dem Ende des vorigen Jahrhunderts bis heute wird von Intellektuellen, Bildungsbürgern und Kulturkritikern vor der „Vermassung" (Le Bon, Ortega y Gasset), dem Identitätsverlust (Berger), der „Außenleitung" (Riesman), der Verblödung durch die Kulturindustrie (Horkheimer, Adorno) und der Eindimensionalität (Marcuse) gewarnt. Wie ist es zu erklären, dass Individualisierung und „Vermassung" historisch gleichzeitig auftreten und zum „Problem" werden? Wurden parallel mit dem Ausbau der „entlastenden" Institutionen Politik, Recht, Wirtschaft und Medien Entscheidungslasten und Moralproduktion von Gruppen auf Individuen verlagert? Der treffende Ausdruck „Freisetzungen von Individuen" (Beck 1986, 116) wurde geprägt. Doch es ist eine neue Art von Freiheit, die industriell gefertigt wird: Konsum-, Kultur- und *Bewusstseinsindustrie* nach Adorno und Enzensberger. Um die Bewusstseinszustände der Bauern im Mittelalter musste sich die herrschende Klasse, die selbst hauptsächlich aus Analphabeten bestand, nicht weiter kümmern. Doch die modernen Bewusstseine müssen aufgebaut und auf neuem Stand gehalten werden: dies besorgen die Massenmedien, die Schule, die Baumärkte und inzwischen auch das Internet, die Wirklichkeitskonstruktionen anbieten. In der Werbung wird Kauf und Gebrauch der Produkte mit dem Wunsch nach Selbstverwirklichung verkoppelt: „Ich will so bleiben, wie ich bin." oder „Ich rauche gern."

Eine die bildungsbürgerliche Kritik transzendierende Argumentation bietet *Foucault:* Vom Subjekt zum Objekt, d. h. Menschen werden durch wissenschaftliche und andere öffentliche Diskurse und Technologien immer mehr bestimmt, definiert, objektiviert. Ganz ähnlich argumentiert Max Weber: Das Individuum wird immer mehr in sachliche, abstrakte, unpersönliche, universalistische Organisationen eingebunden. Allerdings sind diese Phänomene miteinander verträglich: Individualisierung und Vermassung, (entpersonalisierte) Fremdbestimmung und Selbstverwirklichung, Identitätsprofilierung und Identitätsverlust, Subjektivierung und Objektivierung, ja sie sind sogar systemisch verbunden. Max Weber hat schon auf die strukturelle Parallelität zwischen innerer und äußerer Rationalisierung hingewiesen.

Individualisierung ist mit.

- Rationalität (Setzung von Zielen und rationale Auswahl der Mittel),
- Aktivismus und Selbstkontrolle (Grundannahme: man kann selbst wichtige Aspekte der Umwelt kontrollieren) und
- Universalismus (wissenschaftsnahe, nicht-ethnozentrische Haltung)

idealtypisch verbunden.[3].

Rationalität ist für moderne Gesellschaften charakteristisch: klare Ziele oder Zwecke setzen und verschiedene Mittel prüfen (lassen), die für das Erreichen der Ziele brauchbar (vorgeschrieben) sind.

Rationalität, Macht und Herrschaft sind verbunden. Wer keine Waffen und keine militärische Organisation zur Verfügung hat, kann kaum rational Krieg führen (Abb. 5.2).

Zwischen Individualisierung und Rationalisierung auf individueller und gesellschaftlicher Ebene bestehen spannungsreiche Wechselverhältnisse (vgl. Touraine 1995; Schimank 2005, 107 ff.).

Zwischen A und B: Unter Umständen kann eine Verstärkung der individuellen Rationalität zu einer Schwächung der kollektiven Rationalität beitragen.

Beispiel: Die Erleichterung der Akkumulation von ökonomischem, sozialem und kulturellem Kapital in den vergangenen Jahrzehnten (Rationalisierung

---

[3]Idealtypisch bedeutet: Tatsächlich ist die Verbindung nur in einer Minderheit von Fällen „rein" vorzufinden.

	Individuum	*Gesellschaft*
Rationalisierung	A	B
	Kapitalakkumulation, Individuelle Rationalität	Bürokratie, Herrschaft, Kollektive Rationalität
Individualisierung,	C	D
Subjektivierung	Selbstverwirklichung	Flexibilität, Anpassung, Kompetenz

Abb. 5.2 Individualisierung und Rationalisierung

durch Wissenschaft, Technologie, „freie" Märkte, rechtliche und politische Liberalisierung) hat auf kollektiver Ebene zu politischen und sozialen Konflikten
geführt: zunehmende soziale Ungleichheit, Arbeitslosigkeit, Legitimationskrisen,
Überforderung der Bildungs- und Gesundheitssysteme etc.

Zwischen A und C: Das Individuum, das seine Ziele ökonomisiert und die
Mittel effektiviert, wird dies häufig auch als Hauptziel der Selbstverwirklichung
für sich anstreben, was in vielen Fällen nicht gelingt. Man wird aufgrund solcher Gestaltung des persönlichen Wertsystems härter getroffen, wenn man zu den
ökonomischen Losern gehört

Zwischen C und D: Dies ist parallel zu dem Konflikt zwischen A und C zu
sehen. Nur in diesem Fall findet nicht eine Selbst- sondern eine Fremdbewertung
der Person statt, im Assessment Center oder an einem ähnlichen Ort. Die Sozialisation der Kinder der oberen Schichten ist zunehmend auf die Ausbildung „neuer
Habitusformen" und „flexibler Moral" gerichtet („Technologien des Selbst" nach
Foucault).

Unbeabsichtigte und von den Profiteuren erwünschte Folgen des Verbund-
systems Rationalisierung, Verwissenschaftlichung und Individualisierung seien
nur stichwortartig genannt: Täuschungskompetenzsteigerung (Fröhlich 2003),
blühende Rationalitätsfiktionen und -fassaden (Schimank 2005, 373 ff.), Wissens-
managementschaumschlägerei (Pfeiffle 2006), Evaluationsmaschinen (Feldmann
2005, 216 ff.), kleinbürgerlicher Festungsbau (Kanon und Bildungsstandards),
und immer mehr Menschen suchen ihr „Glück" in Improvisation, Herumbasteln,
Durchwursteln, Zappen, assoziativer Heuristik, Rhetorik, esoterischem Raunen,
Konsumieren der Rationalitätsspiele anderer etc.

Die meisten Individuen werden in Gruppen und Organisationen sozialisiert und
arbeiten auch in Organisationen.

Individualisierung, Institutionalisierung und Bürokratisierung sind also untrennbar verbunden!

Der Idealtypus „Individuum": selbstkontrolliert, mit kognitivem Überhang und entsinnlicht, hergestellt für moderne Institutionen und Organisationen. Individualisierung bedeutet scheinbar Widersprüchliches: einerseits die erstaunliche Steigerung der gesellschaftlichen Bedeutung des Individuums, andererseits die Entstehung von mächtigen Institutionen und korporativen Akteuren (Organisationen), die die Individuen immer mehr als defiziente Winzlinge erscheinen lassen.[4].

Also bringt die Epoche der Individualisierung gleichzeitig die Wertsteigerung und die Entwertung von Individuen.

Es gab noch nie so viele gebildete, selbstbewusste und mobile Menschen und gleichzeitig noch nie so viele ultrastabile und von den Einzelnen ziemlich unabhängige Riesenorganisationen. Selbst hoch qualifizierte Personen sind immer leichter zu ersetzen. Zwar wird das Spiel der Einmaligkeit und Unersetzlichkeit vor allem in den Medien und in der Politik noch häufig gespielt, doch es hat im Ernstfall nur mehr für den Mikrobereich Geltung, d. h. nur mehr für persönliche Beziehungen. Doch es gibt noch viele Gebiete auf der Welt, in denen Leit- und Führungsgestalten, Idole, „Götzen- und Trugbilder" über mehr Macht und Einfluss verfügen als Organisationen.

Reckwitz (2017, 2019) hat eine neue Diagnose der Spätmoderne erstellt, wobei er von Singularisierung und nicht von Individualisierung spricht. Singularisierung betont die Einmaligkeit des Individuums oder auch einer Organisation, den Kult des Besonderen, durch permanente Zeichensetzung und Selbstdarstellung, die sich allerdings auch in reichen Staaten nur eine Minderheit leisten kann. Diese Personen kreieren eine kosmopolitische Hyperkultur, die in Konflikt mit einem lokalistischen und nationalistischen Kulturessentialismus gerät, der z. B. durch Populismus und Fremdenfeindlichkeit gekennzeichnet ist. Die Singularisierung

---

[4]Max Weber, James Coleman, Jürgen Habermas und George Ritzer haben in unterschiedlicher Weise die „Gefahren" einer die Individuen unterdrückenden und formenden Organisationsgesellschaft beschrieben.

ist nach Reckwitz ein wichtiges Kriterium der Distinktion einer neuen Mittelklasse von hoch gebildeten mobilen Wissensarbeitern, die einer alten Mittelklasse und dem gewachsenen Prekariat, den Geringqualifizierten und Verlierern dieser neoliberalen Dynamik, gegenüberstehen. Reckwitz nennt auch Schattenseiten dieser gesellschaftlichen Entwicklung: Optimierungszwänge, Enttäuschungsspiralen, Überforderung, Überdynamisierung, politische und kulturelle Polarisierung.

Individualisierung bedeutet auch innere *Differenzierung* des Menschen und des *psychischen Systems*. Die Personen leben länger und wandeln sich schneller, also kommt es zu größeren Identitätsunterschieden im Lebenslauf. Nicht nur Rollenkonflikte, sondern auch Ich-Ich-Konflikte werden häufiger. Ich-Management wird folglich bedeutsamer und auf den Ichmärkten auch zunehmend angeboten.

5.3   Zusammenfassende Darstellung

Die vielfache Stützung der Individualisierung in der modernen Gesellschaft wird im Folgenden zusammengefasst und durch weitere Aspekte ergänzt:

- Verwandtschaftsbeziehungen wurden für die institutionelle Gestaltung (Politik, Ökonomie, Massenmedien, Erziehungssystem usw.) unwichtiger.[5] Die Kleinfamilie ist die zentrale Bezugsgruppe des Kindes und auch der Eltern.
- In den Familien werden stärker als früher die Erziehungsziele „Selbstständigkeit" und „Übernahme eigener Verantwortung" angestrebt (Thome 2005, 412 ff.).
- Im Kindergarten und in der Schule gerät das Kind in Konkurrenzsituationen mit anderen Kindern. Es wird von den Erzieherinnen und Lehrern nach seinem individuellen Verhalten und nicht nach seiner Gruppenzugehörigkeit beurteilt.
- Bildung individualisiert. Die Verbreitung und Intensivierung der Bildungsmotivation, die sich vor allem auch infolge der strukturellen Arbeitslosigkeit und generalisierten Bildungs- und Berufsaspirationen ergibt, und das damit verbundene lebenslange Lernen treiben die Individualisierung voran.[6]
- Der Konkurrenzkampf im Bildungs- und Arbeitsbereich verstärkt Versuche der Selbstverwirklichung und der Selbstpräsentation, kann aber auch bei häufigen

---

[5] Verwandtschaft spielt auch in modernen Staaten in vielen Bereichen eine bedeutsame Rolle: Manche Konzerne werden von verzweigten Clans geleitet. Saddam Hussein sicherte seine Macht über Verwandte und gute Bekannte in den wichtigsten Positionen.

[6] Eine Schattenseite dieses Prozesses: Ein zunehmender Anteil der überdurchschnittlich gebildeten Frauen bleibt kinderlos.

Misserfolgen das Selbstwertgefühl schwächen oder sogar selbstzerstörerisch wirken.

- Arbeitsteilung, Spezialisierung, Professionalisierung: Die Arbeitsstellen werden häufiger gewechselt, d. h. die berufliche Vergemeinschaftung bestimmt die Menschen in geringerem Maße. Neue Berufe, Professionen und Kompetenzbereiche bilden sich. Dadurch entsteht eine größere Vielfalt von Persönlichkeitstypen und soziale Distanzerfahrungen verbreiten sich.
- Räumliche Mobilität: Vor allem aus beruflichen Gründen wechseln die Menschen häufiger den Ort. Außerdem hat das moderne Verkehrswesen zu einem starken Anstieg der Mobilität beigetragen. Dadurch fällt mehr Identitätsarbeit an.
- Moderne Standardrollen, wie Schüler, Student, Patient, Autofahrer, Ein-Personen-Haushaltsvorstand und Handynutzer fördern die Individualisierung.
- Mehr Optionen: In der „Multioptionsgesellschaft" (Gross 1994) stehen immer mehr Menschen immer mehr Handlungsalternativen und Konsumgüter zur Verfügung. Damit haben freilich auch die Frustrationen zugenommen, denn die Konsumwelt erweitert sich, während die Ressourcen der meisten stagnieren.[7]
- Demokratie, Recht: Vor dem Recht werden alle formal gleichgestellt. Das Individuum, vor allem der unteren Schichten, wird dadurch im Vergleich zu traditionalen Gesellschaften generell aufgewertet.
- Wohlstand, Gesundheit, Medizin, Lebensverlängerung: Die Menschen leben länger und haben somit größere Chancen, ihre Persönlichkeit zu entwickeln. Und um dieses Ziel eines langen Lebens zu erreichen, müssen sie sich anstrengen, ständig auf ihre Gesundheit achten, ihr Verhalten steuern und sich beherrschen.
- Technologien: Das Auto, in dem häufig nur eine Person fährt, trennt die Menschen voneinander. Fernseher und Smartphone trennen die Menschen, halten sie in ihren Behausungen oder „Blasen" und verbinden sie gleichzeitig. Technologien verändern die Kommunikation, die Selbst- und Fremdkontrolle und das subjektive Freiheitsbewusstsein.
- Ausbildung einer Privatsphäre: Viele Personen in den Industriestaaten verfügen über ein eigenes Zimmer oder eine eigene Wohnung. Innerhalb der Privatsphäre entwickelt das Individuum einen eigenen Lebensstil, ohne dass der gruppenspezifische Habitus verschwindet.
- Individualisierung ist auch mit einer „Schwächung des Kollektivbewusstseins" verbunden. Über die Nachteile wird öfter gesprochen, hier ein Vorteil: Wie

---

[7]In den USA stagnieren die Realeinkommen der unteren Schichten schon seit den siebziger Jahren.

gut, dass die meisten ihr Vater- oder Mutterland nicht mehr (allzu sehr) lieben. Dann ziehen sie auch mit weniger Begeisterung in den Krieg, schätzen ihren Bauch und ihren Kopf höher als die kollektiven Ideale. Individualisierung auf Massenbasis kann also ein Schutz gegen unerwünschte Formen des Kollektivismus sein, die z. B. im Nationalsozialismus und in der Sowjetunion auftraten.

• Hat sich Individualismus ohne Altruismus (utilitaristischer Individualismus), d. h. Gleichgültigkeit gegenüber dem allgemeinen Wohl, bereits zu stark verbreitet (vgl. Etzioni 1997)? Ist die soziale Ordnung gefährdet (Kriminalität, Mängel in der Kindererziehung, Abwendung von Parteien der „Mitte")? Wird der Individualismus genügend (oder zu stark?) durch Gesetze und Verordnungen eingeschränkt (Geschwindigkeitsbeschränkungen, Alkohol- und Rauchverbote, elektronische Personendatenerfassung usw.)?

Schwer zu beantworten sind grundlegende Fragen zur Individualisierung als Langzeitprozess. Werden zu viele Individuen durch die Globalisierung, Mobilisierung, Beschleunigung und Flexibilisierung destabilisiert und überfordert (vgl. Sennett 2005)? Wird die europäische und nordamerikanische individualistische Kultur sich langfristig im Wettbewerb mit eher kollektivistischen Kulturen (z. B. China) bewähren? Die Antworten sind kontrovers. Die Tatsache der weltweit zunehmenden Individualisierung jedoch bleibt (vgl. Kron 2002; Immerfall 2020).

Zur Vertiefung
Eine Übersicht über die Individualisierungsthese und die sich daran anschließende Diskussion bietet:

Schroer Markus (2008). Individualisierung, S. 139–161 in: Nina Baur/ Hermann Korte/ Martina Löw/ Markus Schroer (Hg.): Handbuch Soziologie. Wiesbaden: VS.

Den Anschluss an die aktuelle sozial- und kulturwissenschaftliche Identitätsdebatte stellt her:

Eickelpasch, Rolf und Claudia Rademacher (2013). Identität. (4. Aufl.). Bielefeld: transcript.

Verwandtschaft, Ehe, Familie, Kindheit, Jugend und Alter

1. Familie ist eine universale Institution.
2. Der heutig dominante, westliche Familientypus (mit Neolokalität, Konsensprinzip, Monogamiemodell und dem Verbot der Heirat unter Blutsverwandten) ist im historischen und interkulturellen Vergleich eine Ausnahme.
3. Gegenwärtig haben wir es eher mit einem Funktionswandel als einem Funktionsverlust familialer Lebensformen zu tun.

In einfachen Kulturen wird das gesellschaftliche Leben über Verwandtschaftsbeziehungen gesteuert. Ein *Clan* ist eine Menge von Personen, die sich als verwandt definieren und sich in der Regel von gemeinsamen Ahnen herleiten.

In diesen einfachen Kulturen ist die Kernfamilie (Eltern + Kinder) selten, dagegen dominieren Großfamilien, genauer große Haushaltsgemeinschaften.

In der Mehrzahl dieser Kulturen zieht das junge Paar zu den Eltern des Ehemannes (Patrilokalität). So besteht bzw. bestand eine solche Großfamilie häufig aus mehreren Brüdern mit ihren Frauen und Kindern. Die Kernfamilie wäre für diese Kulturen ungeeignet gewesen, da Mutter oder Vater häufig starben, bevor die Kinder selbstständig waren. Wo enge Familienverbände üblich sind und beispielsweise die Ehe zwischen Cousin und Cousine verbreitet ist, werden die Menschen ohne individuelle Rechte in komplexe Familienstrukturen – Clans und Stammeskulturen – eingebunden (Kaelble 1997). Im westlichen Europa ist

© VS Verlag für Sozialwissenschaften | Springer Fachmedien Wiesbaden GmbH,
Wiesbaden 2021
K. Feldmann und S. Immerfall, *Soziologie kompakt*,
https://doi.org/10.1007/978-3-658-31450-7_6

131

hingegen die lateinische Kirche seit der Spätantike immer energischer gegen das Verheiraten von Verwandten und gegen Zwangsverheiratungen vorgegangen. Neuvermählte wurden angehalten, einen eigenen Hausstand zu gründen. Anthropologen meinen, dass dort, wo die katholische Kirche lange wirken konnte, eher die Kleinfamilie dominiert und folglich die Gesellschaft stärker von Individualität und Unabhängigkeit geprägt ist (Schulz et al. 2019).

Familia bedeutete in der ursprünglichen römischen Tradition den gesamten Besitz eines herrschenden Mannes, zu dem die Frau, die Kinder, die Sklaven, evtl. noch andere Personen und das Vieh gehörten.

In bäuerlichen Kulturen in Europa war das *ganze Haus* die grundlegende Lebens- und Wirtschaftseinheit: dazu gehörten Ländereien, Gebäude, Verwandte, andere Personen (Knechte etc.), Tiere und Gegenstände. Partnerselektion wurde traditionell durch mächtige Personen (Clanführer etc.) durchgeführt, und es ging nicht um Gefühle, sondern um Existenzsicherung, ökonomische Interessen und Macht.

Murdock (1949) untersuchte 565 Gesellschaften und kam zu folgendem Ergebnis: 80 % gestatteten *Polygamie*, genauer *Polygynie* (ein Mann darf mit mehreren Frauen verheiratet sein). Polygynie wurde allerdings faktisch nur von einer Minderheit der Männer praktiziert, da hoher Status und entsprechende Ressourcen notwendig waren. *Polyandrie* (eine Frau ist mit mehreren Männern dauerhaft verbunden) trat hingegen selten auf (4 von 565) und zwar nur in ressourcenarmen Gesellschaften (z. B. Gruppen in der Himalaya-Region).

In solchen kargen Regionen hätte ein Bevölkerungswachstum zu besonders katastrophalen Folgen für die Stabilität der Kultur und Gesellschaft geführt. Polyandrie, in der Regel mit Infantizid (Töten eines Teils der weiblichen Säuglinge) gekoppelt, ist eine Form der Geburtenbeschränkung. Außerdem kann die Teilung des Landes unter den Söhnen vermieden werden, wenn die Brüder eine gemeinsame Frau haben. Die Arbeitsteilung zwischen den Männern und der verbesserte Schutz der Frau und der Kinder sind weitere Vorteile (Stephens 1963; Kammeyer et al. 1997, S. 368 f.).

Der langfristige kulturelle Wandel der Familie kann durch einen Vergleich der Normen in vielen einfachen Kulturen und modernen Gesellschaften verdeutlicht werden (siehe die folgende Tab. 6.1).

Wer möchte heute noch mit den Eltern und mit der Familie seines Bruders oder seiner Schwester in einer Wohnung leben? Wer findet es gut, wenn Ehemann und Ehefrau immer getrennt Urlaub machen und vor allem in geschlechtshomogenen Gruppen verkehren? Wer ist dafür, dass die Gesetzeslage so geändert wird, dass ein Ehemann mehrere Frauen heiraten kann?

Tab. 6.1 Normenvergleich zwischen einfachen und modernen Gesellschaften

Normen	Einfache Kulturen	Moderne Gesellschaften
Kernfamilie	Nein	Ja
Monogamie	Nein	Ja
Patrilokalität	Ja	Nein
Mann und Frau verbringen viel Freizeit gemeinsam	Nein	Ja
Paar hat einen eigenen privaten Raum beim Schlafen	Nein	Ja
Frau kann sich leicht vom Ehemann trennen	Nein	Ja
Geschlechtsverkehr während der Menstruation verboten	Ja	Nein

6.1 Wandel der Familie

Eine Untersuchung der menschlichen Kulturen zeigt, dass nicht die Kernfamilie, wohl aber die Familie, eine universale Institution ist (Therborn 2004).

„Es gibt Gesellschaften wie die der Nayar, wo das Elternpaar seinen jüngeren Kindern gegenüber keine der Erziehungs- und Aufzuchtaufgaben übernimmt. Die Männer führen Krieg, die Frauen haben Liebschaften mit so vielen Männern, wie es ihnen gefällt, und die Kinder sind der Obhut der Brüder der Frau anvertraut – bzw. denjenigen ihrer Brüder, die von den Kriegspflichten entbunden sind" (Boudon und Bourricaud 1992, S. 144).

Familie ist nur eine, wenn auch zentrale, Lebensform (Abb. 30). Lebensformen sind stabile Beziehungsmuster der Bevölkerung im privaten Bereich. Eine Familie ist nach Stack (1974, S. 31) das grundlegende dauerhafte Netzwerk von verwandten und nichtverwandten Menschen, die häufig interagieren und ihr Überleben und das ihrer Kinder anstreben. Mit Nave-Herz (2019) lässt sich Familie soziologisch von anderen Lebensformen noch genauer durch drei konstitutive Merkmale abgrenzen, die gemeinsam nur für Familien gelten:

1. biologisch-soziale Doppelnatur (Reproduktions- und Sozialisationsfunktion).
2. ein besonderes Kooperations- und Solidaritätsverhältnis.
3. Generationsdifferenzierung.

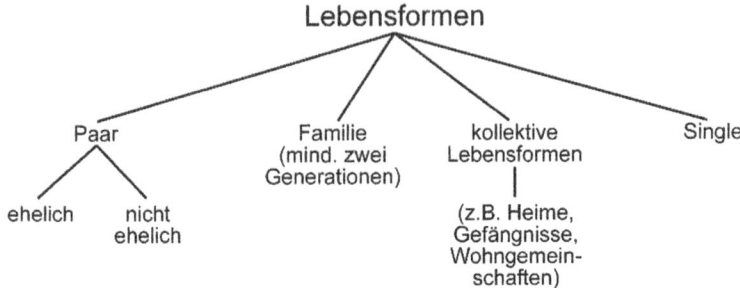

Abb. 6.1   Lebensformen. (Quelle: Nave-Herz 2004, S. 29 (modifiziert))

Warum gibt es überhaupt Familien? Es gibt funktionalistische Antworten, wobei verschiedene Aufgaben der Familie genannt werden (Nave-Herz 2019) (Abb. 6.1):

- *Reproduktionsfunktion:* Zur Erhaltung von Kollektiven müssen Kinder produziert werden, wobei sowohl die Qualität als auch die Quantität wichtig ist. Sie waren in traditionalen Gesellschaften auch zur Existenzsicherung der Eltern erforderlich. Aufgrund dieser Funktion ergibt sich die Notwendigkeit einer kulturellen Regelung des Sexualverhaltens.
- *Sozialisationsfunktion:* Kinder müssen erzogen und zivilisiert werden. Diese Aufgabe ist in modernen Gesellschaften wichtiger und schwieriger geworden, da die Ansprüche an Jugendliche und Erwachsene gestiegen sind.
- *Platzierungsfunktion:* Den Kindern und Erwachsenen werden Plätze in der Gesellschaft und in Gruppen zugewiesen. Es findet ein harter Kampf um die guten Positionen statt – vom Säuglingsalter an. Um den Kampf nicht zu erbittert werden zu lassen, werden Regeln und Rechtfertigungen für die Platzierung vorgegeben.
- *Funktion des materiellen und emotionalen Schutzes:* Familien sollen Grundbedürfnisse befriedigen und Geborgenheit und Liebe vermitteln.
- *Generationsdifferenzierung:* Alte und junge Menschen, die zu verschiedenen Zeiten sozialisiert wurden, leben zusammen und lernen den Umgang mit altersheterogenen Gruppen. In Schulen und anderen Organisationen dagegen bewegen sich heutzutage die meisten in relativ altershomogenen Gruppen.

Was ist eine – wahrscheinlich von den meisten jungen Menschen erwünschte – Familie in der EU? Ein heterosexuelles Paar mit zwei Kindern und einem Häuschen, in dem es ohne dauerhafte Anwesenheit anderer Menschen wohnt. Das ist ein Ideal, das viele mit großen Anstrengungen anstreben. Der umgangssprachliche Ausdruck Familie wird von vielen als Ehepaar mit leiblichen Kindern bestimmt. Als *normatives Leitbild* (nicht als dominierende Realität) gilt die „institutionelle Verknüpfung von

- Haushalt,
- exklusiver Monogamie,
- lebenslanger Partnerschaft,
- biologischer Elternschaft und
- Neolokalität"[1] (Kaufmann 1990, 412, Fußn. 7).

Die moderne Familie unterscheidet sich von Familien in traditionalen Gesellschaften durch folgende Aspekte:

1. Auslagerung der Produktion,
2. geringere Kinderzahl,
3. Emanzipation der Frau,
4. Individualisierung (auch der Kinder),
5. Liebe und freie Partnerwahl,
6. Emotionalisierung (auch gegenüber Kindern),
7. Qualitätsverbesserung der Beziehungsstruktur,
8. höhere Ansprüche im sexuellen Bereich,
9. häufigere Trennung der Partner (Scheidung, serielle Monogamie),
10. höhere Ansprüche an die Kindererziehung,
11. stärkere Abgrenzung der Familie von anderen Gruppen im Nahbereich,
12. stärkere staatliche Kontrolle der Kindererziehung und des Verhaltens der Partner (z. B. Kindesmisshandlung oder Vergewaltigung in der Ehe).

Häufig wird behauptet, dass ein grundlegender Wandel der Familienformen stattgefunden hat. Eine gängige Verallgemeinerung lautet: *Von der Großfamilie zur Kleinfamilie!*

---

[1] Neolokalität: Die Familie lebt nicht im Haus oder in der Wohnung der Eltern des Mannes oder der Frau.

Doch die Behauptung, dass es in der westlichen Kultur oder in Europa einen Übergang von der Großfamilie, d. h. der Mehrgenerationenfamilie, zur Kleinfamilie gegeben habe, ist aufgrund historischer Forschung nicht aufrechtzuerhalten. In Westeuropa und in Nordamerika sind Großfamilien immer selten gewesen. Allerdings waren die Familien bzw. die Haushalte im Durchschnitt früher tatsächlich „größer" (nicht räumlich!), d. h. es lebten mehr Personen zusammen (Funcke und Hildenbrand 2018).

Soziologisch gesehen ist vor allem die *Auslagerung der Produktion* aus dem familiären Zusammenhang im Verlauf der Industrialisierung bedeutsam. Familien beziehen ihre wirtschaftlichen Ressourcen heute meist von außerfamiliären Organisationen. Parsons war der Auffassung, dass die Herkunftsfamilie an Anziehungskraft verloren hat, weil sie in immer geringerem Maße die berufliche Integration der Kinder beeinflussen kann. Nur wenige können ihren Kindern einen Betrieb oder eine Arbeitsstelle vererben. Außerdem wird ein partieller Verlust von Funktionen der Familie diagnostiziert: Erziehung, Versorgung von kranken und alten Menschen und andere Dienstleistungen werden teilweise von staatlichen und privaten Organisationen übernommen.

> Doch es gibt auch einen Wachstumsbereich der modernen Familie. Es kam zu einer *Erwärmung des familiären Binnenklimas* (Shorter).

Emotionalität und Liebe, Zuneigung und Fürsorge zwischen den Familienmitgliedern und vor allem auch in der Beziehung der Eltern zu den Kindern haben an Bedeutung gewonnen. Physische Brutalität gegen Kinder, Kinderarbeit und ein relativ formelles, stark hierarchisch geprägtes Verhalten zwischen Mann und Frau und zwischen Eltern und Kindern wurden abgebaut.

In der traditionellen europäischen Familie früherer Jahrhunderte waren die positiven gefühlsmäßigen Bindungen wahrscheinlich schwächer als in modernen Familien. Vernachlässigung und Misshandlung von Kindern fanden häufiger statt. Die meisten Kinder verließen das Elternhaus früh. Der Mann hatte oft stärkere gefühlsmäßige Bindungen zu seinen Jugendfreunden als zu seiner Frau. Liebesheiraten waren sehr selten (vgl. Shorter 1977).

Der familiäre Wandel im 20. Jahrhundert ergibt sich vor allem auch durch die veränderten Bezüge zu anderen Institutionen, zum Staat, zur Wirtschaft usw.

- Familie und *Staat:* Der Staat verstärkt über das Recht den Zugriff auf Familie und Ehe, stärkt die Rechte der ursprünglich Unterlegenen, der Frau und der Kinder, verbessert die ökonomische Lage der Familien mit Kindern
- Familie und *Ökonomie:* weitere Auslagerung der Produktion (Schrumpfung des Agrarsektors) und Stärkung der ökonomischen Autonomie der Frauen
- Familie und *Religion:* Schwächung des institutionellen Einflusses der Religion, vor allem der Kirchen, auf die Familie
- Familie und *Erziehung:* weitere Auslagerung der Erziehungsfunktionen; andererseits gesteigerte Bedeutung der kognitiven und sozialen Förderung des Kindes innerhalb der Familie
- Familie und *Massenmedien:* Steigerung des Einflusses der Medien auf die Familie; andere Institutionen (Staat, Ökonomie, Religion, Kunst usw.) üben teilweise ihren Einfluss nicht mehr direkt, sondern vermittelt über die Medien auf die Familie aus.

Nicht in allen familiären Bereichen sind starke Veränderungen eingetreten. Nach wie vor müssen Frauen den überwiegenden Teil der *Hausarbeit* und der Kinderbetreuung leisten. Hochschild (1989) hat Widerstandsstrategien von Männern gegenüber den Forderungen der Frauen, im Haushalt mitzuhelfen, identifiziert:

1. Sich dumm stellen
2. Abwarten, Verzögern, Ignorieren
3. Bedürfnisreduktion (Verzicht auf gebügelte Hemden, warmes Essen usw.)
4. Lob und Belohnung der Frau für die Hausarbeit.

Trotz Technisierung ist die Zeitersparnis für Haushaltstätigkeiten bisher gering gewesen. Man spricht von einem „Haushaltsparadox". Die Zeitersparnis wird durch eine Steigerung der Ansprüche kompensiert: Produktauswahl, Kochvariation, Reinigungsstandards, Körperpflege.

Da weniger Personen in den Haushalten sind, kann auch weniger Arbeitsteilung stattfinden. Außerdem werden Kinder und Jugendliche, vor allem männlichen Geschlechts, häufig nicht zu Haushaltstätigkeiten herangezogen. Doch die brisante Frage lautet: Wie ungleich ist die Arbeitsteilung zwischen Mann und Frau, wenn man die Gesamtarbeitszeit, -leistung und den Arbeitsertrag heranzieht?

(Samtleben 2019). Wenn die Haushaltsmitglieder einen möglichst großen Haushaltsnutzen wünschen, was in der Mehrzahl der Fälle wohl gegeben ist, dann ist in der Regel eine Spezialisierung unvermeidlich. Männer haben nach wie vor im Regelfall eine höhere Markteffizienz, sodass die Dominanz der Frau im Haushaltssektor meist im (ökonomischen) Interesse beider Partner ist (vgl. Hartmann 1998).

Die durchschnittliche Haushaltsgröße hat abgenommen (Abb. 6.2).

Um 1900 lebten in Deutschland noch fast die Hälfte der Menschen in Haushalten mit 5 oder mehr Personen, heute leben drei Viertel der Menschen in Ein- und Zwei-Personen-Haushalten (Abb. 6.3).

Frauen gebären ihr erstes Kind später als in früheren Zeiten, sie haben weniger Kinder und sie werden viel älter. Somit sind Familienhaushalte in Europa zwar noch dominant, aber nicht mehr hegemonial.

Menschen sind mobiler geworden, und sie wünschen sich schon als Kinder einen eigenen Raum. Doch räumliche Trennung bedeutet nicht notwendigerweise

Anzahl der Personen	*1900*	*1925*	*1950*	*1995*	*2018*
Eine	7	7	19	36	42
Zwei	15	18	25	32	34
Drei	17	23	23	15	12
Vier	17	20	16	12	9
Fünf u. mehr	44	33	16	5	3

Abb. 6.2 Haushaltsgrößen in Deutschland (altes Bundesgebiet) (in Prozent der Haushalte). (Quelle: Statist. Bundesamt, Datenreport 1994; BIB-Mitteilungen 3/96; Umweltbundesamt 2019)

Haushaltsformen in Deutschland 2018	*in %*
Familien	48%
davon: Alleinerziehende	3%
Ehepaare ohne Kinder	30%
Alleinstehende	23%

Abb. 6.3 Haushalte in Deutschland. (Quelle: Mikrozensus nach https://www.deutschlandi nzahlen.de/)
Hinweis: die Familie umfasst im Mikrozensus alle Eltern-Kind-Gemeinschaften, das heißt Ehepaare, nichteheliche (gemischtgeschlechtliche) und gleichgeschlechtliche Lebensgemeinschaften sowie Alleinerziehende mit ledigen Kindern im Haushalt.

kommunikative Trennung, was sich in der Beziehung der Generationen nachweisen lässt. Zwar finden sich nur in 5 % der Haushalte drei Generationen, doch „bei Einbeziehung der unmittelbaren Nachbarschaft kommt man auf knapp 20 %" (Bertram 1999). Bertram (1995) spricht von *multilokaler Mehrgenerationenfamilie* (verschiedene Wohnungen, doch regelmäßige Kontakte).[2].

Die Kernfamilie ist nach wie vor die dominante Form. In dieser Hinsicht ist in Deutschland nur ein geringer sozialer Wandel festzustellen. „Die Prozentsätze der Kinder, die bei beiden Eltern aufwachsen, liegen gegenwärtig höher oder mindestens genauso hoch wie im Durchschnitt dieses Jahrhunderts" (Bertram 1995, S. 20). Und „trotz zunehmender Scheidungszahlen sind Ehen niemals langlebiger gewesen als heute" (Bien 1996, S. 7). Die durchschnittliche Ehedauer bis zur Scheidung ist zwischen 1991 und 2015 von 11,5 auf 14,9 Jahre gestiegen (Geisler et al. 2018, S. 8). In 70 % der Familien mit Kindern sind die Eltern verheiratet.[3]

Dennoch existieren eine Vielfalt von Familienformen in Hinblick auf Familienbildungsprozesse (z. B. durch Geburt, Scheidung etc.) und Rollenzusammensetzung (z. B. Ein-Eltern-Familie) und eine wachsende Vielfalt von Lebensformen. Folgende Veränderungen der letzten Jahrzehnte seien für Deutschland hervorgehoben:

- mehr nichteheliche Lebensgemeinschaften (die sich allerdings häufiger wieder auflösen oder in Ehen übergehen),
- mehr Ein-Eltern-Familien (19 % von allen Familienformen im Jahr 2019),
- mehr Lebensgemeinschaften (ca. 11 % der Kinder).

Historisch gesehen ist dies keine völlig neue Situation, da es schon in früheren Zeiten höhere Anteile solcher "abweichender Formen" gab als heute! (Vgl. Nave-Herz 2019)

Allerdings hat sich innerhalb der EU die Zahl der nichtehelichen Geburten seit 1970 nahezu vervierfacht, wobei große Unterschiede zwischen den Mitgliedstaaten zu verzeichnen sind. In Frankreich waren 2017 60 % der Geburten

---

[2]Eine Untersuchung von Herlyn u. a. (1998) weist auf die Kontinuität der Großmutterschaft hin. Großmütter leben überwiegend in sozialer Nähe der Enkelfamilien und die meisten übernehmen auch Betreuungsaufgaben.

[3]https://www.destatis.de/DE/Themen/Gesellschaft-Umwelt/Bevoelkerung/Haushalte-Familien/Tabellen/2-5-familien.html

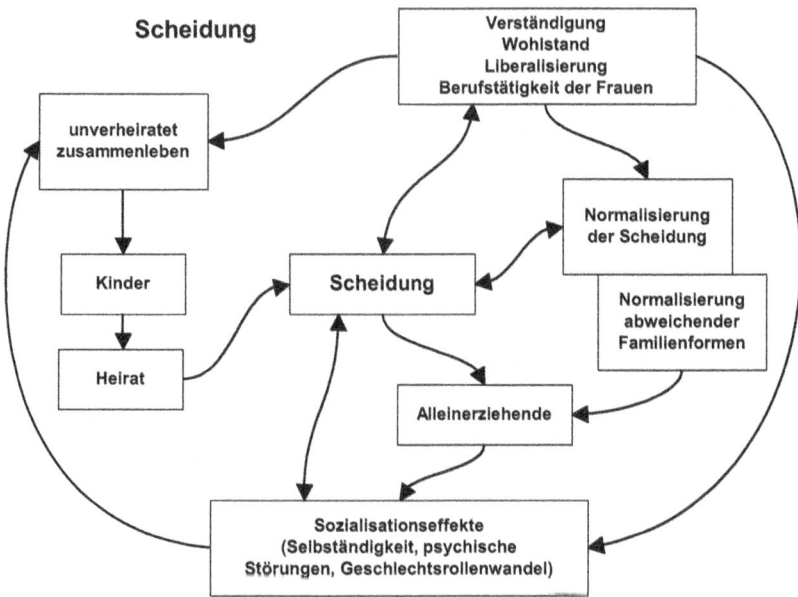

Abb. 6.4 Gesellschaftliche Bedingungen und Wirkungen von Scheidungen

nichtehelich, in Deutschland 35 %, in Griechenland 10 %.[4] In Deutschland bestehen große regionale Unterschiede: In den alten Bundesländern lag 2010 die Nichtehelichenquote bei 27 %, in den neuen Bundesländern bei 74 % (Peuckert 2019, S. 19). Allerdings heiraten viele Paare – im Einklang mit der These, dass *Eheschließung* heute hauptsächlich kindorientiert erfolgt – nach der Geburt des ersten Kindes (Abb. 6.4).

Die Zunahme der Ehescheidungen ist multidimensional bedingt. *Ehescheidungen* treten häufiger bei kinderlosen Ehen und in der nachelterlichen Phase auf. In Städten ergeben sich mehr Gelegenheiten für Alternativerfahrungen zum Ehealltag, und man steht weniger unter sozialer Überwachung. Auch die Mobilität, vor allem im Berufsleben, ermöglicht mehr Alternativerfahrungen.

Bedeutsam ist, dass die Erfahrungen mit mehr Beziehungen und mehr Trennungen heute in stärkerem Maße selbstbestimmt sind als früher, da früher der Tod einer Beziehungsperson oder andere gewaltsame Eingriffe häufiger waren.

---

[4]https://de.statista.com/statistik/daten/studie/1073262/umfrage/anteil-der-ausserehelichen-geburten-in-den-laendern-der-europaeischen-union-eu/

Diese Selbstbestimmung gilt freilich nicht für die Kinder, deren Eltern oder Bezugspersonen sich trennen. Trennungen und Scheidungen können bei Kindern psychosoziale Schädigungen hervorgerufen, aber auch neue Sozialkompetenzen fördern (Nave-Herz 2019, S. 109 ff.).
Das durchschnittliche Heiratsalter ist u. a. aufgrund.

• einer wirksameren Geburtenplanung und
• eines höheren Anteils von Frauen mit hohen Bildungsabschlüssen
• und entsprechenden beruflichen Erwartungen

angestiegen.
TIn allen Staaten sind die Geburtenziffern seit den 50er Jahren gesunken.[5] Es gibt, wahrscheinlich das erste Mal in der Geschichte der Menschheit, große Kollektive, in denen die Mutterrolle nicht mehr als zentral und unverzichtbar gesehen wird. Gemäß Umfragen in so unterschiedlichen Ländern wie China, Südkorea oder Deutschland soll eine ideale Familie nur 2 Kinder oder 1 Kind haben (Inglehart et al. 1998). Das 2-Kinder-Ideal ist in den vergangenen 30 bis 40 Jahren ziemlich konstant vertreten worden, in Deutschland (ca. 65 % Zustimmung) noch mehr als bei den westeuropäischen Nachbarn (ca. 55 %) (Sobotka and Beaujouan 2014).
Warum ist die Geburtenrate in Deutschland und in anderen europäischen Staaten so niedrig – im Vergleich zu früheren Zeiten und zu den Entwicklungsländern? (vgl. Peuckert 2019: 147–171).
Eine Antwort bezieht sich auf den *Funktionswandel von Kindern:*

• geringerer *sozial-normativer Nutzen:* die Abhängigkeit des Status der Frau oder des Mannes von Kindern hat sich verringert. Vor allem Frauen können heute über den Beruf ihren Status verbessern.
• geringerer *materieller Nutzen:* Die Arbeitsleistung der Kinder wird durch gestiegenen Wohlstand und durch Alters- und Krankenversicherung nicht mehr benötigt.
• höherer *immaterieller Nutzen:* Trotz des materiellen Nutzenverlustes werden Kinder von den meisten Menschen hoch geschätzt, da sie zentrale emotionale

---

[5]Die zusammengefasste Geburtenziffer, d. h. die durchschnittliche Anzahl von Kindern pro Frau, sank in Deutschland von 2,09 im Jahr 1950 auf 1,24 im Jahr 1994 und stieg bis 2016 auf 1,50. Im Vergleich (2016): Frankreich: 1,96; Großbritannien: 1,80. In einigen afrikanischen Staaten war die Geburtenziffer 2016 noch höher als 6,00.

Bedürfnisse der Eltern befriedigen. Für eine zunehmende Anzahl von jungen Frauen und Männern schwächt sich diese immaterielle Nutzenerwartung immer mehr ab (Abb. 6.5).

• Die gesellschaftlichen Anforderungen an die „Qualität von Menschen" haben sich erhöht. Somit sind die Aufwendungen für die Erziehung der Kinder gestiegen.

• Aufgabe des Berufs oder Verringerung der Karrierechancen werden von vielen Frauen nicht mehr akzeptiert. Je höher das Bildungsniveau der Frauen ist, umso

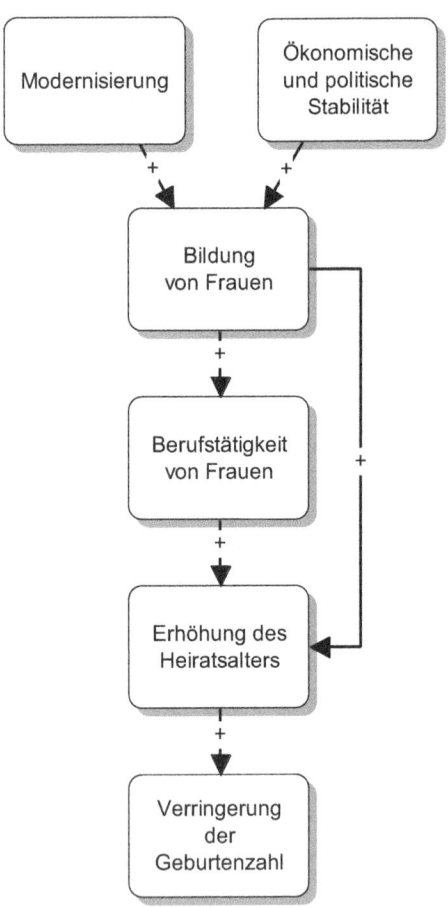

Abb. 6.5 Bildung, Beruf und Geburtenreduktion

	Anteil kinderloser Frauen in %	Kinderzahl
Ohne Abschluss	15	2,08
Lehre	21	1,46
Meister	22	1,46
FS/HS/Promotion	28	1,34

Abb. 6.6 Anteil der Frauen ohne Kinder Jahrgang 1970/1971. (Quelle: Statistisches Bundesamt, Mikrozensus 2012, zensusbasierte Gewichtung, eigene Berechnungen[6]

---

[6]https://www.bib.bund.de/Publikation/2016/pdf/Gewollt-oder-ungewollt-Der-Forschungsstand-zu-Kinderlosigkeit-2-ueberarbeitete-Auflage.pdf?__blob=publicationFile&v=3)

später heiraten sie, umso älter sind sie bei der Geburt des ersten Kindes oder bleiben kinderlos (Klein und Lauterbach 1994; Grünheid 2004).

• Es ergibt sich im Vergleich zu früheren Generationen eine hohe subjektive Belastung der Eltern durch Kinder (Erst-Kind-Schock), da die Lebensstile von Jugendlichen und Jungerwachsenen im Widerspruch zu den kindbezogenen Anforderungen stehen.

Aus Sicht der Nutzentheorie ließe sich sagen: Geburtenreduktion ergibt sich, weil sich die materiellen, sozialen und psychischen Kosten von Kindern für Eltern erhöht haben, während der höhere immaterielle Nutzen sich auch (vielleicht sogar: besser) mit wenigen Kindern befriedigen lässt. Trotzdem ist der Kinderwunsch auch bei den meisten kinderlosen Paaren vorhanden! Freilich ist in Deutschland in etwas stärkerem Maße als in west- und nordeuropäischen Ländern ein Trend zur Kinderlosigkeit festzustellen. Der Anteil kinderloser Frauen hat in Deutschland vom Geburtenjahrgang 1937 bis zu den Geburtenjahrgängen ab 1970 von 10 auf ca. 25 % zugenommen (Abb. 6.6).[7]

In Deutschland werden die Kinder unter 3 Jahren in höherem Maße (62 %) ausschließlich in der Familie betreut als in den anderen westeuropäischen Staaten.[8] Obwohl in Deutschland die Kinderbetreuung[9] in den vergangenen 20 Jahren

---

[7]https://www.bib.bund.de/Publikation/2016/pdf/Gewollt-oder-ungewollt-Der-Forschungsstand-zu-Kinderlosigkeit-2-ueberarbeitete-Auflage.pdf?__blob=publicationFile&v=3
[8]In den Niederlanden 23 % und in Dänemark 30 %.
[9]Allerdings ist die wöchentliche Nutzung der formalen Betreuung von Vorschulkindern in Deutschland signifikant geringer als in den skandinavischen Staaten. https://www.dji.de/fileadmin/user_upload/bibs/Kinderbetreuung_im_europaeischen_Vergleich.pdf

stark verbessert wurde, sind die Fertilitätsraten nach wie vor geringer als in Schweden und Frankreich. Trotz der sehr guten sozialstaatlichen Unterstützung von Müttern und Kindern ist allerdings die Geburtenrate auch in den skandinavischen Staaten im vergangenen Jahrzehnt gesunken.

Bei einem Vergleich von EU-Staaten kann man Systemunterschiede feststellen. Eine Staatengruppe, zu der Deutschland und Österreich gehören, ist durch eine eher konservative Familien-, Bildungs- und Sozialpolitik gekennzeichnet in Verbindung mit niedriger Geburtenrate, traditionellem männlichen Ernährermodell, und geringerer Grundsicherung. Eine andere Gruppe, zu der Schweden, Finnland und Dänemark gehören, ist durch eine progressive Familien-, Bildungs- und Sozialpolitik zu charakterisieren mit etwas höheren Geburtenraten, überdurchschnittlicher Vollzeitberufstätigkeit und besserer ökonomischer Absicherung von Müttern, überdurchschnittlich guter Institutionalisierung der Vorschul- und Schulerziehung (vgl. Gill 2005, S. 89 ff.)[10].

In Westdeutschland behinderte ein, durch Traditionen und politische Gruppen gestützter Muttermythos (vgl. Abb. 6.7) neben einer jahrzehntelangen unprofessionellen Politik und Rechtsgestaltung lange Zeit eine Modernisierung und eine günstigere psycho-soziale Kostenbilanz für die betroffenen Frauen.[11] Ein Teil der Frauen blieb paradoxerweise gerade auch aufgrund der Muttermoral (Postulat: Das Kind benötigt täglich viele Stunden eine sorgende Mutter!)[12] kinderlos, da die, durch internalisierte Werte und Normen und durch von außen anstürmende Vorurteile, geforderte Perfektion nicht erreichbar ist.

Dieser konservative Familialismus des deutschen Wohlfahrtsstaates wurde ausgerechnet durch eine konservative Familienministerin unterminiert[13]. Ursula

---

[10]Vgl.   https://www.bpb.de/politik/innenpolitik/familienpolitik/246763/unterschiede-und-gemeinsamkeiten

[11]Dienel (2003) zeigt die nationalen Unterschiede in den Einstellungen und Verhaltensweisen von Müttern in Deutschland, Frankreich und England auf.

[12]Wissenschaftlich betrachtet handelt es sich um eine Ideologie, da es keine empirische Evidenz dafür gibt, dass halbwegs professionelle Kleinkindbetreuung schlechtere Ergebnisse liefert als Betreuung durch die Mutter (vgl. Literatur bei Dex 2004, 452 und Milkie et al. 2015).

[13]Dass politische Wenden eher durch vermeintliche Antagonisten durchgesetzt werden, ist nicht ungewöhnlich: es war der „Kommunistenfresser" Richard Nixon, der Mao Zedong besuchte und mit der Volksrepublik China diplomatische Beziehungen aufnahm; es war der einstige Friedensaktivist und „grüne" Außenminister Joschka Fischer, der die Bundeswehr erstmals wieder in Kriege schickte, während ausgerechnet unter einer CDU Kanzlerin (Merkel) und einem CSU Verteidigungsminister (Guttenberg) die Wehrpflicht in Deutschland abgeschafft wurde.

von der Leyen (CDU) gelang als Familienministerin (2005 bis 2009) der ersten Großen Koalition etwas, woran ihre Amtsvorgängerin Renate Schmidt noch
gescheitert war eine nachhaltige Familienpolitik (Henninger und von Wahl 2010).
Meilensteine hierfür waren die Einführung eines einkommensabhängigen Eltern-
gelds und der massive Ausbau der Betreuungsinfrastruktur für Kinder unter 3 Jahren. Dieser bemerkenswerte Wandel der Familienpolitik, der noch keineswegs
abgeschlossen ist, und die damit einhergehende bessere Vereinbarkeitssituation
für erwerbstätige Mütter hat auch zu leicht steigenden Geburtenzahlen beigetragen
(Peuckert 2019, S. 581–596; Abb. 6.7).

Der Rückgang der durchschnittlichen Kinderzahl auf inzwischen 1 bis 2 Kinder in der Familie führt dazu, dass der Einfluss der Eltern auf die einzelnen Kinder
verstärkt wird. Im Durchschnitt können sich die Eltern mehr und qualifizierter den

Abb. 6.7 Mutterideologie, Kinderbetreuung und Erwerbstätigkeit

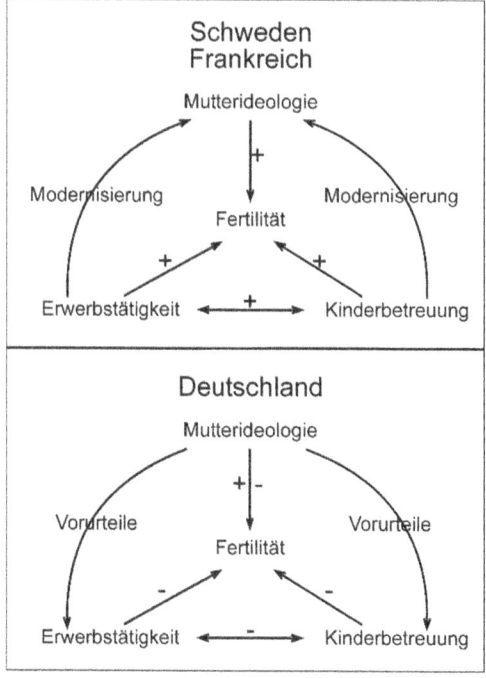

einzelnen Kindern widmen, als dies früher der Fall war.[14] Die Sensibilisierung der Eltern für Erziehungsprobleme hat zugenommen. Manche sprechen sogar von einer Pädagogisierung der Familie oder gar der Gesellschaft. *Kindererziehung ist für Eltern, vor allem für Mütter, energie- und zeitintensiver als früher!* Es handelt sich sowohl um gestiegene objektive Anforderungen auf dem Arbeits-, Partnermarkt und auch anderen Märkten, als auch um subjektive Ansprüche an Kinderpflege und -erziehung der besser ausgebildeten Mütter und Väter. Von vielen Müttern wird erwartet, dass sie dem Schulkind regelmäßig bei den Schularbeiten helfen, d. h. es findet eine Quasi-Professionalisierung der Mutterrolle statt. Diese überhöhten, durch Politikversagen mitverursachten Ansprüche an Mütter – und auch Väter – sind ein Grund für steigende Kinderlosigkeit: Prinzip „Alles oder Nichts!" (McAllister und Clark 1998)

- Für Nur-Hausfrauen ergab sich keine Zeitersparnis in den letzten 50 Jahren, nur eine Verlagerung. Hausfrauen verbringen heute mehr Zeit für Kinderversorgung, Einkaufen und Essenszubereitung. Die Technisierung, Organisierung und Rationalisierung der (deutschen) Kindererziehung ist auf niedrigerem Niveau als die anderen Haushaltstätigkeiten.
- Das Eindringen der Medien (vor allem Fernsehen, Computer und Smartphone) in Haushalte und Kinderzimmer führt zu zusätzlichen Sozialisationsproblemen vor allem für anspruchsvolle, aufstiegsorientierte Mittelschichteltern.
- Im Umfeld moderner Kleinfamilien sind weniger Hilfspersonen für Kinderbetreuung vorhanden als es in früheren Zeiten der Fall war (Geschwister, Verwandte, andere Kinder in der Nachbarschaft etc.).
- Die strukturelle Arbeitslosigkeit und die zu frühe schulische Selektion erhöhen den Erziehungsstress für Eltern. Denn Schulversagen oder psychosoziale Defizite des Kindes verringern – nach Meinung der meisten Eltern – die künftigen Berufs- und Lebenschancen des Kindes.

Aufgrund dieser Sachlage ergeben sich für Eltern folgende Rollenerwartungen und damit Handlungskonsequenzen:

Institutionalisierung: Kindergarten, Kinderhort und Tagesmütter werden in zunehmendem Maße in Anspruch genommen. In Deutschland, vor allem in den alten Bundesländern, ist die entsprechende Infrastruktur für (berufstätige) Mütter mangelhafter entwickelt als in den skandinavischen Ländern.

---

[14]Die geringe Kinderzahl hat jedoch nicht nur positive Wirkungen. Der mögliche Verlust des einzigen Kindes kann Ängste hervorrufen und übertriebene Fürsorglichkeit (overprotection) begünstigen.

Organisierung: Der Alltag wird durchgeplant. Das Kind bzw. die Eltern wählen rational abwägend zwischen Optionen. Auch Spielen wird organisiert.

Psychologisierung und *Pädagogisierung:* Vor allem gut gebildete Mütter (und Väter) betrachten ihr Kind mit Expertenblick, beurteilen seinen Entwicklungsstand, die Fördermöglichkeiten, die Defizite, vergleichen mit Standards und stellen Lernprogramme auf. Ein expandierender Markt ist entstanden: Nachhilfeorganisationen, Beratungsstellen, Lernsoftware (vgl. zur Kindererziehung Peuckert 2004, 165 ff.).

6.2 Kindheit

Nach Martin Luther sind Kinder „eitel wilde Tiere und Säue in der Welt, die zu nichts nutze sind, denn zu fressen und zu saufen." Die Aussage sollte nicht als Beweis für Kinderfeindlichkeit Luthers interpretiert werden, doch sie weist auf die Tatsache hin, dass im Mittelalter und in der frühen Neuzeit die Erwachsenen Kinder härter und brutaler behandelten und ihnen weniger einfühlende Zuwendung gaben als heute. Die meisten Kinder starben, bevor sie erwachsen wurden, und die meisten überlebenden verließen schon früh (vor dem 10. oder 12. Lebensjahr) das Elternhaus (Hurrelmann und Bründel 2017, S. 58 ff.).

Nach Ariès (1975) existierte im Mittelalter keine Kindheit im Sinne einer klar abgegrenzten Lebensphase (Kinder wurden auf Bildern als kleine Erwachsene dargestellt, hatten kein eigenes Spielzeug, gingen nicht in die Schule, mussten früh arbeiten). Das Kind sei eine Entdeckung des späten 18 Jahrhunderts. Erst seitdem statten beispielsweise Maler das Jesuskind kindgerecht mit Pausbacken, großen Augen und lockigem Haar aus.

Zweifellos geht es Kindern heute in den Industriestaaten besser als in früheren Zeiten. Doch in einem wichtigen Bereich zeigt sich Kontinuität. Kinder mussten früher fremdbestimmt arbeiten und müssen dies auch heute. Es handelt sich um einen Übergang von der körperverbrauchenden Kinderarbeit, vor allem im Agrarsektor, zur kompetenzfördernden Kinderarbeit im Rahmen von Erziehungsinstitutionen (Schule, Familie). Die Kinderarbeit im landwirtschaftlichen Bereich wurde jahrhundertelang als selbstverständlich angesehen. Sie ist auch heute noch in vielen Entwicklungsländern verbreitet. Eine Minderheit der europäischen Kinder im 18. und 19. Jahrhundert musste nicht auf dem Feld, sondern in der Fabrik arbeiten. Gerade diese neuartige Art der Kinderarbeit hat dann zu einer moralischen und schließlich auch rechtlichen und gesellschaftlichen Ablehnung der Kinderarbeit beigetragen, wobei nicht zuletzt militärische und nationalstaatliche Gründe (gesunde und verständige Soldaten und Arbeiter) den Ausschlag gaben.

Wird Kindheit in Zukunft zum „sozialen Problem"? Die Menschen werden immer zivilisierter und die Säuglinge beginnen noch immer als „Wilde". Parsons hat es einmal als die „barbarische Invasion der Neugeborenen" (Parsons 1951, S. 208) bezeichnet. Kinder sind zu einer Minderheit geworden, sie sind auffällig, sowohl im positiven als auch im negativen Sinn. Ihr Anteil an der deutschen Bevölkerung wird wahrscheinlich weiter abnehmen. Verschwinden der Kindheit?

Der Ausdruck wurde in einer anderen Bedeutung in die öffentliche Diskussion eingeführt:

Verschwindet die Kindheit durch den Einfluss der Medien (Postman)?

Fernsehen und andere Medien eröffnen Kindern einen umfassenden Zugang zur Erwachsenenwelt. Die „Geheimnisse" der Erwachsenen werden frühzeitig entlarvt. Doch Kinder werden dadurch nicht zu Erwachsenen. Ganz im Gegenteil, Kindheit wurde gerade über die Massenmedien und die erweiterten Konsummöglichkeiten als Lebensphase ausgebaut, sodass eher die Alternativthese richtig ist: Kinder sind eine eigene „Zielgruppe", stehen in zunehmender Distanz zu Erwachsenen, sie leben in einem Subkulturbereich – der freilich konzeptionell von Erwachsenen und Wirtschaftsorganisationen (Managern, Designern, Stars etc.) gestaltet wird. Doch Kinder verfügen jedenfalls über mehr Wahlmöglichkeiten als früher und ihre Macht und ihr Ressourcenverbrauch in den Familien haben zugenommen.

Kinder sind in modernen Gesellschaften für viele Familien und vor allem für Frauen ein schwerwiegender Kostenfaktor (vgl. Vetter 1999; Peuckert 2004, S. 403 ff.). „Es gibt viele Methoden, sich dauerhaft zu ruinieren", meinte Hellmut Puschmann, der Präsident des Deutschen Caritasverbandes, „in Deutschland … ist eine der erfolgversprechenden die Gründung einer mehrköpfigen Familie." (Die Zeit, 28.11.97, S. 43).

Viele Frauen, die vor allem aufgrund der Kindererziehung nicht oder nur teilweise berufstätig waren, werden bis ins Rentenalter dadurch ökonomisch, sozial und kulturell benachteiligt. Dies ergibt sich u. a. aufgrund einer verfehlten Politik, des Einflusses konservativer Gruppen und Organisationen, z. B. der Kirchen, und eines rückständigen Erziehungs- und Sozialsystems, das durch Schulen und Universitäten „professionell" gestützt wird.

Kinder heute: Thesen

1. Kinder werden seltener – in der Familie und in der europäischen Gesellschaft. Was seltener wird, steigt in der Wertschätzung. Kinder sind (emotionale und soziale) Ressourcen.
2. Kinder werden zunehmend als ökonomische Belastung empfunden. Ihre Funktionen, als billige Arbeitskräfte und als Risikoabsicherung für Krankheit und Alter der Eltern zu dienen, haben sie weitgehend eingebüßt.
3. Durch die Intimisierung, Psychologisierung und Emotionalisierung der Familie sind auch die Kinder diesen Prozessen unterworfen.
4. Kinder haben aufgrund der Erosion der Traditionen und der Verkleinerung der Familien in zunehmendem Maße die soziale Funktion der Erhaltung familiärer Strukturen.
5. Kinder müssen einen Teil der psychischen und sozialen Kosten tragen, die sich durch die Individualisierung und Emanzipation der Erwachsenen ergeben, z. B. bei Trennungen und Scheidungen.
6. Kinder werden wie Erwachsene individualisierter, emanzipierter, erhalten mehr Rechte und mehr Macht. Daraus ergeben sich größere Schwierigkeiten für Eltern, Erzieherinnen und Lehrer.
7. Es entstehen spezifische Märkte für Kinder und Jugendliche. Dadurch können Kinder hochwertige Konsumentenrollen übernehmen. Sie werden unabhängiger von den Eltern und anderen Erwachsenen in ihrer Umgebung – aber abhängiger vom ökonomischen System, von den Medien und von der Kinder- und Jugendsubkultur.

Die Verbindung der Thesen führt zu der Erkenntnis, dass junge Menschen, die vor Entscheidungen stehen, eine Familie mit Kindern zu gründen, in Ambiguitäten, kognitive und emotionale Dissonanzen, Erwartungswidersprüche und Handlungsblockaden geraten. Ganz offensichtlich ist Kindheit eine soziale Konstruktion, die sich im Laufe der historischen und gesellschaftlichen Entwicklung wandelt, und nicht eine natürliche Gegebenheit. Die Rationalisierung und Ökonomisierung der Kinderproduktion und -aufzucht wird voranschreiten. Ein privatwirtschaftlich ausgerichteter Markt, teilweise mit staatlicher Subventionierung, wird sich diesen Problemlösungen widmen, wodurch die soziale Ungleichheit zunehmen wird.

Zwar steht hier die Situation der westlichen Gesellschaften im Zentrum der Erörterung, doch man sollte sich erinnern, dass Millionen Kinder weltweit auf der Straße leben, Waisen sind, wie Sklaven gehalten werden und unterernährt sind – ohne dass diese Misere kurz- oder mittelfristig behoben wird. Schätzungen gehen davon aus, dass etwa 100 Mio. Kinder weltweit obdachlos sind[15], stehlen, betteln, ihren Körper verkaufen und für kriminelle Organisationen arbeiten. Ca. 385 Mio. Kinder leben in extremer Armut.[16]

6.3   Jugend

In vielen einfachen Gesellschaften gab es nur eine Kind- und eine Erwachsenenphase. Durch Initiationsriten wurde man vom Kind zum Erwachsenen befördert. In modernen Gesellschaften folgt nach der Kindheit die Jugend. Die Jugendphase hat sich erst im 20. Jahrhundert ausdifferenziert und ausgeweitet – nach Hurrelmann und Quenzel (2016, S. 16 ff.) von ca. 5 auf 15 bis 20 Jahre.

Beginnt die Jugend mit der Pubertät? Viele Kinder treten schon frühzeitig in die Jugendphase ein, was nicht nur durch Akzeleration (Vorverlegung der sexuellen Reife, Zunahme der Körpergröße), sondern auch durch den Einfluss der Medien und eine Liberalisierung der Erziehung bedingt ist (Hoffmann 2018). Durch die Verlängerung der (Hoch)schul- und Berufsausbildung bleiben viele auch noch nach dem 20. Lebensjahr Jugendliche.

> Die Jugendphase hat sich in den letzten Jahrzehnten verlängert, sie beginnt früher, da die Kindheit sich durch Medien- und Konsumerfahrungen verkürzt hat, und endet später.

Gesetzlich ist die Jugendphase kurz, sie liegt zwischen dem 14. und 18. Lebensjahr, doch soziologisch ist diese Bestimmung unzureichend. Für empirische Untersuchungen wird unter Jugend meist die Altersgruppe zwischen 13 und 25 Jahren verstanden.

Nach einem soziologischen Definitionsvorschlag gilt die Jugendphase als abgeschlossen, wenn die soziale und personale Identität ausgeprägt und stabilisiert ist, wobei folgende Kennzeichen verwendet werden:

1. abgeschlossene Berufsausbildung,
2. kontinuierliche Berufstätigkeit,
3. Heirat,
4. das erste Kind.

---

[15]https://www.cyc-net.org/cyc-online/cycol-0904-homelessness.html

[16]https://www.unicef.org/social-policy/child-poverty

Doch dieser Definition von Jugend und Erwachsenenalter werden nicht alle zustimmen, denn es gibt eine große Gruppe von Menschen, die trotz fortgeschrittenem biologischem Alter nicht über alle diese Kennzeichen verfügen. Vor allem bestehen durch Arbeitslosigkeit soziale Hindernisse, kontinuierlich berufstätig zu sein. Und die abgeschlossene Berufsausbildung kann schnell entwertet werden, sodass eine berufliche Weiterbildung notwendig wird. Man wird dann wieder Schüler. Außerdem nimmt der Anteil der kinderlosen Erwachsenen zu. Und ist eine alleinerziehende ledige arbeitslose Mutter nicht erwachsen? Ebenso problematisch ist die Abgrenzung der Jugend vom Erwachsenenalter durch *Entwicklungsaufgaben*, da sowohl die Operationalisierung als auch die allgemeine Anerkennung Schwierigkeiten bereiten (vgl. Hurrelmann und Quenzel 2004, 2016, S. 26 ff.). Erwachsenwerden ist also ein Prozess und ein Begriff, der zur Disposition steht. Jugend und Erwachsensein sind in modernen Gesellschaften nicht mehr eindeutig abgegrenzt. Jugend ist ein hoher Wert – man spricht von einem Jugendkult, vor allem in den Medien. Die meisten möchten jung und jugendlich bleiben und doch über alle Privilegien des Erwachsenen verfügen. So ist es nicht verwunderlich, dass viele Menschen gleichzeitig Zeichen der Erwachsenenwelt und der Jugend zeigen (Professoren in Jeans und mit Dreitagebart/Junge Bankangestellte im grauen Anzug, mit Krawatte und Diplomatenkoffer).

Zusätzlich finden wir kulturelle, regionale und gruppenspezifische Unterschiede in Einstellungen und Verhaltensweisen. In der EU kann man eine Nord-Süd-Differenz diagnostizieren, d. h. Italien und Spanien unterscheiden sich signifikant von Großbritannien und Dänemark: In England und Dänemark verlassen die jungen Menschen früher die Herkunftsfamilie, gehen früher Intimbeziehungen ein, verdienen eher und sind damit ökonomisch weniger abhängig von den Eltern, in Spanien und Italien bleiben sie länger abhängige Jugendliche (Tronu 2005, S. 150 f.).

Es gibt viele jugendsoziologische Diskurse und Theorien (vgl. Griese und Mansel 2003; Lange et al. 2018). Hier sollen die drei bereits bekannten Master-Ansätze zu Wort kommen.

Nach einer *funktionalistischen* Perspektive (Eisenstadt 1966) waren in einfachen Kulturen (Stammesgesellschaften) alle Mitglieder in Verwandtschaftsbeziehungen eingeordnet. Altersübergänge wurden durch Initiationsriten markiert. In modernen Gesellschaften stehen die Kinder und Jugendlichen einer Vielfalt von Institutionen und Organisationen gegenüber. Altershomogene Gruppen (peer groups) und Jugend(sub)kulturen dienen der Überbrückung und Vermittlung zwischen Familie, Schule, anderen Organisationen, Medien usw. Sie haben also

Integrations- und Solidaritätsfunktionen. Die Anerkennung in der peer group ist für die Identitätsentwicklung der meisten Jugendlichen bedeutsam.

Nach einem marxistischen *Konfliktansatz* stehen sich Klassen gegenüber, sodass Jugend und andere Altersgruppen als solche nebensächlich sind. Doch man kann auch einen generationsspezifischen Konfliktansatz betrachten. Zwischen der Generation der Männer, die für das Funktionieren des Nationalsozialismus verantwortlich waren, und ihren Kindern entstand ein historisch gewachsener Konflikt. Die derzeitigen strukturellen sozialen Probleme der Jugend sind Ausbildungsmängel und Arbeitslosigkeit. So kann ein Teil der Jugend durch Arbeitslosigkeit oder Entfremdung gegenüber dem politischen System in einen Konflikt mit herrschenden Gruppen getrieben werden.

Ein *symbolisch-interaktionistischer* Ansatz ist in besonderem Maße geeignet, jugendspezifische Einstellungen und Verhaltensweisen im Zeitalter der Individualisierung, der „reflexiven Modernisierung" (Giddens) und der „Singularitäten" (Reckwitz 2017) zu erklären. Da sich im Konsum- und Medienbereich immer mehr kulturelle Angebote für junge Menschen finden, entstehen eigene Symbolsysteme und Interaktionsformen, die zur Abgrenzung gegenüber anderen Altersgruppen führen. Die eigenen und fremden Ansprüche an die Ausbildung einer personalen Identität sind gestiegen, was ebenfalls interaktionistische Studien notwendig macht.

6.4   Alter und die demographische Situation

Malthus († 1834) vertrat die Ansicht, dass die Nahrungsmittel sich nur in arithmetischer Reihe (1,2,3,4…) vermehren ließen, die Bevölkerung dagegen in geometrischer Reihe (1,2,4,8…) wachsen würde. Hungersnöte und Massenelend seien unvermeidlich, späte Eheschließung und sexuelle Enthaltung könnten Linderung bringen[17]. Die gesellschaftliche Entwicklung hat der Knappheits-These zunächst in Europa, später weltweit widersprochen. Hunger ist heute dank gesteigerter Nahrungsmittelproduktion eher die „Ausnahme" – 11 % der Weltbevölkerung (820 Mio.!) sind unterernährt – und Folge politischer Misswirtschaft oder kriegerischer Auseinandersetzung. Allerdings verdirbt weltweit ein beachtlicher Anteil der Ernten auf dem Weg vom Acker zu den Konsumenten.

---

[17]Die jungen Europäer, die zwar keine Angst vor Hunger jedoch vor sozialem Abstieg haben, halten sich technologisch hochgerüstet an diesen Vorschlag zur sexuellen Rationalisierung und Instrumentalisierung.

In Zusammenhang mit der Industrialisierung kam es in Europa zu einem *demographischen Übergang.* Zuerst sanken die Sterberaten, aber nicht die Geburtenraten. Folglich verdreifachte sich die Bevölkerung Europas im 19. Jahrhundert. Seit dem letzten Drittel des 20. Jahrhunderts kam es zu einer so starken Absenkung der Geburtenrate, dass in einzelnen Ländern Europas, wie in Deutschland, die Bevölkerungszahl auch mit Zuwanderung in den kommenden Jahrzehnten wahrscheinlich sinken wird. Die Vorhersagen sind jedoch durch die schwer vorhersagbaren Migrationslösungen sehr unsicher. Jedenfalls wird der Bevölkerungsrückgang für verschiedene Regionen in Europa wahrscheinlich schwerwiegende Konsequenzen haben (vgl. Kaufmann 2019; Birg 2005).

Doch weltweit ist die Lage gänzlich anders. Die meisten Europäer werden dem Satz zustimmen: Die Erde ist übervölkert. Das weltweite Bevölkerungswachstum hat im 20. Jahrhundert zunächst dramatische Ausmaße angenommen. Inzwischen ist eine relative Abnahme der Geburtenraten weltweit feststellbar. Die Diagnose Überbevölkerung wird heute teilweise mit der Überschreitung der Tragfähigkeit eines Gebiets oder Ökosystems und auch mit den zu erwartenden Auswirkungen des Klimawandels begründet. Allerdings gibt es für die Tragfähigkeit aufgrund des wissenschaftlich-technisch-ökonomischen Fortschritts kein festes Maß. Doch die Zerstörung vieler Ökosysteme, das Artensterben, die Übernutzung von Böden, die Knappheit an lebenswichtigen Ressourcen, wie Wasser, sind in verschiedenen Gebieten der Erde Tatsachen.

Vor einigen Jahrzehnten, vor allem seit der Entwicklung der Anti-Baby-Pille wurden in verschiedenen Entwicklungsländern Programme installiert, die die Bevölkerung von einer Verringerung der Kinderzahl überzeugen sollten. Viele dieser Programme erlitten Schiffbruch, weil es für arme Familien durchaus rational war, viele Kinder zu haben. Einige starben, die überlebenden benötigte man, um selbst, wenn man älter wurde, zu überleben. Man spricht von einer Diskrepanz zwischen *individueller* und *kollektiver Rationalität.* Das individuell rationale Verhalten führt zu einer Verschlechterung der kollektiven Situation. Inzwischen hat sich bei Experten die Erkenntnis durchgesetzt, dass nicht isolierte Programme zur Geburtenkontrolle, sondern Systemansätze Erfolg versprechend sind: Verbesserung der Schulbildung (vor allem für Mädchen) und der beruflichen Ausbildung, Ausbau des Gesundheitssystems, Projekte zur Verbesserung der ökonomischen Selbstständigkeit von Frauen usw. In vielen Ländern sind bereits eindeutige Erfolge eines solchen Ansatzes feststellbar: verringerte Kindersterblichkeit und reduzierte Geburtenrate.

Vor allem China hat erstaunliche Fortschritte gemacht: 1,68 Geburten pro Frau. Inzwischen ist – mit Ausnahme des subsaharischen Afrikas – die Fertilitätsrate (zusammengefasste Fruchtbarkeitsziffer, *total fertility rate* (TFR) weltweit deutlich gesunken, sodass der Bevölkerungszuwachs nicht primär auf viele Geburten pro Frau zurückgeht, sondern auf den Bevölkerungsaufbau mit immer noch vielen jungen Frauen.

Alter ist neben Geschlecht eine universale Kategorie, wobei biologische und soziologische Aspekte getrennt betrachtet werden sollten. Man kann also von *biologischem* (physischem) und *sozialem Alter* sprechen.

Sozial ist man umso älter, je weniger wichtige Positionen und Rollen man einnimmt und je mehr man von anderen Personen für alt gehalten wird. Sozial alt sind in modernen Gesellschaften Personen, die nicht mehr berufstätig sind, die nicht mehr für Kinder oder andere Personen sorgen und die keine hoch geschätzten Rollen mehr spielen. Die meisten Menschen versuchen, nicht nur physisch jung zu bleiben, sondern auch ihren sozialen Altersprozess zu bremsen.

Eine Möglichkeit, im privaten Rahmen soziale Anerkennung als alter Mensch zu erlangen, ist die Rolle der Großmutter[18] und des Großvaters gut zu spielen (vgl. Heilyn et al. 1998) Die Chancen, diese Rollen zu übernehmen, sind heute übrigens größer als vor 200 oder mehr Jahren, obwohl es weniger Kinder gibt!

Soziales Alter wird kulturell und gruppenspezifisch unterschiedlich definiert. Als Leistungssportler oder als Model ist man mit 30 bereits „zu alt", dagegen als chinesischer Politiker oder als Kardinal erst mit 90. In den Zukunftsberufen, z. B. im Informatik- und Multimediabereich, ist man teilweise schon mit 45 oder 50 „zu alt". Wenn man ein anerkannter Künstler ist, dann ist man nie „zu alt". Und Mozart ist ewig jung geblieben, weder während seines Lebens noch postmortal gealtert.

In allen Kulturen waren Menschen, die über 60 Jahre alt waren, selten. Nur in modernen hoch entwickelten Industriestaaten wird diese Gruppe immer größer. Inuit litten immer unter Knappheit an Ressourcen für das Überleben. Wenn jemand zu alt und zu unproduktiv wurde, dann wurde von der Person erwartet, dass sie sich selbst opferte – sich auf einer Eisscholle ins Meer treiben ließ oder in den Schneesturm hinausging. Moderne reiche Industriestaaten dagegen fordern nicht das Selbstopfer alter Menschen, da sie die Ressourcen nicht nur für die Existenzsicherung, sondern darüber hinaus für zusätzliche Dienstleistungen zur Verfügung stellen können.

---

[18] „Die Nähe einer ,Großmutter' hat in Westdeutschland einen signifikant positiven Einfluss auf die Geburt des ersten Kindes." (Hank/Kreyenfeld/Spieß 2004, 241).

	Bevölkerung in Millionen	Alter		
		0–19	*20-59*	*60 +*
1910	65 Mio.	44	48	8
2018	81 Mio.	15	62	23

Abb. 6.8 Altersstruktur Deutschlands (in %). (Quelle: https://de.statista.com/; Opaschowski 2004, S. 35)

Ein wichtiger Aspekt betrifft die Institutionalisierung des Alters. In manchen Kulturen wurden einer Elite alter Männer, seltener auch alter Frauen, besonders wichtige Führungsaufgaben zugeschrieben. Doch ebenso wurden alte Menschen in vielen traditionalen Kulturen negativ bewertet und entsprechend behandelt (Prahl und Schroeter 1996, S. 42 ff.). In modernen Gesellschaften fand eine neue Form der Institutionalisierung des Alters statt: Ende der Berufstätigkeit, Pensionierung, Rente, Pflegeversicherung, Medikalisierung etc.

Nach Tews (1993) kann man den Strukturwandel des Alters mit fünf Konzepten beschreiben:

• *Verjüngung:* Gut situierte Menschen gelten auch mit 60 oder 70 noch als jung.
• *Entberuflichung:* Im Vergleich zu früheren Zeiten verlassen viele Menschen lange Zeit vor ihrem physischen Ende ihren Beruf.
• *Feminisierung:* Der Frauenanteil steigt mit dem Alter.
• *Singularisierung:* Zunahme von Ein-Personen-Haushalten im Alter.
• *Hochaltrigkeit:* Die Anzahl der Hochaltrigen, d. h. der über 90-jährigen, wird in Zukunft steigen und damit ergibt sich, aufgrund der hohen Erkrankungswahrscheinlichkeit und Pflegebedürftigkeit, ein Problempotenzial (Abb. 6.8).

In den hoch industrialisierten Staaten, vor allem in Deutschland, hat der Anteil der alten Menschen an der Bevölkerung stark zugenommen und wird weiter zunehmen.

Bei einer grafischen Darstellung der Bevölkerungsentwicklung Deutschlands in den letzten 150 Jahren, kann man eine Veränderung von der *Pyramide* (viele junge Menschen an der Basis) zum *Pilz* (der Fuß repräsentiert die wenigen jungen Menschen und der Kopf die vielen alten Menschen) feststellen. Für die Menschheit insgesamt bleibt mindestens bis zur Mitte des 21. Jahrhunderts die Pyramide bestimmend. Erst dann werden sich die abnehmenden Geburtenzahlen in der Weltbevölkerungsstruktur merkbar zeigen. Dies wird auch als *ergraute* oder *vergreisende Gesellschaft* bezeichnet. Mit dieser Bezeichnung ist oft die Annahme verbunden, dass eine solche Gesellschaft auch weniger innovativ und produktiv ist. Dies ist jedoch keineswegs ausgemacht, da von den Alten des 20. Jahrhunderts nicht umstandslos auf die Alten des 21. Jahrhundert geschlossen werden darf. Vor allem können sich die Erwartungen und Bewertungen von Innovationen und Pro-duktionsformen und –weisen ändern: Stichworte Green Deal, Postwachstum und Nullwachstum.

Alte Menschen lebten im 19. Jahrhundert in Deutschland keineswegs generell mit ihren Kindern zusammen. In den höheren Schichten lebten sie oft bei anderen Verwandten, also nicht bei ihren Kindern. Viele alte arme Menschen wohnten in den Städten in Untermiete, in den Landgebieten oft bei ihren früheren Arbeitge-bern in kleinen Kammern (Nave-Herz 1998, S. 296 ff.). Heute leben in westlichen Industriegesellschaften in den meisten Fällen ein altes Paar oder eine alte Frau allein in einer Wohnung. 1995 hatten in Deutschland nur 7 % der alten Men-schen mit Kindern und/oder Enkeln einen gemeinsamen Haushalt, während dies in Japan noch für über 50 % der alten Menschen der Fall war (Prahl und Schroeter 1996, S. 64). Derzeit leben ca. 8 % der alten Menschen (ab 65) in Mehrgenera-tionenhaushalten in Deutschland und 34 % leben in Ein-Personen-Haushalten. Doch – wie schon gesagt – kann man in Deutschland von einer multilokalen Mehr-Generationen-Familie sprechen. Auch werden die meisten pflegebedürfti-gen alten Menschen von Familienmitgliedern versorgt. Nur knapp ein Viertel der Pflegebedürftigen wird in Pflegeheimen vollstationär betreut[19].In Zukunft werden allerdings mehr alte Menschen aus dem familiären Netz fallen, da der Anteil der kinderlosen Menschen ansteigt.

Aufgrund einer *funktionalistischen* Perspektive ist ein Rückzug der alten Men-schen aus den zentralen produktiven Bereichen der Gesellschaft wünschenswert: disengagement (Loslassen). Beschleunigter sozialer Wandel und globale Konkur-renz machen es erforderlich, dass junge, modern ausgebildete und dem Zeitgeist (den Technologien) nahe stehende Menschen die Produktion gestalten. Dies kann freilich auch zu einem Verlust von Humankapital, Marginalisierung (Randstän-digkeit) und sozialem Sterben (Vereinsamung und soziale Missachtung) führen, folglich hohe ökonomische und soziale Kosten verursachen.

Im Rahmen einer *interaktionistischen* Sichtweise wird man sowohl Rück-zug (disengagement) als auch Aktivität bei alten Menschen diagnostizieren. Empirische Forschungen zeigen, dass alte Menschen, die sehr aktiv sind, auch zufriedener sind. Die Möglichkeiten zu Aktivitäten hängen freilich von körper-lichen, ökonomischen, sozialen und kulturellen Ressourcen ab, Aspekte, die für

---

[19]https://www.destatis.de/DE/Presse/Pressemitteilungen/2018/12/PD18_501_224.html;jse ssionid=BB2B65490918DDCF1FDFF2A801C5B3DF.internet732

eine *Konfliktperspektive* geeignet sind. Ein Teil der alten Menschen der Unterschicht lebt auch in den reichen Industriestaaten in ökonomischer und sozialer
Armut. Viele werden frühzeitig ins soziale Abseits gestoßen, wenn sie in Dauerarbeitslosigkeit verharren oder durch Krankheit, Behinderung und Armut an der
gesellschaftlichen Partizipation gehindert werden. Ein Teil der alten Menschen
wird diskriminiert, unterprivilegiert und von vielen stereotyp betrachtet. Vor allem
alte Frauen leiden dann an dem doppelten Vorurteil (Stereotyp), im Englischen mit
ageism und *sexism* bezeichnet.

Ein Teil der alten Männer dürfte in besonderem Maße unter der (sozialen)
Abwertung leiden. Dies könnte man aufgrund der hohen Suizidrate dieser Gruppe
schließen (das Vier- bis Fünffache der Rate der alten Frauen). Eine Erklärung wäre
der, für einen Teil der Männer, dramatische Statusverlust im Alter. Die berufliche
Identität ist bei diesen Männern vielleicht allzu stark mit der personalen Identität
verbunden. Männer werden zwar im Allgemeinen durch die geschlechtsspezifischen stereotypen Zuschreibungen begünstigt, doch im Alter werden sie dadurch
auch besonders belastet. Eine alte Frau kann schwach, krank und abhängig sein,
dies verträgt sich mit ihrer traditionellen Geschlechterrolle, doch für den Mann
führt es eher zu einem inneren Konflikt und zu einer Rollenkrise.

Häufig wird angenommen, dass es in den nächsten 30 Jahren zu Generatio-
nenkonflikten kommen wird, da die Überalterung und die steigenden Erwartungen
der Gesellschaftsmitglieder, auch der alten Menschen, die ökonomische Belastung
der Berufstätigen vergrößern werden (vgl. Birg 2005, S. 138 ff.). Die produktiven
Menschen müssen die Kinder und die Alten ernähren. Und heute und in Zukunft
benötigen Kinder und alte Menschen viel mehr Ressourcen für ihr soziales und
kulturelles Überleben, als dies in traditionalen Kulturen der Fall war. Zum Gene-
rationenkonflikt ist es bislang nicht gekommen. Nicht nur sind die Berufstätigen
viel produktiver, als sie es jemals waren; auch kommt es innerfamilial vielfach
zu einer Umverteilung von der ersten Generation (Großeltern) auf die Kinder und
Enkel, welche das Konfliktpotential entschärft. Die Umverteilung kann materiell
(Geschenke, Erbschaft) und immateriell (Unterstützungsleistungen, Hilfe bei der
Kinderbetreuung) erfolgen.

Doch das Gesundheitssystem wird weiter belastet werden. Die Zahl der
Pflegefälle und der chronisch Kranken wird anwachsen. Der Anteil der Pflegebedürftigen erhöhte sich von 2,5 % im Jahr 1999 auf 4,1 % im Jahr 2017 und

wird gemäß Prognosen auf 5,0 % im Jahr 2035 steigen[20]. Da außerdem zusätzliche teure kurative Maßnahmen am medizinischen Markt angeboten werden (z. B. durch die Fortschritte der Biotechnologie), könnte sich eine weitere Kostenexplosion ergeben und Selektionsprobleme und Auseinandersetzungen zwischen Interessengruppen verschärfen. Welcher *Konfliktansatz* ist dieser Situation angemessen?

Der Konflikt zwischen Alten und Jungen könnte ein Oberflächenphänomen sein. Geht es nicht tatsächlich um den Hauptkonflikt der Moderne: die ökonomisch Mächtigen gegen die ökonomisch Ohnmächtigen?

Wie stark die Kosten weiter steigen, hängt nicht nur von der Alterung der Bevölkerung sowie von der Gesundheits- und Sozialpolitik ab, sondern auch davon, wie sich die steigende Lebenserwartung für die Menschen auswirkt: Bleiben sie länger gesund oder haben sie ein längeres Leben mit altersbedingten Krankheiten zu erwarten? In der Forschung stehen sich die *Kompressionsthese* und die *Expansionsthese* gegenüber.

Gemäß der Kompressionsthese gewinnen wir mit der steigenden Lebenserwartung gesunde Lebensjahre, während nach der Expansionsthese die steigende Zahl der chronisch Kranken und multimorbiden Alten zu exponentiell steigenden Kosten im Gesundheitssystem führt. Einige Studien deuten darauf hin, dass beide Thesen gleichzeitig zutreffen, dass wir also sowohl gesünder altern als auch mit Krankheiten länger leben. Vor allem jene, die besser verdienen und gut gebildet sind, können darauf hoffen, „bei guter Gesundheit" den Lebensabend zu genießen (Slupina et al. 2019, S. 25).

Wie sehr das Gesundheitssystem in das Leben der Menschen eingreift, zeigt sich drastisch ausgerechnet in dem Land mit den höchsten Gesundheitsausgaben weltweit. Zwar hat der Kapitalismus weltweit Milliarden Menschen aus der Armut befreit, doch in den USA hat diese Wirtschaftsordnung über die letzten fünfzig Jahre viele enttäuscht zurückgelassen (Deaton 2017). Das amerikanische Krankenversicherungssystem begünstigt gerade bei ärmeren Versicherten kurzfristige

---

[20] file:///D:/User/Documents/gesamtdoc/Sonnenburg,%202.019%20Pflegewirtschaft%20in%20Deutschland%20Entwicklung%20der%20Pflegebed%C3%BCrftigkeit%20und%20des%20Bedarfs%20an%20Pflegepersonal%20bis%202.035.pdf.

Maßnahmen wie die Verschreibung von Pillen. Zusammen mit skrupellosen Medi-
kamentenherstellern wie der Pharmafirma Purdue und geschäftstüchtigen Ärzten
trug dies zur rasanten Verbreitung von Opioid-basierten Schmerzmitteln bei, welche sehr rasch abhängig machen können. Weltweit einzigartig ist in den USA die
Lebenserwartung der unteren weißen Mittelschicht gesunken. „Tod durch Hoff-
nungslosigkeit" nennen das die beiden Gesundheitsforscher und Nobelpreisträger
Angus Deaton und Anne Case (2020).

Zur Vertiefung
Standwerke für Familiensoziologie sind:

Nave-Herz, Rosemarie. 2019. *Familie heute. Wandel der Familienstrukturen und
Folgen für die Erziehung.* 7., überarb. Aufl. Darmstadt: wbg Theiss.
Peuckert, Rüdiger. 2019. *Familienformen im sozialen Wandel.* 9., überarb. Aufl.
Wiesbaden: Springer VS.

Einen Überblick zur Soziologie der Kindheit und des Jugendalters geben:

Bühler-Niederberger, Doris. 2020. *Lebensphase Kindheit. Theoretische Ansätze,
Akteure und Handlungsräume.* 2., überarbeitete Auflage. Weinheim, München:
Beltz Juventa.
Hurrelmann, Klaus/Quenzel, Gudrun, 2016: Lebensphase Jugend. Eine Ein-
führung in die sozialwissenschaftliche Jugendforschung (13. Aufl.). Weinheim:
Beltz.

Wichtige gesellschaftliche Bedingungen und Entwicklungen des Aufwachsens
und Erwachsenwerdens werden abgehandelt in:

Lange, Andreas, Herwig Reiter, Sabina Schutter and Christine Steiner, eds.
2018. Handbuch Kindheits- und Jugendsoziologie. Wiesbaden: Springer.

Gerade die Lebensphase Alter ist in den letzten Jahrzehnten einem tiefgreifenden
Strukturwandel unterworfen. Einen aktuellen Überblick bietet:Hank, Karsten et al.
(Hrsg.), 2019: Altersforschung: Handbuch für Wissenschaft und Praxis. Baden-
Baden: Nomos.

Hank, Karsten et al. (Hrsg.), 2019: Altersforschung: Handbuch für Wissenschaft und Praxis. Baden-Baden: Nomos.

Geschlecht, Sexualität und Liebe 7

AUF EINEN BLICK

1. Aus „kleinen" genetischen Unterschieden können in der kulturellen Entwicklung „große" Unterschiede werden.
2. In der Soziologie wird zwischen biologischem (sex) und sozialem (gender) Geschlecht unterschieden.
3. Auch in Zukunft ist ein Konsens über die Gestaltung des Mann- oder Frauseins in den unterschiedlichen Gesellschaftsformationen nicht zu erwarten.

Was bedeutet es, in einer Gesellschaft Mann oder Frau (oder etwas anderes) zu sein? Zunächst ist festzuhalten: für (fast) alle in den jeweiligen soziokulturellen Räumen als geschlechtstypisch bezeichneten Verhaltensweisen gilt, dass die Variation innerhalb eines Geschlechts größer ist als der durchschnittliche Unterschied zwischen den Geschlechtern (vgl. Basow 1992, 67 ff.; Alfermann 1996). Die Sozialisation, also die kulturelle und soziale Prägung, ist im Vergleich zur genetischen Bestimmung für gesellschaftlich relevante Verhaltens- und Einstellungsunterschiede der bedeutsamere Faktor.

Dessen ungeachtet gibt es genetische Unterschiede zwischen den Geschlechtern, die Verhaltenswahrscheinlichkeiten betreffen (z. B. Aggressivität). Sowohl bei Primaten als auch bei Menschen wurden positive Zusammenhänge zwischen der Menge des Hormons Testosteron und der Aggressivität festgestellt. Doch es handelt sich nicht um eine einseitige Kausalbeziehung. Wird die Dominanz auf sozialem Weg erhöht, wenn z. B. ein Tier oder ein Mann Chef der Gruppe wird, dann erhöht sich auch die Testosteronmenge in diesem Tier oder Mann.

© VS Verlag für Sozialwissenschaften | Springer Fachmedien Wiesbaden GmbH,   161
Wiesbaden 2021
K. Feldmann und S. Immerfall, *Soziologie kompakt*,
https://doi.org/10.1007/978-3-658-31450-7_7

Der Testosteronspiegel nimmt mit Ehe und Vaterschaft ab und ist in polygamen Gesellschaften höher als in monogamen (Christakis 2019).

Aus „kleinen" genetischen Unterschieden können in der kulturellen Entwicklung „große" Unterschiede werden. Männer sind im Durchschnitt physisch stärker als Frauen und haben, wenn Frauen schwanger sind oder ihre Kinder pflegen und betreuen, machtbezogene Vorteile gegenüber den Frauen; sie sind beweglicher und können damit Kraft und Schnelligkeit erfordernde Aufgaben kontinuierlich wahrnehmen. Außerdem gibt es eine größere Anzahl sehr aggressiver Männer als sehr aggressiver Frauen. Diese kleinen biologischen Unterschiede führten im Laufe der kulturellen Entwicklung zu kumulativen Wirkungen, wurden von machtorientierten Männergruppen ausgebaut, die dann sowohl die Frauen als auch die Mehrzahl der Männer beherrschten. Vor allem in Kulturen und Gesellschaften, in denen militärische Auseinandersetzungen eine bedeutsame Rolle spielten, wurden herrschaftsbezogene Geschlechtsunterschiede verstärkt.

Menschen unterscheiden sich von anderen Säugetieren durch die dauernde Bereitschaft zum sexuellen Kontakt und durch die Verschleierung des Zeitpunktes des Eisprungs. Der Mann kann seine Chancen der Vaterschaft steigern, wenn er die Frau dauernd überwacht und regelmäßig mit ihr sexuell verkehrt. Dadurch entsteht eine Bindung zwischen Mann, Frau und Kindern, was dem Interesse der Frau nach dauerhaftem Schutz entgegenkommt.

Andererseits verstärkt die dauernde sexuelle Bereitschaft auch die Konkurrenz der Männer um attraktive junge Frauen und begünstigt die Hochwertigkeit von Sexualität und Partnerwahl in allen Kulturen. Wenn es zu Auseinandersetzungen um Territorien oder Ressourcen kam, dann war eine erfolgreiche Kriegsführung für die kulturelle Gruppe überlebensentscheidend. Wenn Männer die Frauen beherrschten und diese dann zum Tausch verwenden konnten, waren sie im Vorteil gegenüber anderen Gruppen, die diese Ressourcen nicht zur Verfügung hatten. Wenn die Vererbung des Eigentums über den Vater erfolgte und wenn die Frau in den Haushalt des Mannes ziehen musste (Patrilokalität), führte dies zu einer dauerhaften Absicherung der männlichen Dominanz. Harris (1991) zeigt jedoch, dass eine aufwendige Kriegsführung in Kombination mit MatrilokalitätTP – der Mann zieht nach der Heirat in den Haushalt der Eltern der Frau – auch zur Stärkung der Frauenrolle beitragen kann. Bei den Irokesen übernahmen ältere Frauen zentrale Aufgaben, wenn die Männer – oft monatelang – auf Kriegszug waren. Wenn diese Krieger zurückkehrten, standen sie einer gut funktionierenden Gemeinschaft gegenüber und waren zwar in der Kriegergruppe, doch nicht in der Heimgruppe gut integriert.

Auch die Partnerwahl der attraktiven Frauen hat die Männerherrschaft gestärkt. Da die attraktiven Frauen primär starke und aggressive Männer als Geschlechtspartner gewählt haben, wurden diese und damit auch die entsprechenden Eigenschaften aufgewertet und begünstigt. Allerdings fördert die Evolution nicht nur Konkurrenz der Männger um attraktive Frauen, da fehlende Bereitschaft zu Freundschaft und Kooperation das Überleben der Kleingruppe bzw. des Kollektivs gefährdet hätte (Wrangham 2019).

Die Unterdrückung der jungen Frauen wurde und wird in vielen Kulturen von den alten Frauen aktiv unterstützt. Sie haben diese Repression ebenfalls erlitten und dürfen nun in den Initiationsriten beim Quälen der jungen Frauen selbst mitwirken (z. B. Genitalverstümmelung). Außerdem werden die Fesselungen der Frauen im Alter gelockert (Verschleierung, Redeverbot etc.), eine Privilegierung der alten Frauen, die ihren Konformismus stützt.

„In manchen Gesellschaften, z.B. koreanischen, balinesischen und chinesischen, lockern sich die strikten Verhaltensschranken der Frauen in höherem Alter. Nach der Menopause werden sie nicht mehr als sexuelle Wesen gesehen und dürfen dann in allen Spielarten des Humors, auch den obszönen, mit Männern konkurrieren." (Kotthoff 1996, 155)

Männer und Frauen erhielten in allen Kulturen spezielle Aufgabenbereiche. Murdock (1949) verglich über 200 vorindustrielle Kulturen und fand heraus, dass Jagd und Kriegführung den Männern, und Kinderaufzucht und Kochen den Frauen zugeordnet wurden. Dagegen ergab sich bei allen anderen Tätigkeiten keine eindeutige dominante geschlechtsspezifische Zuschreibung.

Frauen wurden in den meisten Hochkulturen von Männern beherrscht. Die Kinder wurden meist patriarchalisch orientierten Clans zugewiesen (vgl. oben Kapitel zur Familie). Häufig wurde oder wird die Sexualität der Frauen überwacht und kulturell „beschnitten". Jährlich werden Millionen von Mädchen genital verstümmelt. Viele verbluten dabei; jene die überleben tragen meist physische oder psychische Schäden davon. Diese Praktik ist, trotz Verbot, insbesondere in Afrika weit verbreitet. In einigen islamischen Regionen dürfen junge Frauen nur völlig verschleiert in der Öffentlichkeit erscheinen. In China wurde es früher für richtig gehalten, dass Frauen beim Lächeln nicht die Zähne und beim Gehen nicht die Füße zeigen. Diese Disziplinierungen und auch die Bewegungskontrolle der Frau (Beschränkung auf bestimmte Räume, enge Kleidung und Schuhe zur Verhinderung des Laufens etc.) oder Verbote, an bestimmten öffentlichen Orten zu erscheinen, sind Schutzmaßnahmen im Interesse der männlichen „Besitzer" der Frauen. Wie erwähnt ist bei Menschenfrauen im Unterschied zu allen anderen

Säugetieren der Zeitpunkt des Eisprungs äußerlich nicht sichtbar ist; somit ist auch Vaterschaft nie ganz „sicher".

Im 18. und 19. Jahrhundert wurden in Europa bestimmte Unterschiede zwischen Frauen und Männern in Schriften und im Alltagsverständnis der oberen Schichten betont: Männer wurden als rational, ökonomisch kompetent, politisch verständig und außenorientiert angesehen, Frauen dagegen als emotional, haus- und familienbezogen (vgl. Hausen 1976). An der Gestaltung und Rechtfertigung von Geschlechtsstereotypen hat auch die Wissenschaft ihren bedeutenden Anteil.

Doch nicht nur Aspekte der Geschlechterpolarisierung, sondern auch die der Emanzipation der Frauen sind im 18. und 19. Jahrhunderts verankert, denn Emanzipationsbewegungen (Bauern, Sklaven, Frauen, unterdrückte ethnische Gruppen) sind im Kontext der Aufklärung, der französischen Revolution, der Industrialisierung und der Modernisierung einzuordnen. Im 19. Jahrhundert entstand in den USA eine Frauenbewegung in Zusammenhang mit der Anti-Sklaverei-Bewegung, in Europa teilweise in Kooperation mit der Arbeiterbewegung. Auch die Frauenbewegung und der Feminismus der 60er und 70er Jahre und des 20. Jahrhunderts waren mit anderen sozialen Bewegungen verbunden: Bürgerrechtsbewegung in den USA, Jugend- und Studentenbewegung, Umweltgruppen.

Ein wichtiger Faktor wird in den Diskussionen über die Ursachen der geschlechtsspezifischen kulturellen und sozialen Normen oft vernachlässigt: das Zahlenverhältnis der Geschlechter (vgl. Stark 1998). „Von Natur aus" besteht ein leichter Überschuss an Männern bei der Geburt (105: 100). Mit zunehmendem Alter verschwindet „normalerweise" dieser Unterschied und in Industriestaaten ist bekanntlich ein steigender Frauenüberschuss im hohen Alter festzustellen (in Deutschland sind 3/4 der über 75-jährigen Frauen). Immer schon wurde in das Zahlenverhältnis eingegriffen. In vielen Kulturen wurde Infantizid geübt, wobei hauptsächlich neugeborene Mädchen getötet wurden bzw. in heutiger Zeit weibliche Föten abgetrieben werden (Indien, China). Hinzu kommt, dass extreme Formen der Vernachlässigung oder Misshandlung weitaus häufiger Mädchen als Jungen treffen (Therborn 2013).

Der dadurch und durch andere Faktoren, z. B. Migration, in Teilen Asiens, des Südkaukasus oder des Balkans, hergestellte Männerüberschuss führt keineswegs zu einer Machtvermehrung der Frauen. Vielmehr nimmt internationale Heiratsmigration aus ärmeren Ländern zu. Dies wiederum versetzt Frauen, die sich in der Hoffnung auf ein besseres Leben darauf einlassen, in eine besonders verletzliche Lage (Kaur 2016).

Soziale und kulturelle Bedingungen führten immer wieder zu Ungleichgewichten. In den USA bestand im 19. Jahrhundert in den meisten Gebieten ein chronischer Männerüberschuss, vor allem aufgrund der Tatsache, dass mehr Männer als Frauen einwanderten. Ab 1950 wandelte sich die Situation: es entstand ein Frauenüberschuss, der vor allem bei den Schwarzen bereits sehr bedeutsam geworden ist. Der Überschuss der Frauen am Partnermarkt begünstigt die Männerinteressen: Männer müssen nicht heiraten, um mit einer Frau eine Beziehung einzugehen. Die Sexualnormen haben sich gelockert. Frauen müssen das anstrengende Geschäft des Kindererziehens weitgehend allein durchführen (weniger als 40 % der afroamerikanischen Kinder leben mit beiden Eltern zusammen).

In Ostdeutschland ist ein Männerüberschuss nicht aufgrund von Zuwanderung, sondern wegen Abwanderung vieler junger Frauen entstanden. Wo eine hohe Abwanderung auf eine alternde Bevölkerung trifft, fühlen sich Menschen oft sozial benachteiligt. Dies wiederum kann zu demokratieskeptischen und fremdenfeindlichen Einstellungen führen (Salomo 2019).

> Durch Modernisierung, Demokratisierung, Bildung und Frauenerwerbstätigkeit ist die weltweite soziale und kulturelle Dominanz von Männern, d.h. primär einer Minderheit der Männer, das erste Mal in der Geschichte der Menschheit gefährdet (vgl. Oesterdiekhoff 2006, 35).

In den westlichen Industriegesellschaften ist die Diskriminierung der Frauen in den vergangenen hundert Jahren deutlich verringert worden. Die streng geregelte geschlechtsspezifische Arbeitsteilung und die entsprechende räumliche Trennung von Frauen und Männern existiert nicht mehr, formale Gleichheit wird garantiert.

Doch es gibt weiterhin viele Bereiche, in denen Benachteiligung festzustellen ist. Nach wie vor sitzen überwiegend Männer in den beiden Machtsystemen Wirtschaft und Politik an den zentralen Schaltstellen. Besonders schwierig erweist es sich für Frauen, zumindest in Deutschland, in die Elitebereiche der Wirtschaft einzudringen. In den großen Unternehmen gibt es mehr Vorstandsmitglieder, die Thomas oder Michael heißen, als Frauen in den Leitungsgremien[1]. Nur Ostdeutsche sind bislang noch weniger repräsentiert.

In den mittleren Positionsbereichen sind jedoch Frauen in den Industriestaaten gut vertreten. Die „Eroberung" von wichtigen Berufsbereichen durch Frauen verlief unterschiedlich: Lehrerinnen, Ärztinnen, Juristinnen, Wissenschaftlerinnen,

---

[1] Aktuelle Daten hierzu auf dem WSI-Genderportal [https://www.boeckler.de/wsi_38957. htm; 20.20.2020] und der Allbright-Stiftung [https://www.allbright-stiftung.de/; 20.20.2020]. Vgl. hierzu auch die Initiative Klischeefrei, die sich für eine Berufs- und Studienwahl frei von Geschlechterklischees einsetzt [https://www.klischee-frei.de; 20.20.2020; 25.08–2020].

Unbereinigter Gender Pay Gap in den Mitgliedstaaten der EU 2018
in %

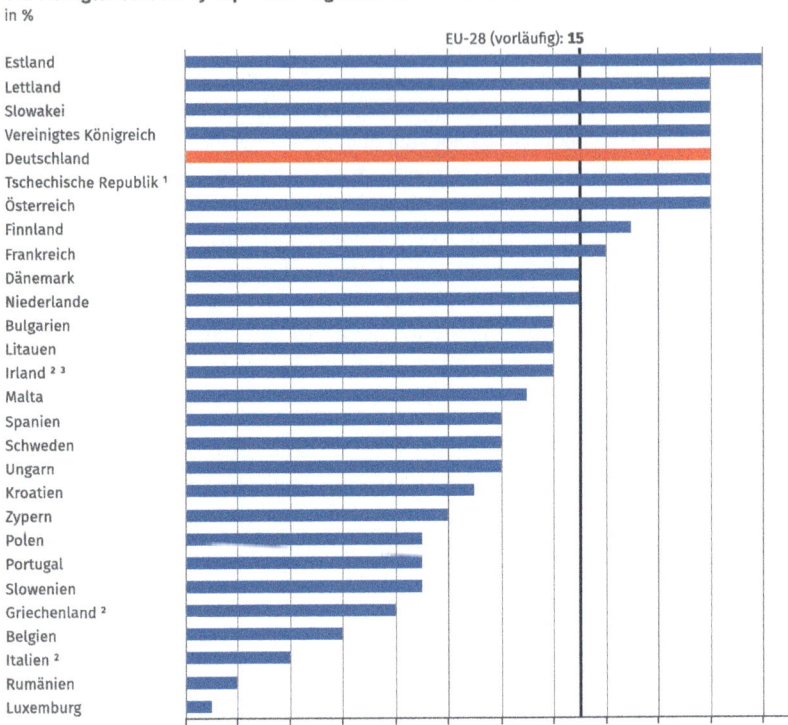

Die Werte sind z. T. noch vorläufig.
Der Gender Pay Gap ist die Differenz des durchschnittlichen Bruttoverdienstes der Männer und der Frauen im Verhältnis zum Bruttoverdienst der Männer.

Abb. 7.1 Unbereinigter Gender Pay Gap in den Mitgliedstaaten der EU 2016 in %

Politikerinnen. In der einstigen Sowjetunion war der Arztberuf in den 80er Jahren bereits feminisiert, in Deutschland und den USA noch nicht. Die Feminisierung begann immer „von unten": im Lehrerberuf mit der Grundschule, im Arztberuf mit den Kindern als Klienten, im Priesterberuf in den unteren Rängen. Die Feminisierung kann mit einer relativen gesellschaftlichen Abwertung des Berufes oder Berufszweiges verbunden sein, bzw. sie findet teilweise dann statt, wenn Berufsbereiche einen Niedergang erleben (Abb. 7.1).

Kasten 5: Die Verdienstlücke zwischen Männern und Frauen

In nur wenigen europäischen Ländern ist die Verdienstlücke zwischen Männern und Frauen so groß wie in Deutschland: ungefähr 20 % (s. Abb. 5.1). Zudem arbeiten Frauen häufiger in Teilzeit. Daraus und aufgrund politischer Regelungen ergeben sich auch langfristige Probleme wie geringere Renten oder große finanzielle Nachteile im Falle einer Scheidung. Wird berücksichtigt, dass Frauen und Männer unterschiedlich häufig Teilzeit und Vollzeit, in unterschiedlichen Branchen und mit unterschiedlich langen Berufserfahrungen arbeiten, sowie unterschiedlich oft Führungspositionen innehaben, verbleiben immer noch ungefähr sechs Prozent (bereinigter Lohnunterschied, bzw. Netto Gender Pay Gap).

Doch wieso verdienen Männer eigentlich mehr als Frauen?

Frauen wählen öfters schlechter bezahlte Branchen wie zum Beispiel im Sozialwesen. Oder umgekehrt: das Sozialwesen ist aufgrund von politischen und ökonomischen Entscheidungen weniger wert als zum Beispiel das Finanzwesen. Aber auch das kann nur Teilerklärung (und überdies könnte man auch fragen, wie die Berufswahl zustande kommt) sein, wie ein Blick auf die Finanzbranche zeigt:

Obwohl dort insgesamt etwa gleich viel männliche und weibliche Angestellte beschäftigt sind, gilt auch dort: je höher die Hierarchie, desto geringer der Anteil von Frauen. In Top-Positionen sind „Jungs weitgehend unter sich" (Handelsblatt, 12.02.2020, S. 4 f.). Neben tradierten Rollenbildern erschwert die weit verbreitete traditionelle Arbeitsteilung in den Familien das berufliche Fortkommen von Frauen. Noch immer macht bei Frauen unbezahlte Arbeit (Kinderbetreuung, Pflege, Haushalt) einen deutlich höheren Anteil an der Gesamtarbeitszeit aus als bei Männern. Auch ist für Frauen der Zugang zu karriereförderlichen informellen Netzwerken noch immer nicht selbstverständlich. Und: „im Schnitt verhandeln Männer geschickter, wenn es um ihre eigene Karriere geht. Sie sind geldgetriebener, kompetitiver und holen so am Ende oft mehr für sich heraus", so Dagmar-Elena Markworth, Partner bei der Personalberatung Odgers Berndtson (ebd.).

Auch Männer sind benachteiligt!

- Viele Jungen haben größere Schwierigkeiten bei der Ausbildung ihrer Geschlechterrolle als Mädchen, weil sie hauptsächlich von Frauen erzogen werden.
- In die Sonder- und Hauptschulen werden viel häufiger Jungen als Mädchen überwiesen.
- Über 90 % der Gefängnisinsassen und die Mehrzahl der Obdachlosen sind Männer.
- Die meisten Mordopfer sind männlichen Geschlechts.
- Männliche Jugendliche werden mehr als doppelt so häufig Opfer von Gewalttaten als weibliche Jugendliche (DJI 2019).
- Die Suizidrate von Männern ist viel höher als die von Frauen.
- In Kriegen wurden und werden vor allem Männer getötet und verletzt.
- Nach einer Scheidung werden die Kinder in der Regel der Mutter zugesprochen, auch wenn der Vater das Sorgerecht haben möchte.
- Männer haben in den Industriestaaten eine kürzere Lebenserwartung als Frauen – was nicht nur genetisch verursacht ist.
- Kleine Männer verdienen weniger als große, während die Einkommen von Frauen nicht von der Körpergröße abhängig sind[2].

Geschlecht kann als Variable (messbares Merkmal) definiert werden, die mit anderen Variablen, z. B. sozialer Schicht, Bildung, Alter und Attraktivität, in Wechselbeziehung steht. Für den sozialen Erfolg in modernen Gesellschaften ist die soziale Schicht, die Ausbildung und das Alter entscheidender als das Geschlecht. Doch die gesellschaftlichen Wirkungen von Geschlecht sollten im Kontext weiterer Faktoren betrachtet werden, wie z. B. die folgende Studie beweist.

In einer amerikanischen Untersuchung von Frauen in hohen Managementpositionen ergaben sich folgende Bedingungen für einen entsprechenden Aufstieg: Einzelkind oder älteste Schwester in einer nur weiblichen Geschwistergruppe, starke Unterstützung der Leistungsmotivation und Selbstständigkeit durch Mutter und Vater, starke positive Gefühle von Vater und Mutter gegenüber der Tochter (Hennig und Jardim 1977).

---

[2]https://www.diw.de/de/diw_01.c.10431.de/themen_nachrichten/gehaltszuschlag_fuer_g rosse_maenner_neue_studie_belegt_erstmals_zusammenhang_zwischen_koerpergroesse_ und_verdienst_in_deutschland.html.

Die Geschlechtsproblematik ist mit religiösen, politischen und anderen Ideologien, Traditionen und Stereotypen verbunden. Folglich ist auch in Zukunft
kein Konsens über die Gestaltung des Mann- oder Frauseins in den unterschiedlichen Gesellschaftsformationen zu erwarten. Außerdem sind Basismotive von
Menschen, z. B. Liebe, Kinderwunsch und emotionale Geborgenheit mit der
geschlechtsspezifischen Differenzierung gekoppelt. Dadurch wird auch die jeweilige Ausbildung von Männlichkeit/Maskulinität und Weiblichkeit/Feminität eine
kulturelle und soziale Aufgabe bleiben, wobei durch die Modernisierung immer
mehr gruppenspezifische und individuelle Optionen eröffnet werden.

7.1 Theorien über Geschlechtsunterschiede und Geschlechterrollen

Nach der *funktionalistischen* Theorie von Parsons dienen Geschlechterrollen
und geschlechtsspezifische Arbeitsteilung der Strukturerhaltung und Integration.
Dadurch wird Stabilität in der Familie gewährleistet. Männer sind verpflichtet,
für die ökonomischen Mittel zu sorgen, während Frauen die familiäre Innenwelt
organisieren und gestalten.

Ein *Konfliktansatz* geht dagegen von einem jeweils kulturspezifisch geformten
Kampf der Geschlechter und der sozialen Gruppen um Status, Macht, Ressourcen
und Privilegien aus. Eine geschlechtsspezifische Benachteiligung zeigt sich vor
allem bei den Gruppen, die auch auf anderen Dimensionen benachteiligt sind:
Alter, soziale Schicht und Zugehörigkeit zu einer abgewerteten Minorität.

Nutzentheoretische inspirierte Ansätze untersuchen Geschlechterbeziehungen
als Austausch- und Verhandlungssystem. Becker (1981) nimmt an, dass Paar-
haushalte einer gemeinsamen Haushaltsnutzenfunktion folgen. Die geschlechts-
typische Arbeitsteilung würde so gestaltet, dass das gemeinsame Haushaltseinkommen maximiert wird. Die Zeitallokation folge Effizienzüberlegungen, sodass
der Partner mit dem höheren Verdienstpotenzial sich der Marktarbeit widme, der
andere Partner die häusliche Produktionsarbeit übernimmt.

Vielfach widerspricht die Zeitallokation der Akteure dem klassischen haus-
haltsökonomischen Ansatz (Röhler und Huinink 2010). Spieltheoretisch bedeutet
das, weniger von einem kooperativen Spiels auszugehen, sondern stattdessen die
Interaktionen zwischen den Partnern als ein Verhandlungsspiel zu modellieren,
bei dem jeder „Spieler" versucht, seine Auszahlungen zu maximieren. Über den
Ausgang des „Spiels", d. h. über Entscheidungen, wer was macht, entscheiden

weibliche Stereotype	männliche Stereotype
unterwürfig	dominant
abhängig	unabhängig
harmonieorientiert/kooperativ	konkurrenzorientiert
passiv	aktiv/tatkräftig
sanft	aggressiv
furchtsam	kühn/mutig
schwach	stark/kräftig
träumerisch	rational/realistisch
fürsorglich/mütterlich	egoistisch
einfühlsam/emotional/gefühlvoll	emotionslos

Abb. 7.2   Geschlechterstereotype (Auswahl)

auch strukturelle Merkmale wie Machtungleichgewicht und Informationsasymmetrie, aber auch die Ausgestaltung der Arbeits- und Familienpolitik (Auspurg et al. 2014; Grunow 2019).

Eine _symbolisch-interaktionistische_ Betrachtungsweise ist im _doing gender_ Ansatz von West und Zimmerman (1987) und in Überlegungen von Goffman (1994) zu finden. Im doing gender Ansatz wird angenommen, dass die Geschlechtsidentität in sozialen Situationen konstruiert wird (Gildemeister 2019).

Die Geschlechtsunterschiede zeigen sich nicht nur im Verhalten, sondern sie sind im Bewusstsein der Menschen verankert. Untersuchungen zeigen, dass viele Menschen klischeehafte Vorstellungen über Eigenschaften von Frauen und Männern haben (Eckes 2010). Im Folgenden werden in verschiedenen Ländern weit verbreitete Geschlechterstereotype aufgelistet (vgl. Williams und Best 1990; Alfermann 1996) (Abb. 7.2).

Solche Stereotype einfach als Bewusstseinsverirrungen oder falsches Bewusstsein abzutun, ist eine zu einfache Reaktion. Die Entstehung von Stereotypen ist unvermeidlich und dient der Orientierung. Stereotype sind psychische „Kristallisationen", Schemata, Skripte, „eingebrannte" semantische Netzwerke.

Ein Beispiel: _Frauen lächeln häufiger als Männer._ Wenn wir darüber nachdenken, werden wir in unserem Bewusstsein viele Beispiele für die Mimik von Frauen und Männern finden – eine Mischung von teilweise richtigen Beobachtungen und Vorurteilen. Psychologische Untersuchungen ergeben, dass tatsächlich Frauen in bestimmten Situationen häufiger lächeln als Männer (Seder and Oishi 2012).

7.2 Geschlechtsspezifische Sozialisation[3]

Sozialisation ist ein sowohl biologisch als auch gesellschaftlich gesteuerter Prozess, der von vielen Faktoren beeinflusst wird, z. B. soziale Schicht, Kultur, Religion und Familienstruktur. Zwei Aspekte sind für die geschlechtsspezifische Sozialisation von besonderer Bedeutung:

- die unterschiedliche Behandlung von Mädchen und Jungen und
- die Identifikation des Mädchens oder des Jungen mit Vertretern des gleichen Geschlechts.

Dass Mütter Mädchen und Jungen schon als Babys unterschiedlich behandeln und die Mädchen eher zur Passivität und Abhängigkeit von der Mutter erziehen als die Jungen, wurde von Goldberg und Lewis (1969) in einer Studie nachgewiesen. In Experimenten wurde ein Baby (jeweils zur Hälfte männliche und weibliche Babys) einmal rosa gekleidet und den Versuchspersonen als Mädchen präsentiert, dann blau gekleidet und als Junge bezeichnet. Die Versuchspersonen sprachen unterschiedlich von dem Baby (z. B. Verwendung der Worte süß und zart beim als Mädchen ausgegebenen Baby und stark und kräftig beim „Jungen") und behandelten das Kind unterschiedlich (der „Junge" wurde z. B. heftiger bewegt) (Will et al. 1976; Bonner 1984).

Mädchen wählen häufiger Jungen-Spielzeug als Jungen Mädchen-Spielzeug. Mädchen-Spielzeug hat generell einen geringeren Wert (Status) als Jungen-Spielzeug. Die soziale Nutzenorientierung führt damit zu den Wahlunterschieden. Jungen müssen mit stärkeren Sanktionen durch Eltern und andere Jungen rechnen, wenn sie mit dem „falschen" Spielzeug (z. B. Puppen) spielen als Mädchen, die mit „Jungenspielzeugen" spielen (Best 1983). Manche Jungen müssen Demütigungen befürchten, wenn sie nicht aggressiv, dominant, mutig, laut und grob sind. Mädchen aus konservativen, religiösen Mittelschichtfamilien stehen unter starkem Druck, harmonieorientiert, sanft, fürsorglich und musisch orientiert zu sein. Bei Jungen achten Eltern, vor allem Väter, mehr auf die korrekte Geschlechtsrollensozialisation als bei Mädchen. Eine Erklärung für diesen Unterschied könnte sein, dass ein Junge mit weiblichen Zügen nur verlieren, ein Mädchen mit männlichen auch gewinnen kann. Zudem scheint bei Jungen häufiger abweichendes Verhalten aufzutreten, weshalb auf das Lernen der zentralen Rolle mehr geachtet werden muss (vgl. Wood 1999, 177 f.).

---

[3]Eine theoriebezogene Einführung in geschlechtsspezifische Sozialisation bietet Nestvogel (2008).

Kinder spielen meist in geschlechtshomogenen Gleichaltrigengruppen. Dadurch werden Rollenkonflikte vermieden und die Gruppenintegration wird erleichtert. Die Entwicklungspsychologin Gilligan (1982) vertritt die Annahme, dass Frauen sich eher hilfe- und personen-orientiert verhalten, Männer sich an abstrakten Regelsystemen und an individueller Leistung orientieren. In einer Untersuchung von studentischen Kleingruppen zeigte sich folgender Unterschied: Wenn eine Frau lachte, dann lachte nur in 14 % der Fälle mindestens eine andere Frau mit, wenn ein Mann lachte, dann lachte in 30 % der Fälle eine Frau mit (Dreher 1982, 127).

In einer anderen Studie (wiederum mit Studierenden) wurden Fotos gezeigt, auf denen jeweils eine junge Frau und ein junger Mann abgebildet waren. Auf dem ersten Foto erschien der Mann größer als die Frau, auf dem zweiten beide gleich groß und auf dem dritten erschien die Frau größer als der Mann. Die Studierenden wurden aufgefordert, kurze Geschichten über die Personen zu schreiben. Das Foto, auf dem der Mann größer erschien, wurde von den meisten als Liebesszene beschrieben. Dagegen wurde die Frau auf dem Foto, auf dem sie größer als der Mann erschien, als Mutter, Schwester, Lehrerin oder Vorgesetzte beschrieben. Bei gleicher Größe wurden beide Personen als Verwandte oder Freunde geschildert (Waters und Ellis 1995, 98).

Eine vieldiskutierte Frage ist, warum Frauen vergleichsweise weniger häufig Berufe in sog. MINT-Fächern (Mathematik, Informatik, Naturwissenschaft und Technik) ergreifen. Eine wissenschaftliche Evidenz dafür, dass Mädchen mathematisch weniger begabter wären, gibt es jedenfalls nicht (dazu Kasten 5). Geschlechtsspezifische Stereotypen verstärkende Erziehung und Kontextgestaltung finden nach wie vor durch Familien, Schulen und Medien statt (Kollmayer et al. 2018). Zahlreiche Studien belegen den beeinträchtigenden Effekt, den die Aktivierung von Geschlechtsstereotypen auf Motivation und Leistung von Mädchen und Frauen in männlich konnotierten fachlichen Domänen hat (Nguyen und Ryan 2008; Hannover und Wolter 2019, 208).

Dass die meisten Mädchen nach wie vor ein eingeengtes Spektrum von Berufserwartungen haben, liegt auch an fehlenden Vorbildern. So sind in Medien und Schulbüchern männliche Wissenschaftlerfiguren präsenter als weibliche Wissenschaftlerfiguren. Den Einfluss von geschlechtsstereotypen Darstellungen in Schulbüchern haben Good et al. (2010) gezeigt. In ihrem Experiment wurden Neunt- und Zehntklässler zufällig in zwei Gruppen aufgeteilt. In den Schulbüchern der einen Gruppe kamen ausschließlich Forscherinnen vor, in denen der anderen nur männliche Wissenschaftler. In den später folgenden Tests schnitten in der ersten Gruppe männliche Studienteilnehmer schlechter ab, in der zweiten weibliche.

Eine Ausnahme stellte die Mysteryserie Akte-X *(The X-Files)* dar, die von 1993 bis 2002 im Fernsehen lief. In ihr war es die Hauptdarstellerin, die den kühl-rationalen Part (Dana Scully) zu spielen hatte, während ihr männliches Gegenüber eher emotional nach Lösungen suchte. Bei erwachsenen Frauen, die in den Bereichen Naturwissenschaften und Technik arbeiten, wurde später gezeigt, dass sie in ihrer Kindheit überzufällig häufig und gerne die Serie gesehen hatten (O. N., 2019). Der Zusammenhang zwischen der Geschlechterdarstellung in der Fernsehserie und der späteren Studien- und Berufswahl wurde auch als „Scully-Effekt" bezeichnet. Allerdings muss die Kausalität offenbleiben. Denn es kann nicht ausgeschlossen werden, dass besonders naturwissenschaftlich affine Mädchen eine Vorliebe für die Serie entwickelten.

Inzwischen gibt es viele Projekte und Maßnahmen, um Mädchen für MINT-Fächer zu interessieren. Wie Kampshoff und Wiepcke (2019) gezeigt haben, kann allerdings entsprechende Information sogar kontraintentional wirken, z. B. wenn die Mädchen sich ausmalen, wie sehr sie in der Ausbildung zur Kälteanlagentechnikerin oder im Maschinenbaustudium in der Minderheit sein würden. Es ist auch nicht so, dass Länder mit größerer Gleichberechtigung der Geschlechter diejenigen sind, in denen sich besonders Frauen für einen MINT-Beruf entscheiden. Es ist eher umgekehrt (Stoet und Geary 2018)! Dieses *Gender-Gap-Paradox* lässt sich vielleicht damit erklären, dass z. B. in vielen arabischen Ländern der Ingenieurberuf die Chance bietet, beruflich und gesellschaftlich aufzusteigen, während es in einer freien und wohlhabenden Gesellschaft für Mädchen und Frauen viele Optionen für eine befriedigende Karriere gibt.

7.3 Liebe und Sexualverhalten

Viele Menschen wollen Liebe und sexuelle Befriedigung verbunden haben: einen Menschen lieben (wechselseitige intensive positive Gefühle, umfassende Zuwendung), mit ihm tolle sexuelle Erlebnisse genießen und viele verschiedene Aktivitäten gemeinsam erfolgreich und lustvoll durchführen – und das für längere Zeit. Es ist ziemlich unrealistisch, so etwas zu erwarten (Burkart 2019). Warum sind dann solche blauäugigen romantischen Vorstellungen bei den geld- und wissenschaftsgläubigen Realisten heute so weit verbreitet?

Im 18. und 19. Jahrhundert wurden durch den Aufstieg des Bürgertums und die zunehmende Individualisierung und Bildung bestimmte Vorstellungen über die Familie, das Zusammenleben und über Sexualität in den führenden Gruppen der Gesellschaft durchgesetzt – die Wirklichkeit war allerdings durch Täuschung, Verlogenheit und Doppelmoral gekennzeichnet. Inzwischen hat sich zwar viel in diesem Bereich geändert, doch die Liebesideologie hat sich erstaunlich gut gehalten – allerdings haben sich die Prüfverfahren geändert. Dass so viele Menschen so hochgestochene Erwartungen über Liebe und Sexualität haben, hängt auch vom Wohlstand, der gestiegenen Sicherheit (Sicherung vor Gewalt und ökonomischem Abstieg), der verbesserten Bildung (Romane), der Emanzipation der Frauen, der Konsumorientierung und der Technisierung (Medien, Verkehr, Haushalt, etc.) ab. Technik und Liebe sind also verbunden, und zwar nicht nur durch die zusätzlichen Optionen Geschlechtsverkehr im Auto und Internetsex. Die Massenmedien sind vielleicht prägender als viele reale Erfahrungen von Jugendlichen bezüglich Liebe und Familie. Die technisch produzierten Bilder und Szenen mit Frauen und Männern setzen sich teilweise als Standards durch, an denen die realen Partner und Partnerinnen gemessen werden.

Wozu hat man früher, d. h. in bäuerlichen Kulturen geheiratet? Um Kinder aufzuziehen und um eine geregelte Vererbung des Besitzes, vor allem des Grund- und Hausbesitzes, zu garantieren. Liebe (in unserem heutigen Verständnis) oder sexuelle Übereinstimmung der Ehepartner wurde im Mittelalter und zu Beginn der Neuzeit als unwesentlich und wahrscheinlich von vielen sogar als störend für eine Ehe angesehen, vor allem von den Personen, die Entscheidungen über die Heirat zu treffen hatten, und das waren meist nicht die Betroffenen, sondern Eltern oder andere Autoritätspersonen.

Wie entstand denn die Liebe? „Liebe" ist zuerst einmal ein Wort mit verschiedenen Bedeutungen. Die Bedeutungen werden von Menschen hergestellt, je nach kulturellen und sozialen Bedingungen. Eine biologische Grundlage ist zweifellos vorhanden. Sicher ist es sowohl biologisch als auch sozial verankert, dass junge Frauen für die meisten Männer aller Altersstufen sexuell attraktiver sind als alte Frauen und kräftige, sozial anerkannte Männer von Frauen eher als Partner gewählt werden als schwache Außenseiter. Sicher ist auch, dass die wichtigste, aber nicht die einzige Grundlage der Liebe zwischen Erwachsenen im sexuellen Begehren liegt. Die Feinsteuerung des sexuellen Begehrens ist von meist unbewussten „natürlichen" Faktoren (z. B. Hormonen, Duftstoffen, vielfältigen Wahrnehmungen) und häufig ebenfalls nicht bewusst gemachten sozialen Faktoren abhängig, z. B. von der banalen Tatsache, dass Mitglieder der eigenen sozialen Gruppen eher ins Blickfeld und in Berührung kommen als andere. Liebe ist also nicht nur ein Gefühl, sondern eine über viele Jahre in Menschen hergestellte soziale Tatsache. Über sie wird geredet, nachgedacht, geschrieben. Was jeder Einzelne sich darunter vorstellt, ist also von seinen Eltern, von seinen Freunden, von der Literatur, den Medien und von vielen anderen Personen und Ereignissen geformt.

In den meisten Kulturen wurden die sexuellen und sonstigen Interessen der Männer und nicht der Frauen für die Kontakthandlungen als relevant und vorrangig angesehen. Damit wird ein Problem vermieden, das in der Sprache der Spieltheorie „Kampf der Geschlechter" *(battle of the sexes)* heißt: ein Paar will eine gemeinsame Aktivität unternehmen, kann sich aber nicht einigen, weil die Geschmäcker zu verschieden sind. Diese Konflikte werden vermieden, wenn beide anerkennen, dass einer die Handlungen bestimmen darf.

Diese „Konfliktlösung" wird heute nicht mehr akzeptiert. Die heutige Präferenz für gegenseitige Liebe, für die Berücksichtigung der Interessen von Mann und Frau, für die Verbindung von starker Selbstbeherrschung und Leidenschaft, ist nicht nur eine ständige Stressquelle, sondern auch sehr zeit- und ressourcenaufwändig, also auf Massenbasis nur für reiche, moderne Gesellschaften geeignet. Sie gilt trotz hohem ideologischen Konsens und sozialem Druck auch nur partiell, d. h. die idealtypisch vorgegebenen Interaktionen werden bald reduziert, abgebrochen oder vermieden, es entstehen Dominanzverhältnisse und Arbeitsteilung. Liebe wird in der Alltagsmühle kleingearbeitet. Da die Idealvorstellungen jedoch weit verbreitet sind, bedeutet diese Veralltäglichung oft Enttäuschung.

Die stilisierte Liebe, mit entsprechenden Gedanken, Gefühlen und Mitteilungen, war in Europa zuerst eine Erfindung von Mitgliedern der Aristokratie (z. B. Minnesänger), die hochrangige und somit (sexuell) unerreichbare Frauen verehrten. Liebe war getrennt von sexuellem Verhalten, das diese Männer auf unkomplizierte und kostengünstige Weise mit Frauen aus unteren Ständen praktizieren konnten.

Die Verbindung von sexueller Leidenschaft und Liebe war keineswegs selbstverständlich, sondern wurde erst im Laufe der europäischen Geschichte konstruiert, erprobt, idealisiert und popularisiert. „Romeo und Julia" ist ein berühmtes Konstruktionsbeispiel. Dass Liebe, Sexualität und Ehe intime Angelegenheiten zweier Personen sind, ist ebenfalls erst neueren Datums. In früheren Zeiten lagen die entsprechenden Entscheidungen eher in Händen der Sippen-Chefs, der Clan-Führer, der Patriarchen, als in denen der Betroffenen. Daraus kann man nicht schließen, dass die Betroffenen unzufrieden oder unglücklich mit den Entscheidungen waren.

Die traditionelle *Doppelmoral* besagte: Die Frau darf sich keine Seitensprünge leisten, der Mann jedoch darf. In dieser Hinsicht ist eine Egalisierung in modernen Gesellschaften erfolgt. Sexuelle Treue ist übrigens nicht nur ein anerkannter Wert, sondern sie dürfte auch in Paarbeziehungen von den meisten eingehalten werden (vgl. de Singly 1994, 129; Watt and Elliot 2017).

Da im 20. Jahrhundert die Körper in Familien und Organisationen (Kindergarten, Schule etc.) gezähmt und dressiert wurden, wurde eine strenge *Normierung* des Sexualverhaltens immer weniger benötigt. Eine allgemein merkbare *Liberalisierung* des Sexualverhaltens begann in den 1920er Jahren, doch eine umfassende öffentliche Diskussion fand erst ab den 1950er Jahren statt. Wissenschaftliche Untersuchungen, vor allem der Kinsey-Report 1948, gaben einen realistischen Einblick in das Verhaltensspektrum und führten zu kontroversen öffentlichen Diskussionen über Sexualität. Durch den Kinsey-Report wurde bekannt, dass ein hoher Prozentsatz von Männern über homosexuelle Erfahrungen verfügt, doch nur ca. 8 % ausschließlich homosexuell sind (2 % der Frauen sind danach ausschließlich lesbisch).

Die Liberalisierung der Sexualnormen und die Emanzipation der Frauen haben sich einerseits äußerst positiv auf die Chancen ausgewirkt, sich sexuell entfalten zu können. Doch andererseits sind soziale und psychische Kosten erwachsen: *Neue Normierungen* und Zwänge entstehen, z. B. dass Frauen einen Orgasmus und Männer einen besonders guten Orgasmus anstreben. Wenn man einen Orgasmus erwartet, ist man enttäuscht, wenn er nicht erfolgt. Wenn man Orgasmuserfahrungen hat, dann wird man eine persönliche Typologie und Rangreihe der Orgasmen entwickeln. Folglich muss man Enttäuschungserlebnisse einkalkulieren, wenn die tatsächlichen Orgasmen nicht den gesetzten Standards entsprechen. Greift man nun in das Geschehen im Interesse der Optimierung des eigenen Orgasmus ein, dann hat man ökonomische, psychische und soziale Kosten und Konflikte in Kauf zu nehmen.

Aufgrund der Emanzipation, Individualisierung, höherer Mobilität, verbesserter Bildung und *gestiegener Erwartungen* sind die durchschnittlichen Anforderungen im sexuellen Bereich gestiegen. Da der nackte Körper in der Öffentlichkeit immer mehr gezeigt werden darf und immer mehr gezeigt wird und gleichzeitig erbarmungslose Schönheitsnormierungen vor allem über die Medien verbreitet werden, ergeben sich Diskriminierung, Fremd- und Selbstabwertung der von diesen Normen abweichenden Menschen. Die Trennung von Sexualität und Reproduktion durch Empfängnisverhütung hat vielen Frauen einen Machtgewinn und mehr Lebensoptionen gebracht. Doch dadurch fallen auch schwierige Entscheidungen an, die neue Möglichkeiten des Versagens mit sich bringen, z. B. nicht gewollte Kinderlosigkeit oder künstliche Befruchtung.

Die bisherige Diskussion geht von Prämissen der Modernisierung, Emanzipation und Aufklärung aus, die man auch anzweifeln kann: Nach Foucault ist es naiv, von Liberalisierung zu sprechen. Sexualität wurde historisch aus der Einordnung in einen Verwandtschaftskontext, auf den übergeordnete Machtinstanzen kaum zugreifen konnten, durch die bürgerliche Revolution und die Verwissen-schaftlichung herausgelöst und erst dadurch wurde Sexualität im modernen Sinn als personale Eigenschaft und als bearbeitbarer Kompetenzbereich geschaffen. Doch dies war keine Befreiung, sondern eine Disziplinierung. Dass heute mehr über Sex geredet wird und in den Medien sexuelle Szenen erscheinen, interpretiert Foucault als Machtdemonstrationen und -kämpfe und Kontrollmechanismen. Die Kontrollorientierung zeigt sich vor allem in vier Bereichen:

- Medikalisierung der Frauenkörper,
- Sexualisierung und Überwachung des Sexualverhaltens der Kinder,
- Steuerung von Populationen (Geburtenrate, Bekämpfung von Geschlechts-krankheiten etc.) und
- psychiatrische Definition von abweichendem Verhalten.

Doch eine Machtperspektive ist nur eine Weise, Sexualität zu betrachten. Sex ist heute ein Teil der Konsum- und Informationsgesellschaft. 1953 erschien „Play-boy" das erste Mal auf dem Markt. Sexualität war schon in der antiken Welt eine Ware, doch die Vielfalt der Kommerzialisierung von Sexualität ist ein Charakte-ristikum moderner Gesellschaften. Sie wird überall und im Überfluss eingesetzt. Inflationierung, Überproduktion und Kreation sogenannter neuer Produkte ist ja ein generelles Kennzeichen des derzeitigen ökonomischen Systems. Die neuen Medien und Kommunikationstechnologien verstärken diese Prozesse.

Medikalisierung und Instrumentalisierung des Körpers verändern auch die sexuellen Einstellungen und Verhaltensweisen. Die Anti-Baby-Pille, medizinische Eingriffe, Viagra und die Erstellung virtueller Welten führen zu einer Diffe-renzierung, wobei erstaunlicherweise die Geschlechtsrollensozialisation und die Kleinfamilie bemerkenswert stabil geblieben sind.

Zur Vertiefung

Eine sehr anspruchsvolle Liebessoziologie hat Niklas Luhmann verfasst:

Luhmann, Niklas. 1994. *Liebe als Passion*. Frankfurt: Suhrkamp.

Eine benutzerfreundlichere soziologische Theorie der Liebe hat Eva Illouz vorge-legt:

Illouz, Eva. Warum Liebe weh tut: eine soziologische Erklärung. Suhrkamp Verlag, 2011.

Einen breiten, nicht nur soziologischen Zugang zum Stand der Geschlechterforschung bietet:

Kortendiek, Beate/Riegraf, Birgit/Sabisch, Katja, 2019: *Handbuch Interdisziplinäre Geschlechterforschung.* Wiesbaden: Springer.

Gruppen und Organisationen

8

AUF EINEN BLICK

1 Gruppen sind immer vor den Einzelnen da.
2 Gruppen und Gruppenerfahrungen haben einen bedeutsamen Einfluss auf die Weltsicht von Menschen.
3 Organisationen erfassen inzwischen (fast) alle Mitglieder einer modernen Gesellschaft. Sie weisen explizite Normen, Mitgliedschaftsregeln und Grenzen auf.

8.1   Gruppen

Gruppen sind immer vor den Einzelnen da. Ein Baby wird in eine Gruppe hineingeboren. Es ist auf die Gruppe angewiesen, um zu überleben. Man nennt eine solche (Über)lebensgruppe Primärgruppe, in unserer Gesellschaft ist die Familie die wichtigste Primärgruppe (Abb. 8.1).

Wenn Menschen zusammenleben oder regelmäßig zusammentreffen, entwickelt sich ein Wir-Gefühl, eine kollektive Identität. In der Gruppe gelten Normen und Werte. Wenn ein Gruppenmitglied die Regeln verletzt, wird es darauf hingewiesen und gedrängt, sich konform zu verhalten. Meist gibt es auch Arbeitsteilung und verschiedene Rollen in Gruppen. Die Rollenverteilung hängt von der Zielsetzung ab: Wenn die Gruppe in einem Betrieb arbeitet, wird die profitsteigernde Leistung für die Rollen entscheidend sein, wenn die Gruppe sich dagegen zum Wandern trifft, dann werden wahrscheinlich kommunikative Kompetenzen, Geschlecht und Alter für die Rollen wichtige Kriterien sein.

© VS Verlag für Sozialwissenschaften | Springer Fachmedien Wiesbaden GmbH,   179
Wiesbaden 2021
K. Feldmann und S. Immerfall, *Soziologie kompakt*,
https://doi.org/10.1007/978-3-658-31450-7_8

	Primärgruppe	*Sekundärgruppe*
Prinzipien	Ganzheitliche Beziehungen	Gemeinsame Ziele
Dauer der Beziehungen	langfristig	mittel- oder kurzfristig
Bereiche, Aktivitäten, Rollen	viele Bereiche	wenige Bereiche
Grund der Mitgliedschaft	Basisbedürfnisse, Lebenssinn	Mittel zum Zweck
Beispiele	Familie, langjährige Freundschaft	Berufsgruppe, politische Gruppe

Abb. 8.1 Primär- und Sekundärgruppen

Es gibt kleine und große Gruppen. Warum ist das Paar, die kleinste Gruppe, in der modernen Gesellschaft so beliebt? Das heterosexuelle Paar wird als Basis für die wichtigste Gruppe in der modernen Gesellschaft, die Familie, angesehen. Doch das – nicht nur heterosexuelle – Paar ist auch modern, es ist die Minimalgruppe, gerade recht für Individualisten und Aufsteiger, also für Personen, die ihre Zeit nicht verschwenden wollen. Die Zweiergruppe ist aber auch die Katastrophengruppe: der Verlust nur einer Person zerstört die Gruppe. Doch der Verlust des Partners bzw. der Partnerin ist nicht nur eine Katastrophe, sondern auch eine Chance, eine Befreiung. Gruppen aus Individualisten sind labil, somit sind größere Wohngemeinschaften meist nur kurzlebig. Wenn zu einem Paar ein Kind hinzukommt, dann leben drei Personen zusammen. Dreiergruppen erzeugen Ungleichgewicht: Zwei verbünden sich gegen einen!

Gruppen sind für viele Leistungen unverzichtbar (für den Krieg, für die Fertigung technischer Produkte), doch Gruppen können ihre Mitglieder auch in den Abgrund reißen. Man denke an die Rote Armee Fraktion, deren Mitglieder teilweise im Gefängnis landeten bzw. Suizid begingen. Abschließung kann zum Gruppenwahn und zur Verdummung der Mitglieder führen. Janis (1982) analysierte Führungsgruppen der amerikanischen Politik und diagnostizierte als Ursache gravierender Fehlentscheidungen, z. B. bei der Kubainvasion 1962, *group-think*:

- Illusion der Unverwundbarkeit
- Unterschätzung des Gegners
- Unterdrückung alternativer Ansichten
- Illusion des Konsenses.

Experimente zeigen, dass Gruppenmitglieder sich den Fehlurteilen der anderen Mitglieder anschließen, auch wenn sie es besser wissen (sollten) (Asch 1951) (vgl. auch den Abschnitt über Konformität). „Experimente" dieser Art wurden immer wieder in der Geschichte der Menschheit veranstaltet. Ein „Großversuch" fand in den Jahren 1998 bis 2001 statt: New Economy. Hunderttausende Menschen gaben ihren Realitätssinn auf und kauften Aktien und Fonds von windigen Unternehmen. Es handelte sich um eine Epidemie in Weltkonstruktion, deren Zusammenbruch vorhersehbar war.

Gruppen haben einen bedeutsamen Einfluss auf die Weltsicht von Menschen. Während des Zweiten Weltkrieges ergaben Untersuchungen in der amerikanischen Armee, dass Soldaten in Gruppen, in denen sie geringere Aufstiegschancen hatten, mit den Aufstiegschancen zufriedener waren als in Einheiten, in denen es mehr Chancen gab. Ihre Zufriedenheit hing nicht von den objektiven Chancen, sondern von ihrem Vergleich innerhalb der Bezugsgruppe ab. In der einen Gruppe (Militärpolizei) wurden nur wenige nach langer Zeit befördert. In der anderen Gruppe (Luftwaffe) wurden anteilsmäßig mehr nach kurzer Zeit befördert. Die nicht Beförderten kannten also relativ viele Kollegen, die schon befördert worden waren. Dadurch waren sie frustrierter als die Militärpolizisten, die nur wenige Beförderte kannten, die sehr lange darauf gewartet hatten (Stouffer 1949).

Dieser, von Raymond Boudon (1980: 99–108) genauer beschriebene, Mechanismus wird als *relative Deprivation* bzw. *relative Frustration* bezeichnet. Er gilt als eine der großen Entdeckungen der Soziologie (Neckel et al. 2010), zeigt er doch (einmal mehr) die Abhängigkeit sozialen Handelns von der Situationsdefinition: für das Gefühl der Enttäuschung und Benachteiligung ist die subjektive Wahrnehmung und weniger die „objektive" Benachteiligung bedeutsam. Paradoxerweise können somit soziale Verbesserungen und der Abbau von Ungerechtigkeiten dazu führen, dass verbleibende Missstände besonders scharf wahrgenommen werden und dies die allgemeine Unzufriedenheit steigert. Dies hat Alexis de Tocqueville schon für die Französische Revolution von 1789 gezeigt: sie brach aus, als das absolutistische Regime versuchte die Gesellschaftsordnung zu reformieren. Es scheint, so Tocqueville rückblickend 1856, „dass die Franzosen ihren Zustand im Verhältnis zu seiner Verbesserung als umso unerträglicher empfanden".

In agrarischen Gesellschaften verblieben die meisten Menschen ihr ganzes Leben in – relativ großen und altersheterogenen – Primärgruppen (Sippen, Clans). Die moderne Gesellschaft dagegen ist stärker durch Organisationen als durch Primärgruppen bestimmt. Den Unterschied zwischen Primärgruppen und Organisationen kann man sich klar machen, wenn man Geburt und Tod innerhalb der Familie mit Situationen vergleicht, in denen diese Ereignisse in Krankenhäuser ausgelagert wurden. Die meisten modernen Primärgruppen sind klein. Als Säugling beginnt man nach einer kurzen Organisationsphase in einer solchen Minigemeinschaft sein soziales Leben. Doch bald kommt der Schock: Das Kind wird aus dem warmen Schoß der Primärgruppe in die „kalte" Organisation, in Sekundärgruppen, gebracht: in den Kindergarten bzw. in die Grundschule. Dort sind die Gruppen größer, und viele Mitglieder sind Fremde. Die Erzieherinnen oder Lehrer behandeln das Kind nicht mehr ganzheitlich, sondern nach seiner Leistung und seinem konformen Verhalten. Allerdings gibt es Grundschulklassen mit Sofas und Spielen, sie sind familienähnlich; andere dagegen erinnern eher an ein Gefängnis oder ein Krankenhaus.

In modernen Gesellschaften sind die meisten Menschen Mitglieder von mehr Gruppen als dies in traditionellen Kulturen der Fall war. Dadurch sind sie flexibler, weniger abhängig von bestimmten Gruppen, individualisierter und toleranter. Doch sie gehen auch Gefahren ein, sie können vereinsamen, wenn sie ihre Primärgruppe, die meist verglichen mit traditionalen Kulturen wenige Mitglieder hat, verlieren. Die modernen Sekundärgruppen helfen nur spezifisch, unterstützen nicht ganzheitlich. Allerdings benötigt im Wohlfahrtsstaat ein Mensch in der Regel keine Primärgruppe mehr, um zu überleben.

Nicht immer ist die Eigengruppe das Ideal der Gruppenmitglieder. Personen, die aufsteigen wollen, richten ihr Verhalten nach Bezugsgruppen, deren Mitgliedschaft sie anstreben. Sie versuchen, sich an den Normen und Werten der Bezugsgruppe zu orientieren und distanzieren sich von ihrer eigenen Gruppe. Ein anderes Gruppenphänomen ist die Bedrohung durch Stereotype *(Stereotype Threats)*, die wir im Bildungskapitel noch näher kennenlernen.

Die Gruppenerfahrungen prägen für die meisten das Gesellschaftsbild. Wie sie es in Gruppen erlebt haben bzw. wie es ihnen in den Medien schmackhaft gemacht wird, wünschen sie im Staat eine Führungsperson und nicht eine Organisation an der Spitze. Die meisten Menschen werden eine Demokratie ablehnen, in der eine Organisation an Stelle der Positionen Bundeskanzler, Präsident oder Minister gewählt wird und nicht eine Person. Der Staat, die Nation oder das Volk werden von vielen Personen als Gruppen angesehen, sozialwissenschaftlich eine falsche Anschauung. Diese, auf den Staat oder die Nation bezogene, Gruppensichtweise fördert auch Fremdenfeindlichkeit. Ausländer oder Angehörige von Minderheiten werden oft wie Mitglieder einer Fremdgruppe behandelt.

In der kulturellen Evolution sind nach den Gruppen die „Übergruppen" (Organisationen) entstanden.

8.2   Organisationen

Organisationen sind also „Übergruppen" oder Monster, die von Menschen bevölkert und am Leben erhalten werden. Die meisten Menschen in Westeuropa werden heute in Organisationen geboren und sterben dort. Vielleicht möchten die meisten Frauen lieber zu Hause sein, wenn sie gebären, und auch die Sterbenden würden lieber in ihrem eigenen Bett liegen oder in ihrem Stuhl sitzen, doch diese Wünsche werden in der Mehrzahl der Fälle durch die soziale Realität ins Reich der Phantasie verwiesen. Selbstverständlich sind die Organisationen auch zwischen Geburt und Tod ständig „anwesend".

Wird Menschen die Privatsphäre durch Organisationen „gestohlen"? Es handelt sich um ein scheinbares Paradoxon: Noch nie – in früheren Zeiten und anderen Kulturen – hatten Menschen eine so geschützte und komfortable Privatsphäre und noch nie war fast alles, was sie verwenden, wünschen und denken (?!), in Organisationen geplant und hergestellt.

Organisationen sind nicht über Nacht gekommen, sie sind Teil der kulturellen Evolution, Teil eines Prozesses der Rationalisierung, der immer mehr Bereiche erfasste. Begonnen hat es z. B. in Mesopotamien (Irak), als vor tausenden Jahren Bewässerungssysteme aufgebaut wurden. Um diese auf Dauer funktionsfähig zu halten, mussten viele Menschen gelenkt werden, also musste Arbeitsteilung, eine Befehlsstruktur und Verhaltensschulung eingeführt werden. Viele kulturelle Leistungen erforderten eine ausgefeilte Organisation: der Bau der Pyramiden, die Steuerung des Römischen Reiches oder die Versorgung großer Städte (vgl. Mann 1994).

Bürokratische Organisationen sind durch folgende Merkmale gekennzeichnet:

1. Festlegung von *Zielen* und Aufgaben. Wenn es um Profitorientierung bzw. Gewinnmaximierung geht, dann besteht kaum ein Zielproblem. Doch es gibt Organisationen, wie Schulen oder Hochschulen, in denen die Ziel- und Aufgabenstrukturen komplex, diffus und umstritten sind.
2. *Hierarchische Ordnung* der Positionen. Befehle gehen von oben nach unten. Organisationen unterscheiden sich in der Anzahl der Hierarchiestufen und vor allem bezüglich des Freiraumes der Untergebenen. Die Gestaltungsmöglichkeiten und Freiräume sind für statushöhere Positionen (z. B. Ärzte, Hochschullehrer, Künstler) relativ groß. Die hierarchische Ordnung schließt informelle Machtverhältnisse, ja sogar eine heimliche Organisation innerhalb der offiziellen Organisation, nicht aus, wofür Gefängnisse Anschauungsmaterial liefern.

3. *Normen:* Vorschriften und Regeln bestimmen das Verhalten der Organisationsmitglieder und auch der Klienten (Betriebsordnungen, Arbeitszeiten, Sprechzeiten, räumliche Bestimmungen, Einsatz von Arbeitsmitteln usw.). Im Idealfall sollten sich die Verhaltensregeln aus den Zielen „ableiten" lassen. Doch vor allem in bürokratischen Organisationen entwickeln sich oft zielneutrale oder sogar zielschädigende Regelsysteme. Die Normen der Organisation können teilweise mit den allgemeinen gesellschaftlichen Normen im Widerspruch stehen, nicht nur bei kriminellen Organisationen. Außerdem bilden sich neben den formellen Regeln auch informelle Regeln aus.

4. *Spezialisierung* und technische Kompetenz: Moderne Organisationen zeichnen sich durch einen hohen Grad an Arbeitsteilung aus. Viele Spezialisten müssen koordiniert werden. Außerdem sind komplizierte und teure technische Anlagen und das entsprechende Personal für die Erfüllung der Ziele notwendig. Somit sind diese Organisationen von einem guten Schul- und Berufsbildungssystem abhängig. Moderne Organisationen funktionieren also nur in einem Verbundsystem von (staatlichen und privaten) Organisationen.

5. *Kommunikation:* Offiziell sind die Beziehungen unpersönlich, neutral, rein geschäftlich. Die persönliche Kommunikation ist eingeschränkt, wird beschnitten. Früher durfte in vielen Organisationen während der Arbeit nicht oder kaum gesprochen werden. Doch in modernen Organisationen gibt es nicht nur formelle berufsbezogene Kommunikation, sondern eine informelle Struktur. Ein positives informelles Kommunikationsklima kann sich auf das Erreichen der Ziele der Organisation günstig auswirken. Allerdings muss die informelle Kommunikation keineswegs für alle Beteiligten angenehm sein, man denke nur an Außenseiter, Mobbing bzw. sexuelle Belästigung.

6. Organisationen bestehen freilich nicht nur aus Zielen, Normen, Positionen und Rollen, sondern auch aus Gebäuden, Einrichtungsgegenständen und anderen räumlich-zeitlichen Aspekten. Auf diese Weise prägen sie die materielle Kultur und die Kunst. Die bedeutendsten architektonischen Leistungen werden heute im Auftrag von Organisationen durchgeführt. Menschen werden durch diese räumlichen Strukturen geprägt. Der Chef ist mit seinem prächtigen Büro und exquisiten Auto wie ein Zentaur mit seinem Pferdekörper verkoppelt. Durch die räumlich-zeitliche Strukturierung werden die Menschen nicht nur in ihren Bewegungen und Wahrnehmungen, sondern auch in ihrem Handeln und Denken gesteuert (Abb. 8.2).

Wenn man die hier genannten Kriterien einbezieht, kann man Organisationen nach der Art der Ziele, der Anzahl der Hierarchiestufen, der Formen der Spezialisierung und der Kommunikation einteilen.

Bürokratische Organisation	
Alte Form	*Neue Form*
starre Hierarchie, autoritär	Netzwerk, demokratisch
starres Regelsystem	dynamisches, flexibles Regelsystem
Zentralisierung	Dezentralisierung
fixierte Positionsstruktur	flexible Positionsstruktur
primär Vollzeitpositionen	primär Teilzeitpositionen
Aufstieg: Senioritätsprinzip	Aufstieg: Systemleistung
Ritualismus	Innovation

Abb. 8.2 Prinzipien bürokratischer Organisationen

Doch Organisationen wurden nicht nur geschaffen, um Aufgaben besser zu erfüllen (funktionalistische Sicht), sondern um Interessen durchzusetzen und Kämpfe zu gewinnen (Konfliktansatz). Etzioni (1975) hat in seiner Typologie von Organisationen (Abb. 6.3) den Machtaspekt ins Zentrum gerückt (vgl. auch den Abschnitt über Macht im Kapitel „Politik").

Tatsächlich sind die meisten Organisationen Mischtypen. Religionsgemeinschaften sind normativ, häufig nutzenorientiert und teilweise auch Zwangsorganisationen, vor allem für Kinder. Alle langfristig existierenden und expandierenden Organisationen benötigen eine Verbindung von Normen bzw. Moral und Nutzenorientierung. Die versprochenen Belohnungen können symbolisch sein oder in ein Jenseits, in eine ferne Zukunft verschoben werden. Zwang und Gewalt sind ebenfalls unvermeidlich, da sie als Drohung zumindest bei starker Abweichung für alle glaubhaft gemacht und im Ernstfall auch eingesetzt werden. Die Motivation der Klienten kann unterschiedlich sein. In einer Sekte, in der Gewalt ausgeübt wird, also z. B. Mitglieder festgehalten oder eingesperrt werden, können diese mit Entfremdung reagieren oder die Normen so sehr internalisiert haben, dass sie die Bestrafung akzeptieren. Anhand der Typologie kann auch der Wandel von Organisationen bestimmt werden. Eine wissenschaftlich gesteuerte und humanitäre Entwicklung verläuft vom Zwang zur Nutzenorientierung. Gefängnisse, in denen Insassen Therapie und Weiterbildung erhalten, sind dafür Beispiele. Die Niederländer haben intelligentere und positiv wirksamere Kombinationen von Zwang, Belohnung und Normierung in ihren Gefängnissen installiert als die US-Amerikaner. Die Typologie ermöglicht auch Vergleiche: Japanische Arbeitnehmer sind bzw. waren in stärkerem Maße moralisch-normativ an ihre Firmen gebunden als Arbeitnehmer in der EU (Abb. 8.3).

Im Laufe der gesellschaftlichen Entwicklung mussten Menschen immer häufiger mit Agenten von Organisationen verkehren. Coleman (1986) spricht von

| Arten   der | Motivation der | Organisation |
Machtausübung	Klienten	
Gewalt, Zwang	Entfremdung	Zwangsorganisation: Gefängnis
Belohnung	Nutzenorientierung	Nutzenorientierte Organisation: Betrieb
Normierung	Moral	Normative Organisation: Religionsgemeinschaft

Abb. 8.3 Typologie von Organisationen nach Etzioni

einer „asymmetrischen Gesellschaft", d. h. es besteht in zunehmendem Maße ein Macht- und Informationsungleichgewicht zwischen den Interaktionspartnern Individuum bzw. Kleingruppe und Organisation. Es gibt allerdings auch primärgruppenfreundliche Organisationen mit räumlicher und zeitlicher Flexibilität, Betriebskindergärten, altersgemischte Gruppen, Beratung der Arbeitnehmer etc. Doch das Machtungleichgewicht verstärkt sich. Das Hauptmachtzentrum von vielen Organisationen ist für die Mitglieder nicht mehr „sichtbar", weit entfernt, oft in einem anderen Staat. Organisationen vernetzen sich immer mehr, sodass Einzelne immer weniger Möglichkeiten haben, das soziale Geschehen, das sich in zunehmender Schnelligkeit über elektronische Kanäle und intelligente Systeme vollzieht, zu durchschauen oder gar gezielt zu beeinflussen. Doch nicht nur Individuen, auch Großgruppen und Staaten sind mächtigen multinationalen Organisationen unterlegen. Der Umsatz der größten amerikanischen Konzerne übertrifft das Bruttosozialprodukt vieler Staaten, z. B. Ruanda, Guatemala oder Laos.

Organisationen können Menschen radikal verändern. Dafür gibt es viele Beispiele: Militär, Konzentrationslager, Terror-Organisationen. Sowohl reale Situationen als auch wissenschaftliche Experimente zeigen, dass normale Menschen in Organisationen ohne großen Aufwand in Sadisten, Schlächter oder Sklaven verwandelt werden können (vgl. Milgram 1974).

Max Weber hatte sich pessimistisch über die Entwicklung der Organisationen und der Bürokratie in modernen Gesellschaften geäußert. Er meinte, dass die Menschheit sich neue Zwangsinstitutionen schaffen werde, die der Entmenschlichung dienen. Konzentrationslager und militärische Organisationen des 20. Jahrhunderts sind Belege hierfür, doch man sollte die erfreulichen Entwicklungen nicht vergessen: schülerorientierte Schulen, liberale Hochschulen, kreative Wirtschaftsunternehmen, bürgerfreundliche Stadtverwaltungen. Will man Bilanz ziehen, so wird man wahrscheinlich zu einem positiven Ergebnis des

Einflusses von Organisationen auf Menschen kommen: Organisationen haben den Zivilisations- und Zähmungsprozess begünstigt, bzw. sie waren notwendige Bestandteile dieses Prozesses.

Um Veränderungsprozesse in Organisationen beurteilen zu können, ist es vorteilhaft, über die Prinzipien und Mechanismen Bescheid zu wissen.

Organisationen werden immer mehr technologisch gestaltet. Die neuen Technologien erfordern Anpassung und stellen Überwachungssysteme dar. Je komplexer, kostenträchtiger und gefährlicher die Technologien sind (z. B. Atomtechnologie), umso rigider und differenzierter sind die Verhaltensregelsysteme.

In vielen Organisationen entwickelt sich eine *Doppelmoral,* z. B. erhalten offizielle Ziele Fassadencharakter oder normverletzende Vorgänge werden verheimlicht oder umgedeutet. Organisationsmitglieder, die diese „schmutzige Wäsche" nach außen tragen oder öffentlich vorzeigen (whistleblower), werden zu Außenseitern oder müssen die Organisation verlassen.[1] Ob man eine derartige Doppelmoral als eine Fehlentwicklung oder als eine normale Erscheinung interpretiert, hängt von der Sichtweise ab. So sind auch die folgenden Aussagen perspektivisch zu verstehen. Organisationen können sich in ungünstiger Weise entwickeln, können degenerieren. Die Ziele können in Vergessenheit geraten oder alte Ziele entsprechen nicht mehr den veränderten Umweltanforderungen. Doch die Rituale und Regelsysteme funktionieren weiter. Produktives Arbeiten wird vorgetäuscht. Solche Zielvergessenheit wird teilweise Schulen und Hochschulen vorgeworfen, die den Schülern bzw. Studierenden nicht das für den Beruf brauchbare Wissen vermitteln, sondern curriculare Rituale oder Veranstaltungen im Interesse des angestellten Personals durchführen.[2] Damit Organisationen nicht in derartiger Weise degenerieren, sollten sie in Konkurrenz zu anderen Organisationen stehen, d. h. Klienten oder Kunden sollen zwischen Anbietern von Dienstleistungen wählen können.

Organisationen haben einen bedeutsamen Einfluss auf Kultur und Gesellschaft. Ritzer (1995) spricht von einer *McDonaldisierung,* wobei McDonalds, Coca Cola und andere multinationale Konzerne gemäß vier Prinzipien erfolgreich sind:

1. *Effizienz:* vor allem Schnelligkeit ist das Ziel nach der Devise „Zeit ist Geld".
2. *Kalkulierbarkeit:* Alles wird bis ins Kleinste gemessen, geplant und standardisiert.

---

[1]Ein Beispiel ist der Bericht der Chefärztin des Pariser Gefängnisses Santé Vasseur (2000) über die Zustände in der Organisation.

[2]Eine ähnliche Problematik wird in der Diskussion des „heimlichen Curriculums" angesprochen (siehe den entsprechenden Abschnitt im Kapitel „Erziehung").

3. *Uniformität* und Vorhersagbarkeit: McDonalds ist auf der ganzen Welt gleich gestaltet.
4. *Automation:* So weit möglich wird automatisiert, da die Beschäftigung von Menschen mit Kostensteigerung, Risiken und Abweichung verbunden ist.

Doch es gibt auch andere Trends in der Entwicklung internationaler Organisationen, z. B. Dezentralisierung, wobei die einzelnen relativ kleinen Einheiten weit reichende Entscheidungsfreiheit haben und keineswegs standardisiert werden. Es gibt multinationale Unternehmen, die aus mehr als 1000 Untereinheiten bestehen, die weltweit flexibel agieren.

8.3   Leitung von Gruppen und Organisationen

Wer leitet eine Gruppe? Der am meisten redet, der den anderen Befehle gibt, der Zeichen der Macht besitzt? Es gibt auch Gruppen ohne klare Leitungsstruktur. Doch wenn es ernst wird, wenn die Gruppe für die Mitglieder wichtige Ziele erreichen muss, dann wird sich meist ein hierarchisch geordnetes Statussystem, Arbeitsteilung und Rollenverhalten herausbilden.

Hierarchische Ordnungen in Organisationen sind durch Traditionen vorgegeben. Doch immer häufiger werden Fragen nach Qualität und Art der Leitung gestellt.

Je komplexer die *Aufgabenstellung,* umso partizipativer, also nicht-autoritär, ist der aufgabenangemessene *Führungsstil.*

Ungeachtet der Tatsache, dass die tatsächliche Zuweisung von Leitungspositionen in der Wirtschaft häufig über soziale Herkunft erfolgt: die *Legitimierung* von Leitung läuft heute primär über Leistung. Also dominiert *rationale Herrschaft.* Doch charismatische Fähigkeiten sind noch immer bedeutsam. Und in Familienunternehmen, die in der mittelständisch geprägten deutschen Wirtschaft eine bedeutsame Rolle spielen, gibt es noch teilweise traditionale Herrschaft. In den großen Organisationen, z. B. multinationalen Konzernen, besteht eine besonders große Distanz zwischen den leitenden Managern und den übrigen Beschäftigten. In den USA und in anderen Industriestaaten ist eine Aristokratie der Spitzenmanager entstanden, was sich u. a. in deren außerordentlich hohen Einkommen zeigt.

Zur Vertiefung
Einführender Überblick über Themen und Perspektiven der Organisationssoziologie:

Pohlmann, Markus, 2016: Soziologie der Organisation. Eine Einführung [2. Auflage]. Konstanz, Konstanz: UTB; UTB/UVK.

Vertiefender Einblick in die wichtigsten Organisationstheorien:

Kieser, Alfred/Ebers, Mark (Hrsg.), 2019: Organisationstheorien [8. Auflage]. Stuttgart: Kohlhammer.

Soziale Institutionen

9

AUF EINEN BLICK

1. Dauerhaftes Zusammenleben von Menschen ist ohne Institutionen nicht denkbar. Institutionen prägen Menschen mehr als umgekehrt.
2. Soziale Institutionen sind gesellschaftliche, meist historisch gewachsene und relativ dauerhafte Einrichtungen zur Erreichung bestimmter Ziele, indem sie Verhaltensmuster verfestigten.
3. In den folgenden Unterkapiteln werden sechs wichtige, moderne Institutionen angesprochen, die jeweils über eigene Verfahrensweisen, Sprachen, Rituale, Sinngefüge und Räume verfügen.

Im alltäglichen Sprachgebrauch werden die Worte „Institution" und „Organisation" oft bedeutungsgleich oder -ähnlich verwendet. In der Soziologie hat der Schlüsselbegriff Institution jedoch eine von dem Begriff Organisation abgegrenzte Bedeutung. Institutionen sind allgemeine Regelsysteme, Organisationen konkrete Personenkollektive. Manche Institutionen treten hauptsächlich in Form von Organisationen auf, wie die Schule, andere dagegen, wie die Familie und die Ehe, nicht. Institutionen gehören vor allem dem Makrobereich an: Wirtschaft, Politik etc. Doch die Familie, Ehe und das Begräbnis als Institutionen kann man dem Mikrobereich zuordnen (Abb. 9.1).

Soziale Institutionen wie Sprache, Religion und Staat gewährleisten nach Gehlen (2009) Menschen Stabilität, Sicherheit und Ordnung. Gehlen definiert Menschen als Mängelwesen, ihnen fehlen eindeutige Instinkte. Ihr Verhalten müsse auf andere Weise gelenkt und geordnet werden, eben durch Institutionen.

Institutionen können unterschiedliche Aufgaben erfüllen:

© VS Verlag für Sozialwissenschaften | Springer Fachmedien Wiesbaden GmbH, Wiesbaden 2021
K. Feldmann und S. Immerfall, *Soziologie kompakt*,
https://doi.org/10.1007/978-3-658-31450-7_9

Bereich	Soziale Form/Struktur
Makro	Institution
Meso	Organisation
Mikro	Interaktion

Abb. 9.1 Soziale Formen des Makro-, Meso- und Mikrobereichs. (Modifiziert nach Turner und Boyns 2002, S. 370)

1. Sie dienen der Integration (Inklusion und Exklusion),
2. der Erhaltung der Werte und Normen,
3. der Entlastung von Entscheidungen (Reduktion von Komplexität),
4. der Vorhersagbarkeit von Handlungen, und
5. der Motivation.

Institutionen sind der Leim, der die Menschen in der Gesellschaft zusammenhält (Hamm 1996, S. 54), dauerhafte Einrichtungen, die Einstellungen und Verhalten stabilisieren. In *funktionalistischer* Perspektive sind Institutionen langfristig angelegte Problemlösungen, um die zentralen Aufgaben der Gesellschaft zu erfüllen. In einer *Konfliktperspektive* sind Institutionen Handlungsmuster, die der Machterhaltung der herrschenden Gruppen dienen. Aus *interaktionistischer* Sicht haben sich im Laufe der Entwicklung Kommunikations- und Symbolsysteme verfestigt, die nun einen verlässlichen Rahmen für den ständigen Symbolaustausch der Menschen bilden. Die *nutzentheoretische Perspektive* betont den verhaltensbeschränkenden Charakter von Institutionen. Institutionen stellen informelle (z. B. Bräuche) und formelle Anreize (z. B. Eigentumsrechte) dar, dieses zu tun, jenes zu lassen.

Institutionen sind nicht *Orte* oder materielle Gebilde (z. B. Gebäude), sondern verfestigte Verhaltensmuster, Routinen und Zeichensysteme, die zwar räumlich und zeitlich gebunden sind, aber doch für einen größeren Personenkreis für eine gewisse Zeit gelten. Im Bewusstsein der meisten Menschen sind Institutionen allerdings mit Orten verbunden: Religion mit der Kirche, Politik mit dem Parlamentsgebäude, bzw. mit der Bundeshauptstadt, Kunst mit dem Museum, Erziehung mit Schulen, usw.

Um Institutionen zu begreifen, kann man sich zuerst einen Ameisen- oder einen Bienenstaat vorstellen. Es handelt sich um ein geregeltes Zusammenleben, an das die beteiligten Organismen gebunden sind, Brutstätten, Wege, Kommunikationsrituale, Kampfkompetenz usw.

Das zweite Bild betrifft die Entwicklung des einzelnen Menschen, die man sich als *Kette von Institutionen* vorstellen kann. Als Kind lernt er zuerst die Familie

Abb. 9.2 Zentrale
Institutionen oder
Subsysteme

Zentrale Institutionen
Subsysteme

Politik   Wirtschaft

Erziehung   Massen-
Bildung   medien

Religion   Gesundheit
Medizin

kennen, dann Erziehungsinstitutionen, wie den Kindergarten und die Schule, das Schützenfest, die kirchlichen Veranstaltungen, das Fußballspiel, die Heirat, den Betrieb, das Begräbnis und viele andere bewährte gesellschaftliche Problemlösungen. In der Regel sind sie mit Ritualen verbunden, also mit stabilen vorgegebenen Handlungsketten (Abb. 9.2).

In traditionellen Kulturen wurden Menschen von Institution zu Institution weitergereicht, die *Übergänge* waren weitgehend festgelegt und ritualisiert. In modernen Gesellschaften dagegen trifft dies teilweise noch für Kinder und für Jugendliche zu. Im Erwachsenenalter gibt es viele Freiräume. Ob sich jemand weiterbildet, sich mit Kunst, Religion, Sport und Medien beschäftigt oder kirchlich heiratet, ist ihm weitgehend freigestellt.

In einfachen Gesellschaften gab es nur wenige Institutionen, die eng miteinander verflochten waren. Ackerbau, also eine wirtschaftliche Tätigkeit, war eng mit Familie/Sippe und Religion verbunden. Bei der Aussaat waren religiöse Rituale vorgeschrieben und die Fruchtbarkeit des Landes und die Geburten wurden als zusammengehörend angesehen. Heute wird Ackerbau den Institutionen Wirtschaft und Technik zugeordnet, die Religion hat damit kaum noch etwas zu tun und die Geburten gehören in das Reich der Familie und der Medizin. Die Verkoppelung der Institutionen in traditionellen Kulturen wird aus moderner Sicht als Zwangssystem angesehen. Wirtschaft und Wissenschaft wurden in früheren Jahrhunderten von Politik, Religion und Zünften gegängelt. In modernen Gesellschaften sind die Institutionen autonomer geworden, d. h. sie verfügen über eigene Verfahrensweisen, Sprachen, Rituale, Räume und Berufe.

Dominanter Bereich ↓	Wissenschaft	Kunst	Religion	Wirtschaft
Wissenschaft	Grund-lagen-forschung	Kunst-geschichte	Religionswis-senschaft	Monetarismus
Kunst	Museums-gestaltung	Lyrik-produktion	Bilder von Chagall	Opernauf-führung
Religion	Theologie	Moderne Kirchen-kunst	Gottesdienst	Konfirma-tion
Wirtschaft	Pharma-forschung	Kunst-auktion	Devotionalienhandel	Börse

Abb. 9.3 Verflechtung von Institutionen

Institution	abweichendes Verhalten	Institutioneller Umgang mit abweichendem Verhalten
Recht	Straftat	Gefängnis
Erziehung	Lernverweigerung, Störung	Sitzenbleiben, Überweisung auf die Sonderschule
Gesundheit/ Medizin	Krankheit, Behandlungsverweigerung	Erfindung einer Krankheit, Diagnose
Politik	Verfassungsfeindliche Handlungen, Wahlverweigerung	fundamentalistische Prinzipien, Ausschluss von Gruppen
Wirtschaft	Betrug, Preisabsprachen, Produktmängel	Marktbeschränkung, Monopol
Wissenschaft	Fälschung, Plagiat	Publikationsnormen, IuK-Technologien

Abb. 9.4 Institutionen und abweichendes Verhalten

Diese *Autonomisierung* hat einerseits zu hohen Innovationsraten und Leistungssteigerungen geführt (vor allem in Wirtschaft und Wissenschaft), andererseits Norm- und Wertprobleme und neue Konflikte mit sich gebracht. Durch die Autonomisierung ergeben sich neue Aufgaben der Vermittlung, Verflechtung und Koordination.

In Abb. 9.3 werden Beispiele für (relativ) autonome Bereiche (Diagonale) und für Verflechtungen von Institutionen vorgestellt.

Institutionen sind unverzichtbar für eine stabile Gesellschaft und für die Herstellung eines modernen Qualitätsindividuums, doch sie schaffen auch die Rahmenbedingungen für abweichendes Verhalten (Abb. 9.4).

Durch Institutionalisierung wird Normalität produziert, werden Wissen und Handlungen gerahmt. Dadurch ergibt sich auch zwangsläufig Exklusion: Entlassung, Ausweisung, Entmündigung, Sitzenbleiben, Schulverweis etc. Diese Schattenseiten führen zu Zweifeln an der jeweils vorgegebenen Institutionalisierung – jedenfalls bei Benachteiligten.

Geht man von einem *Konfliktmodell* aus, dann dienen Institutionen mächtigen Gruppen, stehen in Konkurrenz miteinander, bekämpfen sich und/oder beuten ihre Diener oder Klienten aus. Das Gesundheitssystem steht in Konkurrenz zum Bildungssystem. Es täuscht die Menschen über seinen Wert. Sie geben viel Geld für Gesundheitsversprechungen aus, obwohl die Investition in Bildung oder auch in anderen Bereichen für sie mehr bringen würde (vgl. Siegrist 1996, S. 443). Doch es kann auch das Bildungssystem aufgrund politischer und ökonomischer Interessen gegenüber anderen Teilsystemen begünstigt werden (vgl. Stromquist 2016). Das ökonomische System kolonisiert, besetzt die anderen Institutionen, Kunst, Religion, Politik, Bildung usw. (vgl. Mäder 2019).

Auch von einem *funktionalistischen* Ansatz aus lässt sich Kritik an Institutionen üben, wenn sie die Modernisierung behindern. Die Institution Ehe erschwert die Entwicklung neuer Formen von Primärgruppen (Haushaltsgemeinschaften). Die Institution Begräbnis verstellt den Blick auf alternative Formen des Umgangs mit Toten. Die Institution Muttersprache kann sich als Hindernis für die Integration Europas, für die Bildung oder Auswahl einer gemeinsamen Sprache erweisen. Interessante Einsichten liefert auch der Vergleich verschiedener Staaten. In Deutschland ist die Institution Erziehung traditionell hauptsächlich von der Politik abhängig, in den USA stärker von der Wirtschaft beeinflusst. Die Institution Religion ist in den USA mehr mit der Wirtschaft verbunden als in Deutschland oder Frankreich.

Auch die *Nutzentheorie* geht nicht davon aus, dass Institutionen immer effizient sind. Kleptokratien und Gewaltsysteme sind für Minderheiten nützlich, aber für die Mehrheit der Bevölkerung des entsprechenden Staates schädlich. Verfügungs- und Eigentumsrechte, die wirtschaftlichen Wohlstand begünstigen, sind keineswegs selbstverständlich (North 1988).

9.1 Wirtschaft

Es gibt kaum noch Menschen, die an der gesellschaftlichen Dominanz der Institution Wirtschaft zweifeln. Während der Finanzkrise soll Bundeskanzlerin Merkel sogar gefordert haben, die Demokratie müsse „marktkonform" werden, also sich nach den Erfordernissen des internationalen Kapitals ausrichten (vgl. Streeck

2015). Die Echtheit des Zitats wurde allerdings bestritten (FAZ vom 14.04.2012). Jedenfalls wird man sagen dürfen, dass es uns heute völlig selbstverständlich erscheint, dass Boden, Arbeit oder Konsum den Gesetzen von Angebot und Nachfrage folgen. Diese Vorstellung eines autonomen Wirtschaftssystems, das moralisch oder politisch kaum noch korrigiert werden kann, ist jedoch relativ neuen Datums (siehe Kasten 7).

Funktionalistisch ist Wirtschaft ein Subsystem der Gesellschaft mit eigenen Aufgabenstellungen. Nach Parsons dient die Ökonomie der Anpassung an die natürliche und soziale Umwelt und der Befriedigung der menschlichen Bedürfnisse. In einer modernen Gesellschaft soll es eine Passung zwischen Produktion und Konsum geben. Kommuniziert wird im Wirtschaftssystem über das Medium Geld (siehe Kasten *Geld*).

Ein *Konfliktansatz* marxistischer Prägung sieht Arbeit, Produktion und den Besitz der Produktionsmittel als Basis menschlichen Handelns, geprägt von Kämpfen um Ressourcen, Eigentum und Befriedigung von Bedürfnissen. Das Wirtschaftssystem wird von den Produktivkräften (Technik, Wissenschaft etc.) angetrieben und durch die Produktionsverhältnisse (z. B. Ausbeutung der Arbeitskräfte, Niedriglöhne aufgrund von hoher Arbeitslosigkeit) ergeben sich Klassenkonflikte (Streik, politische Unruhen etc.).

Geht man von den Vorstellungen und Verhaltensweisen von Arbeitnehmern und Konsumenten aus, wird eine *symbolisch-interaktionistische* Perspektive wichtige Einsichten liefern. Bedürfnisse von Menschen entstehen über Interaktionen, zuerst in der Familie, dann zunehmend über Medien. Die Welt erscheint als Dorf, in dem man sieht, wie andere Marlboro rauchen, Coke trinken und ein schickes Auto fahren. Wenn Menschen ein Auto kaufen, dann geht es nicht nur um Ortsveränderung, sondern auch um Statussymbole, um Gefühle (wenn man über das Lenkrad streichelt und auf die Armaturen blickt), um Liebe, Lust und Macht.

Kasten 6: Geld
Geld ist die universale Tauschmaschine, Geld erleichtert den Tausch und die Akkumulation des Kapitals. Durch das Geld hat der Staat neben dem Gewaltmonopol ein zweites zentrales Machtmittel geschaffen, das freilich die Emanzipation der Ökonomie vom politischen Bereich gefördert hat. Früher konnten Personen oder Sippen enteignet werden, da die Grundlage des Reichtums der Besitz von Boden war. Heute transferieren Reiche ihr Geld (und sich selbst) ins Ausland und können politisch nicht mehr so leicht belangt werden.

Geld stinkt nicht. Geld löst Vorurteile zwar nicht auf, aber mildert ihre Folgen. Nach einer amerikanischen Untersuchung, die in den 30er Jahren (LaPiere 1934) durchgeführt wurde, hatten viele Besitzer von Hotels und Restaurants in den Südstaaten rassistische Vorurteile gegenüber Farbigen und meinten in einer Befragung, sie würden keine Chinesen aufnehmen. Doch eine weitere Studie zeigte, dass viele von diesen vorurteilsbelasteten Personen zahlenden Chinesen ihre Dienstleistungen gewährten (Kluft zwischen Einstellungen und Verhalten).

Geld ist ein Mittel, das einerseits kulturelle und soziale Barrieren und auch Bindungen auflöst, andererseits Menschen voneinander abhängiger werden lässt. Simmel (1983, S. 83) schrieb, dass die Geldwirtschaft „einerseits ein ganz allgemeines, überall gleichmäßig wirksames Interesse, Verknüpfungs- und Verständigungsmittel, andererseits der Persönlichkeit die gesteigerte Reserviertheit, Individualisierung und Freiheit ermöglicht." Kollektivgefühle sind mit der gemeinsamen Währung und der Wirtschaftsverflechtung verbunden.

Doch Geld ist auch mit Entpersönlichung verbunden. Die internationalen Geldströme und die schnellen Kapitalverschiebungen fördern die Entkontextualisierung. Geldströme entmaterialisieren sich – werden zu elektronischen Impulsen, schließlich zu reiner Information. Sie begünstigen privilegierte Minderheiten, die globale Macht gewinnen. Geld löst sich von den Gütern, von der Arbeit und von sozialen Situationen (Entkontextualisierung). Wenn es gewaschen ist, dann ist ihm die Herkunft nicht mehr anzumerken. Allerdings kann der neureiche Nutzer an seinem Habitus, der in seinem Körper verankert ist, erkannt werden. Doch durch die elektronische Kommunikation und die unpersönlichen Geldströme wird diese Habituserkennung immer mehr erschwert und in Finanzkontexten unwichtiger werden.

Geld hat im langfristigen Konkurrenzkampf der Kommunikationsmedien politische und militärische Macht, soziales und kulturelles Kapital überrundet. Nach Niklas Luhmann grenzen sich Systeme von ihrer Umwelt durch ein spezifisches Kommunikationsmedium (Sprache) und einen spezifischen binären Code (Unterscheidung) ab. Im Wirtschaftssystem ist die Sprache, die jeder Wirtschaftsteilnehmer versteht, „Geld" und der Code „zahlen – nicht zahlen".

Die Grundlage von Wirtschaft sind *Bedürfnisse,* die Menschen zu Aktivität und Arbeit und zum Konsum antreiben. Bedürfnisse sind prinzipiell unendlich. Wir wissen heute noch nicht, welche Wünsche wir morgen haben (könnten). Von Steve Jobs, dem Apple-Gründer, ist das Bonmot überliefert, „die Leute wissen gar nicht, was sie wollen, bis man es ihnen zeigt. Unsere Aufgabe ist es, herauszufinden, was sie wollen, bevor sie es tun." Damit ist Jobs gar nicht soweit von der Theorie der Bedürfnisproduktion der Kritischen Theorie (Frankfurter Schule: Horkheimer, Adorno, Marcuse) entfernt, wenngleich ohne deren kritischen Unterton.

Nach Maslow (1981) gibt es jedoch eine Hierarchie der Bedürfnisse, die von physischen Bedürfnissen bis zur Selbstverwirklichung reicht. Grundbedürfnisse betreffen Essen, Trinken, Wohnung, Kleidung, Sexualität und Sicherheit. Darauf aufbauend haben sich weitere Bedürfnisse entwickelt und offensichtlich gibt es kein Ende in dieser Entwicklung. Maslow meint, dass die Befriedigung der physischen Bedürfnisse, wie Hunger, zu einer Aufwertung der „höheren" Bedürfnisse führt. Je mehr bestimmte Bedürfnisse befriedigt werden, desto eher sinken weitere Glückserträge durch solche Erlebnisse (Grenznutzen). Inglehart (1989, 1998) hat, ähnlich wie Maslow, zwischen materiellen und immateriellen Bedürfnissen unterschieden und durch seine empirischen Untersuchungen in den 1970er und 1980er Jahren in den westlichen Ländern einen Wertewandel festgestellt. Aufgrund der Sättigung im Bereich der materiellen Bedürfnisse haben postmaterialistische Einstellungen und Werte (soziale Anerkennung, Selbstverwirklichung) an Bedeutung gewonnen. Allerdings wurde in der Zeit der Klimakrise erkannt, dass die Verwirklichung postmaterialistischer Bedürfnisse, z. B. kulturelle und ästhetische Erlebnisse, einen hohen materiellen Aufwand benötigen.

In modernen Gesellschaften haben sich die Bedürfnisse weiter differenziert und das *Anspruchsniveau* ist gestiegen. Diese Erwartungssteigerung ergab sich vor allem durch den Wohlstand und die Bildungsexpansion. Der Konsumkapitalismus setzt ein genuss- und erlebnishungriges Individuum voraus (Reckwitz 2017). Ein paradoxes Ergebnis dieser Entwicklung kann sein, dass mehr Konsum mehr Unzufriedenheit mit sich bringt (Enste et al. 2019, S. 116–145), bzw. keine Steigerung des Glücks erbringt. Allerdings wird eine Verringerung des Konsums von fast allen als Verlust angesehen und daher vermieden.

Das inzwischen die Welt umspannende *Wirtschaftssystem* wird unterschiedlich genannt: Industriegesellschaft, kapitalistisches Weltsystem, Neoliberalismus. Wie ist es entstanden?

Ursprünglich waren die meisten Menschen Jäger und Sammler. Dann sind Menschen sesshaft geworden, Ackerbauer und Viehzüchter. Jahrtausende waren agrarische Kulturen vorherrschend. Der Industrialisierungsprozess ging ab dem letzten Drittel des 18. Jahrhunderts von England aus und hat sich im 20. Jahrhundert über die gesamte Welt ausgebreitet. Doch was waren die Ursachen für diese Entwicklung? In Hochkulturen, auch in Europa in früheren Jahrhunderten waren die politischen und militärischen Institutionen dominant, es gab nur abhängiges Wirtschaften und jeder, der Überschuss erwirtschaftet hatte, konnte jederzeit beraubt werden. Industrie und *Kapitalismus* entwickelten sich zuerst in England, weil dort politische Institutionen und Herrschaft gezähmt und beschnitten worden waren, d. h. die herrschenden Gruppen hatten Macht an andere gesellschaftliche Gruppen abgeben müssen (Chirot 1985). Dagegen dominierte in Frankreich bis zur Französischen Revolution, ein absoluter Staat mit aristokratischen und klerikalen Ständen. In England gab es nicht nur einen freieren Markt für Wirtschaftsgüter, sondern auch für religiöse Organisationen. In Frankreich dagegen wurden die Protestanten massakriert und vertrieben.

Die europäisch-nordamerikanische *Industrialisierung* des 18. und 19. Jahrhunderts ist eine einmalige kulturelle Innovation. Es gab Ansätze für eine ähnliche Entwicklung im 11. Jahrhundert in China. In der chinesischen Provinz Hunan entwickelte sich eine private Eisen produzierende Industrie. Doch dann schlug die zentralistische kaiserliche Verwaltung zu. Sie erhob wirtschaftszerstörende Steuern, erklärte die Eisenproduktion zum kaiserlichen Monopol und ruinierte die Industrie in kurzer Zeit (McNeill 1982).

Die Industrieproduktion ist durch folgende Merkmale ausgezeichnet (zum Kapitalismus siehe Kasten: Marktwirtschaft ist nicht Kapitalismus):

1. Fabriken,
2. Maschinen,
3. Massenproduktion (hohe Stückzahlen),
4. hoher Grad an Arbeitsteilung, und
5. Profitorientierung und unternehmerische Rationalität.

Die globalen Veränderungen der vergangenen beiden Jahrhunderte waren gewaltig. Man denke nur an ein existenzielles Faktum: Der Hunger hat die Menschheit Jahrtausende begleitet. Er ist zwar nicht besiegt, jedoch auf eine schrumpfende Minderheit beschränkt worden. Wahrscheinlich sind die meisten Experten der Meinung, dass der Kapitalismus der entscheidende Faktor für diesen insgesamt positiven Wandel war (Deaton 2017).

Die politischen und ökonomischen Strukturen des Westens haben sich in Variationen weltweit durchgesetzt. Es entstehen *Märkte,* die allerdings meist von den herrschenden Gruppen zu ihren Gunsten gestaltet werden. Märkte sind

Institutionen; sie müssen sozial und politisch gesichert sein, sonst brechen sie zusammen oder degenerieren. Märkte haben immer mehr gesellschaftliche Bereiche erfasst. Der moderne Markt als „Idealtypus rationalen Gesellschaftshandelns" (Max Weber) hat sich von den sozialen und kulturellen Fesseln weitgehend gelöst. Ökonomie beherrscht immer mehr die Lebenswelt, sodass Religion, politische Präferenzen, Gruppenzugehörigkeit und andere soziale Faktoren an Bedeutung verloren haben. Die Menschen kaufen Wurst und Träume dort, wo sie gut und billig sind.

Doch Märkte können degenerieren, ihre Funktion eines freien Austausches nicht mehr erfüllen. *Monopole* entstehen, ein Anbieter hat (fast) alle anderen ausgeschaltet, er kann die Preise diktieren. Folglich ist politische, rechtliche und öffentliche (mediengestützte) Kontrolle von Märkten unverzichtbar. Außerdem gibt es eine Klasse von Gütern, sogenannte *Kollektivgüter* (Luft, Wasser, Tier- und Pflanzenarten, große Ökosysteme), für die eine reine Marktsteuerung wie auch eine Nicht-Steuerung von vielen Experten für schädlich oder katastrophal gehalten wird (siehe Abschn. „Die Zerstörung der kollektiven Güter").

Problematisch ist auch die Ausweitung der Mechanismen des Marktes und des Marktverhaltens auf „nicht-ökonomische" Bereiche, auf Wissenschaft und Religion –sogar auf private Lebensbereiche wie Freundschaft und Familie, was man auch als Rationalisierung und Ökonomisierung bezeichnen kann (vgl. Lukes 2005). Nach Marx, Polanyi und anderen Autoren ist das Wirtschaftssystem dominant, ja es kolonisiert die übrigen Systeme (Politik, Kunst, Medizin usw.). Ausdrücke wie Warenwelt und Monetarisierung deuten diese Beherrschung der gesellschaftlichen Bereiche durch Wirtschaftsfaktoren an. Ist dies nützlich oder schädlich? Ökonomisierung kann dysfunktional wirken, z. B. soziale Bindungen in Gruppen schwächen. Arbeit, die nicht entlohnt wird, auch wenn sie die Bedürfnisse von Menschen befriedigt, wird entwertet. Man wird für naiv gehalten (oder auch für einen Gutmenschen), wenn man so etwas macht, z. B. fremden Menschen unentgeltlich hilft.

Beispiele für die unheilvolle Wirkung von Ökonomisierung sind allgemein bekannt, deshalb soll hier die Möglichkeit einer positiven zivilisatorischen Wirkung gezeigt werden. Wenn in manchen Staaten und Regionen noch Verwandtschafts- und Clanbindungen und ethnische Feindschaft überstark sind, dann zeigen sich unter diesen Bedingungen auch besonders häufig wirtschaftliche Fehlentwicklungen. Eine erfolgreiche Wirtschaftstätigkeit kann mit einem Zurückdrängen dieser veralteten, gewaltfördernden kulturellen Strukturen verbunden sein.

Das Geld „macht aus Feinden Handelspartner, also aus Menschen, die bereit sind, sich im Kampf um Dinge gegenseitig den Schädel einzuschlagen, Menschen, die sich mit Zahlungen zufrieden geben und befrieden lassen." (Willke 2003, S. 173 f.)

Wirtschaft und *Politik* stehen in einem Spannungsverhältnis. Die soziale Markwirtschaft der Bundesrepublik benötigt ein handlungsfähiges politisches System, das gegen Wettbewerbseinschränkungen vorgeht, das Vorstellungen sozialer Gerechtigkeit bewahrt und thematisiert, und das für soziale Sicherungen gegenüber Risiken eines rücksichtslosen Wirtschaftens sorgt. Ob das europäische Integrationsprojekt den nationalen Sozialstaat aushöhlt oder sichert und ergänzt, ist umstritten (Immerfall 2018). Politik, die zu stark planend in den Wirtschaftsbereich eingreift und die Verstaatlichung von wichtigen Teilen der Wirtschaft anstrebt, wird von der Mehrheit der Deutschen abgelehnt. Doch eine schwache Politik, die immer mehr wichtige Entscheidungen an das Wirtschaftssystem abgibt und immer mehr von ökonomischen Akteuren abhängig wird, kann sich ebenfalls als fatal erweisen, wie die Banken- und Finanzkrise gezeigt hat. Das gleiche gilt für eine Wirtschaftspolitik, die staatliche Vorsorgeleistungen möglichst dem Markt überlässt. In Krisensituationen (Terroranschläge, Pandemien) zeigt sich, wie wichtig eine nicht an Marktprinzipien orientierte Überkapazität, etwa im Gesundheits- oder Sicherheitswesen ist.

Der große Widersacher des Kapitalismus, der Kommunismus/Sozialismus ist nur mehr in Randgebieten oder hybriden gesellschaftlichen Formen anzutreffen, doch die Kritik am Kapitalismus oder am Weltwirtschaftssystem ist geblieben. Vor allem die bleibende hohe Arbeitslosigkeit, die hohe Staatsverschuldung, krasse Lohn- und Einkommensunterschiede, die katastrophale Wirtschaftssituation mancher Entwicklungsländer und die Turbulenzen auf den Finanzmärkten nähren bei vielen die Zweifel an der Güte des Wirtschaftssystems.

Gibt es eine Krise der Wachstumsgesellschaft?
Die durchschnittlichen Raten des Wirtschaftswachstums haben sich in den Industriestaaten seit den 80er Jahren verringert. Der von der IuK-Technologie versprochene Produktivitätsschub ist bislang noch nicht eingetreten (Gordon 2016). Es gibt eine Marktsättigung bei vielen Gütern, z. B. technischen Geräten für Haushalte. Außerdem werden die ökologischen Grenzen des Wachstums sichtbar, sodass quantitatives Wirtschaftswachstum zu einer Verschlechterung der Lebensbedingungen vieler Menschen führen kann. Das derzeitige globale Wirtschaftssystem stellt viele, für die meisten Menschen unwichtige oder sozial schädliche Güter und Dienstleistungen her (Landminen, Privatflugzeuge, Luxusautomobile), viele wichtigere jedoch in unzureichendem Maße (sauberes Trinkwasser, Bildung für

Unterprivilegierte, Krankenversicherung). Somit entsteht die paradoxe Situation, dass für die Produktion unwichtiger und schädlicher Güter hohe Profite eingefahren werden, während die Erstellung wichtiger Produkte und Dienstleistungen schlecht oder gar nicht entlohnt wird.

Daneben hat Hirsch (1980) auch von sozialen Grenzen des Wachstums gesprochen. *Positionsgüter* (begehrte Berufspositionen, Wohnungen in erwünschten Regionen, hohe Bildungsabschlüsse, ideale Ferienziele, hochwertige Dienstleistungen) werden von einer immer größeren Menge von Menschen angestrebt, aber sie sind nicht beliebig vermehrbar bzw. ihre Vermehrung führt zu steigenden negativen Nebenwirkungen (Flugreisen).

> Der Kampf um Positionsgüter führt zu einer Verschwendung von Arbeitskraft und Ressourcen, zum *Zehenspitzen-Effekt*.

Wenn sich alle auf die Zehenspitzen stellen, um besser zu sehen, sieht niemand besser, doch alle haben zusätzliche Kosten. Wenn immer mehr „Zusatzqualifikationen" erworben werden, bessere Noten und das „passende" soziale Kapital erforderlich sind, um einen Arbeitsplatz zu erhalten, dann wird wertvolle Arbeitskraft verschleudert, werden die Bildungsanstrengungen inflationiert und wird Vertrauen in politische und soziale Systeme eingebüßt. Vor allem entsteht ein Markt der scheinbaren Qualifizierung, d. h. es werden Kompetenzen erworben, die nur im Kampf um Positionsgüter brauchbar sind.

Kasten 7: Marktwirtschaft ist nicht Kapitalismus
Märkte im Sinn eines einfachen Tauschhandels gab es wohl schon immer. Adam Smith, der Vater der Nationalökonomie, nahm an, dass die Menschen eine „natürliche Neigung" zu handeln und Dinge gegeneinander auszutauschen hätten. Der Marktmechanismus ist eine mögliche Form der Kooperation in Abgrenzung zum Beispiel zu Macht oder Gemeinschaft. Aber schon Märkte als Ort, wo regelmäßig Angebot und Nachfrage zusammenkommen, benötigen bestimmte Regelungen (z. B. über Zeit und Ort), damit sie gut funktionieren. Märkte sind folglich von Machtentscheidungen abhängig, modern gesprochen von der Institution Politik bzw. Staat. Das gilt für die durch Marktprivilegien abgesicherten Märke des Mittelalters ebenso wie für den europäischen Binnenmarkt. Wir sprechen deshalb von Märkten als Mechanismus und als Institution.

Der Kapitalismus ist hingegen eine Wirtschaftsordnung. Der Kapitalismus braucht Märkte, aber Märkte gab es lange vor dem Kapitalismus (Polanyi 1978; Braudel 1985). Entscheidend ist, dass im Kapitalismus wirtschaftliche Belange primär den Gesetzen von Angebot und Nachfrage unterworfen sind. Religiöse Regeln oder soziale Überlieferungen werden zurückgedrängt.

Der Begriff Kapitalismus kann verschiedenen historischen und gesellschaftlichen Phänomenen zugeordnet und entsprechend unterschiedlich bestimmt werden. Folgende Merkmale werden in der Regel zur Begriffsbestimmung herangezogen:

- Lohnarbeit,
- Privateigentum an Produktionsmitteln (Kapitalbesitz),
- Profitmotiv.

Der Kapitalismus ist ein krisenhaftes, aber sehr dynamisches auf die Zukunft ausgerichtetes System (Plumpe 2017; Beckert 2018). Da der derzeitige Kapitalismus in den vergangenen Jahrzehnten bedeutsame Weltprobleme nicht bewältigen konnte, z. B. wirksame Maßnahmen gegen den Klimawandel, und mit einer steigenden sozialen Ungleichheit verbunden war, plädieren verschiedene Personen und Gruppen für eine stärkere Steuerung der Wirtschaft durch Staaten, z. B. Erhöhung der Vermögens- und Erbschaftssteuern (Piketty 2014, 2021).

Zur Vertiefung

Eine spannende Globalgeschichte des Kapitalismus, die die ungeheuren Wohlstandsgewinne beschreibt, andererseits die damit verbundenen Probleme nicht verschweigt:

Deaton, Angus. 2017. *Der große Ausbruch. Von Armut und Wohlstand der Nationen.* (amerik. 2016) Stuttgart: Klett-Cotta.

9.2   Politik

AUF EINEN BLICK

1. Eine soziologische Betrachtung von Politik untersucht, wie politische Phänomene aus der Gesellschaft entstehen und diese beeinflussen.
2. Vor allem fragt sie nach der Institutionalisierung und Legitimierung von Macht.
3. Staaten- und Nationenbildung verliefen in der Regel stark kriegsabhängig.

Wie kann in großen Gruppen Ordnung und Stabilität hergestellt werden? Eine soziologische Betrachtung von Politik beschäftigt sich mit der Institutionalisierung und Legitimierung von Macht (vgl. Giddens 1999, S. 367 ff.).

Im Zeitalter der Globalisierung stellen manche die Frage: Wird Politik zweitrangig? Nationale Politik wird immer abhängiger vom (Welt)Wirtschaftssystem. Idealtypisch sollten im politischen System die gesellschaftlichen Ziele gesetzt werden, deren Erfüllung dann u. a. mithilfe der Wirtschaft angestrebt wird. Wirtschaft wäre also ein Instrument, würde Mittel zur Verfügung stellen. Doch tatsächlich werden die politischen Ziele in zunehmendem Maße ökonomisiert und monetarisiert, d. h. im Extremfall wird Politik zum Mittel für die Durchsetzung von Wirtschaftsinteressen. Dies ist jedenfalls eine oft verbreitete These.

Funktionalismus: Welche wichtigen Aufgaben erfüllt das politische System? Ziele setzen, Interessenausgleich, Überwachung der Wert- und Normsetzung, Sicherung von Gleichheit, Freiheit und Frieden.

Nutzentheorie: Wie kann ein politisches System gestaltet werden, das von nutzenorientierten Akteuren (Bürgern wie Politikern) bevölkert ist, aber doch bindende, gemeinwohlorientierte Entscheidungen hervorbringt?

Konfliktansatz: Politik ist immer ein Ringen, ein Kampf um die Macht. Politische Institutionen haben besonders grausame Formen der Unterdrückung hervorgebracht. Die beiden Weltkriege und ihre kleineren Nachfolger zeigen, dass politische Konflikte in vielen Teilen der Welt das Leben der Menschen bestimmen.

Interaktionismus: Die tierisch ernst genommenen politischen Superworte des 19. und 20. Jahrhunderts, Volk, Nation, Staat, Kaiser, Führer, Vaterland, Partei sind dank politischer Katastrophen und Medienverwurstung symbolisch kleingearbeitet worden, sodass fast jeder darüber lachen kann und darf. Politiker werden inzwischen seltener für Halbgötter, Überväter oder cäsarische Reinkarnationen gehalten, sondern als Entertainer, Schauspieler, Regisseure und Manager goutiert oder verlacht. Politik ist Aushandeln, Deutung, nicht mehr aus Eingeweiden von Tieren, sondern aufgrund von sozialem Kapital, Sachkenntnissen, strategischen Spielen und Medienpräsentationen.

Weitere Erkenntnisse lassen sich durch das Einbeziehen des bereits bekannten Dreigestirns Geschlecht, Alter und soziale Schicht gewinnen. Frauen haben auch in den meisten fortschrittlichen Ländern erst im 20. Jahrhundert das Wahlrecht erhalten und in den obersten politischen Etagen gibt es nach wie vor wenige Frauen, kaum Angehörige der (unteren) Unterschicht, kaum Personen unter 25 Jahren. 80-jährige dürfen die Politik mitbestimmen, 14-jährige nicht.

Macht und Herrschaft

Der Begriff „Macht" wurde in dem Text bisher häufig gebraucht, also als selbstverständlich vorausgesetzt; an dieser Stelle soll er genauer erörtert werden (vgl. auch Wiswede 1998, S. 287 ff.). Das Thema „Macht" ist selbstverständlich nicht auf die Institution Politik zu beschränken. Es ist ein Basisthema menschlicher Interaktion und wird deshalb auch häufig im Rahmen der Sozialpsychologie behandelt (vgl. Neuberger u. a. 1985, S. 166 ff.). Sozialpsychologisch betrachtet ist Macht nicht die Eigenschaft einer Person, sondern ein Merkmal von Beziehungen, Kommunikationen und Interaktionen.

Im politischen System werden gesellschaftliche Ziele gesetzt. Doch um sie zu setzen und vor allem durchsetzen zu können, braucht man Macht. Damit die Zielsetzungen von den meisten Betroffenen anerkannt werden, benötigt man legitime und institutionalisierte Macht, von Max Weber Herrschaft genannt.

Max Weber (1980) unterschied folgende *Herrschaftsformen* nach der Art der Rechtfertigung oder *Legitimität*.

Traditionale Herrschaft: Heiligkeit der Tradition, z. B. „von Gottes Gnaden" Autorität haben. In modernen Gesellschaften gibt es traditionale Herrschaft nur mehr in peripheren Bereichen: englische Königin.

Rationale Herrschaft: Legalität, Recht (unpersönliche Ordnung). Diese Herrschaftsform hat sich in modernen Demokratien durchgesetzt. Doch sie ist gefährdet, wie sich in vielen Entwicklungsländern zeigt.

Charismatische Herrschaft: eine außeralltägliche, heilige, heldenhafte Person leitet das Kollektiv, Führerprinzip (Cäsar, Napoleon, Hitler, Stalin). Aspekte charismatischer Herrschaft sind auch in modernen Demokratien anzutreffen, da häufig bei den Wahlen Personen und nicht Parteien und Programme im Zentrum stehen.

Der moderne Staat ist das Machtzentrum. Doch Macht ist ein dynamisches Medium, das in allen Institutionen wirkt: Wirtschaft, Militär, Religion u. a.

Was ist Macht? Wenn ich einem anderen meinen Willen aufzwingen kann oder
in der Hackordnung ganz oben stehe, dann habe ich Macht. Wenn ich ganz unten
bin, aber auch wenn ich allein bin und mich niemand beachtet, dann bin ich
machtlos. Wenn eine andere Person mich zu Handlungen bringt, die ich ohne
ihren Einfluss nicht durchführen würde, dann hat diese Person Macht über mich.
Die Dialektik dieser ungleichen wechselseitigen Beziehung lässt sich an folgendem Dialog zweier amerikanischer Komiker (Abbott und Costello) darlegen:

„Denke daran, ich bin der Boss!
Und was bin ich?
Du bist nichts!
So bist du also der Boss von nichts."

Macht kann man anhäufen wie Steine, Geld und Wissen. Dies ist auch im Laufe
der Geschichte geschehen. Doch Macht ist von der Anerkennung durch andere
abhängig, ist eine Beziehungsressource. Sie funktioniert nur in Gruppen, Kollektiven und Netzwerken. Allein ist man machtlos. Macht kann überraschend
schnell verschwinden, wenn die Anhänger ihre Anerkennung Gegnern zuwen-
den, was man an gestürzten Diktatoren erkennen kann, z. B. Mussolini. Macht
ist von Ressourcen abhängig, sie ist also einerseits etwas Immaterielles (Anerkennung, Einfluss), andererseits ohne materielle Grundlage (Reichtum, Waffen,
Güter) nicht dauerhaft.
      Ein kurzer Blick auf die *kulturelle Evolution* erleichtert das Verständnis der
Entwicklung der Macht. Als Menschen sesshaft wurden und Ackerbau betrieben, ergaben sich neue Machtchancen: Die Menschen konnten nicht so leicht
entfliehen, wenn sie bedroht wurden. Sie hatten zu viel investiert. Sie erwirt-
schafteten Überschüsse, die zu Herrschaftszwecken verwendet werden konnten.
Einzelne eigneten sich überproportional die Überschüsse an. Sie boten dafür
z. B. Schutz gegen Überfälle. Denn die Überschüsse, der Reichtum der sesshaften
Ackerbauern, lockte andere Gruppen. Die Bevölkerung vermehrte sich durch den
Ackerbau und die Vorratshaltung. Ökonomisches, soziales und kulturelles Kapital
bildete sich. Dies führte zum Anwachsen der sozialen Ungleichheit. Die krie-
gerische Schutzgruppe entwickelte sich in vielen Kulturen zur Ausbeuter- und
Parasitengruppe.
      Warum entstand in Mesopotamien (heute Irak) um 3000 v. Chr. eine neue
Kultur- und Herrschaftsform: Stadt, Schrift, Tempel, Religion und Schichtung
(Mann 1994)?
      Fruchtbares Land hatte Ackerbau begünstigt. Hochkulturen entstanden zuerst
in fruchtbaren Gebieten. Bewässerungssysteme erforderten komplexe dauerhafte

Regelungsstrukturen. Die Interaktionsstrukturen und die Normen, die zum Ausbau und zur Erhaltung der Bewässerungssysteme geschaffen wurden, konnten auch in politischen und militärischen Bereichen übernommen werden. Solche gut funktionierenden Menschensysteme waren weniger organisierten überlegen. Gerade diese erfolgreichen sozialen Systeme produzierten allerdings neue Probleme: Bevölkerungsüberschuss und Bodenzerstörung. So verstärkten sich in Vorderasien Gruppenkonflikte, Migration und organisierte Gewalt. Dadurch wurden militärische und organisatorische Kompetenzsteigerungen gefördert. Kultur- und Machtentwicklung sind folglich untrennbar miteinander verflochten.

Noch immer fehlt eine klare Definition der „Macht", deshalb wird hier die berühmte Bestimmung von Max Weber wiedergegeben:

> „Macht bedeutet jede Chance, innerhalb einer sozialen Beziehung den eigenen Willen auch gegen Widerstreben durchzusetzen, gleichviel, worauf diese Chance beruht."

Der „eigene Wille" kann in „Sozialchancen von Personen, Gruppen, Organisationen oder anderen sozialen Gebilden" umdefiniert werden. Dann gelangt man zu folgender Machtdefinition: *Wenn Personen, Gruppen, Organisationen oder andere soziale Gebilde ihre Sozialchancen im Vergleich zu anderen Personen, Gruppen, Organisationen oder sozialen Gebilden verbessern, gewinnen sie an Macht.* Macht lässt sich an einer Verbesserung (oder Verschlechterung) von Sozialchancen im Konkurrenzkampf auf allen sozialen Dimensionen ablesen. Macht nimmt mit der Vermehrung von Sozialchancen, Ressourcen (Kapital) und Risiken zu. Deshalb gab es noch nie in einer Kultur so viel Macht wie in modernen Gesellschaften (Abb. 9.5).

Man kann drei Schichten der Machtkonstruktion und auch entsprechende drei theoretische Richtungen unterscheiden (vgl. Scott 2001).

- Bilder der Macht
- Machtpositionen
- Akteure der Macht.

In der Informations- und Mediengesellschaft werden die Bilder der Macht dominant, schon die offiziellen Machtpositionen bleiben im Hintergrund und die Akteure der Macht, z. B. Großinvestoren, Bankmanager, verschwinden immer

Machtmittel und – formen	Traditionale Gesellschaft	Moderne Gesellschaft
dominante Form der Belohnung	soziale Anerkennung	ökonomische Belohnung
Bestrafung	häufig	selten
Art der Bestrafung	körperlich	psychisch, ökonomisch
Experten	selten	häufig
Religion	große Bedeutung	geringe Bedeutung
Recht (kodifizierte Normen)	geringe oder mäßige Bedeutung	große Bedeutung
Information	geringe oder mäßige Bedeutung	große Bedeutung
informelle Fremdkontrolle	große Bedeutung	geringe oder mäßige Bedeutung
Selbstkontrolle	geringe oder mäßige Bedeutung	große Bedeutung

Abb. 9.5 Veränderung des Einsatzes von Machtmitteln

mehr hinter den Kulissen. Dieses Unwissen oder Fehlwissen, jedenfalls gemessen an der Bedeutung von Machtaktionen für Lebenschancen, wird auch durch die zunehmende „Strukturalisierung" und „Entpersonalisierung" von Macht und Herrschaft begünstigt. „Strukturelle Macht" zu verstehen und mit der eigenen Weltsicht zu verbinden, erfordert spezifische Lernprozesse, die auch infolge defizitärer und privilegiengestützter Schul- und Hochschulcurricula relativ selten stattfinden.

Es folgen Thesen, die dazu verhelfen sollen, einen mehrdimensionalen Begriff von Macht zu konstruieren.

1. Macht entsteht in *Feldern* von menschlichen Beziehungen. Man kann sie einer Person, einer Gruppe, Organisation oder einem Feldteil zuordnen. Sie ist die Potenz eines Feldteils, in anderen Feldteilen Veränderungen zu bewirken (vgl. zum Thema Macht und Organisation die Typologie von Etzioni im Kapitel „Organisation").

2. Nach Foucault (1977, 1982) durchzieht Macht die Gesellschaft und unterliegt historischen Veränderungsprozessen. Körper der Unterlegenen wurden früher von den Mächtigen brutal zerstört, während sie heute lang dauernden professionellen Prozeduren (medizinische Behandlung, Gefängnis, Schule etc.) unterzogen werden. Physische Bestrafung wurde durch wissenschaftlich geprüfte *Kontrolltechnologien* ersetzt. Macht wurde unpersönlicher und die

persönliche Macht über Menschen wird mehr verborgen, verheimlicht oder in den Privatbereich verschoben.

3. Macht ist eine *wechselseitige* Beziehung. Wenn A auf B Macht ausübt, dann übt – abgesehen von Extremfällen – auch B auf A Macht aus (z. B. Mutter-Kind, Schüler-Lehrer, Arbeitgeber-Arbeitnehmer). Allerdings sind Machtbeziehungen in der Regel asymmetrisch.

4. In der Sozialisation *verinnerlicht* die der Macht unterworfene Person (z. B. das Kind) die Verhaltensvorschriften der machtausübenden Instanz (z. B. der Eltern), bildet ein Gewissen, ein Über-Ich, eine Moral aus. Menschen können Moral gegen sich selbst (z. B. gegen den inneren Schweinehund) einsetzen. In (modernen) Menschen spielen sich innere Machtkämpfe ab: Rollenkonflikte, sich wandelnde personale Identität, wechselnde Gruppenzugehörigkeit, kognitive Dissonanzen, parasoziale Beziehungen zu Mediengestalten und andere „Bewusstseinsspaltungen" zeigen den Einzelnen als Spiegel einer pluralistischen Gesellschaft.

5. Macht tritt im Leben zuerst als personalisierte *Fremdkontrolle* auf: Mutter, Vater, Erzieherin, Lehrer usw. Wie schon gesagt führt dies im Idealfall zu Internalisierung und Selbstkontrolle. Doch in modernen Gesellschaften werden Kinder schon frühzeitig nicht nur mit der Personmacht von Mutter und anderen Bezugspersonen, sondern auch mit institutionalisierter, teilweise entpersonalisierter Fremdkontrolle (z. B. über formelle Regeln und technische Verfahren) in Kindergarten, Schule und anderen Organisationen konfrontiert. Man könnte sagen, dass Menschen die unpersönliche Macht in einfachen Kulturen hauptsächlich durch „die Natur" und in der Industriekultur durch „die Gesellschaft" erfahren.

6. Macht ist in der Regel kein *Nullsummenspiel*. Wenn also einer Macht hinzugewinnt, muss nicht ein anderer verlieren. Es verändern sich die Bedürfnisse, die Ziele, die Ressourcen und die Machtmittel. Die Beziehungen werden vielfältiger und differenzierter. Die Konkurrenz um die Macht führt zur Erschließung weiterer Machtquellen. Macht bewirkt Gegenmacht usw.

7. Eine Lehrerin lässt in ihrer Klasse Schüler andere Schüler unterrichten, sie gibt also Macht ab. Doch dafür gewinnt sie Zeit, um andere Handlungen, die sie für wichtig hält, durchzuführen.

8. Machthaber sind meist daran interessiert, ihre Macht auf Dauer zu stellen, zu institutionalisieren und zu legitimieren, um mit Max Weber zu sprechen: aus Macht *Herrschaft* werden zu lassen. Mafiabosse wollen ehrenwerte Geschäftsleute werden. Börsenspekulanten wollen, dass ihre Methoden, anderen Leuten das Geld aus der Tasche zu ziehen, legal sind. Professionelle, z. B.

Ärzte, wollen, dass ihre Handlungen als wissenschaftlich begründet und recht-
lich abgesichert gelten. Auf Zeit gewählte Personen wollen möglichst ohne
Zeitbegrenzung herrschen.

Auch in den gut funktionierenden westlichen Demokratien ist die politische und
soziale Macht sehr ungleich verteilt. Michels (1925) meinte, dass unabhängig von
politischen Systemen (Verfassungen etc.) die zentralen Herrschaftsmittel immer in
Händen weniger sind (Gesetz der Oligarchie): Demokratie benötige Bürokratie,
Bürokratie führe zu *Oligarchie,* also komme es zwangsläufig zu einer Entmach-
tung der Mehrheit der Bürger. Andere Theoretiker wie C. Wright Mills weisen auf
die Bedeutung einer gut vernetzten relativ kleinen *Machtelite* aus den Bereichen
Ökonomie, Politik und Militär hin (vgl. Hartmann 2004).

Allerdings wurden politische Entscheidungen auch von sozialen Bewegungen,
z. B. der Umwelt-, der Bürgerrechts- oder Frauenbewegung, beeinflusst. Ferner
ist nicht nur bedeutsam, wer die Entscheidungen mit welchen Verfahrensweisen
trifft, sondern in wessen Interesse die Entscheidungen sind, ob die politischen
Eliten verantwortlich und rechenschaftspflichtig (accountable) handeln oder nicht
(Hartmann 2018). Empirische Studien zeigen jedoch, dass Entscheidungen des
Deutschen Bundestages oder des Kongresses der Vereinigten Staaten systematisch
zugunsten oberer Berufs- und Einkommensgruppen verzerrt sind (Elsässer 2018).

Demokratie
Nach Max Weber gibt es folgende Kennzeichen von modernen Demokratien:
Expertentum, Bürokratie, Parteimaschinen, Mehrparteiensystem, politische Führer. Schumpeter meinte, dass Politik nach den Prinzipien des Wirtschaftssystems
organisiert wird. Politiker handeln mit Stimmen, wie an der Börse mit Aktien
gehandelt wird.

Demokratie kann auch von den vier Theorieansätzen her bestimmt werden.
Funktionalistisch dient Demokratie der Herstellung eines stabilen sozialen
Großsystems (Staates) unter modernen Bedingungen. Ihre Aufgabe ist es vor
allem, Gleichheit und Freiheit optimal zu verwirklichen und zu garantieren, ohne
die dynamische Entwicklung der Gesellschaft zu behindern. In dieser Basisfunk-
tion liegt jedoch ein Zielkonflikt: Eine Verstärkung der Freiheit Einzelner kann zu
einer Vergrößerung der sozialen Ungleichheit führen.

Die *Nutzentheorie* betont, ähnlich wie oben schon Max Weber, den Wettbewerb
auf dem demokratischen Markt.

Konfliktansatz: In einer Demokratie wird politischer Konflikt institutionalisiert und ritualisiert. Idealtypisch werden nicht die traditionellen Konfliktgruppen (ethnische, religiöse, ständische etc.) als politisch legitime Streitparteien anerkannt, sondern eigene geschaffen, zu denen jeder Zutritt hat: Parteien.

Interaktionismus: Demokratie ermöglicht durch Garantie von Freiheit die positive Entwicklung von Interaktion und Kommunikation. Vor allem schützt sie die Privatsphäre, in der eine eigenwillige Interaktionskultur und eine Persönlichkeitsentwicklung ermöglicht wird.

Diese Theorieansätze sind auch in den ideologischen Konzeptionen der Politiker feststellbar. In der Weimarer Republik waren vor allem die Nationalsozialisten und Kommunisten allzu stark von Konfliktansätzen geprägt. In Krisenzeiten, wie in der Finanz- und Eurokrise, werden oft funktionalistische Begründungen bemüht. Eine einfache hauptsächlich auf ausgewählte ökonomische „Tatsachen" gestützte Behauptung lautet dann: „Es gibt keine Alternative." Um „Filz" und Korruption in der Politik zu erklären, benötigt man einen interaktionistischen Ansatz, der allerdings in den Medien exzessiv personalisierend gepflegt wird.

Die Idee der Demokratie ist alt, doch funktionierende Demokratien sind ein junges Phänomen. P Erst allmählich wurde das Wahlrecht auf Bürger und (mit Verzögerung) auf Bürgerinnen ausgeweitet. In Deutschland ist der erste Versuch, die Weimarer Republik, bekanntlich gescheitert und erst seit 1945, in Ostdeutschland seit 1990, gibt es eine stabile Demokratie.

Demokratien vereinen repräsentative und partizipatorische Elemente in unterschiedlicher Mischung. Doch folgende Aspekte werden heute in den westlichen Demokratien für unverzichtbar gehalten:

- liberale Grundrechte
- pluralistischer Parteienwettbewerb
- repräsentative Willensbildung
- Ausgleich der Individualinteressen
- Rechtsstaat
- Gewaltenteilung
- Schutz des Privateigentums

Eine „reale" Demokratie mit solchen Merkmalen gedeiht nur unter bestimmten Bedingungen, die oft nicht gegeben sind:

- Wohlstand für die Mehrheit der Bevölkerung des Staates,
- funktionierendes Bildungs- und Gesundheitswesen,

- funktionierendes Gewaltmonopol des Staates,
- disziplinierte und nicht allzu korrupte Sicherheitskräfte,
- aufgeklärte und zivilisierte Eliten,
- freiheitliche Traditionen.

Doch selbst in den scheinbar gefestigten Demokratien des Westens wächst die Kritik an der etablierten Politik. Zwar wird die Demokratieidee von der überwiegenden Mehrheit (über 80 %) der jungen Menschen in West- und Ostdeutschland befürwortet, doch die tatsächliche Durchführung der Demokratie nur von 50 bis 60 % der westdeutschen und 30 bis 40 % der ostdeutschen jungen Menschen für gut und richtig gehalten. Der Glaube an die demokratische Legitimität der politischen Ordnung scheint in Gefahr und mit ihm eine zentrale Ressource für den Fortbestand einer Demokratie. Sogar einige Mitgliedsstaaten der Europäischen Union befinden sich auf dem Weg in eine autoritäre Demokratie (Kneip et al. 2020). Im Vergleich zu allen anderen bisher erprobten Staatsformen dürfte folgende These gültig sein: Demokratien sind eher lern- und korrekturfähig.

Krieg, Genozid und Massentötung
Wer von Staat spricht, darf von Gewalt nicht schweigen. Doch Massengräber, die Resultate eines Massakers sind, lassen sich bereits für die Bronzezeit nachweisen (Meller und Schefzik 2017). Innerartliche Aggression tritt bei Tieren und Menschen auf und kann verschiedene Funktionen erfüllen: Ressourcen gewinnen oder erhalten, Rivalen bekämpfen, Umwelterforschung, Handlungsspielraum ausloten, Normerhaltung, Statuskonkurrenz, Territorium verteidigen oder erobern, Verteidigung der Eigengruppe (Eibl-Eibesfeldt 1993). Einerseits können Menschen viel friedlicher in Gruppen zusammenleben, als es verwandte Arten, Menschaffen, vermögen, anderseits sind sie zu systematischen, organisierten und viel wirksameren Grausamkeiten und Lebenszerstörungen fähig (Christakis und Fowler 2019).

Eine *soziobiologische* Erklärung für Gräueltaten: Die Männer der Feindgruppe zu töten (und evtl. die Frauen zu rauben oder zu vergewaltigen) bedeutete Erhöhung der eigenen Reproduktionschancen. Doch erklärt das nicht, warum Menschen Kranke und Verletzte pflegen und sich um Alte sorgen. Anthropologen und Paläoanthropologen vermuten, dass Menschen, dank schon in der Kindheit geübter, kognitiver und sozialer Kompetenzen zur Kooperation und Konkurrenz sowohl die Fähigkeit zur Zusammenarbeit, Empathie, Freundschaft und Altruismus besitzen, ebenso aber auch die Fähigkeit, organisiert und methodisch Gewalt auszuüben. Niedrige reaktive Aggressionen (innerhalb von Gruppen) gehen mit

hohen proaktiven Aggressionen (gegen andere Gruppen) einher. Richard Wrangham (2019) spricht von einem *„goodness paradox"*, der eigenartigen Verbindung
von Edelmut (Solidarität) und Gewalt (Dr. Jekyll und Mr. Hyde).

In der Psychologie wird *Aggression* lerntheoretisch oder durch Frustrations-
Aggressions-Ansätze erklärt (vgl. Herkner 1997, S. 621 ff.). Soldaten müssen das
Töten erst „mühsam" lernen (Collins 2011). Sie werden durch Belohnung, Bestrafung, Lernen am Erfolg und Imitation schrittweise zum Töten angeleitet. Doch
auch Frustration, Wut und Rache spielen im Krieg eine bedeutsame Rolle: Ständig
fallen Kameraden oder werden verletzt. Außerdem werden sie durch Propaganda
indoktriniert: Feindbild, der Feind als Untermensch, die eigene Aggression eine
Antwort auf die Aggression des Gegners. Schließlich entsteht in den Kämpfen
eine Habitualisierung des Tötens.

Psychologische Erklärungen können durch eine soziologische *funktionalistische* Perspektive ergänzt werden. Krieg und Massentötung verstärken die
Solidarität innerhalb von Kollektiven (kämpfenden Gruppen, Armeen, ethnischen
Gruppen, Staaten) und begünstigen technologische und soziale Innovations-
chancen. Kriegführung, die Bildung von Nationalstaaten und die Entwicklung
des Kapitalismus standen jahrhundertelang in einem engen Wechselverhältnis
(vgl. Scott 2001b). Krieg ist seit Jahrtausenden als *Institution* in verschiedenen
Kulturen entwickelt worden: Standardisierung, Uniform, Disziplin, sadistische
Rituale (Zimbardo 2016), Professionalisierung der Offiziere, ökonomische und
ideologische Grundlagen, politische und religiöse Fundierung.

Hier setzt die *Konfliktbetrachtung* ein. Krieg ist ein blutiger Konflikt zwischen
Kollektiven. Ein Krieg kann aber auch von einem schwerwiegenden inneren Konflikt, z. B. einem Klassenkonflikt, ablenken oder diesen durch den Außenfeind
relativ bedeutungslos erscheinen lassen. Doch ein Krieg kann gerade die inneren Konflikte aktivieren, was z. B. in Russland im Ersten Weltkrieg erfolgte. Die
hohen Kosten, vor allem an Menschenleben, mussten in den Kriegen des 18., 19.
und 20. Jahrhunderts vor allem die Unterschichten oder unterlegenen Gruppen
tragen, viel weniger die Eliten. Und diese Unterschichten erhielten Waffen und
eine Kampfausbildung, die sie auch innen gegen ihre Klassengegner einsetzen
konnten. Erst durch den verlorenen Krieg eskalierte der schon lange schwelende
Konflikt in Russland 1917 zur erfolgreichen Revolution. Die im Ersten und Zweiten Weltkrieg aufseiten der Alliierten mitkämpfenden Truppen aus den Kolonien
revidierten ihr Bild von den „weißen Herren" und lernten, sie zu bekämpfen.

Viele Kriegsromane und -filme zeigen den Krieg aus der Sicht Einzelner und
kleiner Gruppen, wählen also einen *interaktionistischen* Ansatz. Die traumatisie-
renden Erfahrungen der beiden Weltkriege haben die Biografie von Millionen
Menschen geformt und auf diese Weise zur Neugestaltung Europas beigetragen.

Millionenfache Erschütterungen im Bereich der Interaktionen und Deutungen von Wirklichkeit haben in Kombination mit Makrophänomenen (wirtschaftlicher Aufschwung, verbesserte Bildung, Demokratisierung) in der zweiten Hälfte des 20. Jahrhunderts in Europa einen Modernisierungs- und Pazifizierungsschub bewirkt. Aus dieser Sicht wäre *Sigmund Freuds* Aussage während des Ersten Weltkriegs zu widersprechen, dass der Krieg „uns die späteren Kulturauflagerungen ab[streift] und den Urmenschen in uns wieder zum Vorschein kommen [lässt]." (Freud 1986, S. 59) Es gibt keinen Urmenschen, der unter der kulturellen Haut lauert. Biologie und Kultur sind in der menschlichen Entwicklung immer verbunden. Gewalt war seit Jahrtausenden für viele Menschen ein von Kindheit an normaler Erfahrungsbereich. Aus Sicht der Täter kann Gewalt vernünftig und moralisch richtig sein. Eine besonders eindringliche Beschreibung der Attraktivität der Ermächtigung und Selbstermächtigung zur Gewalt findet sich bei Jan Philipp Reemtsma (2016), dessen Interesse an sozialwissenschaftlicher Gewaltforschung vielleicht auch mit seiner mehrmonatigen Entführung zusammenhängt.

> Zivilisierung, Industrialisierung und Modernisierung waren mit Krieg und Massenmord verbunden. Die aufwändigsten und blutigsten Kriege wurden in und von Hochkulturen geführt. Zivilisierung und Kultivierung bedeuten einerseits Pazifizierung, andererseits Kompetenzentwicklung für Massentötung.

Staaten- und Nationenbildung verliefen stark kriegsabhängig (vgl. Mann 1994; Joas 1996). Historische Schlüsselsituationen wie der Dreißigjährige Krieg, die Französische Revolution, die beiden Weltkriege und die Oktoberrevolution waren mit Blutbädern verbunden. Durch die Französische Revolution wurden Ideen wie Freiheit, Gleichheit und Brüderlichkeit verbreitet, es wurden viele Menschen aktiviert, aus ihrem traditionellen Standesschlaf gerissen. Doch dies wurde auch zur umfassenden militärischen Mobilisierung genutzt. Nicht mehr Söldnerheere wurden aufgestellt, sondern ein Nationalheer, in das prinzipiell alle französischen Männer aufgenommen werden konnten. Die Erfolge der französischen Heere waren auch auf diese ideologische, die alten Strukturen zerstörende Neuerung zurückzuführen. Im 19. Jahrhundert wurde diese nationale Mobilisierung zur Strategie aller europäischen Staaten.

Die verheerende Konsequenz dieser „Demokratisierung des Krieges" zeigte sich im Ersten Weltkrieg, wobei freilich die technische Entwicklung noch hinzugenommen werden muss, die in Kontrast zu den Idealen und ideologischen

Konzepten der begeisterten jungen Männer und ihrer alten menschenverachten-
den Führer stand. Die beiden Weltkriege haben nicht nur Millionen das Leben
gekostet, sie haben auch den Modernisierungsprozess beschleunigt:

• Zerschlagung undemokratischer politischer Strukturen: Monarchie, Vorherr-
  schaft der Aristokratie im Militär usw.
• Zusammenbruch des Kolonialismus
• Emanzipation der Frauen: Wahlrecht, Berufstätigkeit, Militärdienst etc.
• Räumliche und soziale Mobilität.

Manche Evolutionstheoretiker des 19. Jahrhunderts nahmen an, dass der militärische Gesellschaftszustand bald durch einen friedlichen Zustand abgelöst werde
(Comte, Spencer). Doch die Staaten des 19. und 20. Jahrhunderts „bewiesen",
dass kein „Widerspruch" zwischen großen zivilisatorischen Fortschritten und
dem Ausbau und der Nutzung gigantischer Tötungsmaschinerien für Kriege und
Genozide besteht.

Der Begriff *Genozid* wurde in den 1940er Jahren angesichts der grausa-
men Vernichtung von Kollektiven geprägt. Vorausgesetzt ist die Definition oder
Klassifikation eines Kollektivs, das dann entrechtet wird und dem seine Lebens-
grundlagen entzogen werden, wobei häufig auch Massenmord und Vertreibung
verübt werden. (vgl. Fein 1993). Hauptsächlich richtete sich das öffentliche Interesse auf einen einzigen Fall, den Holocaust, dem Massenmord an den Juden,
seltener auf den Genozid der Türken an den Armeniern 1914–1917 und in den
vergangenen Jahrzehnten wurde der Völkermord an den Tutsi in Ruanda (1994)
weltweit bekannt. Doch mehr und mehr kommen auch andere auf große Kollektive gerichtete Grausamkeiten in den Blick (Welzer 2007). Dabei zeigt sich,
dass es sich bei kollektiven Gewalttaten in der Regel nicht um einmalige und
unerwartete Eruptionen handelt, sondern um soziale Vorgänge, die sich durch die
Beobachtung gesellschaftlicher Prozesse erklären lassen und – wie die Pogrome
an den Juden – immer wieder auftreten können.

Zur Vertiefung
Zur Einführung in die Politische Soziologie:

Holzer, Boris, 2020: Politische Soziologie [2. Auflage]. Baden-Baden: Nomos.

Eine soziologische Einführung in den wichtiger werdenden europäischen Verflech-
tungszusammenhang bietet:

Immerfall, Stefan, 2018: Europa – politisches Einigungswerk und gesellschaftliche Entwicklung [2., überarb. Auflage]. Wiesbaden: Springer VS.

Einen kritischen Blick auf die wirtschaftlichen, administrativen und politischen
Führungskräfte der Bundesrepublik wirft:

Hartmann, Michael, 2018. Die Abgehobenen: wie die Eliten die Demokratie
gefährden. Frankfurt/M.: Campus.

9.3   Erziehung und Bildung

Auf Einen Blick
1. In dem Kapitel wird zunächst eine Abgrenzung zwischen Erziehung und
   Sozialisation vorgenommen.
2. Sodann geht es um das moderne Bildungssystem: Entwicklung, Funktion
   und deutsche Besonderheiten.
3. Ein bleibendes Thema der Bildungssoziologie sind Bildungsungleichheit
   und Bildungsbenachteiligung.

Sozialisation
Sozialisation ist ein Prozess, durch den Individuen im Umgang mit anderen Individuen, Gruppen und Organisationen sozial handlungsfähig werden, indem sie
Normen und Werte der Gesellschaft kennenlernen und teilweise verinnerlichen
und zentrale Rollen (z. B. Geschlechts-, Alters- und Berufsrollen) spielen lernen
(vgl. Niederbacher und Zimmermann 2011).

Erziehung ist dagegen ein Prozess, in dem Personen, Gruppen oder Organisationen versuchen, das Verhalten Einzelner gezielt, nach Plan, zu ändern.

Schulen (Lehrer) erziehen, Medien sozialisieren und Vater und Mutter machen
beides. Diese These ist freilich ungenau, denn auch in der Schule wird sozialisiert,
und Medien können zu Erziehungszwecken eingesetzt werden.
   Sigmund Freud entwickelte ein Konfliktmodell der menschlichen Psyche: Im
Inneren des Menschen befinden sich drei konkurrierende Instanzen: Es, Ich und
Über-Ich (vgl. Abb. 9.6). Dieses Modell lässt sich durchaus auch soziologisch

Innenwelt nach Freud	Bilder/Vorstellungen	Moderne Terminologie
ES Lustprinzip	Tiermensch, Orgie	Genotyp + Phänotyp Körper
ICH Realitätsprinzip	Stellen Sie sich selbst vor im Freizeitlook	Ich, personale Identität
ÜBER-ICH Moral	zuerst: Mutter und Vater später: aktueller Medienstar, Guru, charismatischer Politiker oder Unternehmer	soziale Identität, internalisierte Werte und Normen

Abb. 9.6 Modell von Freud

deuten (Haller 1999, S. 514 ff.): Die Person partizipiert an drei Lebenssystemen: dem organischen (Körper), dem psychischen (personale Identität) und dem sozialen System (soziale Identität).

Freuds Ansatz wurde und wird heftig angegriffen, auch der Unwissenschaftlichkeit bezichtigt. Warum sollte man also darauf Bezug nehmen?

• Freuds Ansatz ist Teil der modernen Kultur.
• Solche Modelle von Tiefenstrukturen oder Menschenbilder haben heuristischen Wert, d. h. sie dienen der kognitiven Bereicherung, wenn man mit ihnen nicht dogmatisch, sondern kreativ umgeht.

Die Grundlage dieses Mikromodells ist die Kern- oder Kleinfamilie, Mutter – Kind – Vater. Das Kind beginnt als Naturwesen, vom Es, den Trieben, beherrscht. Langsam wird es gezähmt. Der kleine Sohn sieht seinen Vater als übermächtigen Konkurrenten, der ihm die Mutter streitig macht. Er hat Angst vor dem Vater. Er liebt die Mutter. Er versucht, sich nach den Regeln, die die Eltern vorgeben, zu verhalten. Er identifiziert sich mit dem Vater, internalisiert die Regeln, entwickelt ein Gewissen, ein Über-Ich. Das setzt er später als Erwachsener im Umgang mit ganz anderen Menschen ein. Vielleicht quält ihn sein Über-Ich. Wenn er gegen Normen verstößt, bekommt er Schuldgefühle. Sein Ich möchte sich befreien. Es wird vom Es, z. B. seinen sexuellen Wünschen, zu bestimmten Handlungen verführt, die das Über-Ich missbilligt. Neue Autoritäten, Nachfolger des Vaters, verkünden andere Werte und Normen. Der Mensch gerät in innere und äußere Konflikte. Und was ist mit der Tochter?

In der *funktionalistischen* Sichtweise von Parsons (1951) ist Sozialisation ein Lernprozess, in dem komplementäre Rollen (Mutter-Kind) übernommen und generalisierte Verhaltensdispositionen gelernt werden. Die Familie ist die primäre und wichtigste Sozialisationsinstanz. Sie konkurriert und kooperiert mit anderen Instanzen: Kindergarten, Schule, Medien, Gleichaltrigengruppen, Religionsgemeinschaften usw. Während nach funktionalistischer Perspektive das ungehorsame Kind schlicht abweichend ist und die Mutter Sanktionen ergreifen muss, sieht man mit der symbolisch-interaktionistischen Brille, wie beide Personen miteinander verhandeln. Durch Interaktion entstehen situative Normen und die Personen können alternative Positionen in den Erwartungskontexten einbringen.

Doch nicht nur Kinder, sondern auch die Eltern werden, auch von den Kindern, sozialisiert. Sozialisation ist ein lebenslanger Prozess. Um Sozialisation zu verstehen, sollte man biologische, psychologische (Lerntheorien, Entwicklungspsychologie) und soziologische Theorien heranziehen. Dies soll am Spracherwerb gezeigt werden:

Die Disposition, eine Sprache zu erlernen, ist genetisch verankert. Untersuchungen von Sprachen und Sprachverhalten bestätigen die These, dass das „menschliche Gehirn ein biologisch programmiertes Schema für den Erwerb einer grammatisch zureichenden Sprache enthält" (Harris 1991, S. 72). Durch Wahrnehmung und Nachahmung lernt bzw. aktiviert das Kleinkind die Laute der Muttersprache, die neuronal verankert werden. Über Interaktionen erweitert sich der Wortschatz und das Sprechen wird in sozialen Situationen eingeübt. Die Sprechweisen hängen von Geschlecht, sozialer Schicht, Lebensstil, kulturellen und regionalen Gegebenheiten ab. Mit der Sprache werden Denkstile, Bewertungen und Normierungen vermittelt. Die vielfältige Nutzung des Sprechens, Schreibens und Lesens in modernen Gesellschaften bewirkte, dass genetische, somatische und soziale Sprachkompetenzen einen bedeutsameren Einfluss auf die Lebenschancen haben als in traditionalen Kulturen.

Der zivilisierte und gut erzogene Mensch hat die anerkannten Werte und Normen internalisiert (verinnerlicht), hat ein Gewissen, ein Über-Ich, einen Charakter, einen Habitus. Gewissen oder Moral sind innerkörperliche Polizeistationen – die durch Umweltereignisse (Prügel, Computerspiele, gute Noten etc.) mitgeformt werden. In traditionalen Gesellschaften waren die Normen und moralischen Vorstellungen rigider, einfacher und dem Wandel weniger unterworfen als in modernen Gesellschaften. Moderne Menschen haben ein differenzierteres Gewissen, tragen eine Art Minimodell der (pluralistischen) Gesellschaft mit sich herum: Familie, Polizei, Jugendamt, Schule, Freundschaftsgruppe, Betrieb, Ferienhotel und teilweise Kirche. Sie müssen, wollen sie sozialen Erfolg haben, eine flexible Moral verinnerlichen, die sie situativ anpassen. Universalistische elastische Prinzipien, wie die Menschenrechte, sind dafür geeigneter als konkrete partikularistische Verhaltensforderungen (wie z. B. Verbote, zu bestimmten Zeiten bestimmte Speisen zu genießen).

Je zivilisierter und erzogener die meisten wurden, umso mehr Interesse erweckten Menschen, die nicht sozialisiert worden waren, die „wild" aufwuchsen: Die wenigen bekannten Fälle werden immer wieder besprochen: der wilde Junge von Aveyron, Genie, Kaspar Hauser.

Genie wurde von dem psychisch kranken Vater im Alter von zwanzig Monaten in ein leeres Zimmer gesperrt, aus dem sie nicht herausschauen konnte. Am Tage wurde sie auf einem Töpfchen angeschnallt, nachts in ein oben abgeschlossenes Gitterbett gelegt. Erst mit 13 Jahren wurde sie befreit und in ein Krankenhaus gebracht. Sie konnte nur wenige Worte unartikuliert sprechen und war auf dem kognitiven Entwicklungsstand einer Zweijährigen. Es gelang, sie zu entwickeln, doch sie blieb ihr weiteres Leben sprach- und verhaltensgestört (vgl. Schönpflug 1997, S. 418).

Ist die alte Spruchweisheit „Was Hänschen nicht lernt, lernt Hans nimmer mehr" also wahr oder falsch? Vor allem ein korrektes Erlernen der Sprache kann offensichtlich nur in früher Kindheit erfolgen. Dass die frühe Kindheit eine entscheidende Bedeutung für das weitere Leben hat, ist eine Binsenweisheit. Kleinkinder, die zu wenig Zuwendung erhielten, zeigen als Erwachsene häufig psychische Störungen. Und dies gilt nicht nur für Menschen, sondern auch für Affen.

Ein erhellendes allerdings ethisch fragwürdiges Experiment der 1930er Jahre zeigte, „was Kleinkinder wirklich brauchen".

In einem amerikanischen Waisenhaus, das nach damaligem Standard modern und wissenschaftlich geführt wurde, waren die Kinder in der Regel stark retardiert. Zwei Psychologen sonderten Säuglinge aus und gaben sie in ein Heim für geistig Behinderte. Jeder Säugling wurde jeweils einer geistig behinderten Frau zur Pflege übergeben. Die Kontrollgruppe verblieb im Waisenhaus und wurde dort von Pflegerinnen gefüttert, gewickelt etc. Doch eine liebevolle körperbezogene soziale Interaktion zwischen Pflegerinnen und Kindern fand nicht statt. Nach über zwei Jahren schnitten die Säuglinge, die den behinderten Frauen zugewiesen worden waren, viel besser ab als die anderen. Als Erwachsene waren die Kinder aus dem Waisenhaus zu einem Drittel dauernd in Heimen untergebracht, zwei Drittel waren berufstätig, doch im niedrigsten Qualifikationsbereich. Dagegen waren die von den behinderten Frauen betreuten Kinder in ihrer Berufslaufbahn und auch in ihrem sonstigen Lebensverhalten mit dem Durchschnitt der Bevölkerung vergleichbar. Dies bestätigt folgende These: Nur durch eine personale liebevolle Zuwendung im Kleinkindalter ist eine normale Entwicklung gewährleistet.

Sozialisation wurde bisher als eine universale Angelegenheit behandelt, wobei auf kulturelle Faktoren und gesellschaftliche Bedingungen hingewiesen wurde, doch nun soll auf einen langfristigen Wandel in unserer Kultur eingegangen werden.

> Manche sprechen von der Erfindung der Kindheit, genauer gesagt von der Entdeckung des Kindes als Erziehungsobjekt im Rahmen des Übergangs von der feudalen zur bürgerlichen Gesellschaft.

Das Bürgertum wandte das Augenmerk auf seine Kinder (Bründel und Hurrelmann 2017, S. 60 ff.). Warum? Im Adel, also in der Oberschicht der feudalen Gesellschaft, war die soziale Herkunft entscheidend, während Erziehung sekundär blieb. Freilich mussten auch die Kinder der Oberschicht Fertigkeiten lernen und hatten Erfolg oder versagten. Doch sozialer Aufstieg oder Abstieg war weniger von der durch Erziehung gesteigerten Leistungsfähigkeit, als von anderen Faktoren, eben von der sozialen Herkunft und Beziehungsnetzen, bestimmt. Dagegen war für das Bürgertum der soziale Auf- oder Abstieg viel stärker von der, sich über Generationen immer wieder bewährenden Leistung abhängig. Jedenfalls war und ist dies die gängige Ideologie des Bürgertums. Zweifellos hat sich über viele Generationen auch in dieser Klasse eine Oberschicht gebildet, und der soziale Erfolg ist bei entsprechendem Vermögen und familiärer, politischer und rechtlicher Infrastruktur wie im Adel primär von der Herkunft abhängig (vgl. Hartmann 2010).

Erziehung
Erziehung oder das Erziehungssystem ist eine Institution. Die großen Institutionen oder Subsysteme sind in der Regel mit Professionen verbunden und sie sind strukturell verkoppelt (vgl. Abb. 9.7).

Nach *funktionalistischer* Perspektive dienen Erziehungsinstitutionen, wie die Schule, der gesellschaftlichen Reproduktion, d. h. es soll ein brauchbares Gesellschaftsmitglied, das die geltenden Normen und Werte akzeptiert und die Kulturtechniken beherrscht, hergestellt werden.

Erziehung (durch Schule etc.) ist in der Geschichte der Menschheit ein junges Phänomen, sie beschränkte sich in traditionalen Hochkulturen außerhalb der

Abb. 9.7 Strukturelle
Verbindung von Erziehung
mit anderen Institutionen

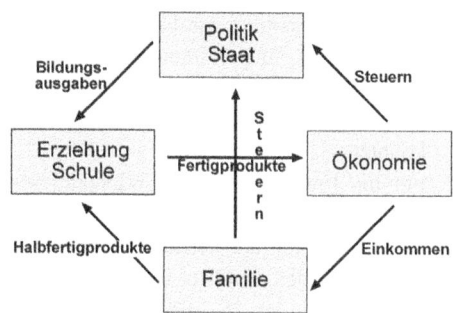

Primärgruppe auf ausgewählte, kleine Gruppen und auf kurze Phasen im Lebenslauf. Auf Massenbasis funktioniert sie erst seit 100 oder höchstens 200 Jahren – je nach europäischer Region. Erst in der zweiten Hälfte des 19. Jahrhunderts wurde es in europäischen Staaten durchgesetzt, dass fast alle Kinder bis zum 10. oder 12. Lebensjahr tatsächlich in die Schule gingen.

Erziehung hat sich durch den gesellschaftlichen Wandel (steigende Komplexität und Differenzierung) dynamisiert und ausgebreitet, sie beschränkt sich nicht mehr nur auf die Schule: Erwachsenen- und Weiterbildung, betriebliches Lernen, Fernstudium, lebenslanges Lernen, Seniorenstudium etc. Da Erziehung sich immer mehr verbreitet hat, könnte man meinen, dass die ungeplante Sozialisation an Bedeutung verloren hat. Doch die Lage ist komplizierter. Erstens ist die Trennung zwischen Sozialisation und Erziehung analytisch, d. h. in konkreten sozialen Situationen ist kaum entscheidbar, ob geplante oder ungeplante Elemente die größere Wirkung entfalten. Zweitens ist Sozialisation nicht nur ein von außen gesteuertes Geschehen, sondern es findet auch innen statt. Die Verarbeitung der sozialen und anderen Einflüsse durch Kinder ist nämlich ein Teil der Sozialisation (Selbstsozialisation), diese Konstruktionen geschehen zum größeren Teil nicht bewusst. Drittens sind im 20. Jahrhundert mächtige neue Sozialisationsagenten, die Medien, entstanden, die mit den traditionellen Erziehungsinstitutionen, der Familie und der Schule, konkurrieren (dazu mehr in Abschn. 9.1).

Technische Erfindungen hatten für die Entwicklung des Erziehungsbereichs entscheidende Bedeutung: die Erfindung des Buchdrucks 1454 durch Gutenberg, und im 19. und 20. Jahrhundert die modernen Medien: Film, Radio, Fernsehen und vor allem der Computer. Doch zwei soziale Erfindungen haben die Erziehung ebenfalls revolutioniert: der Nationalstaat und die Schule.

Durch einen sozialhistorischen *Konfliktansatz* kann man die Entwicklung der europäischen Bildungssysteme erklären (vgl. Boli und Ramirez 1986).

1. Im *Protestantismus* wurden die Anhänger alphabetisiert, damit sie selbst die Bibel lesen konnten. Dies setzte die Gegner, die katholische Kirche und ihre weltlichen Verbündeten, unter Zugzwang, die eigenen Mitglieder ebenfalls besser auszubilden, damit sie gegen den Protestantismus Widerstand leisten konnten.

2. Für die Entwicklung des Erziehungswesens ist ferner der Kampf zwischen *Staat* und *Kirche* bedeutsam gewesen (vgl. den Abschnitt „Religion und Politik"). Vertreter der Kirchen hatten in vielen Bereichen über Jahrhunderte entscheidenden Einfluss auf Erziehungsprozesse. Die absolutistischen Staaten, die sich im 16., 17. und 18. Jahrhundert entwickelten, wurden durch Monarchien getragen, die zwar mit den jeweiligen Landeskirchen zusammenarbeiteten, deren Herrschaftsansprüche jedoch allmählich zurückdrängten. Im 19. und 20. Jahrhundert wurden die Staaten modernisiert, teilweise die Monarchien entfernt oder in ihrer Macht eingeschränkt und auch die Kirchen entweder aus dem Erziehungssystem hinausgedrängt oder von staatlichen Rahmenentscheidungen abhängig.

3. Das *Bürgertum* unterstützte eine moderne Massenerziehung, um seinen eigenen Aufstieg und den des Nationalstaates zu befördern. Allerdings hatten die Vertreter des Bürgertums kaum Interesse daran, die unteren Schichten gleichermaßen auszubilden. So wandten sich nicht nur die Aristokratie, sondern auch großbürgerliche Gruppen gegen eine Demokratisierung des Erziehungssystems. Es entstanden klassenspezifische Abteilungen innerhalb der Erziehungssysteme im 19. Jahrhundert, die in Deutschland, Österreich und anderen Staaten teilweise erhalten geblieben sind.

4. Außerdem stimulierte der Kampf zwischen den europäischen und dann auch den außereuropäischen *Staaten* um Märkte, Territorien und Machtanteile zusätzlich die Modernisierung. Die inhaltliche Gestaltung des Erziehungswesens war und ist ein Teil dieses Konkurrenzkampfes der Staaten. Die internationale Standardisierung von schulischen Curricula dient ebenfalls diesen Kämpfen, wobei neben den Staaten noch wirtschaftliche Großorganisationen als Profiteure hinzukommen.

Eher *funktionalistisch* ist folgende Darstellung des sozialhistorischen Wandels: Durch das Entstehen moderner Staaten ab dem 18. Jahrhundert wurde es notwendig, die Bürger zur Staatstreue zu erziehen und ihnen elementare Kenntnisse zu vermitteln, damit sie den sich differenzierenden Regelungssystemen auch Folge leisten konnten und steigenden Anforderungen gerecht wurden. Erziehung wurde als notwendig angesehen, um aus einer heterogenen Gruppe von lokalen Gebilden einen modernen einheitlichen Nationalstaat zu formen (Integration und

Legitimation). Die Schulen waren im 19. Jahrhundert primär Stätten der Disziplinierung und der Erziehung zu Fleiß, Untertanentreue und auch noch zum rechten
Glauben. Militärdienst und Schulentwicklung waren eng miteinander verbunden.
„Generell wurde die Schule, insbesondere aber das Gymnasium, im Verlauf des
19. Jahrhunderts immer stärker dem hierarchisch-autoritären Organisationsmo-
dell von Bürokratie und Militär angepasst" (Gill 2005, S. 218): Jahrgangsklassen,
Schulbänke in Reih und Glied, Klingelzeichen, Lehrer spricht im Kasernenhof-
ton, Sitzenbleiben, nationaler Lehrplan, Einpflanzen idealisierter heroischer und
nationalistischer Attitüden.

Um die langfristige Entwicklung des Bildungswesens zu begreifen, sind
folgende Aspekte zu berücksichtigen:

1. Entwicklung von oben: Universitäten (vom Mittelalter an), dann höhere
   Schulen, hierauf Elementarschulen, ganz zuletzt Institutionalisierung der Früh-
   pädagogik. Diese ungleichheitsverstärkende Elite- und Hochkulturorientierung
   bestimmt noch heute das Erziehungssystem – am wenigsten in den skandinavischen Staaten.
2. Klassen- oder Schichteinteilung: mehrgliedriges Schulsystem; Gestaltung des
   Lehrplans gemäß den Interessen der oberen Schichten.
3. Politischer Kampf um die Gestaltung des Schulwesens (wissenschaftliche
   Argumente dienen zur Legitimation).
4. Prägung des Schulklimas durch die bürgerliche Familie (Kulturmonopol und
   Habitus; Lehrer und Lehrerinnen sind Mitglieder der Mittelschicht).
5. Abhängigkeit des Bildungssystems von der ökonomischen Entwicklung. Agrarische Kulturen bedürfen in geringerem Maße der Erziehung als Industrie-
   und Dienstleistungsgesellschaften. Kulturelle und ökonomische Qualifikationen geraten in Konkurrenz. Die zentrale Bewertung der Schulabschlüsse wird
   im ökonomischen System vorgenommen.

Durch die wirtschaftliche und politische Entwicklung wandelte sich im 19. und
20. Jahrhundert das Berufs- und Schulsystem; auch die Konkurrenz zwischen
Gruppen, Regionen und Staaten führte dazu, dass der Qualifikationsfunktion
größere Bedeutung zugeordnet wurde. Außerdem wurden immer mehr Personen in der Gesellschaft Aufstiegsmöglichkeiten eröffnet – nicht zuletzt durch
das Bevölkerungswachstum. Staatliche Instanzen und privilegierte Interessengruppen griffen immer häufiger in das Schulsystem ein, durch Auswahl der Lehrer,
curriculare Vorschriften, Vergabe von Privilegien für die Angehörigen höherer
Schulabschlüsse, Zugangsbeschränkungen für höhere Schulen, Hochschulen und
Berufe usw.

Das Erziehungssystem: Abgrenzung und Funktionen
Wozu Schule? Diese (makrosoziologische) Frage lässt sich zum einen konflikt-
theoretisch, zum anderen funktionalistisch beantworten. Ein *funktionalistischer*
Ansatz sieht die Gesellschaft als einheitliches System, für das der Erziehungs-
bereich Dienstleistungen zu erbringen hat, d. h. die Schule muss drei zentrale
Funktionen erfüllen (vgl. Fend 2006, S. 49 ff.):

- *Selektion:* Die Guten ins Töpfchen, die Schlechten ...
- *Qualifikation:* Lesen, Schreiben, Rechnen usw.
- *Integration und Legitimation:* Wir sind ein Volk! Wir lieben unser Vaterland,
  unsere Form der Demokratie, die deutsche Sprache und Kultur, und jetzt
  werden wir auch gute Europäer.

Manchmal werden zwei weitere Funktionen eigens erwähnt: Die Zuweisungs-
oder *Allokationsfunktion* weist auf die Verbindung der, in der Schule erbrachten Zeugnisse und Abschlusszertifikate (welche gemäß der Selektionsfunktion die
individuell erbrachten Leistungen widerspiegeln sollen) mit der späteren Platzierung im sozialen System (Status, Beruf) hin. Seltener wird die Absorptions- oder
Aufbewahrungsfunktion von Bildungssystemen genannt, die jedoch in den Zeiten der Corona-bedingten Schulschließungen wieder besonders deutlich wurde.
Lange Schulzeiten ermöglichen beiden Eltern die Erwerbsarbeit. Darüber hinaus
kann in Zeiten von Massenarbeitslosigkeit der Arbeitsmarkt durch verlängerte
Ausbildungszeiten entlastet werden.
   Mithilfe des Funktionalismus bzw. der Systemtheorie lässt sich das Bildungssystem von anderen gesellschaftlichen Bereichen, insbesondere von der
Familie, genauer abgrenzen. An erster offizieller Stelle steht die Norm *Leistung* (vgl. Meulemann 1999) oder – wie es bei Luhmann (2002) trocken heißt
– der Selektionscode „Besser-Schlechter". Für die Zuschreibung von Leistung als
dem entscheidenden Kriterium sollen soziale Herkunft, Geschlecht und ethnische
Zugehörigkeit bedeutungslos sein (meritokratische Position). Was als Leistung
anzusehen ist, wird in Schulen und Hochschulen durch legitimierte Autoritäten
„sachbezogen" gesetzt.
   Eine weitere Norm kann man als *Unabhängigkeit* oder als *Individualprinzip*
bezeichnen. Der Schüler lernt, dass er als Einzelner verantwortlich ist und auch
beurteilt wird, und dass nicht die Kooperation innerhalb einer Gruppe oder die
Konkurrenz zwischen Gruppen bedeutsam ist. Die Einzelleistung, die unabhängige Leistung, wird als zentral herausgestellt. Damit muss der Schüler sich vom
Familienzusammenhang emanzipieren und darf sich in einer Lerngruppe nicht zu

stark integrieren. Es wird ein utilitaristischer, an Stelle eines kooperativen Individualismus gefördert (vgl. Bertram und Hennig 1995). Auch diese Norm begünstigt die Mitglieder der oberen Schichten, da sie schon innerhalb ihrer Herkunftsgruppe darauf besser vorbereitet werden (von akademisch gebildeten Müttern und Vätern, von kulturellen Ressourcen und einem individualistischen Klima).

Eine weitere zentrale, bereits in diesem Text eingeführte Norm wird als *Universalismus* bezeichnet. Diese Norm bezieht sich auf allgemeine Kriterien, die für alle an bestimmten Interaktionen oder organisatorischen Maßnahmen Beteiligten gelten. Es werden also prinzipiell keine Ausnahmen gemacht (Pünktlichkeit z. B. gilt für alle). Trotzdem wäre das System zu starr, wenn Universalismus absolut gelten würde.

Deshalb gibt es die zusätzliche Norm der *Spezifizierung*. Eine Unterrichtsbefreiung etwa vom katholischen oder evangelischen Religionsunterricht kann nur jemand erhalten, der einer anderen oder keiner Religionsgemeinschaft angehört. Von dieser Spezifizierung ist der Partikularismus zu unterscheiden, der in der Schule und allgemein in modernen Demokratien eher negativ beurteilt wird. Wenn ein Lehrer einen Schüler bevorzugt, weil er das Kind einer Kollegin ist, dann handelt es sich um Partikularismus. Wenn Beamte korrupt sind, dann halten sie nur den Schein der Geltung universalistischer Normen aufrecht, während sie tatsächlich partikularistische Interessen verfolgen.

Parsons hat eine *Typologie der kulturellen Wertmuster* für alle gesellschaftlichen Bereiche erarbeitet (vgl. Abb. 9.8), die hier auf das Erziehungssystem angewandt wird. Diese Wertmuster oder Handlungsorientierungen dienen u. a. zur Unterscheidung von Primär- und Sekundärgruppen:

Das Denken und Fühlen der Mutter kreist um ihr Kind, die anderen Schüler der Klasse sind für sie in der Regel unwichtig, sie liebt ihre Tochter, auch wenn sie eine schlechte Schülerin ist. In Organisationen hingegen herrschen andere Orientierungen: Die Beziehungen zwischen Lehrer und Schüler oder zwischen Hochschullehrer und Studenten sind durch affektive Neutralität, Kollektivorientierung, Universalismus, Leistung und Spezifität gekennzeichnet. Folgende Abweichungen sind möglich:

- Eine Liebesbeziehung zwischen Lehrer und Schülerin, also starke Affektivität.
- Der Hochschullehrer verwendet den Studenten als Taschenträger, also Selbstorientierung.
- Der Biologielehrer spricht nur über Hunde, weil er Hundezüchter ist, also Partikularismus.
- Die Lehrerin gibt dem Sohn des Bürgermeisters besonders gute Noten, also Zuschreibung.

	Mutter zu Kind	Lehrer zu Schüler	Kaufmann zu Kunden
affektiv oder neutral	A (Mutter liebt ihr Kind)	N (Lehrer darf die Schülerin nicht lieben)	N (Kaufmann täuscht vor, sich in die Kundin einzufühlen)
ganzheitlich oder spezifisch	G (Mutter betrachtet alle Merkmale ihres Kindes)	S (Lehrer betrachtet die Leistungen in Mathematik)	S (Kaufmann beurteilt die ökonomische Potenz des Kunden)
selbst- oder gemeinschaftsorientiert	G (Mutter ist familienorientiert)	G/S (Lehrer wendet sich an einzelnen Schüler oder an die Klasse)	S (Kaufmann denkt an seinen Profit)
universalistisch oder partikularistisch	P (Mutter interessiert sich nur für ihr Kind)	U (Lehrer vertritt einen Kulturbereich)	U/P (Kaufmann agiert marktorientiert)
Zuschreibung oder Leistung	Z (Mutter gibt Zuwendung unabhängig von Leistung)	L (Lehrer beurteilt den Schüler nur nach Leistung)	L (Kaufmann konzentriert sich nur auf Verkaufserfolg)

Abb. 9.8 Kulturelle Wertmuster oder Handlungsorientierungen (pattern variables nach Talcott Parsons)

- Lehrerin und Schüler sind verwandt, also ganzheitliche und nicht spezifische Beziehung.

Die Anwendung der Wertmuster von Parsons sollte freilich kritisch erfolgen. Beispiel: Der Lehrer soll universalistisch und nicht partikularistisch sein, doch sein Universalismus wird durch die Schulfachorientierung, durch lokalistische Unterrichtsbräuche und eine provinzielle Bürokratie eingeschränkt. Ferner lässt sich am Beispiel der *Notengebung* erläutern, dass die funktionalistische Perspektive implizit einen Konfliktansatz enthält. Noten und Abschlüsse regeln den Zugang zu weiterer Bildung, dienen der Selektion. Doch sie beeinträchtigen die Qualifikationsfunktion, da schlechte Noten motivations- und leistungsbehindernd wirken können. Vor allem Sitzenbleiben in den ersten Schuljahren hat meist negative Auswirkungen auf die weitere Schulkarriere (Vandecandelaere et al. 2016). Außerdem werden die Leistungen gemäß nur scheinbar universalistischen Normen

(Nation, Bürokratie, politische Entscheidungen) gemessen und nicht bezogen auf die Leistungsfortschritte des einzelnen Schülers, der einzelnen Schülerin.

Das Erziehungssystem im Konfliktansatz
In einer Kultur bzw. einer Gesellschaft werden kulturelle Güter hergestellt und akkumuliert. Das Bildungssystem dient der Bewahrung der Kultur und der weiteren klassen- und schichtspezifischen Legitimation, Akkumulation und Übergabe der Bildungsgüter an die jeweilige nächste Generation. Die Kinder der oberen Schichten sollen oben bleiben, die Kinder der unteren sollen unten bleiben, bzw. nicht zu einer harten Konkurrenz für die Kinder der oberen Schichten werden. Diese Herrschaftsgrundlagen wurden institutionalisiert und religiös und wissenschaftlich gerechtfertigt. Erfolgreich ist die Institutionalisierung, wenn möglichst viele an die Berechtigung des Systems und an die Eigenverantwortung bezüglich des eigenen Erfolgs bzw. Misserfolgs glauben. Doch auch Qualifikation muss sein – harter Konkurrenzkampf auf allen Ebenen.

Freilich sollen Qualifikationen vermittelt werden, welche die Kinder der oberen Schichten begünstigen. *Pierre Bourdieu* spricht hier von *Distinktionswissen*. Ihm zufolge reproduziert die Schule die Kultur der herrschenden Klasse(n). Die Kultur der Schule entspricht den Werten, Bräuchen, Interessen und Ritualen der oberen Schichten, z. B. Römische Geschichte und klassische Literatur sind hochwertig, Popmusik und Reality-Shows sind minderwertig. Das hochkulturelle Kapital wird in statushohen Familien von Generation zu Generation weitergegeben und entsprechendes Wissen wird in der Schule durch gute Noten und Abschlüsse prämiert (Rössel et al. 2002). Obwohl aus funktionalistischer Sicht Latein weitgehend nutzlos ist, ist die Anzahl der Latein als Schulfach wählenden Schüler im Zeitverlauf sogar angestiegen (Gerhards et al. 2019).

Bourdieu unterscheidet drei Formen des kulturellen Kapitals:

1. *inkorporiertes Kulturkapital:* körpergebundene, verinnerlichte Dispositionen, Einstellungen und Kompetenzen (körperliche Erscheinung, Kopfhaltung, rhetorische Fähigkeiten, intellektuelle Kompetenzen, Fremdsprachenkenntnisse etc.)
2. *objektiviertes Kulturkapital:* Bücher, Bilder, Instrumente, Gebäude etc.
3. *institutionalisiertes Kulturkapital:* Schulabschlüsse und andere hochwertige Qualifikationsnachweise.

In einem demokratischen Bildungssystem haben Kinder scheinbar gleiche Startchancen. Doch das ökonomische, soziale und kulturelle Kapital ihrer Eltern,

ihrer Klasse, ihres Geschlechts, ihres Wohnviertels etc. verhilft den privilegierten Kindern zu besseren Startchancen und, was wichtiger ist, an jeder
Schaltstelle zu besseren Chancen (Becker und Lauterbach 2016). Gebildete und
privilegierte Mütter sind heute Schlüsselpersonen. Ihre Kinder werden „mit den
unausgesprochenen Regeln des Bildungswettlaufs besser vertraut" (Brauns 1998,
S. 238).

Selbstverständlich gelingt es einigen wenigen Unterprivilegierten in diesem
System aufzusteigen, ebenso wie andere absteigen. Doch die wichtigsten Gruppen bleiben in ihren Relationen relativ konstant und die hierarchische Ordnung
ist stabil. Auch kommt es ständig zu Vorgängen der Schließung, d. h. nur bei
bestimmten Kapitalkombinationen (soziale Beziehungen, Qualifikationen, finanzielle Mittel etc.) erhält man Eintrittserlaubnis, z. B. in Privatschulen, Hochschulen,
für Auslandsaufenthalte, bei anspruchsvollen Internetangeboten, bei Einladungen
zu Vorstellungsgesprächen, bei gut bezahlten Beraterverträgen.

Bourdieu spricht auch von *symbolischer Gewalt,* die im Bildungssystem
ausgeübt wird. Kinder, die aus „kulturfernen" Elternhäusern kommen oder in
Regionen und Umwelten aufwachsen, die nicht die herrschenden kulturellen Verfahrensweisen vermitteln, müssen im Erziehungssystem mit einer „habituellen
Nicht-Passung" zurechtkommen (El-Mafaalani 2020, S. 35–49). Sie müssen sich
entweder anpassen oder sie versagen in diesem System und werden abgestuft
(z. B. Überweisung in die Sonderschule). Ein Teil dieser Kinder und Jugendlichen
wurde und wird folglich durch die schulischen Strukturen sozial verstört:

- Sie werden in eine für sie abstrakte Mittelschichtwelt eingeführt, in der sie
  sich nur schwer zurechtfinden.
- Sie werden gehindert, ihre Herkunftskultur und Unterschichtwelt wirklich
  kennenzulernen und weiterzuentwickeln.
- Sie erhalten das Vorurteil eingeprägt, dass körperliche Arbeit minderwertiger
  ist als „geistige".
- Ihnen wird vermittelt, dass viele ihrer, für sie wichtigen kulturellen und sozialen Erfahrungen wertlos oder sogar schädlich sind (vgl. Bourdieu et al. 1997,
  S. 211 ff.).

Der mikrosoziologische Blick auf das Erziehungssystem: Wirklichkeitskonstruktion,
Rituale und Bildungsrenditen
Die Perspektive des *symbolischen Interaktionismus* ist besonders gut für die
Schulforschung, für den genauen Blick auf und in die Schule geeignet. Zum einen
ist die Schule keineswegs nur jene bürokratische, formal-rationale Organisation,

die sich leicht von außen steuern ließe (Blömeke und Herzig 2009; Kuper und Thiel 2018). Zum anderen bestätigt sich immer wieder, wie wichtig Interaktionen mit der Lehrkraft und innerhalb der Schülerschaft für die Identitätsbildung der Kinder und Jugendlichen sind (Herzog 2011). Beispielsweise beeinflusst das wahrgenommene Fremdbild das Selbstbild der SchülerInnen und damit auch ihre Schulleistung.

Die Formung und Sozialisation von Kindern und Jugendlichen geschieht langfristig und durch viele Umweltbedingungen. Ein Aspekt sind die Erwartungen von Eltern, Lehrern und Mitschülern, teilweise über *sich-selbst-erfüllende-Prophezeiungen*. Leider wirken die Erwartungen nicht nur in positiver Weise. Wenn Lehrer annehmen, dass ein Schüler oder eine Schülerin dumm, faul, aggressiv oder unbegabt sei, dann wird das Kind oder der Jugendliche durch diese Erwartungen häufig in negativer Weise verändert.

> „Leistung" und Persönlichkeitskonzepte werden durch Erwartungen mitbestimmt, die über Stereotype, Organisation und Normen sozial gesetzt und vermittelt werden.

Diese Vermittlung geschieht z. B. durch Noten, Zuweisung zur Hauptschule oder zum Gymnasium oder herrschende Ideologien („Begabung" etc.).

> „So hat die international vergleichende TIMSS-Studie unter anderem ... gezeigt, dass Jugendliche ..., die natürliche Begabungen für gute Mathematikleistungen für wichtig halten, deutlich geringere Testergebnisse erreichten im Vergleich zu Jugendlichen, die diese Meinung nicht teilen (OECD 2000, 318)." (Solga 2004, S. 99)

Die ethnographisch genaue Beobachtung von Ray McDermott und Lois Hood (1992) in einer amerikanischen Grundschule kann als Beispiel für eine Studie des schulischen Erwartungskontextes und seiner Rituale dienen:

> Kinder und Lehrer spielen routinemäßig ein Spiel. Das Spiel heißt Lesen lernen. Die Lehrerin lässt in der Regel ein Kind einen Abschnitt laut vorlesen; wenn dies beendet ist, heben einige Kinder ihre Hände, und die Lehrerin ruft eines auf, das dann weiterliest. Während des Lesens ist es relativ ruhig, doch in der Übergangsphase herrscht viel Bewegung und teilweise Lärm, wobei die Kinder individuell unterschiedlich reagieren. Wenn man diese scheinbare Konfusion jedoch analysiert, erkennt man, dass die einzelnen Kinder ziemlich ritualisiert reagieren, und der Eindruck der Konfusion nur daraus entsteht, dass es unterschiedliche Reaktionen sind. Dies kann am Beispiel eines Mädchens, das besonders schlecht lesen kann, gezeigt werden. Wenn ein Kind

den Abschnitt fertig gelesen hat und fast alle anderen Kinder aufzeigen, dann bleiben
Rosas Augen nach wie vor aufs Buch geheftet, ihr Körper ist nach vorne übergebeugt,
während die anderen sich aufgerichtet haben. Wenn die Lehrerin die Reihe der hochge-
hobenen Arme inspiziert, und dann die nächste Leserin aufruft, beginnt Rosa langsam
hochzublicken, ihr Körper richtet sich auf; während die anderen schon wieder ins Buch
schauen, hebt sie ihre Hand. Es handelt sich um eine subtile Übereinkunft zwischen
der Lehrerin, diesem Mädchen und auch den anderen Kindern in der Klasse. Rosa kann
ihr Gesicht wahren, sie gilt als interessiert und angepasst, und trotzdem geht sie nicht
das Risiko ein, aufgerufen zu werden, denn sowohl für sie als auch für die Lehrerin
wäre das Erlebnis dieses schlechten Lesevorgangs unangenehm (nach McDermott und
Hood 1982).

Diese Interpretation ist vom *symbolischen Interaktionismus* bestimmt. Doch die
Situation lässt sich auch mit einem *Konfliktansatz* analysieren. Rosas Mutter verfügt über keine abgeschlossene Berufsausbildung und ist nicht berufstätig, der
Vater ist Hilfsarbeiter und verhält sich zu Hause patriarchalisch, die Mutter dagegen ist unterwürfig. Also lässt sich an Rosa ein Klassen- und Geschlechtsschicksal
erkennen. Sie erhält die Prägung, dass sie einer untergeordneten Klasse und einem
unterwürfigen Geschlecht angehört.

In einer anderen Studie wurde untersucht, welche Schüler Lehrer bei ihren
verbalen oder nonverbalen Aktionen unterbrechen. Es zeigte sich, dass die besseren Schüler häufiger unterbrechen als die schlechten Schüler. Die besseren
Schüler gehören meist höheren sozialen Schichten an, in denen unabhängiges,
selbstbestimmtes und dominantes verbales Verhalten vorherrscht. Lehrer nehmen
diese Signale auf und belohnen sie mit besseren Noten (Farkas 2000). Schüler
der unteren Schichten werden dagegen von Lehrern häufiger abgelehnt, ignoriert,
als unangenehm empfunden und mit negativen Eigenschaften belegt. Doch nicht
immer passen sich Kinder oder Jugendliche der dominanten Kultur an, wie die
berühmte Fallstudie zu englischen Arbeiterjugendlichen von Paul Willis (1981)
gezeigt hat (Nadwornicek 2016).

Gemäß einer *funktionalistischen* Interpretation soll Schule Selektion und
Zuweisung zu Positionen durchführen. Sie verstärkt bei Rosa die durch Habitus
und soziale Schicht vorgegebene Zuweisung zu unteren Positionen. Rosa spielt
mit, sie nimmt die Zuweisung an und wird später als Kassiererin im Supermarkt
oder als Hausfrau in einem Unterschichthaushalt ihren gesellschaftlichen Dienst
tun.

Wie sähe ein *nutzentheoretischer* Zugang aus? Der würde Rosas Schulkarriere
und Rosas Schulerfolg analysieren und ziemlich gut voraussagen können. Der
nutzentheoretische, bzw. Rational-Choice-Ansatz kann derzeit als der dominante
Erklärungsansatz in der Bildungssoziologie angesehen werden (Becker 2017a).

Er ist in der Lage, Bildungsungleichheit aus der Summe individueller Bildungsentscheidungen zu erklären, die allesamt „das Beste" für sich bzw. für ihr Kind wollen. Sie sind – wir erinnern uns (Abschn. 2.7) – instrumentell rationale Entscheidungen unter Bedingungen unterschiedlicher Ressourcenknappheit.

Wie sieht ein solches Entscheidungskalkül aus? Stellen wir uns vereinfacht eine Entscheidung zwischen zwei Alternativen – sagen wir zwischen Realschule und Gymnasium am Ende der vierte Klasse – vor (Becker 2017b). Die Eltern werden sich überlegen, welchen Nutzen eine „höhere" Bildung hat *(Bildungsrendite)*. Sie werden die jetzigen und die künftig erwartbaren Schulleistungen ihres Kindes berücksichtigen *(Erfolgserwartung)*. An die *Kosten* eines längeren Bildungswegs werden sie auch denken, nicht nur an direkten Kosten wie Lernmaterialien oder Studiengebühren (die es in den meisten Länder gibt), sondern auch an die meist größeren, indirekten bzw. Opportunitätskosten (Kinder müssen länger unterstützt werden). Und natürlich sollen es die Kinder einmal – mindestens! – so gut haben wie sie selber *(Statuserhaltungsmotiv)*.

Nimmt man alle Faktoren zusammen, wird deutlich, dass sich die Bildungsentscheidungen zwischen den sozialen Schichten unterscheiden müssen. *Raymond Boudon* (1934–2013), der andere berühmte französische Soziologe mit "B", spricht hier von *sekundären Herkunftseffekten:* Höhere Sozialschichten müssen mehr in die Bildung ihrer Kinder investieren als niedrigere, wenn sie zumindest den Status erhalten wollen. Bildungskosten spielen bei ihnen hingegen eine vergleichsweise geringere Rolle. Außerdem kommen die Kinder schon mit unterschiedlichen Lernvoraussetzungen in die Schule *(primäre Herkunftseffekte)*.

Und wo bleiben im nutzentheoretischen Ansatz die Institutionen des Bildungssystems? Zum einen können Bildungssysteme den primären Herkunftseffekt entweder verstärken oder abschwächen. Zum anderen finden Bildungsentscheidungen immer innerhalb und mit Blick auf die Struktur eines spezifischen Bildungssystems statt. Es macht beispielsweise einen Unterschied, ob die Kinder nach der vierten oder nach der achten Klasse aufgeteilt werden. Bildungsungleichheit ist somit ein – im Unterschied zum Konfliktansatz: überwiegend unbeabsichtigtes – Ergebnis des Wechselspiels von primären und sekundären Herkunftseffekten im Rahmen von sich wandelnden Bildungssystemen (vgl. die Abb. bei Becker 2017b, 121). Bildungsungleichheit ist somit ein, im Unterschied zum Konfliktansatz, überwiegend unbeabsichtigtes Ergebnis des Wechselspiels von primären und sekundären Herkunftseffekten im Rahmen von sich wandelnden Bildungssystemen.

Bildungsungleichheit in Deutschland
Nach dieser Beschreibung der Erziehung aus der Sicht der vier Ansätze kann
man nun die Frage stellen: Verringert oder verstärkt das Erziehungswesen gesellschaftliche *Ungleichheit?* Dient es der Verfestigung und/oder Verschleierung des
traditionellen Schicht- oder Klassensystems?

Eine konservative Rechtfertigung der bestehenden, durch Schule nicht verän-
derbaren sozialen Ungleichheit besagt, dass sich die Individuen in ihrer genetisch
bedingten Intelligenz unterscheiden. Tatsächlich prägen genetische Prädispositio-
nen die mentale Leistungsfähigkeit (Eifler et al. 2019). Zwischen Erbanlagen
und Umwelt herrscht allerdings eine höchst komplexe Wechselbeziehung. So
kann *Sozialkapital* ein genetisches Handikap kompensieren, während umgekehrt
schwierige Lebensumstände verhindern, dass das persönliche Potential sich entfalten kann (Shanahan und Freeman 2018). Außerdem stehen schulische Leistungen
nicht nur mit eigenen kognitiven und nicht-kognitiven Faktoren – wie z. B.
Gewissenhaftigkeit und Fähigkeit, sich motivieren zu können – der Schülerinnen und Schüler in Zusammenhang, sondern auch mit Schul- und Wohnumwelt,
Schulform, Klassenklima, Lehrer-Schüler-Verhältnis und vielen anderen Faktoren.
Für die deutsche Variante der *Begabungsideologie* (Feldmann 2005, S. 103 ff.),
die sich in der, im Vergleich zu anderen westlichen Staaten, außerordentlich frühen Aufteilung der Kinder auf verschiedene Schulformen äußert, ist eine andere
Annahme womöglich noch wichtiger: die Erwartung, dass alle Schülergruppen
profitieren, wenn sie in möglichst leistungshomogenen Lerngruppen unterrich-
tet werden. Manchmal ist auch zu hören, dass womöglich die schwächeren
Schülerinnen und Schüler von kognitiv heterogen zusammengesetzten Lerngruppen profitierten, dafür aber die stärkeren im Lernfortschritt behindert würden.
Die Bildungsforschung hat hingegen gezeigt, dass leistungsheterogene Schulklas-
sen nicht automatisch gut oder schlecht für den Lernfortschritt und für andere
Sozialisations- und Erziehungsziele sind (Scharenberg 2014; Vock und Gronostaj 2017). Bedeutsamer für den Schulerfolg ist die soziale Zusammensetzung
der Klasse, sind Einstellungen von Schülerinnen und Lehrerinnen und die Frage,
ob es den Lehrkräften gelingt, ihre Schüler angemessen zu unterstützen und
herauszufordern.

Auch wenn Schulen – zu Recht – für die großen Leistungsunterschiede zwischen Kindern unterschiedlicher sozialer Herkunft kritisiert werden, darf nicht
übersehen werden, dass die sozialen Unterschiede im Wesentlichen außerhalb
der Schule entstehen (Borgna et al. 2019). Nicht-schulische soziale Bedingungen
haben entscheidenderen Einfluss auf die Leistungen und auf die Zertifikatsver-
gabe. Gerade für Schüler aus benachteiligten Familien sind Schulen allerdings
besonders wichtig. Heyns (1978) untersuchte die Lernfortschritte während des

Schuljahrs und verglich sie mit dem Lernen in den Ferien. Die Schule erwies sich als notwendig und positiv für Kinder aus unteren sozialen Schichten, die in den Ferien „Wissen verloren", während die Kinder der oberen Schichten auch in den Ferien dazugewannen (vgl. Entwisle und Alexander 1992). Diese gleichheitsfördernde Wirkung von Erziehungseinrichtungen gilt auch für Kindergärten, wie durch die IGLU-Studie (Bos et al. 2003) nachgewiesen wurde, und für Ganztagsschulen.

In allen Bildungssystemen gibt es Unterschiede bei den schulischen Leistungen je nach sozialer Herkunft. In Deutschland sind sie aber besonders groß. Aus dem Modell in Abb. 9.9 ist erkennbar, dass hauptsächlich soziale Schicht und Geschlecht die Lesekompetenzunterschiede erklären, wobei für Deutschland zusätzlich der Einfluss der Schulform, d. h. der drei- bzw. mehrgliedrigen Schulmaschine, bedeutsam ist, wodurch das schon in der Vorschulphase die Unterschicht- und Migrantenkinder diskriminierende System konsequent und „begabungsgerecht" weitergeführt wird.

An dem traurigen Befund der PISA-Studie aus dem Jahr 2001, der Deutschland Spitzenwerte bezüglich der sozialen Ungleichheit nachwies, hat sich inzwischen – auch dank PISA (Davoli und Entorf 2018; Prenzel 2018) – manches verbessert. Aber noch nicht genug: In Deutschland gehört weiterhin und kumulativ über den

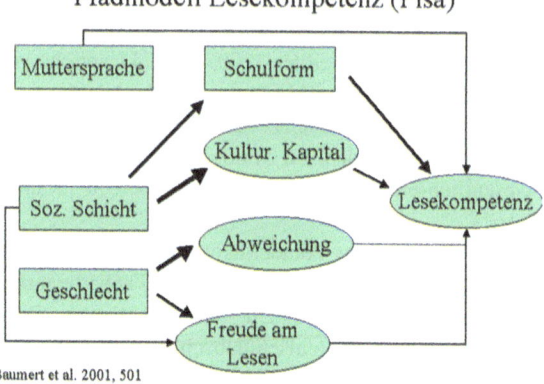

Abb. 9.9 Modell zur Erklärung von Lesekompetenz-Unterschieden[1] (Quelle: Baumert et al. 2001, S. 501)

---

[1] Je dicker der Pfeil, umso bedeutsamer ist der Einfluss der Variablen.

gesamten Bildungsweg hinweg die soziale Herkunft zu den wichtigsten Faktoren, die die Bildungschancen von Schülern beeinflussen (Blossfeld et al. 2019). In den 50er und 60er Jahren waren folgende Gruppen in Deutschland unterprivilegiert: Arbeiterkinder, Mädchen, Kinder in schulisch schlecht versorgten Regionen und teilweise Katholiken. Das „katholische Arbeitermädchen vom Land" war die idealtypische Figur des unterprivilegierten Kindes.

Die Situation hat sich stark verändert (Becker und Lauterbach 2016). Geschlechtsspezifische und konfessionelle Diskriminierungen gelten nur mehr für Minderheitsgruppen. Doch es gibt nach wie vor eine strukturelle Benachteiligung von Mädchen- sowie auch Jungengruppen in Schulen. Mädchen geraten in Zielkonflikte zwischen traditionellen Rollen, weiblichen Identitätsvorstellungen und schulischem bzw. beruflichem Erfolg (Burr 1998, S. 63 ff.). Zudem schlagen sich die guten Noten der Mädchen zu wenig in entsprechenden Berufspositionen und Einkommensbedingungen nieder (siehe oben Kasten 5). Nach wie vor gibt es männlich und weiblich dominierte Ausbildungsfächer und Studiengänge.

Während mehr Mädchen inzwischen das Abitur erreichen als Jungen sind Arbeiter- bzw. Unterschichtkinder dagegen beim Abitur, und vor allem an Hochschulen nach wie vor stark unterrepräsentiert. Ihr Anteil sinkt, je höher man in der Bildungshierarchie aufsteigt. Regionale Unterschiede spielen nach wie vor eine – und mit Blick auf einzelne Stadtteile sogar zunehmende – Rolle. Vor allem Migrantenkinder sind benachteiligt. Allzu viele werden in „Sonder-", bzw. „Förderschulen" überwiesen, obwohl sie nicht „behindert" sind. Das „ausländische Unterschichtkind" ist die idealtypische Figur des unterprivilegierten Kindes ab den 1980er Jahren; Geißler (2005, S. 71) spricht von der „Metamorphose der Arbeitertochter zum Migrantensohn". Allerdings haben Schüler mit Migrationshintergrund, wenn Schichtzugehörigkeit, Einkommenssituation und Bildungsniveau kontrolliert werden, im Vergleich zu Schüler mit Migrationshintergrund kein wesentlich erhöhtes Risiko für den Übertritt in eine Hauptschule. (Voigt 2018, S. 161).

Die Chancen von Kindern aus Akademikerfamilien auf einen Gymnasialbesuch sind allerdings fast viermal so hoch wie für Facharbeiterkinder und fast sechsmal so hoch wie für Kinder von Un- und Angelernten. Da der Anteil an Schülern, die das Abitur und den Realschulabschluss schaffen, im Zuge der *Bildungsexpansion* sich stark erhöhte, ist der Hauptschulabschluss entwertet worden und Schüler ohne Schulabschluss haben stark verminderte Berufschancen (Solga 2005a). Auch vielen Hauptschulabsolventen gelingt kein direkter Übergang in eine duale oder schulische berufsqualifizierende Ausbildung (Konietzka 2017, S. 292).

Die Schulcurricula in Deutschland und Österreich sind immer noch von einem traditionsbestimmten Enzyklopädismus geprägt, auch wenn sich im Gefolge der PISA-Diskussion einiges verändert hat. *Enzyklopädismus* stammt aus der Zeit der Aufklärung. Es ging um die Aufgabe, den Kanon eines für alle gültigen und dem Fortschritt der Menschheit dienenden Wissens zu erzeugen und in der Schule zu vermitteln. Die Schulcurricula setzen sich einerseits aus traditionellen Bestandteilen (Fächern) zusammen und andererseits aus relativ beliebig ausgewählten Erkenntnissen oder Wissenspartikeln, wobei ein beachtlicher Teil alltagsrelevanten Wissens ausgegrenzt wird (Feldmann 2005, S. 79). Vor einigen Jahren erregte eine Kölner Schülerin mit einem Tweet für Aufregung: „Ich bin fast 18 und hab keine Ahnung von Steuern, Miete oder Versicherungen. Aber ich kann 'ne Gedichtsanalyse [sic!] schreiben. In 4 Sprachen".

Zum Weiterstudium
Eine umfassende Darstellung von Theorien, Methoden und zentralen empirischen Befunden der Bildungssoziologie bietet:

Becker, Rolf, Hrsg. 2017. *Lehrbuch der Bildungssoziologie*. 3. Aufl. Wiesbaden: Springer VS.

Das deutsche Bildungswesen detailliert in zahlreichen Aspekten und über die gesamte Lebensspanne hinweg:

Köller, Olaf/Hasselhorn, Markus/Hesse, Friedrich W./Maaz, Kai/Schrader, Josef/Solga, Heike/Spieß, C. Katharina/Zimmer, Karin (Hg.) (2020): *Das Bildungswesen in Deutschland: Bestand und Potenziale*. Bad Heilbrunn: Julius Klinkhardt.

Betont die gesellschaftliche Voraussetzung von Bildung und plädiert für eine Abkehr von Schulen, die „nur Unterricht machen":

El-Mafaalani, Aladin. 2020. Mythos Bildung. Die ungerechte Gesellschaft, ihr Bildungssystem und seine Zukunft. Köln: Kiepenheuer & Witsch.

Alle zwei Jahre, jeweils mit einem neuen Schwerpunkt, erscheint ein umfangreicher Bericht zu Bildung in Deutschland:

https://www.bildungsbericht.de/

Regelmäßig erscheint auch die „Bildung auf einen Blick" der OECD, mit zahlreichen, weltweit vergleichbaren Indikatoren zum Stand der Bildung:

https://www.oecd.org/publications/bildung-auf-einen-blick-19991509.htm

9.4   Gesundheit und Medizin

AUF EINEN BLICK

1. Für die Bevölkerungsmehrheit ist die physische Arbeitsanforderung geringer, die Außendarstellung des Körpers wichtiger als in früheren Zeiten.
2. Der Vergleich von biomedizinischen und sozialen Gesundheitsmodellen macht deutlich: Gesundheit und Krankheit sind nicht nur eine Angelegenheit der Medizin.
3. Ein Thema der Gesundheitssoziologie sind die deutlichen Schichtunterschiede in so gut wie allen Gesundheitsbereichen, die sich nur teilweise durch das Verhalten erklären lassen.

In den vergangenen drei Jahrhunderten wurden die eigene Kultur, die Gesellschaft und „der Mensch" immer genauer, perspektivischer und „mit medizinischem Blick" betrachtet. Berühmte Männer haben Globaldiagnosen gestellt (vgl. Abb. 9.10).

Die Begriffe *gesund* und *krank* sind von kulturellen und sozialen Verhältnissen und sich ändernden wissenschaftlichen Bestimmungen abhängig.

	Krankheitsursache	*Heilung*
Rousseau	Zivilisation	Zurück zur Natur!
Marx	Entfremdete Arbeit	Klassenlose Gesellschaft
Freud	Triebunterdrückung	Psychotherapie
Durkheim	Integrationsmangel, Anomie	Familie, Religion, Beruf
Parsons	abweichendes Verhalten	Professionelle Hilfe, Rollenkonformität

Abb. 9.10 Kultur und Gesellschaft als Krankheitsursachen

In modernen Staaten, Rechtssystemen und bürokratischen Organisationen wird sozialer Druck ausgeübt, Gesundheit und Krankheit verbindlich zu definieren. Wenn man wie bei der Darstellung der Institution Wirtschaft bei den grundlegenden Bedürfnissen und Wünschen beginnt – um einen kultur- und zeitunabhängigen Konsens zu finden – dann kann man davon ausgehen, dass fast alle Menschen glücklich sein wollen.

Doch was ist oder was macht „glücklich"? Eine ganze Wissenschaft – oder, wie Kritiker sagen würden: Industrie – beschäftigt sich mittlerweile damit: die Glücksforschung (Enste et al. 2019). Einerseits ist in modernen Gesellschaften die Meinung weit verbreitet, dass das Glück und die Bedürfnisbefriedigung von Menschen höchste Bedeutung haben, andererseits beschäftigt sich das medizinische System offensichtlich und weiterhin nicht primär damit, sondern mit der Reparatur von Körperteilen. Der Körper erscheint auf den ersten Blick als Gegenstand der Naturwissenschaft, Biologie, Chemie und Physik, festgelegt und die Medizin als angewandte Naturwissenschaft bearbeitet ihn. Doch der Körper ist auch ein Gegenstand der Soziologie.

Der Körper

Warum sollte man den Körper, der von Biologen und Ärzten verwaltet wird, in der Soziologie thematisieren? Soziologen haben in der Regel nur soziale Teile des Individuums differenziert betrachtet: Individuum als Positionsinhaber, Rollenträger, Sozialisand, Interagierender, Kommunizierender etc. Das Individuum erschien als eher statischer Teil einer Struktur (Positionsinhaber) oder als dynamischer Teil eines Netzwerkes (Rollenspieler) oder als black box, die soziale Aktionen produziert. Geburt und Tod von Menschen wurden als statistische Merkmale von Populationen oder als Anlässe oder biologische Unterlagen für Rituale und Bedeutungssysteme betrachtet. Doch Körper sind soziale Produkte (vgl. Turner 2008). Nach *Foucault* sind Körper und ihre Bilder in historischen Prozessen entstanden.

Körper wurden in allen Kulturen programmiert und gezähmt („Triebunterdrückung"). In Europa galt immer Masturbation vor anderen Menschen, Nacktheit auf der Straße und jemanden totbeißen und verspeisen als ungehörig. Körper und ihre „Accessoires" waren in vielen Kulturen für das schnelle Erkennen der „Eigenen" und der „Fremden" wesentlich und damit Werkzeuge der Inklusion und Exklusion. Westdeutsche wurden in der DDR trotz „unauffälliger Kleidung" und auch wenn sie kein Wort sprachen, als Westdeutsche erkannt. Sogar am Nacktbadestrand an der Ostsee wurden sie von vielen Ostdeutschen an ihrem Gang, der Art des Blickens und wahrscheinlich auch an anderen Körpermerkmalen identifiziert.

Der Körper ist eine wichtige Ursache sozialer Ungleichheit. Von der Geburt an wird ein Mensch nach seiner körperlichen Ausstattung beurteilt. Im Kindergarten und in der Schule wird ein Kind oder ein Jugendlicher von den anderen nach Schönheit, Gesundheit, Stärke und sportlicher Leistung bevorzugt oder benachteiligt (vgl. Gugutzer 2015). Berufe kann man danach einteilen, welche Aspekte des Körpers große Bedeutung haben. Für Models oder Schauspieler sind das Gesicht, die schlanke, große Gestalt und die Bewegungsstruktur Auswahlkriterien. Für Wissenschaftler dagegen sind wohl überdurchschnittliche Leistungen bestimmter Gehirnpartien für die Karriere erforderlich.

Wie wird „der Körper" in der Soziologie meist behandelt, ausgespart oder transformiert?

- In der Mikrosoziologie und Sozialpsychologie steht der Körper als Organismus oder als Träger von Rollen hinter den Kulissen. Lerntheorie bezieht sich allgemein auf Organismen (Ratten und Menschen).
- Menschen dienen im Funktionalismus als Positionsinhaber und Rollenträger. Wenn ihr Körper nicht funktionsfähig, also krank ist, dann sind sie zur Reparatur durch Kooperation mit der Institution Medizin verpflichtet.
- Im Symbolischen Interaktionismus sind die Menschen Kommunikatoren und Bedeutungskonstrukteure. Sie definieren schöne, kranke und tote Körper und die Seelen der Körper. Die Seele, oder sozialwissenschaftlich gesagt, die personale Identität, ist im Körper „lokalisiert" und sie wird, je nach Ideologie, wissenschaftlicher oder persönlicher Deutung als Bewusstsein, Ich, göttlicher Funke oder anders bestimmt. Die personale Identität emanzipierte sich im Laufe der kulturellen Evolution von der sozialen Identität: In einfachen Kulturen (Kollektivismus) waren personale und soziale Identität nur im Extremfall getrennt, in modernen Gesellschaften (Individualismus) sind sie nur im Extremfall vereint und untrennbar.

Der normale Mensch, das dreigeteilte Wesen, Körper, personale Identität und soziale Identität, wird von der Evolution, den Eltern, Erzieherinnen, Lehrern, Gleichaltrigen, Polizisten, Ärzten und vor allem von den Körperbesitzern selbst hergestellt. So sind die folgenden drei Aussagen nur scheinbar widersprüchlich:

- Ich (Identität, Person) ist ein Produkt des Körpers, vor allem des Gehirns.
- Ich (Identität, Person) ist ein Produkt der Gesellschaft (Sozialisation, Erziehung).
- Ich (Identität, Person) konstruiert sich selbst (psychisches System).

Auf den ersten Blick wird der Körper vorerst von „der Natur", den Genen, bestimmt, die soziale Identität von den Anderen und die personale Identität von der Person selbst. Doch auf den zweiten und dritten Blick bleibt zwar bei der Körpergestaltung bisher noch immer „die Natur" die Nummer Eins, doch zunehmend wird der Körper kulturell und sozial geformt. Die Beziehung zwischen den drei Teilen wird gepflegt und überwacht. Eine gravierende Störung tritt ein, wenn ein Teil dominant wird.

- Übernimmt der *„Körper"* die Herrschaft, droht „Enthemmung", „Regression", also Abweichung mit den Folgen der Medikalisierung oder Kriminalisierung.
- Die *personale Identität* an oberste Stelle zu setzen, kann mit Durkheim *Egoismus* genannt werden. Im krassen Fall kann die personale Identität den Körper und die soziale Identität töten (egoistischer Selbstmord).
- Die Dominanz der *sozialen Identität* zeigt sich in *überstarker Integration* oder einer Zurichtung der Körper im Dienste des Kollektivs, z. B. im Krieg. Das moderne westliche Individuum zeigt zunehmend Abwehr gegenüber dieser „Totalintegration".

Das Körperkapital ist die Basis für alle gesellschaftlichen Unternehmungen und Arten der Kapitalakkumulation des Individuums. Das physische Kapital ist von Natur und Gesellschaft aus ungleich verteilt. Körper sind bedeutsame soziale Ressourcen, sie haben Gebrauchs- und Tauschwert.

Die moderne Gesellschaft verbessert und erneuert alles, auch den Körper. Schon immer wurden junge, schöne, geschmeidige und starke Körper alten, hässlichen, kranken und schwachen Körpern vorgezogen. Doch die Schönheitsnormen sind – wie bekannt – trotzdem kultur- und epochenspezifisch unterschiedlich (Kasten 8).

Kasten 8: Die Wirkung von Medienbilder auf heranwachsende Mädchen
Während einige Vorstellung von Schönheit wie makellose Haut, volles Haar, oder symmetrische Körperproportionen universell sind, da genetisch auf Gesundheit bzw. Fruchtbarkeit hindeutend, sind viele andere Merkmal wandelbar. Das gilt beispielsweise für die Hautfarbe oder die Üppigkeit. Die jeweiligen Schönheitsideale werden in der Sozialisation, aber auch von

Peers und den Medien vermittelt. Dies kann ein „natürliches Experiment"
auf den Fidschi-Inseln eindrucksvoll verdeutlichen.

Auf den Fidschis, wie auf anderen Inselgruppen des Südpazifiks, galten eher große und voluminöse Frauen als vorherrschendes Schönheitsideal.
Dies änderte sich mit der Einführung des Fernsehens im Jahr 1995 (Becker
2004). Rasch setzte sich das westliche, aktuell schlanke, Schönheitsideal
durch. Viele fidschianische Mädchen entwickelten den Wunsch, dünn zu
sein und waren mit ihrem Körper nicht mehr zufrieden. Essstörungen und
Verhaltensauffälligkeiten nahmen deutlich zu.

Generell weisen viele Befunde darauf hin, dass die Exposition gegenüber idealisierten Bildern weiblicher Schönheit ein kausaler Risikofaktor für
die Wahrnehmung des eigenen Körpers ist und eine Fülle negativer Folgen
haben kann. Allerdings sind nicht alle Frauen und auch nicht alle Ethnien
bzw. Kulturen gleichermaßen betroffen (Calogero et al. 2007, S. 261-267).

Zwar sind die physischen Arbeitsanforderungen in Dienstleistungsgesellschaften
im Vergleich zu agrarischen und Industriegesellschaften viel geringer, doch dafür
wurde die Außendarstellung des Körpers immer wichtiger. In modernen Gesellschaften verfeinern sich Wahrnehmungen, mediale Gestaltungen und Messungen,
sodass ein immer kleinerer Anteil der Menschen den Idealen der perfekten Körper entspricht. Somit tritt ein Seltenheitseffekt auf: der makellose, der jeweiligen
Mode entsprechende, mediatisierte Superkörper hat einen sehr hohen Wert. Die
Normalkörper verlieren an Wert. Über die Medien werden täglich unerbittlich die
normierten weiblichen und zunehmend auch: männlichen Idealkörper vorgestellt
und eingebrannt. Folglich steigt der soziale Druck, den eigenen Körper ständig
zu manipulieren und zu renovieren – ein boomender Wirtschaftszweig. Bei kos-
metischen Operationen und sonstigen Körperformungen geht es um ein Gemenge
von Individualismus, Mediatisierung, Medikalisierung, Statuskampf, Kompensa-
tion und Quasi-Psychotherapie. So wird immer mehr Arbeit am Körper geleistet
in modernen Gesellschaften. Die Produktion von Gütern erfordert weniger Arbeit,
doch die Herstellung, Erhaltung und Gestaltung des eigenen Körpers wird immer
aufwendiger.

Diese instrumentellen Erwartungshaltungen werden in der Kindheit zuerst in
Märkten für Kulturprodukte, vor allem für technische Geräte, geschaffen, doch
im Sog dieser Erwartungen werden auch die Körperkompetenzen immer bedeutsamer. Die Schwellen der Normalität erhöhen sich. Leichte motorische oder mentale

„Störungen" werden zu Defiziten, Krankheiten und Behinderungen. Wahrscheinlich wird sich die soziale Ungleichheit durch immer aufwändigere Körperprojekte verstärken.

Sozial- oder naturwissenschaftliche Betrachtung?
Auf den ersten Blick bestehen zwischen Blinddarmentzündungen im Alten Ägypten, im Mittelalter und heute keine wesentlichen Unterschiede. Es handelt sich um eine biologische und medizinisch-naturwissenschaftliche Angelegenheit, unergiebig für soziologische Überlegungen. Doch Diagnose und Therapie der Krankheit und der Umgang mit den Kranken werden von kulturellen, sozialen und ökonomischen Bedingungen mitbestimmt.

Erstens sind die Häufigkeit und die Art der auftretenden Krankheiten von sozialen Bedingungen abhängig. Aids ist in New York und Nairobi ein soziales Problem, nicht in einem Dorf in Oberbayern oder in einem Luxus-Alten-Ghetto in Florida. Allerdings sind die Überlebenschancen von Aidskranken in New York viel besser als in Afrika. Zweitens werden Krankheiten unterschiedlich sozial bewertet, als moralisch schlecht, als Zeichen bestimmter Gruppenzugehörigkeit, als Gottesstrafe usw. Die Erkrankung am Coronavirus wurde von religiösen Fundamentalisten als Strafe für die Akzeptanz von Homosexualität angesehen. Drittens variieren die Ursachenzuschreibungen je nach kulturellen und sozialen Gegebenheiten. In traditionalen Kulturen wurden häufig böse Geister oder ein Tabubruch verantwortlich gemacht, während heute persönliches Verhalten in den Vordergrund gerückt wird (Rauchen, Essen, Trinken, Sport, sexuelles Verhalten, Hygiene, Verkehrsverhalten). Die modernen Menschen leben folglich sehr risikobewusst, sie sind paradoxerweise trotz der immensen professionellen Hilfe belastet, da sie ständig ihr Verhalten bezüglich seines Krankheitspotenzials prüfen müssen. Nicht nur die Kranken, auch die Gesunden sind abhängiger geworden: von Ärzten und anderen Vertretern des Gesundheitssystems – und von den eingepflanzten Gesundheitsvorstellungen und Krankheitsängsten.

Gesundheit und Krankheit in soziologischer Sicht
Eine *funktionalistische* Perspektive betrachtet die Gesellschaftsmitglieder als Träger von Positionen und Rollen und als Institutionsdiener. Wenn sie ihre vorgesehenen Aufgaben infolge von Krankheit nicht ausreichend erfüllen können, dann müssen Hilfsdienste und Organisationen (Krankenhäuser, Krankenkassen) entwickelt werden. Die Rolle des Patienten wurde inzwischen als von Kind an gelernte Standardrolle eingerichtet (Krankenrolle nach Parsons). Menschen lernen, dass sie durch Krankheit abweichend werden und mit Hilfe von Ärzten, Medikamenten und anderen gesundheitsfördernden Maßnahmen wieder normal werden können.

Das Gesundheitswesen kann jedoch auch dysfunktional werden, z. B. wenn die Kosten zu sehr ansteigen, wenn Übertherapie, z. B. viele unnötige Operationen, stattfindet oder wenn die Krankheitsdefinitionen übermäßig ausgeweitet werden. Ein *Konfliktansatz* richtet sein Augenmerk auf die Klassengegensätze (Personen der Unterschicht erkranken häufiger und sterben früher als Personen aus oberen Schichten) und auf die divergierenden Interessen von Patientengruppen, Ärzten und anderen Gesundheitsarbeitern. Medizin übt soziale Kontrolle aus, wobei die Frage ist: In wessen Interesse? Die Medikalisierung, der Eroberungsfeldzug medizinischer Modelle, steht in Konkurrenz zu anderen Modellen, z. B. einer sozialwissenschaftlichen Betrachtung von abweichendem Verhalten oder alternativen Heilverfahren. Auch der Kampf um Ressourcen zwischen sozialen Systemen, z. B. Medizin, Bildung und Sozialhilfe, kann durch Konflikttheorien analysiert werden.

> Die Weltgesundheitsorganisation (WHO) definiert Gesundheit als „Zustand vollkommenen körperlichen, seelischen und sozialen Wohlbefindens".

Von der Warte des *Interaktionismus* aus gesehen sind Kranke nicht nur durch Rollen, Normen und Gruppenzugehörigkeit bestimmt, sondern sie interpretieren ihre Krankheit, deuten die Diagnosen und Therapievorschläge des Arztes und treffen eigenwillige Entscheidungen. Medikamente werden gekauft und nicht verwendet, Selbstbehandlung findet häufig statt, andere Ärzte werden aufgesucht, alternative Heilverfahren ausgewählt. Diagnosen und Therapien werden zwar offiziell von Ärzten und Therapeuten festgelegt, doch das tatsächliche Verhalten der Patienten ist das Resultat von Verhandlungen, Vorstellungen, Reaktionen von Familienmitgliedern und Versuchen, die personale und soziale Identität zu schützen. Das medizinische Wissen wurde bisher aus der schulischen Bildung ausgeklammert, und die Bevölkerung wurde mehr über die Massenmedien und Internet als durch direkte Kontakte mit Ärzten aufgeklärt. Medizin dient inzwischen nicht nur der Heilung von Krankheit und der Normalisierung, sondern immer mehr der Statuserhöhung, dem sozialen Aufstieg und dem impression management (vgl. Stollberg 2012, S. 648 f.).

Was Laien über Gesundheit und Krankheit denken
Im Englischen wird zwischen *disease* und *illness* unterschieden. Disease bezieht sich auf die Krankheitsdefinitionen des Arztes, während illness sich auf die

Selbstdefinition der kranken Person oder anderer Laien bezieht. Wichtig hierbei ist die Erkenntnis, dass das Sprechen über Krankheit nicht eine „objektive naturwissenschaftliche Tatsache", sondern eine soziale Konstruktion ist.

Menschen bezeichnen sich selbst und andere als gesund oder krank, wobei eine Reihe von Merkmalen angesprochen sind: Hedonismus, Körperbezug, Gleichgewicht, Vitalität, Hygiene, Prävention, psychische Ausgeglichenheit, physische Funktionsfähigkeit.

Herzlich, Pierret und Krüger-Wirrer (1991) haben drei zentrale Faktoren in den Äußerungen von Laien über Gesundheit gefunden:

- Abwesenheit von Krankheit
- Gesundheitsreserve, Widerstandskraft
- Gleichgewicht (Wohlbefinden und Handlungsfähigkeit).

Untersuchungen zeigen, dass *ältere* Personen Gesundheit als körperliche Stärke, generelles Fitnessgefühl und Alltagskompetenz definieren. *Unterschicht* personen definieren Gesundheit stärker als die Fähigkeit, Alltagstätigkeiten vor allem im Beruf und in der Familie durchzuführen, während *Mittelschicht* personen einen breiteren Gesundheitsbegriff haben, der sich auf psychische Energie, positive Einstellung und die Fähigkeit zur Lebensbewältigung bezieht. Ober- und Mittelschichtpersonen haben in stärkerem Maße eine *personalisierte auf Selbstverwirklichung gerichtete Sichtweise* von Gesundheit. Dagegen ist bei Unterschichtangehörigen eine stärker passive und *fatalistische Orientierung* feststellbar; es werden eher äußere Gründe oder Kräfte angegeben, die das Leben und auch die Gesundheit bestimmen. In der Unterschicht wird Gesundheit in der Regel aus utilitaristischer Perspektive gesehen, hauptsächlich als Arbeitsfähigkeit, als Mittel für die Zwecke der Leistungsgesellschaft und nicht als Selbstzweck.

Theorien und Ideologien zur Erklärung von Krankheiten
Im Folgenden werden Alltagstheorien, Mythen, Phobien und Teilweltbilder dargestellt, die unter verschiedenen kulturellen Bedingungen verbreitet waren und sind und großen Einfluss auf Einstellungen und Verhaltensweisen von Menschen haben (vgl. Albrecht 2005, S. 268 ff.). Eine Trennung wissenschaftlicher von Alltagstheorien kann analytisch vorgenommen werden, doch sowohl im Bewusstsein der Laien als auch der im Medizinbereich tätigen Personen vermischen sich diese Theorieebenen und das Handeln ist nur in Ausnahmefällen (fast) ausschließlich von wissenschaftlichen Theorien „geleitet".

1. Die Theorie des Übernatürlichen

Geister oder Dämonen wurden in verschiedenen Kulturen als Verursacher von Krankheiten angesehen. Auch im Christentum wurde Krankheit häufig als Bestrafung durch Gott verstanden. Anhänger der Theorie des Übernatürlichen wandten sich gegen Wissenschaft und Demokratisierung. Krankheit, Armut und die sozialen Bedingungen von Ungleichheit wurden als gottgegeben angesehen.

2. Die Ansteckungstheorie

Sie war schon in der Antike und im Mittelalter bekannt, als man noch keine Kenntnisse von Bakterien und Viren hatte. Der „schlechte" bzw. fremde Geruch oder Berührungen von Menschen, die an sichtbaren Körperstörungen oder - deformationen litten, waren verdächtig. Man versuchte durch Quarantäne, also durch Isolation der Kranken von den Gesunden, eine weitere Verbreitung von Seuchen und Krankheiten zu verhindern. Leprakranke wurden in verschiedensten Kulturen (z. B. in Indien auch heute noch) als Außenseiter angesehen und in isolierten Gruppen gehalten. Diese Sichtweise war häufig gekoppelt mit Fremdenfeindlichkeit und Vorurteilen gegenüber Minderheiten oder negativ besetzten Gruppen.

3. Die Theorie der Keime, Bakterien und Viren

Diese über die wissenschaftliche Forschung ins Alltagsbewusstsein gelangte Sichtweise überschneidet sich mit der Ansteckungstheorie, ist jedoch nicht mit ihr identisch. Menschen sehen sich, ihr Inneres und ihre Wohnung als Schlachtfeld, Myriaden von bösen Lebewesen sind eingedrungen und werden von den guten eigenen Kräften – oder von medizinischen und hygienischen Hilfstruppen – bekämpft. Hinter diesen Annahmen stehen teilweise wissenschaftliche Theorien, teilweise gesundheitsschädigende Fehl- und Vorurteile. Außerdem begünstigt diese Sichtweise diffuse Gefühle der Ohnmacht und des Ausgeliefertseins, hypochondrische Reaktionen, z. B. Waschzwänge, und Ängste.

4. Die Theorie des persönlichen Verhaltens und des Lebensstils

Schon in der Antike wurden Ernährung, körperliche Übungen, Sauberkeit und richtige emotionale Befindlichkeit als entscheidend für Gesundheit angesehen. Im 19. und 20. Jahrhundert überschwemmte eine Flut von Verhaltenskatalogen zur Verhinderung von Krankheiten den Markt. In der Regel wurde ein bürgerliches Leben als gesundheitsfördernd angesehen. Der Glaube an individuelle Freiheit und Selbstbeherrschung war für Vertreter dieser Richtung entscheidend. Im Zeitalter der Individualisierung werden Rauchen, Stress, zu fette Ernährung etc. zu zentralen Krankheitsursachen erklärt und der Einzelne wird bei entsprechenden Erkrankungen verantwortlich gemacht. Nach Elias wurde im Laufe der Zivilisation Selbstkontrolle im Vergleich zu Fremdkontrolle bedeutsamer. Die individuelle Ursachenzuschreibung begünstigt Ablehnung oder Verdrängung der Suche nach strukturellen gesellschaftlichen Ursachen und Rechtfertigung der sozialen Ungleichheit.

5. *Kosmos- und Umwelttheorien*
Kosmos- und Umwelttheorien sind so alt wie die Menschheit. In vielen Kulturen wurden Verbindungen zwischen den Basiselementen (Wasser, Erde, Feuer etc.) und dem Körper und seinen Teilen hergestellt (vgl. Albrecht 2005, S. 268 ff.). Hier soll das Augenmerk auf die ökologische Perspektive gelenkt werden. Alltagstheorien über gesundheitsschädliche Umweltbedingungen verstärken Abgrenzung, Schließung (Inklusion) und Gruppenkämpfe. Man denke an die Errichtung von Deponien oder Kernkraftwerken, an kontaminierte Bereiche, an Industriegebiete und Wohnungen an stark befahrenen Straßen. In all diesen Fällen werden herrschende privilegierte Gruppen zusätzlich begünstigt, d. h. tatsächlich oder angeblich gesundheitsschädliche Einrichtungen werden meist in Unterschichtgebieten oder in statusniedrigen Regionen errichtet, die dadurch in einen Abwertungskreislauf geraten.

6. *Die Vererbungstheorie oder Theorie der Gene*
Vererbungstheorien wurden schon in früheren Jahrhunderten verwendet. Sie dienten der Legitimierung von Herrschaft und der Diskriminierung von Gruppen, Familien oder Ethnien. Vorstellungen der erblich bedingten Minderwertigkeit von Kollektiven und Völkern waren im 19. Jahrhundert verbreitet. Doch die wissenschaftliche Genetik eröffnet neue Diagnose- und Therapiemöglichkeiten. Manche meinen, dadurch würde eine Wende in der Medizin eingeleitet. Vielleicht führt die genetische Forschung in der Zukunft zu einem stärkeren sozialen Druck, der z. B. auf Eltern ausgeübt wird, sich für die „gesundheitliche Ausstattung" ihrer Kinder verantwortlich zu fühlen. Wird der Schwerpunkt auf genetische, „innere" Ursachen gelegt, dann wird von sozialen und anderen Umweltbedingungen abgelenkt, wird privatisiert, isoliert. Genetische Theorien können aber auch als Entlastung empfunden werden: Wenn Homosexualität als genetisch bedingt angesehen wird, dann kann man einem Homosexuellen keinen Vorwurf machen, nimmt man dagegen an, dass sie durch Sozialisation und Lernprozesse entsteht und auch verändert werden kann, dann kann der Homosexuelle verantwortlich gemacht werden.

Krankheit und sozialer Wandel

Als wesentlicher und eindeutiger Indikator für die Gesundheit einer Bevölkerung wird in neuer Zeit die durchschnittliche *Lebenserwartung* angesehen. Vor allem in Europa hat die Lebenserwartung in den letzten zweihundert Jahren deutlich zugenommen, und sie tut es immer noch. Hierzu hat der medizinische Fortschritt nur einen Teil beigetragen. Soziale Bedingungen wie verbesserte Hygiene, Ernährung und allgemeine Lebens- und Arbeitsbedingungen, waren oft wichtiger (Mackenbach 2020).

Der welthistorisch bedeutsame Zusammenbruch der kommunistischen Regime in Osteuropa *(Anomie)* hat sich auf die Gesundheit und Lebenserwartung der Bevölkerung negativ ausgewirkt. Vor allem in den Nachfolgestaaten der Sowjetunion sank in den 1990er Jahren die Lebenserwartung signifikant. Gegenwärtig kommt der Trend zu steigender Lebenserwartung, vor allem für Angehörige der Unterschicht, ausgerechnet in dem Land mit dem Abstand höchsten Gesundheitsausgaben zum Erliegen. Suizid, Drogenüberdosis und Alkoholismus haben dramatisch zugenommen und kosten jedes Jahr Hunderttausenden von US-Amerikanern das Leben. Vor allem weiße US-Amerikaner mittleren Alters ohne höhere Bildung sterben früher als in vergangenen Jahren. „Tod durch Verzweiflung" nennen dies Anne Case und Angus Deaton (2020).

Aufgrund der Lebensweisen und Umweltbedingungen in den Industriestaaten hat sich eine Verschiebung der Todesursachen von den Infektionskrankheiten zu den chronischen Krankheiten (vor allem Krebs) ergeben. Diese Zunahme der chronischen Krankheiten ist nicht nur für ältere Menschen, sondern auch für mittlere Altersgruppen festzustellen. Unterschiedliche Lebensweisen, z. B. späteres Lebensalter bei der Familiengründung, Kinderlosigkeit oder Scheidung, beeinflussen die Krankheitsmuster, z. B. die Wahrscheinlichkeit an bestimmten Krebsarten zu erkranken (Siegrist und Marmot 2008).

Krankheiten und frühzeitiges Sterben sind weltweit vor allem durch soziale, politische und ökonomische Bedingungen bewirkt. Tab. 9.1 stellt Schlüsseleigenschaften von biomedizinischen und sozialen Gesundheitsmodellen einander gegenüber. Will man also die Menschen gesünder machen, dann muss man primär die sozialen, politischen und ökonomischen Bedingungen ändern (Wilkinson 2005; Naidoo und Wills 2019). Daraus ist eine wichtige These zu gewinnen:

> Gesundheit ist nicht primär eine Angelegenheit der Medizin!

Tab. 9.1 Ein Vergleich von biomedizinischen und sozialen Gesundheitsmodellen

	Biomedizinisches Modell	Soziales Modell
Fokus	- Individueller Fokus: Akute Behandlung von erkrankten Individuen - Klinische Dienstleistungen, gesundheitliche Aufklärung, Impfung	- Gesellschaftlicher Fokus: Lebens- und Arbeitsbedingungen, welche die Gesundheit beeinflussen - Infrastruktur des Gesundheitswesens und Rechtsvorschriften, Sozialleistungen, Gemeindearbeit, Gleichheits-/Zugangsprobleme
Annahmen	- Gesundheit und Krankheit sind objektive biologische Zustände - Individuelle Verantwortlichkeit für die Gesundheit	- Gesundheit und Krankheit sind soziale Konstrukte - Soziale Verantwortung für die Gesundheit
Schlüsselindikatoren von Krankheit	- Individuelles Krankheitsbild - Erbliche Faktoren, Geschlecht, Alter - Risikofaktoren (Risikobereitschaft)	- Soziale Ungleichheit - Soziale Gruppen: Klasse, Geschlecht, „Rasse", Ethnizität, Alter, Beruf, Arbeitslosigkeit - Risikofaktoren (ausgesetztes Risiko)
Krankheitsursachen	- Gendefekte und Mikroorganismen (Viren, Bakterien) - Trauma (Unfälle) - Verhaltensweise / Lebensweise	- Politische/wirtschaftliche Faktoren: Verteilung von Vermögen/Einkommen/Macht, Armut, Höhe der Sozialleistungen - Beschäftigungsfaktoren: Beschäftigungs- und Bildungsmöglichkeiten, stressreiche und gefahrenvolle Arbeit - Kulturelle und strukturelle Faktoren

Darstellung nach Genov (2018, S. 17)

Im 18. und 19. Jahrhundert fanden ständige Auseinandersetzungen zwischen staatlichen Großgebilden statt und immer mächtigere Heeresformationen mussten organisiert und gelenkt werden. Dazu gehörte auch eine körperliche und psychische Disziplinierung der Soldaten. Außerdem vergrößerten sich im 19. Jahrhundert die europäischen Städte und es kam zu einer Krise der urbanen Kontrolle. Die herrschenden Gruppen hatten Angst vor Aufständen der verelendeten Massen. Die traditionellen Herrschaftsformen erwiesen sich angesichts der Akkumulation der Menschen, des Kapitals und des Wissens als ungeeignet, sodass neue Kontrolltechnologien entwickelt werden mussten.

Foucault (1973, 1977) hat auf die große Bedeutung der Architektur (Gefängnisse, Krankenhäuser, Schulen, Kasernen), der wissenschaftlichen Erkenntnisse, der medizinischen Verfahren und anderer kultureller Gebilde für die Verhaltenssteuerung hingewiesen. Immer mehr Informationen über Menschen werden gesammelt und in Organisationen verarbeitet. Das medizinische System und vor allem das Krankenhaus dienen der „Durchleuchtung" und ständigen Renovierung des Menschen. Das Gesundheitssystem überwacht und sozialisiert ebenso wie das Bildungssystem oder das Strafsystem (Gefängnisse).

Krankheiten werden als Angriffe auf Populationen interpretiert, die abgewehrt werden müssen. Somit werden moderne Kriege gegen moderne Krankheiten, wie AIDS oder COVID-19, geführt. Es wird nicht nur nach Krankheitserregern gesucht, sondern auch nach sozialen Mustern, Interaktionen, Risikogruppen und Orten der Krankheit[2]. *Foucault* würde es nicht überraschen, wie geschwind und weitgehend ohne Beteiligung des Parlaments Freiheitsrechte im Zuge der *Corona-Krise* eingeschränkt werden konnten.

Verbrecher wurden in traditionalen Gesellschaften getötet oder aus der Gemeinschaft ausgeschlossen. Sie standen also für soziale Aufgaben nicht mehr zur Verfügung. Man kann die veränderte Behandlung von Verbrechern durch eine ökonomische Sichtweise erklären. In Menschen in reichen Staaten wurde durch Erziehung und sonstige gesellschaftliche Leistungen viel investiert, was die Erhaltung ihrer Gesundheit und Arbeitskraft ökonomisch rechtfertigt. Vor allem jedoch erhöhte der Staat seine Macht über die Staatsbürger, wenn er ihnen den Lebensschutz zusicherte – eine scheinbar paradoxe Erkenntnis, da doch traditionellerweise Macht über Todesdrohung gesichert wurde.

Medizinische Theorien und Praktiken werden also zu sozialen und politischen Zwecken verwendet. Dies lässt sich auch an der wissenschaftlichen Bestimmung des Unterschiedes zwischen Mann und Frau im 19. Jahrhundert belegen. Das wesentliche Organ des Mannes sei das Gehirn, das der Frau das reproduktive System (Uterus etc.), außerdem sei die Frau von nervösen Erscheinungen determiniert. Dies wurde als Rechtfertigung für die Definition von Krankheit bei Frauen, die sich nicht den Rollenvorschriften unterwarfen, verwendet. Sie galten als Hysterikerinnen. Doch *Hysterie* wurde nicht nur als Methode der männlichen Unterdrückung, sondern auch als Möglichkeit der Flucht oder auch des Widerstandes gegen die Dominanz der Männer eingesetzt (vgl. Turner 2008, S. 116 f.). Somit erweisen sich Machttheorien und -maßnahmen als Instrumente, die auch gegen die Unterdrücker gewendet werden können – eine alte Erkenntnis, die sich ursprünglich hauptsächlich auf Waffen bezog.

Ein weiteres Beispiel einer direkten Mitwirkung von Ärzten im Interesse der herrschenden Klasse ist aus der Zeit der *Sklavenhaltung* in Amerika bekannt. Gesundheitliche Auswirkungen lassen sich bis heute nachweisen (Willis und Immerfall 2020). Sklaven, die flohen, wurden von Ärzten für krank erklärt; die Diagnose lautete „Manie" (Drapetomania) und somit war ein chirurgischer Eingriff gerechtfertigt, nämlich die Entfernung der großen Zehen, um Flucht unmöglich zu machen. Auch im 20. Jahrhundert haben Ärzte in totalitären Staaten, etwa im Nationalsozialismus oder in der Sowjetunion, Dissidenten und andere politisch abweichende Personen gemäß den Interessen der Herrschenden als krank

---

[2]Vgl. hierzu das digitale Kolloquium „Soziologische Perspektiven auf die Corona-Krise" [https://www.wzb.eu/de/veranstaltungen/soziologische-perspektiven-auf-die-corona-krise; 04.10.2020].

definiert und „behandelt", z. B. in psychiatrische Kliniken eingewiesen oder „Experimenten im Dienste der Wissenschaft" unterworfen.

Gesundheit und Krankheit sind (auch) Produkte gesellschaftlicher Definitionen. Im 19. Jahrhundert galten in England in Teilen der Oberschicht blasse, zarte und eher schwächliche Frauen als ideal und damit als normal und gesund. Manche Krankheiten wurden etwa von Künstlern verherrlicht, da sie annahmen, dass ihre Schaffenspotenz dadurch gefördert würde. Andere Krankheiten wurden als Zeichen für Schuld oder Verbrechen angesehen.

Außerdem werden auch immer wieder neue Krankheiten „entdeckt". Ein Beispiel ist die *Hyperaktivität.* Kinder, vor allem Jungen, zeigen teilweise sehr starke motorische Aktivitäten. Dies ist in einem Zustand der hohen Zivilisation (Affektzähmung), vor allem in Organisationen wie der Schule (Grundschule als weibliche Institution; Normen: still sitzen, nicht schreien), unerwünscht. Auch eine mehrwöchige Trauer über den Tod eines geliebten Menschen gilt nach der neuen Internationalen Statistischen Klassifikation der Krankheiten der Weltgesundheitsorganisation (ICD-11) mittlerweile als pathologisch und damit behandlungswürdig.

Ökonomische und politische Bedingungen von Krankheit
Moderne Gesellschaften verfügen über gigantische Gesundheitssysteme, die jährlich viele Milliarden kosten (vgl. Egger et al. 2018). Die Kosten steigen, sodass ständige Eingriffe erforderlich sind.

Nach *funktionalistischer* Sichtweise sind anerkannte Indikatoren (Ziele) durchschnittliche Lebensdauer und die Wahrscheinlichkeit des Auftretens schwerwiegender Krankheiten. Wenn man verschiedene unterschiedlich teure Gesundheitssysteme (z. B. USA, Deutschland, Großbritannien, Kanada, Japan) vergleicht, so sind die Kosten, z. B. in den USA und Deutschland, – gemessen an der Zielerreichung – überhöht.

Um weitere Erklärungen zu liefern, ist ein *Konfliktansatz* heranzuziehen. In den USA ist das Gesundheitssystem ein Konfliktfeld, in dem die Gruppe der Ärzte, der medizinischen Großorganisationen und der wohlhabende Teil der Bevölkerung sich gegen die Interessen der unteren Schichten erfolgreich durchgesetzt haben (Freund et al. 2003; Dickman et al. 2017). Doch auch in hoch entwickelten europäischen Sozialstaaten hat sich seit den 1980er Jahren der Unterschied zwischen der gesundheitlichen Lage der Armen und der Wohlhabenden verstärkt (Muckenhuber 2018, S. 3 ff.). Die Situation in Deutschland ist ebenfalls konflikttheoretisch zu beschreiben: Standesvertretungen der Ärzteschaft, der Apotheker und Lobbyisten der pharmazeutischen Industrie und mit ihnen verbundene politische und ökonomische Gruppen wollen verhindern, dass medizinische

Dienstleistungen bei gleicher Qualität billiger angeboten werden. Verbesserungen der Prävention, der Professionalisierung und der Evaluation werden nicht zugelassen oder nicht gefördert. In den nordeuropäischen Staaten gibt es mehr Krankenpflegepersonal als Ärzte, in den südeuropäischen, stärker patriarchalischen dagegen mehr Ärzte als Pflegepersonal (Stevens 2001, S. 171). Dadurch ist die Pflege in den nordeuropäischen Staaten qualitativ hochwertiger.

Auf der Ebene der Werte und Normen wird in der modernen Gesellschaft eine Doppelbotschaft verbreitet:

- Sei erfolgreich, steuere dich selbst, sei konkurrenzorientiert, zeige Disziplin.
- Freue dich des Lebens, sei ein guter Konsument, gib dich den Vergnügungen hin, sei hedonistisch, genieße.

Diese widersprüchliche Botschaft manifestiert sich in angebotenen Produkten, die über Werbung versprechen, dass ein Genuss ohne Reue stattfindet, z. B. Bier ohne Alkohol, Nahrungsmittel mit sehr wenig Kalorien, Kondome, Autofahren mit Sicherheitsgurten. Menschen müssen also mehr Anforderungen als früher erfüllen: es reicht nicht, dass sie gut und fleißig arbeiten. Sie müssen auch gut und fleißig konsumieren und sie müssen gut und schön aussehen. Um das alles zu erfüllen, muss man einerseits auf seine Gesundheit achten, sie andererseits auch gefährden. Ein idealer Nährboden für eine profitable, nie endende Körper- und Bewusstseinsgestaltung.

Gesundheit und Wohlbefinden sind von den Arbeitsbedingungen abhängig. Viele Menschen, auch in den reichen Industriestaaten, müssen unter Bedingungen arbeiten, die einseitige Belastungen bestimmter Teile ihres Körpers mit sich bringen, und in denen sie ihre Arbeitsumwelt und ihre Körperlichkeit nur teilweise selbst kontrollieren können, zu einem großen Teil jedoch der *Fremdkontrolle* unterworfen sind, immer häufiger technologisch (z. B. Computerarbeitsplätze) gesteuert. Dies betrifft viele Gestaltungen der Räume, der Sitzgelegenheiten, der Bewegungen, der Kontakte mit anderen Personen, der Belastungen von Sinnesorganen, der Kleidung, der Arten verbaler und nichtverbaler Äußerungen usw.

Die Kontrolle über die *Zeit* ist eine wesentliche Art der Machtausübung. Mächtige Personen haben die Möglichkeit, die Zeitverwendung anderer Personen zu regulieren. Viele müssen ihre Lebensrhythmen Maschinen und bürokratischen Ordnungen anpassen. Aufgaben und Handlungen werden in kleine manipulierbare Einheiten geteilt (Taylorisierung), um eine höhere Produktivität zu gewährleisten. Zeitliche und andere Anforderungen, die selbst gewählt und selbst gesteuert sind, führen zu weniger Stress als fremdbestimmte Zwänge (Freund et al. 2003, S. 97 ff.).

Die Arbeitsbedingungen, z. B. Schichtarbeit, können also bewirken, dass jemand in seinem Verhältnis zum eigenen Körper gestört wird. Unterschichtpersonen weisen eine verringerte Sensibilität gegenüber verschiedenen Krankheitssymptomen, wie Kopfschmerzen, Rückenschmerzen oder chronischer Müdigkeit auf, und verhalten sich „rücksichtsloser" gegenüber dem eigenen Körper und den Körpern anderer.

Viele Menschen internalisieren das Arbeitsethos und die steigenden Erwartungen allzu sehr. Sie überfordern sich selbst permanent und geraten dadurch in Stress. In modernen Gesellschaften sehen sich viele trotz, oder gerade wegen des gestiegenen durchschnittlichen Qualifikationsniveaus als Versager, z. B. Arbeitslose. Diese selbstzugeschriebene Unfähigkeit hat krankheitsfördernde Effekte (z. B. Herz-Kreislauf-, Atem- und Magenbeschwerden etc.). Krankheit führt zur Verringerung des sozialen Erfolges – ist also ein Teufelskreis.

Ärzte

In Umfragen zur Wertschätzung von Berufsgruppen rangieren Ärzte regelmäßig weit oben. Der frei praktizierende („niedergelassene") Arzt übt seinen Beruf weitgehend autonom aus. Einflussreiche Standesorganisationen vertreten nicht nur das partikulare Interesse ihrer Gruppe, sondern üben auch Selbstkontrolle aus. Ärzte gehören daher, neben den Juristen und Priestern, zu den klassischen *Professionen*.

Die medizinische Profession hat viele soziale Situationen und Klienten, die früher von anderen Gruppen, z. B. von Priestern, Quacksalbern, Eltern, Nachbarn etc. betreut wurden, erobert oder übernommen und damit diese Gruppen teilweise entmachtet und entlastet. Die Ärzteschaft war in den Industriestaaten bisher sehr erfolgreich im Kampf mit den konkurrierenden Gruppen. Eine Kooperation zwischen verschiedenen professionellen Gruppen im Bereich der gezielten Veränderung von Menschen (Sozialisation, Erziehung, Heilung, Prävention usw.) scheitert häufig an der Konkurrenz um Ressourcen und Klienten und an der Hierarchisierung (Ärzte haben einen höheren Status als Krankenschwestern, Lehrkräfte oder Psychologen). Das gilt jedenfalls (noch) in Deutschland; in den skandinavischen Ländern oder in der Schweiz sieht es anders aus.

Allerdings hat die Zahl der Ärzte zugenommen, die im Rahmen von größeren Organisationen tätig oder von Organisationen ökonomisch abhängig sind. In den medizinischen Großorganisationen (Krankenhäuser, Krankenkassen etc.) gibt es (auch) nicht-ärztliche Leitungspersonen, die meist eine ökonomische Ausbildung erhalten haben. Insgesamt kann man also sagen, dass die Autonomie der Ärzte, die sich Ende des 19. und am Anfang des 20. Jahrhunderts stark entwickelt hatte, in den letzten Jahrzehnten etwas eingeschränkt wurde.

Ärzte nehmen wichtige soziale Kontrollfunktionen ein. Als Homosexualität ein legitimer Grund für die Ablehnung des Erwerbs der Staatsbürgerschaft der USA

war, waren Psychiater dazu legitimiert, Homosexualität zu definieren und festzu-
schreiben. Viele sozial bedingte „Störungen" werden als individuelle Krankheiten
behandelt. Damit erfüllen Ärzte die Funktionen der Integration, der Erhaltung des
Status quo innerhalb einer Gesellschaft und der Konfliktreduktion, wobei sie meist
im Interesse der herrschenden Gruppen handeln. Die berufliche Sozialisation führt
zu Distanz und Affektkontrolle. Der Anatomiekurs dient als Initiationsritus. Der
Student lernt, dass er sich als Arzt mit Körperteilen und Krankheiten, nicht mit
den Bedürfnissen lebender Menschen beschäftigen soll. Er wird in das Spiel mit
der Macht über Leben und Tod eingeführt.

Arzt-Patient-Verhältnis

Die medizinische Profession ist berechtigt, Lebens- und Todesangelegenhei-
ten zu definieren und Verfahrensweisen vorzuschlagen, ob Personen bestimmte
Behandlungsformen erhalten oder nicht. Ärzte kooperieren und konkurrieren mit
Juristen. Patienten haben Schwierigkeiten, gegenüber diesen mächtigen Profes-
sionen eigene Wünsche und Verfahrensweisen durchzusetzen. Parsons (1951,
S. 426 ff.) hat die Krankenrolle folgendermaßen bestimmt:

1. Befreiung von den normalen Rollenverpflichtungen.
2. Die Vorstellung, dass die kranke Person (professionelle) Hilfe benötigt, um
   wieder in den Stand versetzt zu werden, ihre normalen Rollen und Aufgaben
   zu erfüllen.
3. Krankheit wird als unerwünscht definiert, und es wird als Pflicht des Kranken angesehen, den kranken Zustand möglichst schnell in einen gesunden
   umzuwandeln. (Feldmann 1995, 146)

Der Patient hat zwar ein Eigeninteresse an der Genesung, aber er hat auch eine
gesellschaftliche Verpflichtung, mit dem Arzt zusammenzuarbeiten, um das sozial
erwünschte Ziel Gesundheit zu erreichen. Nach Parsons sollte der Arzt nicht pro-
fitorientiert agieren, denn im Gegensatz zur Rolle des Geschäftsmannes ist die
Rolle des Arztes kollektiv und nicht egoistisch orientiert. Der Arzt ist verpflichtet,
das Wohl des Patienten über seine eigenen materiellen und sonstigen Interessen
zu stellen. Auch der Patient soll sich nach Parsons nicht als Konsument verhalten,
der die Ärzte beliebig wechselt oder das preisgünstigste Angebot auswählt.
    Unter den mittleren und oberen Schichten verbreitet sich indes eine Konsu-
mentenorientierung gegenüber den Angeboten im Gesundheitswesen. Im Rahmen
eines marktorientierten Systems haben die (finanziell gut gestellten) Konsumenten mehr Macht und Möglichkeiten zur Auswahl als im Rahmen eines staatlich

kontrollierten medizinischen Einheitssystems. Allerdings führt ein solches Marktsystem auch zur Verstärkung der sozialen Ungleichheit – wie das Beispiel USA zeigt (Willis und Immerfall 2020). Überdies entsprechen die normativen Setzungen von Parsons und von konservativen Ärzten immer weniger der sozialen Realität, da zum einen marktförmige Strukturen immer mehr institutionelle Bereiche erfassen, zum anderen Patienten heute informierter sind (oder informierter zu sein meinen).

> Die Abhängigkeit des medizinischen Systems von der Ökonomie hat zugenommen, und die Konsumentenorientierung der Klienten hat sich verstärkt.

Der Arzt lebt in einer professionellen Sphäre und der Patient, vor allem, wenn er aus der Unterschicht oder aus einem anderen Kulturkreis kommt, hat Schwierigkeiten, mit dem Arzt zu kommunizieren. Der Patient bildet Alltagstheorien über seine Krankheit, die in seinem sozialen und kulturellen Feld eingeordnet sind. Oft fehlen Kompetenz, Zeit, Bereitschaft des Arztes und andere Faktoren, um diese Alltagstheorien dem Arzt überhaupt bekannt zu machen (Freund et al. 2003, S. 243 ff.). Auch dies ist ein Grund, warum viele Patienten die Anordnungen der Ärzte nicht befolgen oder verordnete Medikamente im Müll landen. Weitere Bedingungen für mangelhaftes *Compliance* (Befolgen der Anordnungen) sind u. a.: psychische Erkrankung, hohe Komplexität des Therapieplans, umfassende Verhaltensänderung durch die Therapie und lange Behandlungsdauer, Informationsmängel, für die Ärzte, Krankenkassen und das Erziehungssystem verantwortlich sind, Misstrauen von Patienten, Wirkungslosigkeit von Medikamenten.

Medizin zwischen System und Lebenswelt
Die Medizin dringt in die Lebenswelt ein (Habermas 1981), d. h. es kommt zu einem Konflikt zwischen Individualisierung und Familienorientierung einerseits und Bürokratisierung, Ökonomisierung und Medikalisierung andererseits. Medizinische Eingriffe erweisen sich vor allem bei alten Menschen als gravierend und teilweise psychisch und sozial zerstörerisch. Kranke alte Personen werden aus ihrer gewohnten Umgebung herausgerissen, in Spezialorganisationen (Krankenhäuser, Pflegeheime) „eingelagert", manchmal nach dem Prinzip „Operation gelungen, Patient psychisch und sozial tot". Generell wird dem medizinischen

System vorgeworfen: übermäßiger Gebrauch moderner Technologie, Überspezialisierung, Entmündigung der Patienten, Abtrennung von den Bezugspersonen und Verstärkung ökonomischer Abhängigkeit.

Bereiche werden medikalisiert, die früher kaum von Ärzten betreut wurden, z. B. die Geburt. Die Ärztegruppe hatte in manchen Staaten einen harten politischen Kampf auszufechten, um gegen die Hebammen zu siegen. Statt eine kleine Risikogruppe zu betreuen, wird auf alle Frauen sozialer Druck ausgeübt, ihre Kinder im Krankenhaus zur Welt zu bringen, und teilweise fragwürdige, schwerwiegende Eingriffe zu akzeptieren, z. B. Kaiserschnitt. In Deutschland kommt inzwischen jedes dritte Kind per Kaiserschnitt auf die Welt. Mittlerweile warnen selbst Kinderallergologen vor unerwünschten Nebenwirkungen und Langzeitfolgen. So haben mit Kaiserschnitt entbundene Kinder ein deutlich höheres Risiko, Asthma zu entwickeln.

Es gibt Widerstände gegen die *Kolonialisierung der Lebenswelt* (Habermas), zunehmend auch von einem Teil der Professionellen, womöglich einhergehend mit der wachsenden Zahl weiblicher Ärzte (Kickbusch und Hartung 2014). Etwa die Forderung, dass Krankenhäuser und Pflegeheime in stärkerem Maße den Lebenswelten der Personen ähneln sollen, d. h. sie wohnungsähnlich zu gestalten, Bezugspersonen dort schlafen zu lassen etc., wird inzwischen häufiger berücksichtigt und anerkannt. Kritik am medizinischen System geht nicht nur von emanzipatorischen Bewegungen aus, sondern es können auch fundamentalistische oder traditionalistische Versuche sein, sich gegen Modernisierung zu wenden. Proteste gegen die Beschränkungen zur Eindämmung der Corona-Pandemie aus der Überzeugung heraus, es handle sich um eine Verschwörung von Medien, Politik und Wissenschaft, liefern reiches Anschauungsmaterial.

Familie, geschlechts- und schichtspezifische Aspekte
Der Unterschied in der Lebenserwartung zwischen Männern und Frauen ist weiterhin hoch; er beträgt in der EU aktuell fast 5 Jahre. Weitaus größer sind die schichtspezifischen Unterschiede der Lebenserwartung (Vergleich der untersten mit der obersten sozialen Gruppe) (Muckenhuber und Volk 2018). Hingegen haben sich die Unterschiede zwischen Ost- und West-Deutschland weitgehend angeglichen.

Personen in ehelichen und nichtehelichen Lebensgemeinschaften sind gesünder und leben länger (begehen z. B. seltener Suizid) als alleinlebende Ledige, Verwitwete, Geschiedene und Alleinerziehende, wobei der Unterschied zwischen Kausal- und Selektionseffekten in der bisherigen Forschung nicht ausreichend berücksichtigt wurde (Arránz Becker et al. 2017). Vor allem ledige, geschiedene und verwitwete Männer haben einen schlechteren Gesundheitszustand als verheiratete Männer und sterben früher (Remennick 1998, S. 52 ff.). Die *Erwerbstätigkeit* von Frauen wirkt sich auf die Gesundheit positiv aus (Stroebe 1991, S. 162 f.). Doch nichtverheiratete berufstätige Frauen mit Kindern haben im Vergleich zu anderen Gruppen einen relativ schlechten Gesundheitszustand.

Kinder wirken sich nach amerikanischen Untersuchungen auf das Wohlbefinden der Eltern eher negativ aus. Doch Verheiratete mit Kindern sind gesünder als Verheiratete ohne Kinder. Wohlbefinden ist eben nicht identisch mit Gesundheit. Eltern verhalten sich im Vergleich zu Ehepartnern ohne Kinder eher gesundheitsbewusst (Alkohol, Drogen, Rauchen etc.).

Frauen zeigen gegenüber ihren Männern eher *soziale Unterstützung* als Männer gegenüber ihren Frauen. Soziale Unterstützung ist eine wichtige Voraussetzung für Wohlbefinden und Gesundheit. Frauen gehen häufiger zum Arzt und sind eher bereit, die Krankenrolle zu akzeptieren, und sie achten stärker auf ihren Körper, sowohl auf dessen Aussehen als auch auf dessen vielfältige Funktionen. Männer sterben zwar früher als Frauen, doch Frauen werden häufiger krank, dies trifft auch auf chronische Krankheiten zu. Teilweise wird diese größere Häufigkeit dadurch erklärt, dass Frauen bei gleichen Krankheitszuständen eher zum Arzt gehen als Männer (vgl. Kasten 9).

Männer neigen zu riskantem Verhalten (z. B. Autofahren, Sport, Krieg, Rauchen) und sind eher in gesundheitsgefährdenden Berufen tätig. Lungenkrebs ist in der EU bei Männern die am häufigsten diagnostizierte Krebserkrankung. Nach einer Schätzung ist jeder fünfte Todesfall in den Vereinigten Staaten durch Rauchen verursacht. In den USA sank der Anteil der Männer, die rauchen, von 52 % (1965) auf 28 % (1991) und schließlich auf 16 % (2018), der Anteil rauchender Frauen (von 34 % auf 24 % und schließlich auf 12 %). Die Verluste der amerikanischen Tabakindustrie innerhalb der USA wurden durch das Erschließen neuer Märkte in anderen Ländern kompensiert – mit starker Unterstützung der amerikanischen Regierung (Freund et al. 2003, S. 73 ff.).

Kasten 9: Was bedeutet Gender in der Medizin?
Gesellschaftliche Vorstellungen und Prägungen einerseits und genetische Unterschiede andererseits beeinflussen Gesundheit und Krankheit und den Umgang mit ihnen. Dass Frauen gesundheitsbewusster sind und sich ausgewogener ernähren oder dass Männer (im Durchschnitt!) mehr Sport treiben, ist sicher nicht genetisch verankert. Doch gerade die Gendermedizin verdeutlicht, dass es auch biologische Geschlechterunterschiede gibt (Regitz-Zagrosek/Schmid-Altringer 2020). Während (ganz besonders?)

Wissenschaftler in der Vergangenheit häufig Frauen als das genetisch andere Geschlecht stereotypisiert haben, schlägt heute das Pendel (womöglich zu sehr?) in die andere Richtung, und genetische Unterschiede zwischen den Geschlechtern werden nur noch als Konstrukte betrachtet.

Verschiedene Krankheiten rufen bei Männern und Frauen unterschiedliche Symptome hervor, weshalb bestimmte Erkrankungen bei einem Geschlecht bisweilen verkannt werden (Kindler-Röhrborn/Pfleiderer 2012). Dieses Geschlecht ist heutzutage meist das weibliche. Das hat auch damit zu tun, dass Medikamente überwiegend an Männern erprobt und ihre Verordnungspraxis an Männern (mit durchschnittlicher Größe und Gewicht) ausgerichtet ist. Klinische Versuche an Männern sind billiger und einfacher durchzuführen, da nicht auf möglicherweise unbekannten Schwangerschaften untersucht werden muss. Auch bei Tierversuchen werden männliche Tiere bevorzugt, um hormonelle Zyklusschwankungen zu vermeiden. Gendermedizin tritt für geschlechtsspezifische und damit zielgerechtere Studien ein.

Gendermedizin und Gesundheitssoziologie beschäftigt sich auch mit dem geschlechtsspezifischen Umgang mit Krankheiten. Manche Krankheiten kommen bei Frauen häufiger vor als Männern (Autoimmunkrankheiten wie Arthritis oder Multiple Sklerose) oder weisen eine andere Symptomatik auf. So äußert sich ein Herzinfarkt bei Frauen öfters mit Halsschmerzen anstatt Armstechen. Zudem tritt er bei Frauen im Schnitt zwar nicht weniger häufig, aber später auf. Frauen und überleben weniger häufig einen Herzinfarkt als Männer, vor allem dann nicht, wenn der Arzt ein Mann ist (Regitz-Zagrosek 2017).

NB: Die Zeitschrift „XX Die Zeitschrift für Frauen in der Medizin" wurde Ende 2014 eingestellt.

Die deutlichen Schichtunterschiede in so gut wie allen Gesundheitsbereichen lassen sich nur teilweise durch das Verhalten (Rauchen, Alkoholkonsum, Essverhalten, Arztbesuche) erklären. Allgemein kann man sagen, dass Unterschichtangehörige ihr Verhalten und ihre Lebens- und Arbeitsbedingungen in geringerem Maße selbst bestimmen (können). Je geringer aber die Einflussmöglichkeiten sind, umso größer ist auch die Wahrscheinlichkeit zu erkranken. Außerdem leben Unterschichtangehörige unter ungünstigeren Umweltbedingungen (Wohnverhältnisse, Luftverschmutzung, Lärm, hygienische Verhältnisse, Unfallmöglichkeiten).

In den oberen sozialen Schichten wird mehr Wert auf Prävention gelegt, während Unterschichtangehörige den Arzt in der Regel erst besuchen, wenn sie eindeutige Krankheitssymptome feststellen. Eine Verschlechterung des Gesundheitszustandes, z. B. bei chronischer Krankheit, geht häufig mit sozialem Abstieg einher.

Zwischen sozialer Diskriminierung, sozialem Abstieg, Arbeitslosigkeit und anderen Formen der sozialen Benachteiligung und Krankheit bestehen eindeutig positive interdependente Beziehungen, die man als Teufelskreis bezeichnen kann (vgl. Kaiser u. a. 1996). Man kann von *„struktureller Gewalt"* sprechen. Kinder, die unter ungünstigen Bedingungen aufwachsen, Menschen, die unverschuldet in Dauerarbeitslosigkeit geraten oder die unter starker sozialer Benachteiligung leiden, werden sozial, psychisch und physisch beschädigt (Kim 2015). Da soziale Ungleichheit einen nachweisbaren Einfluss auf die Lebenserwartung hat, überrascht es nicht, dass dort die Lebenserwartung stagnierte, wo die soziale Ungleichheit besonders zugenommen hat (Jutz 2019).

Man kann von einem „inversen Gesetz der medizinischen Versorgung" sprechen, d. h. je kosten- und wissenschaftsträchtiger sich das Gesundheitssystem entwickelt, umso mehr nimmt die soziale Ungleichheit der Heilungsbedürfnisse und -chancen zu (Jensen 2003). Die schon genannten „Generalgesetze" sind auch hier wirksam: der Matthäuseffekt (Wer hat, dem wird gegeben, wer aber nicht hat, dem wird genommen!) und die Akkumulation des (ökonomischen, sozialen, kulturellen, gesundheitlichen) Kapitals.

Sterben und Tod

Sterben und Tod waren in traditionalen Kulturen durch verbindliche religiöse Ideologien und durch feststehende Institutionen, z. B. Begräbnisrituale, kulturell und sozial geformt und bewältigt. Das Sterben dauerte meist nicht lange, während es heute immer mehr verlängert wird. Der Tod war nicht ein Ereignis einer Kleinfamilie, sondern eine Angelegenheit der Gemeinschaft, des ganzen Dorfes, Stammes oder Clans. Geburt und Tod waren verbunden, teilweise gab es Vorstellungen von einem Seelenkreislauf zwischen Diesseits und Jenseits.

In modernen Gesellschaften ist die „Sache Tod" diffus geworden: einen Löwenanteil hat das medizinische System geschluckt, die Religion hat Reste behalten, Spezialistentum herrscht vor. Um die neue Situation halbwegs angemessen zu beschreiben, sollten drei Dimensionen von Leben und Sterben unterschieden werden (vgl. Feldmann 2010, S. 18 ff.).

1. Körperliches oder physisches Leben und Sterben,
2. Leben und Sterben der Seele, des Bewusstseins oder der personalen Identität,

physisches	psychisches	soziales
	L e b e n	
Gesundheit	Ich-Stärke	sozialer Aufstieg
Jugend	Selbstverwirklichung	Leistung
Attraktivität	Zufriedenheit	Eigentum
Krankheit	Identitätserosion	sozialer Abstieg
Alter	Bewusstseinsverlust	Rollenverlust
Schmerz	Verzweiflung	Marginalisierung
	S t e r b e n	
physisches	psychisches	soziales

Abb. 9.11 Formen des Lebens und Sterbens in modernen Gesellschaften

3. Soziales Leben und Sterben (Abb. 9.11).

Die Entwicklung des Menschen von der Befruchtung der Eizelle über die Geburt zum sprechenden Wesen und schließlich zur Leiche verläuft mehrdimensional. Im Kind entwickelt sich ein psychisches System und schließlich ein Ich, eine personale Identität. Der Sozialteil ist in der Schwangerschaft nur in den Eltern und anderen Bezugspersonen repräsentiert, er findet erst allmählich im Kind selbst eine „Heimstatt", er wird internalisiert. Die soziale Identität ist mit dem psychischen System und dem Körper „verwoben" und wird lebenslang gestaltet.

Sterben und Tod können nach drei Theorieansätzen perspektivisch betrachtet werden.

Funktionalistisch ist eine begrenzte Lebensdauer und damit der „rechtzeitige Tod" (nicht zu früh und nicht zu spät) ein Erfordernis einer Gesellschaft, die sich wechselnden inneren und äußeren Bedingungen anpassen muss und deshalb „frisches Menschenmaterial" für die Positionen und neue Anpassungsleistungen benötigt.

Für den *symbolischen Interaktionismus* ist der Tod nicht nur ein biologisches Faktum und die „gesellschaftliche Funktion des Todes" ist nicht objektiv vorgegeben, sondern die Bedeutungen werden ausgehandelt, werden kulturell und sozial definiert und sind somit höchst variabel. Eine Frau trauert jahrelang um ihren Mann, die andere ist froh, dass er endlich tot ist. Auch die Diskussionen über den Hirntod und Organtransplantationen weisen auf eine große Vielfalt der InterpretationenT,, denen die rechtlichen Regelungen sperrig gegenüberstehen, da sie offiziell funktionalistisch begründet werden, jedoch tatsächlich über Herrschaft, d. h. aus Gruppenkonflikten, entstehen. Auch die Diskussionen über den Hirntod und Organtransplantationen und selbstbestimmtes Sterben weisen auf eine große Vielfalt der Interpretationen aus.

Ein *Konfliktansatz* thematisiert den Kampf zwischen Gruppen, der sich z. B. in unterschiedlichen Sterberaten aufweisen lässt (Mitglieder der untersten sozialen Gruppe leben auch in der EU sieben bis zehn Jahre kürzer als Mitglieder der Oberschicht). Sterben und Tod wird also in diesen Kämpfen produziert und Drohungen, die sich auf relative Lebensminderung beziehen, sind ein zentrales Herrschaftsmittel. Man denke an den Umgang mit Flüchtlingen, die über das Mittelmeer nach Europa kommen. Rechtliche Regelungen zur aktiven Sterbehilfe, Abtreibung oder zu Organtransplantationen sind Kompromisse, die nach Gruppenkämpfen festgeschrieben werden. Erst jüngst hat die das Bundesverfassungsgericht in einem aufsehenerregenden Urteil das Verbot organisierter Sterbehilfe gekippt (Urteil vom 26. Februar 2020 – 2 BvR 2347/15).

Die Hauptziele der Medizin sind die Diagnose und Therapie von Krankheiten und der Kampf gegen den Tod. Der Funktionalist Parsons hat die Gefahr der medizinischen Entwicklung gesehen, nämlich den Tod hinauszuschieben und damit dem Funktionieren der Gesellschaft zu schaden. Auch von einem interaktionistischen Standpunkt ist es problematisch, den Kampf gegen den Tod von der Interaktion mit den Betroffenen abzukoppeln, ihn als zentrales Ziel der Medizin und der Gesellschaft zu setzen. Ein Vertreter eines Konfliktansatzes wird darauf hinweisen, dass je nach Gruppenzugehörigkeit in unterschiedlich wirksamer Weise gegen oder auch für einen frühzeitigen Tod „gekämpft" wird.

Da Ärzte den Kampf gegen Krankheit und Tod als zentrale Ziele festsetzen, sind für sie Sterbende oft Zeichen des Versagens. „Die Rolle des Sterbenden wird in der Regel als Spezialfall der Krankenrolle definiert, was zwangsläufig zu Rollenkonflikten und Inkonsistenzen führt. Sterbende „verstecken sich" oft hinter der Krankenrolle und Ärzte behandeln Sterbende als Kranke. Das vorgeschriebene Rollenspiel erweist sich als kontraproduktiv, wenn Sterbende wie Kranke „verpflichtet werden", als zentrales Ziel die Heilung ihrer Krankheit anzustreben, und Ärzte einen heroischen und aussichtslosen Kampf gegen das Sterben führen." (Feldmann 1995, S. 147).

Durch die Notwendigkeit, immer gegen den Tod zu kämpfen, werden häufig andere, für Sterbende und ihre Angehörigen wichtigere Maßnahmen vernachlässigt: z. B. Schmerzlinderung, Eingehen auf soziale und psychische Probleme oder Verbesserung der Lebensqualität. Die Medikalisierung des Sterbens und teilweise auch der Trauer haben einerseits entlastende und entängstigende Funktionen, bringen andererseits für die Betroffenen soziale Kosten. Die Hospizbewegung und die right-to-die- oder Euthanasiebewegung sind Versuche einer institutionellen Gegenentwicklung bzw. einer Deinstitutionalisierung.

Zukunft von Gesundheit und Medizin

Die Zukunft des Gesundheitszustandes der Bevölkerung in verschiedenen Teilen der Welt wird wie bisher vom Wohlstand, also von einer funktionierenden, hoch entwickelten Wirtschaft, von der Einkommensverteilung und von einem guten Bildungssystem abhängen. Wahrscheinlich werden auch in Zukunft die Erfolge der Gentechnik oder der Krebsforschung an dieser Tatsache wenig ändern! (Vgl. Muckenhuber und Volk 2019).

Eine *Konfliktperspektive* dürfte für die Betrachtung der Entwicklung angemessen sein. Die Ausgaben für Gesundheit und Medizin, auch für Medizin, die nicht der Gesundheit, sondern der Verbesserung des Körperkapitals (z. B. größerer Busen, straffere Haut, Brazilian butt) dienen, werden weiter steigen. Für die Forscher, die Unternehmen und die Chefärzte ist vor allem die Entwicklung kostenintensiver Technologien Prestige und Gewinn bringend.

Gesundheitsbildung wird an Bedeutung gewinnen (vgl. Lenartz et al. 2018). Relativ preiswerte und in der Macht der Einzelnen liegende Gesundheitsmaßnahmen werden sich weiterhin bei den Gebildeten durchsetzen: Verringerung des Fettkonsums, Ablehnung des Rauchens, vernünftiger Umgang mit Alkohol und anderen gesundheitsgefährdenden Genussmitteln, regelmäßiges Körper- und Bewegungstraining, Antistresstraining. Somit wird sich der Anteil der selbst gesteuerten und gesundheitsgebildeten Personen in den reichen Staaten vergrößern. Ein Nebeneffekt dieser insgesamt erwünschten Selbstkontrolle: Diejenigen, die diese Selbstkontrolle nicht durchführen können bzw. wollen, werden stigmatisiert und sozial abgewertet.

Diese Aussagen über Gesundheitsbildung und Selbststeuerung gelten primär für die hoch entwickelten Industriestaaten, nur eingeschränkt für Schwellen- und Entwicklungsländer.

Zum Vertiefen

Einen Überblick zu zentralen Themen der Gesundheitssoziologie gibt:

Jungbauer-Gans, Monika, und Peter Kriwy, Hrsg. 2019. *Handbuch Gesundheitssoziologie.* Wiesbaden: Springer.

Sozialer Wandel und soziale Bewegungen

10

AUF EINEN BLICK

1. Unter dem Gattungsbegriff sozialer Wandel verstehen wir die signifikante Änderung sozialer Struktur. „Soziale Strukturen" sind relativ stabile Gegebenheiten und Muster sozialer Aktionen und Interaktionen. „Änderung" weist darauf hin, dass zwischen dem Ausgangspunkt und dem Endpunkt des sozialen Wandels ein historisch und gesellschaftlich bedeutsames Zeitintervall liegen muss. Das Adjektiv „signifikant" drückt schließlich aus, dass die Veränderung von vielen Menschen für ihr Leben und ihre Beziehungen als gravierend angesehen wird.
2. Sozialer Wandel ist vieldimensional, meist nicht-intentional und in seiner Bedeutung häufig erst in der Rückschau erkennbar.
3. Soziologie versucht sozialen Wandel frühzeitig zu erkennen. Zunehmend nimmt sie Bezug auch zur nicht-menschlichen Umwelt.

10.1 Theorien sozialen Wandels

Kulturen sind komplexe sich verändernde Gebilde. Spengler und andere meinten, man könne sie wie Organismen begreifen, sie entstehen, wachsen, werden alt und sterben. Solche einfachen Lebensmodelle sind nur auf den ersten Blick einleuchtend, wenn man sie zu ernst nimmt, engen sie das Verstehen ein. Ein anderes Modell geht davon aus, dass Kulturen einen Bestand von Traditionen ausbilden, der dann durch Modernisierung verändert und teilweise abgebaut wird. Thompson (1995) unterscheidet vier Aspekte des Begriffs Tradition:

© VS Verlag für Sozialwissenschaften | Springer Fachmedien Wiesbaden GmbH, Wiesbaden 2021
K. Feldmann und S. Immerfall, *Soziologie kompakt*,
https://doi.org/10.1007/978-3-658-31450-7_10

- *kognitiv*: über Generationen vermittelte Ideen, Vorstellungen und Vorurteile, die das Verhalten steuern, z. B. Weiße sind Schwarzen überlegen,
- *normativ*: ein feststehender Satz von Werten und Normen, z. B. protestantisches Arbeitsethos oder Heiratsregeln,
- *machtbezogen*: es wird ein bestehendes Herrschaftssystem oder ein Nationalstaat durch Vorstellungen und Regeln gestützt und legitimiert,
- *identitätsformend*: bestimmte Formen von persönlicher und sozialer Identität gelten als normal und sind festgelegt. Man ist z. B. Mann mit fixierten Geschlechtsrollenerwartungen, Katholik, Mitglied einer Nation, für die man – wenn es gefordert wird – sein Leben zu opfern hat, und hat gelernt, seine Homosexualität zu unterdrücken und zu verbergen.

In modernen Gesellschaften sind die Traditionen labiler und mehr der Konkurrenz unterworfen als in traditionalen Gesellschaften. Die Normen, Macht- und Herrschaftsverhältnisse und die Rollenerwartungen sind diffuser, widersprüchlicher und situationsabhängiger geworden. Moderne Gesellschaften sind gekennzeichnet durch Unabgeschlossenheit, unaufhaltsamen Fortschritt, Zukunftsorientierung und sozialen Druck, permanent an seiner Identität zu arbeiten, um sozial erfolgreich zu sein.

In einfachen oder traditionellen Kulturen bildeten sich in der Regel spezielle Positionen und Rollen aus, z. B. Magier oder Schamanen und militärische und politische Führer. Im Laufe der geschichtlichen Entwicklung steigerte sich die Komplexität. Es kam zu einer *Differenzierung* und Funktionstrennung (z. B. teilweise Auslagerung der Erziehung aus der Familie). Lebensbereiche wurden getrennt (Wohnung und Produktionsstätte), Subsysteme entstanden (z. B. Kunst, Sport). Ähnlich natürlicher oder biologischer Evolution schafft die Steigerung von Komplexität und die Differenzierung Überlebensvorteile für Kollektive (z. B. Wissenschaft und Technik helfen bei unvorhergesehenen Naturereignissen, wie Seuchen).

Im 19. Jahrhundert wurden viele verschiedene Theorien der *kulturellen Evolution* entwickelt, z. B. von Comte und Spencer, zwei wichtigen Vorläufern der modernen Soziologie. Ebenso wie die Gesetze der Evolution im Naturbereich sollten auch die im Gesellschaftsbereich entdeckt werden.

1. Spencer sah die Gesellschaft als Organismus und versuchte, parallel zu den Erkenntnissen von Darwin und anderen über das organische Leben, auch die Grundprinzipien der gesellschaftlichen Entwicklung zu erfassen. Es entstand der bereits erwähnte *Sozialdarwinismus*, d. h. eine Lehre von der quasinatürlichen Selektion im Gesellschaftsbereich auf verschiedenen Ebenen:

Individuum, Klassen, Völker, Staaten und Rassen. Im Rahmen solcher Theorien spielten Auslese und Anpassung als Grundprinzipien eine entscheidende Rolle.

2. Im 19. Jahrhundert beschleunigte sich die *Industrialisierung*, sodass die Annahme von Marx, dass die Gesellschaftsentwicklung durch den wirtschaftlichen Wandel bestimmt sei, durchaus plausibel wirkte.

3. Durkheim beschäftigte sich vor allem mit dem Problem der *Solidarität* innerhalb der Gesellschaft, d. h. der Integration der Gesellschaftsmitglieder. In einer modernen Gesellschaft wurden die Arbeitsteilung und die Differenzierung immer weiter vorangetrieben, was auf den ersten Blick gegen Solidarität und Konsens gerichtet war und auch tatsächlich immer mehr Probleme mit sich brachte. Allerdings sah Durkheim, dass gerade durch die Arbeitsteilung die wechselseitige Abhängigkeit der Menschen zunahm und somit auch die Bindung der Individuen an den gesellschaftlichen und institutionellen Zusammenhang verstärkt wurde. Er sprach in dem Zusammenhang von organischer Solidarität. Freilich verstärkten sich durch den sozialen Wandel gleichzeitig die Gefahren der *Anomie*, d. h. Norm- und Orientierungslosigkeit und Erosion der Werte.

4. Max Weber (1920) als weiterer Vater der Soziologie beschäftigte sich ebenso wie Marx mit Sozialgeschichte und war wie Durkheim an dem Problem der Bewusstseinsentwicklung äußerst interessiert. Bedeutsam waren seine Hinweise, dass Ideologien und Religionen wichtige Treibmittel der gesellschaftlichen Entwicklung sind. So meinte er, dass Glaubensvorstellungen einzelner protestantischer Religionsgemeinschaften (z. B. des Calvinismus) für die Entwicklung des Kapitalismus entscheidende Voraussetzungen geliefert hätten *(Protestantismusthese)*. Ferner diagnostizierte er einen Prozess der Rationalisierung und Entzauberung aller Lebensbereiche, Magie und Aberglaube wurden zurückgedrängt. Weber befürchtete, dass dieser fortschreitende Prozess der Rationalisierung, Bürokratisierung und Versachlichung zur Entmenschlichung und Mechanisierung der gesellschaftlichen Verhältnisse führen würde, eine im 19. und 20. Jahrhundert immer wieder auftauchende kulturkritische Position.

Während Durkheim eine moralische Krise beklagte, einen exzessiven „Kult des Individuums", eine Schwächung des Kollektivbewusstseins, sah Weber mehr die Gefahr der Übermacht von Organisationen und Bürokratien. Die Ereignisse des 20. Jahrhunderts haben eher Weber bestätigt; die Individualisierung nahm zu, erwies sich aber nicht als zentrale Gefahr, denn die Katastrophen der modernen Gesellschaften wurden vor allem durch staatliche, technisch rationalisierte Großorganisationen bewirkt.

5. Während Marx die kulturelle Evolution von einem Konfliktansatz her konzipierte, versuchte es Parsons (1972) aufgrund einer *funktionalistischen* Perspektive und konstruierte folgende Stufen der Gesellschaftsentwicklung:

a. primitive Gesellschaften

b. archaische Gesellschaften, z. B. Ägypten

c. Hochkulturen wie etwa China und Indien,

d. „Saatbettgesellschaften", welche die Saat für die westliche Zivilisation gelegt haben, Israel und die griechischen Stadtstaaten,

e. moderne Gesellschaften.

Nach Parsons erfolgte der Durchbruch zur modernen Gesellschaft durch drei „Revolutionen" in den Bereichen Ökonomie (Markt, Geld, Kapitalismus), Politik (Demokratisierung) und Bildung.

6. Technologie als Motor des Wandels

> Sind in der Geschichte der Menschheit die sozialen oder die technischen Innovationen für die Entwicklung bedeutsamer gewesen?

Grundlegende technische Neuerungen waren Gebrauch des Feuers, Erfindung des Rades, des Pfluges, der Herstellung von Metallgegenständen, der Schrift, des Buchdrucks, der Dampfmaschine usw. Es erscheint durchaus plausibel, wenn Lenski (1978) Technologie als wesentliches Kriterium der kulturellen Evolution bezeichnet. Doch die Erfindung von Techniken und Herstellungsverfahren bestimmt keineswegs die Art des Gebrauchs: Das Schießpulver wurde bekanntlich in China erfunden, die wirksamsten Schusswaffen jedoch wurden in Europa entwickelt. Chinesen bauten zu Beginn des 15. Jahrhunderts bessere und größere Schiffe als die Europäer, doch die Europäer übernahmen im 16. Jahrhundert die Herrschaft auf den Weltmeeren (vgl. Landes 1999, 110 ff.). Allerdings spricht für die Technologiethese von Lenski, dass die entscheidende Ursache für den weltweiten sozialen Wandel die Industrialisierung ab der Mitte des 18. Jahrhunderts war, die ohne neue Technologien nicht möglich gewesen wäre. Manches deutet darauf hin, dass ab dem 21. Jahrhundert die Gesellschaftsentwicklung immer mehr von wissenschaftlich-technologischen Innovationen und immer weniger von Revolutionen, Kriegen, rechtlichen Regelungen und anderen traditionellen „sozialen Ereignissen" vorangetrieben wird.

Wenn Gesellschaften bzw. Kulturen beschleunigt umfassenden Veränderungen unterworfen sind, dann ergeben sich Übergangsprobleme. Dieser *Übergangsstress* kann, etwa nach Parsons oder auch anderen Theoretikern, dazu führen, dass Konflikte oder auch katastrophale, politische und ökonomische Zusammenbrüche die Folge sind. Die Naziherrschaft wird von Parsons durch solch einen Übergangsstress, und zwar den Wandel zu einer entwickelten modernen Industriegesellschaft, erklärt. Hingegen analysierte Norbert Elias (1989), dass, um die deutsche Katastrophe der ersten Hälfte des 20. Jahrhunderts zu verstehen, man sogar 400 Jahre zurückgehen müsse, zur Katastrophe des Dreißigjährigen Kriegs.

Ein Mangel vieler Kulturentwicklungstheorien ist ihre Annahme, die wesentlichen Dimensionen im Evolutionsprozess änderten sich gleichzeitig. In modernen Gesellschaften bestehen jedoch alte und neue Strukturen nebeneinander, z. B. traditionelle religiös bestimmte Familien neben flexiblen Internetgruppen. Es kann zu einem *cultural lag* kommen. Die Annahme, dass einfache Gesellschaften durch Verwandtschaft, Mythologien und Rituale und moderne Gesellschaften nur durch Organisationen bestimmt sind, hat ebenso keine absolute Geltung. Auch in modernen Gesellschaften existieren Rituale und Mythologien und Verwandtschaft hat noch immer hohe Priorität.

Theorien kultureller Evolution sind mit unterschiedlichen Bewertungs- und Handlungsvorstellungen verbunden. Einerseits kann ein unterstützendes „revolutionäres" Handeln gefordert werden (z. B. von Marx und seinen Anhängern), andererseits kann vor Eingriffen gewarnt werden, weil sie entweder unwirksam sind oder behindernd wirken. Von Hayek (1971) vertritt eine liberalistische Theorie der Evolution, in der die Institutionen und sozialen Gebilde ungeplante Ergebnisse langer Verhaltensketten darstellen. Eine Gesellschaftsplanung lehnt er folglich ebenso wie Luhmann ab. „Fürs Überleben genügt Evolution", so Luhmann (1984, 645), doch es fragt sich: wessen Überleben?

10.2 Entwicklung der europäischen Kultur

Im Folgenden wird der soziale Wandel im europäischen bzw. westlichen Kulturbereich in Thesen und Gegenthesen dargestellt:

1. Die agrarische Gesellschaft hat sich über die industrielle Gesellschaft schließlich zu einer Dienstleistungsgesellschaft gewandelt. Die *Produktion* wurde aus dem Haushalt ausgelagert.
   Kritik: Der *Haushalt* ist ein Ort der unbezahlten und deshalb unterschätzten Arbeit geblieben, an dem eine Verbindung von bäuerlichen, industriellen und Dienstleistungselementen zu finden ist.
2. Die *Arbeitsteilung* ist bisher immer weiter vorangeschritten.

Kritik: In vielen professionellen Bereichen ist die Arbeitsteilung unterentwickelt: frei praktizierende Ärzte, Rechtsanwälte, Therapeuten, Lehrer, Hochschullehrer. Auch im privaten Bereich gibt es die „neue Arbeitsteilung" (Scheuch 2003, Bd. 2, 383), d. h. die Anforderungen an alle steigen: Nachhilfe, Geldgeschäfte, Computernutzung, Internet, Weiterbildung etc. Um nämlich die Arbeit anderer in Anspruch zu nehmen, sie also auszulagern, benötigt man ökonomische und soziale Ressourcen.

3. Die *Monetarisierung*, d. h. die Ausbreitung des Geldes als universales Tauschmittel hat sich global durchgesetzt.

    Kritik: Innerhäusliche Tätigkeiten, viele persönliche Dienstleistungen und die medial bestimmte, alltägliche Kommunikation sind jedenfalls im Bewusstsein der meisten Betroffenen kaum monetarisiert.

4. In den Industriestaaten hat eine Entwicklung von despotischen über feudalistische zu *demokratischen* Gesellschaften stattgefunden.

    Kritik: Tatsächlich herrschen in vielen Teilen der Welt Oligarchien und autoritäre Führer. Viele Menschen haben das Gefühl, dass sie ohnmächtig sind und nicht mitbestimmen können. Die Globalisierung und die neuen Kommunikationstechnologien schwächen die Demokratien.

5. Die *Legitimierung der Herrschaft* hat sich von charismatischen und traditionellen Prinzipien zu legalen Prinzipien hin verschoben.

    Kritik: Sinkende Wahlbeteiligung deutet auf dauerhafte Legitimationskrisen hin. Wahlen sind inzwischen rituellen Veranstaltungen, d. h. die demokratischen Ziele und Prinzipien sind in den Hintergrund getreten.

6. Die *Bürokratisierung* mit ihren festen Regel- und Positionssystemen hat sich ausgebreitet und wird weiter zunehmen.

    Kritik: Viele Menschen versuchen durch einen Rückzug in den Privatbereich dem Griff der bürokratischen Organisationen zu entkommen. In vielen Organisationen ist eine Informalisierung und Dezentralisierung festzustellen.

7. Stärkung des *Staates:* Die soziale Kontrolle findet nicht mehr regional und informell durch Dorfgemeinschaft, Standesordnung etc. statt, sondern zentral und formell durch Recht, Polizei, Militär etc. Zusätzlich zu den Staaten gewinnen immer mehr internationale, überstaatliche Verbände Einfluss.

    Kritik: Nach wie vor wird das Verhalten der Menschen in Primärgruppen, in Familien, und in Sekundärgruppen, z. B. in Betrieben, gesteuert.

8. Parallel zu dieser allgemeinen Vergesellschaftung (Differenzierung, Arbeitsteilung, Bürokratisierung) hat sich die *Individualisierung* durchgesetzt. Individuen haben an Entscheidungsmöglichkeiten gewonnen und befinden sich ähnlich wie die Gesellschaft in einem Prozess der inneren Differenzierung, vermittelt über eine reichhaltige und pluralistische Kultur.

Kritik: Dies trifft nur für eine privilegierte und gebildete Minderheit zu. Die Mehrheit wird einer zunehmenden kulturellen Standardisierung (McDonaldisierung) unterworfen.

9. Die Gesellschaft hat sich von Ständen über Klassen zu *Schichten* und *Milieus* hin entwickelt.

   Kritik: Die Menschen in modernen Gesellschaften unterscheiden sich nach Zugehörigkeit zu Milieus und Lebensstilen. Sie sind mobiler geworden und wechseln häufiger die Gruppen. Aber es gibt weltweit auch Stände und Klassen, vor allem Unterklassen, die Diskriminierung und Benachteiligung erfahren.

10. Die weltweite hierarchische Ordnung der Gruppen ist vor allem aufgrund der zunehmenden Akkumulation von ökonomischem, kulturellem und sozialem Kapital (Bourdieu) verfestigt, und es ist kein Abbau dieser *sozialen Ungleichheit* zu erwarten.

    Kritik: Durch die Globalisierung und durch die neuen Kommunikations- und Informationstechnologien kommt es zu schnelleren Umordnungen und variabler Koalitionsbildung.

11. *Konfliktpotenziale* ergeben sich aufgrund des Widerspruchs zwischen Individualisierung und Neoliberalisierung einerseits und zunehmender sozialer Ungleichheit andererseits. Weitere Konfliktpotenziale entstehen im Bereich der Herrschaftslegitimierung und außerdem zwischen Staaten mit unterschiedlichem Stand der gesellschaftlichen Entwicklung.

    Kritik: Neben den neuen Konfliktpotenzialen sind die alten ethnischen, religiösen und ökonomischen Konflikte nach wie vor bedeutsam (z. B. Palästina, Jugoslawien, afrikanische Staaten, Islam-Christentum).

12. In den Kulturbereichen Religion, Kunst, Wissenschaft und Bildung ist ein zentraler Wandel von einem eher magischen Bewusstsein zu einem *rationalen Bewusstsein* (Verwissenschaftlichung) und zu Säkularisierung (Ablösung von traditionellen Religionsgemeinschaften) festzustellen.

    Kritik: Zwar ist in Europa eine Abnahme der Zugehörigkeit zu Religionsgemeinschaften seit vielen Jahrzehnten feststellbar, doch in vielen anderen Regionen der Welt ist dies nicht der Fall. Religiosität ist außerdem ein unterschiedlich bestimmtes Konstrukt. Im Alltagsbewusstsein werden häufig wissenschaftliche und technische Erkenntnisse magisch besetzt.

13. Die Verwissenschaftlichung ist mit *Technisierung* verbunden, beide Prozesse werden vor allem durch die dynamische Entwicklung des ökonomischen Systems vorangetrieben. Über Technik (z. B. Autos, technisierter Haushalt, Computer) vollzieht sich ein bedeutsamer Teil der Verhaltenssteuerung (Sachzwang).

Kritik: Die Körper sind widerständig gegenüber Technisierung und viele reagieren auf „Sachzwänge" mit Vermeidungsverhalten oder Krankheit.

14. *Kultureller Imperialismus* begünstigt die Auflösung von Traditionen und regionalen Kulturen. Ideologien und Informationen werden universal vermittelt (Dominanz der USA im internationalen Mediensystem) und verschiedene früher getrennte kulturelle Zonen vermischen sich. Es bilden sich neue flexible Systeme, die im Gegensatz zu traditionellen Kulturen keine festen Grenzen haben.

    Kritik: Viele regionale Gemeinschaften erweisen sich als reaktiv oder anpassungsfähig gegenüber westlichen kulturellen Einflüssen und zeigen Schließungstendenzen. Globalisierung und Mediatisierung führen also nicht notwendig zur Schwächung lokaler Systeme.

15. Der *Prozess der Zivilisation* (Elias 1976) hat in den europäischen und anderen westlichen Gesellschaften zu einer zunehmenden *Verhaltens- und Affektsteuerung* zuerst in den Oberschichten und dann in allen Schichten geführt, wobei Fremdsteuerung teilweise durch Selbststeuerung ersetzt wurde.

    Kritik: In zunehmendem Maße suchen und konstruieren Menschen Situationen, in denen sie geringer Affekt- und Verhaltenskontrolle unterworfen sind (Privatisierung, Freizeit- und Erlebnisorientierung, Informalisierung, Psychoboom).

10.3   Postmoderne, zweite und reflexive Moderne, oder ...?

Die Ausdrücke „modern", „Moderne" und „moderne Gesellschaft" sind vieldeutig, aber gut verankert. Zweifellos wurden sie zu Beginn des 20. Jahrhunderts mit anderen Bedeutungsschwerpunkten versehen als zu Beginn des 21. Jahrhunderts, nach zwei Weltkriegen, dem Siegeszug des Kapitalismus, technologischen Fortschritten, einer wie noch nie zuvor gebildeten Bevölkerung in den hoch industrialisierten Staaten und einer vollen Entfaltung des Medienzeitalters. Alle hehren Ideale und Konzepte wurden in diesen hundert Jahren grundlegend angezweifelt: Abendland, Christentum, Aufklärung, Wissenschaft, Fortschritt, Rationalität, Vaterland, Volk usw. Wie soll nun die veränderte gesellschaftliche und kulturelle Lage bezeichnet werden?

Da sich moderne Gesellschaften in einem vieldimensionalen und teilweise beschleunigten Wandel befinden, liegt es nahe, neue evolutionäre Einteilungen vorzunehmen. Der Ausdruck *Postmoderne* wurde zuerst in den 60er Jahren in der Architektur zur Bezeichnung eines neuen Stils verwendet, der verschiedene Elemente anderer Stile vermischte, also eine Art Eklektizismus wie in der zweiten

Hälfte des 19. Jahrhunderts. Der neue Begriff wurde auch in anderen Kulturbereichen, z. B. in der Soziologie, aufgegriffen. Da er Entgrenzung signalisierte, konnte er mit vielen heterogenen Aspekten aufgeladen werden (vgl. Wiswede 1998, 328 f.):

- Pluralisierung der Weltanschauungen und Lebensstile, Entstrukturierung (Scheidungen, Kirchenaustritte, Berufswechsel usw.),
- Verbindung von Rationalität (z. B. im ökonomischen Bereich) und Irrationalität (Astrologie, Science Fiction etc.)
- Steigerung von Systemkomplexität, Unübersichtlichkeit,
- Nicht-Linearität, Zweifel an Kausalbeziehungen,
- Globalisierung, Brüchigkeit politischer und nationaler Strukturen,
- Risikobewusstsein, neue Globalrisiken (Kernenergie, Klimawandel).

Das Unbehagen an der Moderne und der rasante soziale Wandel, der auch die Wissenschaften ergriffen hat, haben verschiedene Sozialwissenschaftler angeregt, weitere Wortkombinationen in den Diskurs zu werfen (vgl. Browning et al. 2000). Giddens spricht von „reflexiver Moderne" und Beck von „zweiter Moderne" (Beck u. a. 1996). Beck meint, eine Systemkrise, eine Umwälzung der institutionellen Ordnung, diagnostizieren zu können. In der „Risikogesellschaft" nehmen die Wahlmöglichkeiten zu, verlieren alte Lösungsmodelle an Bedeutung und entstehen Orientierungsprobleme.

In dem von Giddens und Beck verwendeten Ausdruck „Reflexivwerdung" werden bekannte sozialwissenschaftliche Tatsachen gebündelt: verbesserte Bildung, Individualisierung, Mediatisierung, Konsumgesellschaft, Wohlstand, Erosion von Traditionen, multikulturelle Gesellschaft, Globalisierung usw. Heute gibt es viel mehr Menschen, die abstrakt denken können, die gut über Weltwirtschaft, historische Entwicklungen, Naturwissenschaft usw. informiert sind. Es gibt ein wachsendes Feld von kulturellen Vernetzungen wie nie zuvor in der Geschichte der Menschheit. Solche nüchternen Aussagen wirken freilich weniger faszinierend als die magischen Worte Postmoderne, Reflexivwerdung, Dekonstruktion, zweite oder dritte Moderne usw.

10.4 Soziale Bewegungen und Revolutionen

Die „Theorie des gesunden Menschenverstandes" besagt: Wenn es vielen Menschen in einer Region allzu schlecht geht, dann protestieren sie und im Extremfall kommt es zu Aufständen. Kulturvergleiche und historische Untersuchungen bestätigen im Einklang mit der im folgenden dargestellten Theorie der relativen Benachteiligung eher folgende These: Wenn die Mehrheit in einem Gebiet langfristig in Armut lebt, ja viele verhungern, dann empören sie sich selten und – wenn überhaupt ohne Erfolg – was sich im kollektiven Gedächtnis als Passivität und Resignation niederschlägt.

Theorie der relativen Benachteiligung: Nicht die Tatsache, dass es vielen Menschen in einem Kollektiv wirtschaftlich oder politisch schlecht geht, führt zu Widerstand. Die Menschen beginnen aufzubegehren, wenn es ihnen nach einer Phase schlechter Lebensbedingungen besser geht, jedoch diese Besserung zum Stillstand kommt – und vor allem, wenn es „den Nachbarn" immer besser geht, aber ihnen nicht. Neid und Gefühle, ungerecht behandelt zu werden, entstehen.

Ab dem 18. Jahrhundert ist Europa in starke Bewegung geraten, die Unzufriedenheit in Gruppen und Kollektiven nahm zu, vielfältige soziale Bewegungen entstanden: Arbeiter-, Frauen-, Bürgerrechts-, Studenten-, Umwelt- und Friedensbewegungen sind prominente Beispiele (Rucht und Neidhardt 2020).

Wie entstehen soziale Bewegungen?

In der *Theorie der strukturellen Spannung* (Smelser 1962) werden eine Reihe von Faktoren kombiniert:

1. Unzufriedenheit in Teilen der Bevölkerung,
2. Sozialer Vergleich mit besser gestellten Gruppen und gestiegene Erwartungen,
3. Vertreter der sozialen Bewegung verbreiten Erklärungs- und Lösungsvorschläge, die der herrschenden Ideologie widersprechen,
4. Begünstigende Faktoren, z. B. Unterstützung durch einen Teil der Elite,
5. Mobilisierung, aktivistische Unternehmungen,
6. Mangel an repressiver sozialer Kontrolle.

Theorie der Mobilisierung von Ressourcen: Nur mit entsprechenden Ressourcen, vor allem Geld, Organisationsstrukturen und Kommunikationstechnologien, sind soziale Bewegungen erfolgreich.

Wenn man diese theoretischen Positionen verbindet, kommt man zu folgenden Thesen:

Nicht der objektive gesellschaftliche oder materielle Zustand (also der Grad der Unterdrückung bestimmter Gruppen oder das umwelt- oder menschenbedrohende Gefährdungspotenzial) ist die zentrale Ursache der Entstehung von sozialen Bewegungen, sondern die Wahrnehmung von als ungerecht empfundener Benachteiligung, starke Erwartungsenttäuschungen und die Bereitschaft einer größeren Anzahl von Personen, aktiv und auch gegen Widerstand die sozialen Probleme zu lösen (Abb. 10.1).

Moderne soziale Bewegungen werden nicht von Armen, Ungebildeten und sozial Verachteten geführt, sondern in der Regel von Angehörigen der Bildungseliten. Oft sind es frustrierte statusinkonsistente Personen, die sich profilieren möchten, charismatische Ambitionen haben und Gemeinschafts- und Wertbindungen hoch schätzen. Proteste und spektakuläre Aktionen reichen nicht zur Bildung und Erhaltung einer sozialen Bewegung, sie muss eine handlungsorientierte Ideologie *(collective action frame)*, Strategien und Organisationen entwickeln. Die Bewegung wird nur erfolgreich sein, wenn sie Ressourcen (Geld, Einfluss, Präsenz in den Medien usw.) mobilisieren kann. Sehr bedeutsam sind die Darstellungen in den Medien. Wie im Bereich der Werbung wird versucht, Markennamen in die Gehirne einzubrennen, vor allem Bedrohungsmetaphern: Kulturverfall, Ausbeutung, Patriarchat, Supergau, Klimakatastrophe, Rassismus. Soziale Bewegungen können

1. in Revolutionen,
2. in institutionalisierte Parteien, Religionsgemeinschaften oder ökonomische Organisationen,
3. in Terrorgruppen übergehen,
4. und sie können verschwinden und evtl. wiederkommen.

Revolutionen sind eine zwar seltene, doch historisch besonders bedeutsame Form von sozialen Bewegungen.

Warum kommt es zu Revolutionen?
Zur Französischen Revolution kam es erst in einer Zeit der verbesserten Lebensverhältnisse für einen großen Teil der französischen Bevölkerung. Die französischen Bauern hatten Grund zur Klage, wenngleich sie über günstigere Lebensbedingungen verfügten als die meisten deutschen Bauern, die nicht revoltierten. Doch die Revolution ging nicht von den Bauern aus, sondern von Gruppen, die bereits einen wirtschaftlichen Aufschwung erlebt hatten. Der König und seine Anhänger wurden von anderen Adeligen und von Mitgliedern des dritten Standes angegriffen. Als schwankende Teile der Bevölkerung die Schwäche

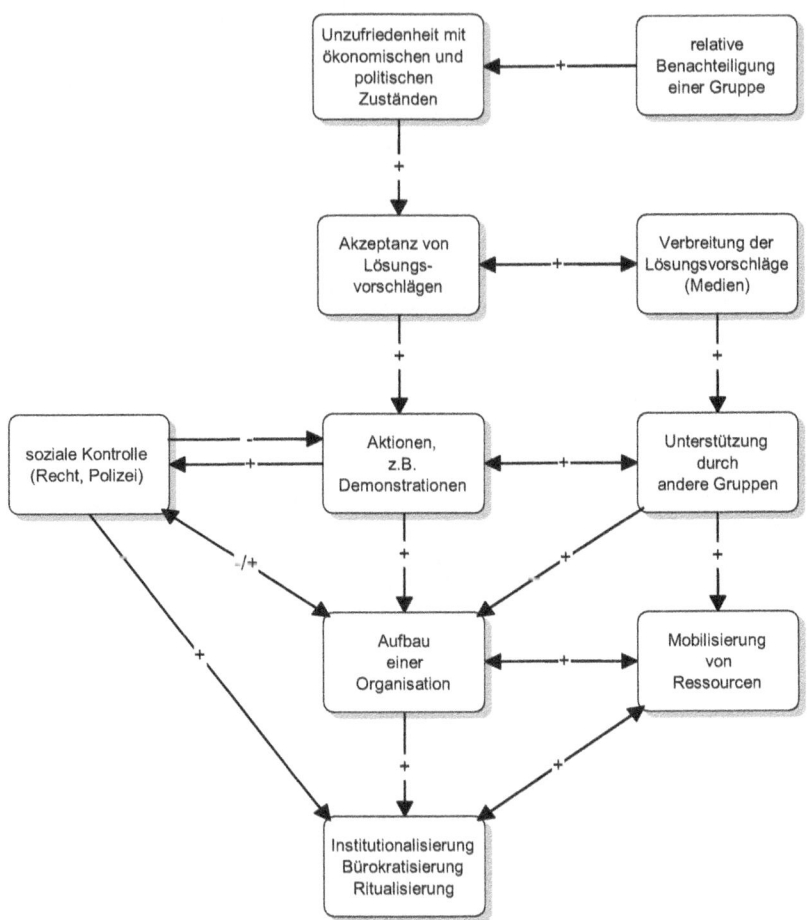

Abb. 10.1   Entstehung einer sozialen Bewegung

des Königs und seiner Gruppe wahrnahmen, schlossen sie sich der Revolution an, deren Führer dann die Legitimitätsgrundlagen des alten Regimes zerstörten.

Verschiedene Theorien wurden herangezogen, um Revolutionen zu erklären.

Neben der *Theorie der relativen Benachteiligung* wurde die *Theorie der steigenden Erwartungen* verwendet: Die Erwartungen steigen im wirtschaftlichen Aufschwung schneller, als sich die objektiven Bedingungen verbessern. Stagniert der Aufschwung, kommt es zu Frustrationen. Frustrationen können Aggressionen hervorrufen oder begünstigen.

Die nach wie vor vorhandene Unzufriedenheit vieler Menschen in Ostdeutschland ist mithilfe dieser beiden Theorien erklärbar. In der DDR nahm in den 70er und 80er Jahren das Gefühl der relativen Benachteiligung zu. Die Erfolge der BRD wurden über Medien und persönliche Kontakte registriert. Doch nach der Wiedervereinigung verschwand entgegen den Erwartungen von vielen diese Situationsbeurteilung nicht. Die Erwartungen wurden hochgepuscht (z. B. durch politische Versprechungen), doch für viele nicht bzw. nur teilweise erfüllt (Arbeitslosigkeit, Fehler im Umgang mit den neuen Systemen usw.).

Theorie der Statusinkonsistenz: Durch sozialen und wirtschaftlichen Wandel werden manche Personen wohlhabend, die nicht der traditionellen Oberschicht (z. B. dem Adel) angehören. Ihre soziale und politische Position ist also niedriger als ihre ökonomische. Dieses Statusungleichgewicht erzeugt Unzufriedenheit und den Wunsch nach Änderung.

Skopcols (1979) Theorie sozialer Revolutionen: Skopcol versuchte, die Ursachen der drei weltgeschichtlich bedeutsamen Revolutionen in Frankreich, Russland und China herauszuarbeiten:

1. Zusammenbruch eines autokratischen Regimes, das auch im Kampf mit anderen Staaten und Kollektiven Schwächen zeigt (z. B. Niederlage Russlands im Ersten Weltkrieg),
2. Massenaufstände von Bauern und
3. Konflikte zwischen den Eliten des Staates.

Die Revolution im Iran Ende der 70er Jahre war ebenfalls durch den Widerstand gegen ein autokratisches Regime und durch Konflikte zwischen den Eliten (im Widerstand: die religiöse Elite und ein Teil der traditionellen Wirtschaftselite) bestimmt. Doch sie war auch Ausdruck von Modernisierungsstress und einer Bewegung der kulturellen Bewahrung des Islam gegen Verwestlichung.

Wie sind die Zusammenbrüche der osteuropäischen kommunistischen Regime zu erklären?
Sie haben einerseits typische Kennzeichen von Revolutionen: Konflikte zwischen Eliten, Schwächen in internationalen Auseinandersetzungen, und sie sind von politischen, ökonomischen und sozialen strukturellen Änderungen begleitet, doch es gab nur vereinzelte gewaltsame Auseinandersetzungen wie in den klassischen Revolutionen. Nach dem Zweiten Weltkrieg ging es den Menschen in Ost- und Westeuropa gleichermaßen schlecht. Doch die Schere des Wohlstands öffnete

sich immer mehr und vor allem durch die Massenmedien wurden die Vergleiche
für fast alle ermöglicht, was den Eindruck relativer Benachteiligung verstärkte.
Aufstände in den Ostblockstaaten (z. B. in Ungarn) wurden niedergeschlagen,
doch sie blieben als Zeichen struktureller Schwächen der kommunistischen Systeme im Gedächtnis (Legitimationskrise). Für einen wachsenden Teil der Eliten,
z. B. Wissenschaftler, ergab sich hohe Statusinkonsistenz, da ihre Entlohnung
nicht dem Berufsprestige entsprach. Durch verschiedene Liberalisierungen und
durch verbesserte Ausbildung wurden vor allem in den 80er Jahren die Erwartungen in Teilen der Bevölkerung gehoben, doch die ökonomischen Verbesserungen
traten nicht ein. Ein entscheidender Faktor für den friedlichen Zusammenbruch
der kommunistischen Regime war die Schwächung der repressiven sozialen Kontrolle. Eine gewaltsame Unterdrückung der sozialen Bewegungen hätte vielleicht
zu blutigen Bürgerkriegen wie in Jugoslawien geführt.

10.5   Wertewandel in modernen Gesellschaften

Der hauptsächliche Unterschied zwischen früher (traditionale Gesellschaft) und
heute (moderne Gesellschaft) ist einfach zu benennen:

Früher lebten und arbeiteten die meisten Menschen in kleinen ländlichen
Gemeinschaften, heute leben sie in städtischen Zusammenhängen. Früher sahen
die meisten nicht über den Tellerrand – räumlich und kommunikativ, heute sind sie
räumlich und kognitiv mobil und erhalten globale Informationen. Die Werte, die
Leitvorstellungen, die Grundsätze des Handelns haben sich mit den Lebensum-
ständen verändert. Obwohl die Verstädterung international stark zugenommen hat,
leben noch immer Milliarden von Menschen in ländlichen Gemeinschaften, doch
auch in diesen Bereichen hat sich die Mobilität verstärkt, treffen elektronische
Botschaften ein und nutzen überlokale politische und ökonomische Organisationen die Menschen und Ökosysteme. Die folgenden Thesen beziehen sich zwar auf
die westlichen Gesellschaften, doch die Leitideen und Werte haben sich global
verbreitet.

Welche Werte sind in den westlichen Industriegesellschaften dominant?

- *Familie*, Liebe, Geborgenheit: Werte, die bemerkenswert stabil geblieben sind
  – doch nur im Großen und Groben.
- *Leistung*, sozialer und ökonomischer Erfolg: Früher mussten die meisten mehr
  und schwerer arbeiten, heute müssen sie mehr leisten.

- *Wohlstand*, Konsumorientierung, Freizeitorientierung: Dies sind neue Massenwerte der zweiten Hälfte des 20. Jahrhunderts.
- *Instrumenteller Aktivismus*: Dieser Ausdruck wurde von Parsons verwendet. Die meisten Menschen haben gelernt, klare Handlungsziele zu setzen und diese mit rational gewählten Mitteln zu verfolgen. Passivität und Fatalismus werden abgelehnt.
- *Individualismus*, Selbstverwirklichung: Ein mit der Konsum- und Freizeitorientierung verbundener neuer „Wert für alle".
- *Gleichheit*: Dieser Wert wurde seit dem 18. Jahrhundert immer wieder proklamiert, ein Konsens besteht wohl nur, was die formale rechtliche Gleichstellung betrifft. Paradoxon: Parallel mit dem Aufstieg des Wertes Gleichheit hat die faktische globale soziale Ungleichheit zugenommen.
- *Demokratie*: Dieser Wert wurde in Deutschland erst in den letzten Jahrzehnten von der Mehrheit anerkannt. Damit verbunden sind ein Mehrparteiensystem, Meinungsfreiheit, Religionsfreiheit, Einhaltung der Menschenrechte und andere politische Errungenschaften.
- *Sicherheit* und Ordnung, Schutz vor Verbrechen und Gewalt: Dies sind alte Werte, die zu autoritärem oder minderheitenfeindlichem Verhalten führen können, wenn sie nicht mit Demokratie, Individualismus und anderen modernen Werten gekoppelt auftreten. Diese Sicherheits- und Ordnungsorientierung führt zu politischen Konflikten, z. B. im Bereich der Migration.
- Förderung der wissenschaftlichen, technischen und ökonomischen Entwicklung: Es handelt sich um die schon mindestens zwei Jahrhunderte alte Fortschrittsideologie.
- Schutz der *Umwelt*: Mit dem gewachsenen Zerstörungspotenzial und der Sensibilisierung für Umweltschäden ist dieser Wert bedeutsamer geworden, doch Einstellung und Verhalten klaffen auseinander.

Aus der Liste ist unmittelbar abzulesen, dass seit dem 19. Jahrhundert ein umfassender Wertewandel stattgefunden hat. Doch auch wenn man nur die vergangenen Jahrzehnte betrachtet, gibt es objektive Aspekte, die einen Wertewandel in Deutschland und in Variationen in anderen Industriestaaten nahelegen:

- die Verbesserung der ökonomischen Situation und die politische Stabilisierung in den 50er und 60er Jahren,
- der starke Geburtenrückgang zwischen 1965 und 1975,
- die Studentenbewegung ab Ende der 60er Jahre,
- die Zunahme der Berufstätigkeit von Frauen,
- die Zunahme der Scheidungen,

* die Zunahme der Personen mit höheren Bildungsabschlüssen,
* die Zunahme der Personen mit Migrationshintergrund.

Doch welche Art von Wertewandel hat in den vergangenen Jahrzehnten stattgefunden?
Die Zeit nach dem Zweiten Weltkrieg wird durch eine zunehmende Anspruchsinflation, den Aufbau einer privaten Wertsphäre, die Erosion klassischer Tugenden, ab den 60er Jahren durch den Wandel von eher materialistischen zu *postmaterialistischen* Wertmustern gekennzeichnet. Wouters (1979) stellte seit dem Ende des 2. Weltkrieges einen Trend zur *Informalisierung* fest, d. h. Lockerung von Zwängen im zwischenmenschlichen Umgang. Diese Informalisierung der Verhaltensstandards kann charakterisiert werden durch Permissivität (z. B. Abbau formaler Höflichkeitszwänge), dem Zugeständnis größerer individueller Selbstständigkeit, der häufigeren Thematisierung von Freiheitsspielräumen und der größeren Toleranz. Auch den Kindern und Jugendlichen werden mehr Mitspracherechte eingeräumt.

Am bekanntesten ist die Theorie des Wertewandels von Inglehart (1989) geworden:

Knappheitshypothese: Menschen halten die Dinge für wertvoll, die knapp sind. Wer im Wohlstand aufwächst, hält diesen für nicht so wertvoll, sondern interessiert sich mehr für „höhere" Werte.

Sozialisationshypothese: Die Werte werden in den ersten Lebensjahren gebildet; aufgrund des materiellen Überflusses sind im Bewusstsein der Eltern andere Werte als in früheren Zeiten wichtiger, z. B. Beziehungspflege, Emotionalität.

Gegenthese: Sowohl materielle Aspekte (Konsumgüter, Einkommen) als auch Beziehungen und emotionale Zuwendung werden von den meisten Eltern für wichtig gehalten. Außerdem ist aufgrund gestiegener Erwartungen und zunehmender sozialer Ungleichheit für viele Kinder in Industriestaaten nicht materieller Überfluss vorhanden, sondern aus ihrer Sicht relative Knappheit an begehrten Konsumgütern!

Auch Klages (1998) stellte in den vergangenen Jahrzehnten einen Übergang von traditionellen Pflicht- und Akzeptanzwerten zu Selbstverwirklichungsvorstellungen fest, wobei allerdings durchaus eine Koexistenz der alten und neuen Muster bestehen können. Gemäß Befragungen waren die Niederlande schon 1970 so „progressiv", wie es Westdeutschland erst 1992 wurde (Hradil 1997, 505 ff.). Doch in den 1990er Jahren war in Westdeutschland eine Trendumkehr festzustellen: Der Anteil der „Materialisten" nahm wieder zu (Hradil 2004, 275).

Allerdings zeigen die Daten in Westdeutschland von 1970 bis 2006 trotz Schwankungen eine allmähliche Zunahme postmaterialistischer Werte (Inglehart 2008,
137).

Gegenthese zu der Dominanz der Selbstverwirklichung und ähnlicher „neuer
Werte": Nach Bourdieu sind die Menschen in Habituskammern eingesperrt, aus
denen heraus sie Werten folgen müssen, und zwar gemäß den Erwartungen der
Bezugsgruppen (Auswahl der Güter, der Kleidung, der Musik, der Nahrungsmittel, des Autozubehörs usw.) – z. B. wenn sie in ein Spitzenappartement in
New York einziehen wollen. Eine gruppenunabhängige Selbstbestimmung gäbe
es folglich nicht.

Eine andere Gegenthese zielt auf den Wandel der Arbeitsbedingungen
und/oder Schichtzugehörigkeit. Je nach Schicht- und Berufszugehörigkeit der
Eltern, Bezugsgruppen und familiären Traditionen dominieren Pflichtwerte oder
Selbstverwirklichungswerte oder ergeben sich entsprechende Mischungen. Mittelschichteltern legen mehr Wert auf Selbstständigkeit, Unterschichteltern eher auf
Gehorsam und Konformität. Diese Wertvorstellungen hängen mit den Arbeitsbedingungen zusammen; Routinetätigkeiten und geringe Entscheidungsspielräume
sind mit Gehorsamsvorstellungen verbunden (Kohn et al. 1990).

Was dominiert: Stabilität oder Wandel der Werte?

„Nicht die Werte wandeln sich, sondern das Ausmaß, in dem einzelne Werte von
Mitgliedern der Gesellschaft vertreten werden." (Friedrichs 1999, 270).

Familie als Wert wird von der überwiegenden Mehrheit in allen westlichen
Staaten seit Jahrzehnten gleichermaßen anerkannt. Die Akzeptanz der Demokratie, des Rechtsstaates und des Gewaltmonopols des Staates hat sich in den
Jahrzehnten nach dem Zweiten Weltkrieg in Europa stabilisiert. Individualismus, Selbstverwirklichung, Freizeitorientierung stellten bisher keine Gefährdung
der gesellschaftlichen Stabilität und der Institutionen Familie, Wirtschaft und
Politik dar. Doch die zunehmende Beschleunigung der wirtschaftlichen und
technologischen Änderungen und die Globalisierung könnten diese Stabilität
gefährden.

Neuere Untersuchungen zeigen, dass „alte" Werte der 50er Jahre von jungen
Menschen wieder „hervorgeholt" werden: Gemeinschaft, Sicherheit und ökonomi-
scher Erfolg, sodass jedenfalls kein „Verfall der Normen oder Werte" feststellbar
ist (vgl. Kerschke-Risch 2004). Jugendliche sind pragmatischer geworden und die
Werte Leistung, Sicherheit und Macht haben im Vergleich zu den 70er und 80er
Jahren an Bedeutung gewonnen (Thome 2005, 418 ff.). „Die Jugendlichen sind

… bereit, sich in hohem Maße an Leistungsnormen zu orientieren, und hegen gleichzeitig den Wunsch nach stabilen sozialen Beziehungen im persönlichen Nahbereich. Sie passen sich auf der individuellen Suche nach einem gesicherten und eigenständigen Platz in der Gesellschaft den Gegebenheiten so an, dass sie Chancen, die sich auftun, möglichst gut ergreifen können." (Albert et al. 2019: Shell Jugendstudie).

Zuletzt soll noch die bisherige Voraussetzung angezweifelt werden: Werte sind für eine Gesellschaft unbedingt notwendig und ein allgemeiner Werteverfall stellt somit eine zentrale Gefährdung dar – eine funktionalistische Annahme. Esser (1999, 140) meint hingegen: „Das Geld, die Märkte und die Kreuzung der Interessen haben die Werte als Mechanismus der Integration in den modernen Gesellschaften nahezu überflüssig gemacht."

10.6   Globalisierung

Was hat sich in den letzten hundert Jahren schon groß geändert, wenn man ein Gedicht liest, mit der Nachbarin schwätzt, zu Gott betet, sein Frühstücksei isst oder sich aufhängt? Es gibt nur lokale und keine globalen Körper, Mütter und Familien.

Was bedeutet Globalisierung?
Funktionalismus: Globalisierung ist die Ausweitung der (herrschenden?) Gesellschaft. In einfachen Kulturen auf kleinen Inseln bezog sich Gesellschaft auf ein paar Stämme. Jetzt gibt es eine Weltgesellschaft.

Konfliktansatz: Die Konflikte zwischen menschlichen Gruppen haben sich ausgedehnt. Im 20. Jahrhundert gab es zwei Weltkriege. Die im 19. Jahrhundert vorherrschende eurozentrische Sichtweise erwies sich als unzureichend. Seit den beiden Weltkriegen und vor allem seit der Entwicklung von leistungsstarken Flugzeugen, Raketen und Atomwaffen ist ein globaler Konfliktansatz erforderlich. Doch trotz Supermächten, Weltmarkt, UNO, NATO und multinationalen Konzernen finden die blutigen Konflikte nach wie vor primär zwischen ethnischen Gruppen statt. Allerdings sind diese lokalen Konflikte internationalisiert und globalisiert: Waffenlieferungen, Stellvertreterkriege, ökonomische Interessen.

Nutzentheorie: Die Nutzentheorie betont die gesunkenen *Transaktionskosten* (Kosten, die beim Handel anfallen), z. B. durch die Containerschifffahrt, sowie die Öffnung von Grenzen durch den Wegfall von Handelsbeschränkungen und Kapitalverkehrskontrollen.

Interaktionismus: Wie schon die einleitende Bemerkung zu diesem Abschnitt zeigen sollte, finden Globalisierungswellen am traditionsbestimmten Lokalismus von Menschen ihre Grenze. Doch das Internet wie auch andere Kommunikationstechnologien fordern die Kleingruppensphäre überschreitende interaktionistische und sozialpsychologische Netzwerkmodelle.

Nach Giddens (1995) führen drei soziale Prozesse in modernen Gesellschaften zur Globalisierung:

- Manipulation von Raum und Zeit (Technologien des Verkehrs, der Kommunikation usw.),
- Lösung von Institutionen und sozialen Systemen aus ihren (traditionellen und interaktiven) Zusammenhängen (Ökonomie, Wissenschaft, Technik) und
- Reflexivität (kognitive Vernetzung, Überspringen von Denkverboten, Kombination von heterogenen Informationen).

Globalisierung ist ein langfristiger multidimensionaler Prozess: Alexander der Große, die Völkerwanderung, die Entdeckung Amerikas, die Kolonialisierung, die Dampfmaschine, das Maschinengewehr, das Flugzeug, das Internet, das Coronavirus. Im Manifest der Kommunistischen Partei von 1848 heißt es: „Ein Gespenst geht um in Europa...", Europa, damals noch das Zentrum der Welt, bereits infiziert, um die „Krankheit Kommunismus" weltweit zu verbreiten, nachdem die „Krankheit Christentum" schon seit Jahrhunderten global verbreitet wurde. Die europäische Kultur und in ihrem Verbund das Christentum haben ab dem 15. Jahrhundert Globalisierung betrieben, und zwar in der aggressiven Form. Dagegen ist die heutige Globalisierung weniger blutig und weniger ethno- und eurozentrisch, doch sie schreitet schneller voran und ist umfassender.

Wallerstein (1988) hat eine *Welt-System-Theorie* entwickelt. Die Vereinigten Staaten, die wirtschaftsstarken europäischen Staaten und Japan bilden das Zentrum. Die anderen Länder befinden sich an der Peripherie, und zwar in unterschiedlichem Grad: Zweite, Dritte und Vierte Welt. Ein Aufstieg ist nur möglich, wenn ein Land sich an die vom Zentrum vorgegebenen Spielregeln hält: niedrige Löhne, hohe Investitionen, Öffnung für die Mächte und Märkte des Zentrums. Länder, wie Burundi und Somalia gehören in diesem hierarchischen System der Vierten Welt an, d. h. ihre Entwicklungschancen werden als extrem niedrig eingeschätzt.

Alte Herrschaftssysteme, wie die Nationalstaaten, können in Schwierigkeiten geraten. Ob der partielle Abbau des Wohlfahrtsstaates durch Globalisierungsideologien gerechtfertigt oder durch Globalisierung tatsächlich mehr oder minder bewirkt wurde und wird, ist umstritten (vgl. Brady et al. 2005). Rosenau (1990,

2006) beschreibt den Machtkampf zwischen den nationalstaatlichen Regierungen, den Vereinten Nationen, der Weltbank, multinationalen Konzernen und anderen Groß-Akteuren als polyzentrische Weltpolitik, wobei die Entwicklung der Informations- und Kommunikationstechnologie einen bedeutsamen Einfluss auf das Prozessgeschehen ausübt.

International vernetzte *Herrschaftseliten*, die trotz Konkurrenz gemeinsame strukturelle Interessen entwickeln (globale Spieler, die vom globalen Spieltisch und seinen Regeln abhängig sind), stabilisieren Strukturen und stehen der Mehrheit der Menschen gegenüber, die in viele Gruppierungen zersplittert sind und immer ohnmächtiger werden (vgl. Hartmann 2004). Die Spekulations-Milliarden jagen um den Erdball, zerstören in Windeseile (Währungsverfall, Staatspleite, Massenarbeitslosigkeit) und ermöglichen auch gigantische zivilisatorische Leistungen, eigentlich genau das, was *Karl Marx* vorausgesagt hat (nur ohne kommunistische Weltrevolution).

Es sind soziale Weltgebilde entstanden: die Weltwirtschaft, die Wissenschaft, Technologien, die Menschenrechte, die Vereinten Nationen, Coca Cola, Weltmeisterschaften. Handelt es sich um den endgültigen Niedergang der „anderen" Kulturen, um den Sieg der „einen"? Besteht der Triumph der Globalisierung in der Bildung einer internationalen Klasse von Kapitalisten, Managern und Technokraten, und auch von Medien- und Sportstars und mafiösen Netzwerken?

Nach wie vor existieren trotz kulturellem Imperialismus, Kapitalismus, Neokolonialismus und neuen Medien viele verschiedene Kulturen, Sprachen und Lebensformen. Die Vernetzung dieser kulturellen Systeme schreitet freilich voran. Trotzdem ist es unwahrscheinlich, dass eine kulturelle Vereinheitlichung erfolgt. Robertson (1992) spricht von „glocalization" (Glokalisierung), d. h. globale Elemente, z. B. Werbung für Globalprodukte wie Coca-Cola, und lokale Aspekte (regionale Essgewohnheiten, traditionelle Spruchweisheiten, religiöse Rituale etc.) verbinden sich in kaum vorhersagbarer Weise, sowohl im Bewusstsein einzelner Menschen als auch in institutionellen Strukturen und Mythen.

Modernisierung bedeutet nicht Verwestlichung. Menschen in Entwicklungsländern und anderen Kulturen übernehmen oft nur die westlichen Verhaltensweisen oder Produkte, die ihnen nützlich erscheinen. Funktionalistisch gesehen werden die Angebote selektiv übernommen, im Blick auf die Aufgaben für das traditionelle oder ein eigenes neues kulturelles System. Doch Konflikte zwischen Gruppen erzwingen auch Modernisierung in Bereichen, die Unverträglichkeiten mit den jeweiligen kulturellen Systemen erzeugen (z. B. Frauen als Soldatinnen mit modernen Waffen einzusetzen). Telekommunikation, neue Transportmittel und vor allem modernste Waffen sind offensichtlich mit (fast) jeder beliebigen Kultur „vereinbar".

10.7 Natur und Umwelt

Natur und Umwelt unter „Sozialem Wandel" einzuordnen, ist kurios. Doch inzwischen ist allgemein bekannt, dass sozialer und technischer Fortschritt zu gravierenden Naturveränderungen führt, und dass der soziale Wandel von materiellen Ressourcen (Bodenschätzen, Wassermangel, Klima etc.) abhängig ist. Fischer-Kowalski und Weisz (1998, 145) bestimmen „Gesellschaft als Verzahnung materieller und symbolischer Welten". Nach Latour (2008) sind im Laufe der Geschichte Hybride, Quasi-Objekte, „Dinge", in denen Natur und Gesellschaft verquickt sind, geschaffen worden. Wie immer – es ergeben sich große theoretische Schwierigkeiten, weil der Begriff „Natur" kulturell und sozial bestimmt und verändert wird, d. h. nicht als Konstante angesehen werden kann.

Die schon im ersten Kapitel kurz behandelte Natur-Kultur-Problematik wird hier nochmals aufgegriffen. Die amerikanischen Hochkulturen hatten auch aus „Naturgründen" schlechte Karten im Kampf mit den europäischen Hochkulturen (Immunsysteme, Bakterien, Viren). Die Zähmung von Großtieren, die Erfindung des Rades und anderer entscheidender Kampfmittel und damit auch die „geistige Entwicklung" waren schlicht von der „größeren Breite" Eurasiens, von der Unangepasstheit der Tierarten Amerikas an den Menschen und noch einigen anderen „Naturbedingungen" abhängig (Diamond 1998).

„Natur" war immer ein zentraler Diskussionsgegenstand von Menschen. Ein wissenschaftlich gesteuerter breiter öffentlicher Diskurs findet jedoch erst seit einigen Jahrzehnten statt. Die Aufmerksamkeit erregen vor allem Gefahren für die Lebensbedingungen: Veränderung des Weltklimas, Vergrößerung des Ozonlochs, Verringerung der Artenvielfalt und Zerstörung riesiger Ökosysteme. Die neue Diskussion kreist um Begriffe wie Tragfähigkeit, Nachhaltigkeit und Zukunftsfähigkeit. Immer mehr werden die gegenwärtigen Verhaltensweisen in einen Kontext gestellt, der künftige Generationen und die gesamte Welt einbezieht. Eine derzeit lebende Minderheit übt Macht über eine große Anzahl künftig lebender Menschen aus, wobei es sich um strukturelle Macht handelt, da sie erstens auf der Empfängerseite noch nicht personalisierbar und auf der Senderseite ohne konkrete, auf die möglichen Empfänger gerichtete Absichten ist. In vielen Kulturen ist Ahnenverehrung verankert, d. h. es ist eine kulturelle Kontinuität garantiert, doch eine Verehrung der künftigen Menschen, „natürlichen" und sozialen Gebilde ist in bisherigen Kulturen nicht vorgesehen.

Ein altes Umweltproblem bezieht sich auf die Begrenztheit von Ressourcen. Schon im Altertum und in traditionalen Kulturen wurden Böden übernutzt, Wälder abgeholzt und Tierarten in lokalen Gebieten ausgerottet. Doch die globalen Umweltschädigungen und der Raubbau an Ressourcen haben sich in den letzten

Jahrzehnten dramatisch erhöht. Es werden jedoch nicht nur Ressourcen vernichtet, sondern auch neu „geschaffen" oder entdeckt. Man denke an die Genetik und Gentechnik: die Gene von Pflanzen, Tieren und Menschen werden erst durch neue Erkenntnisse und Technologien immer besser nutzbar. Diese Ressourcenentdeckung setzt sich fort und sie ist mit der Ressourcenvernichtung verkoppelt – ebenfalls ein langfristig nicht vorhersagbares Geschehen.

Komplementär oder parallel zur Umweltgefährdung ist auch die wissenschaftliche Erforschung dieser Tatbestände und das Umweltbewusstsein in der neueren Zeit vorangeschritten. Wie jede Bewusstseinsentwicklung findet auch diese im Rahmen permanenter Kämpfe zwischen Gruppen statt, die Umweltprobleme innerhalb ihrer Lebens- und Ideologiewelten unterschiedlich interpretieren (Umweltbewegungen, politische Parteien, ethnische Gruppen). Welche Umweltprobleme von welchen Gruppen als relevant angesehen werden, hängt von vielen Faktoren ab: lokale Betroffenheit, soziale Schicht, Bildung, Medienselektion, subjektive Einschätzung von Schädigungswahrscheinlichkeiten, Bedürfnisstrukturen usw.

Beck (1988) hofft auf einen, von den neuen, weil alle Menschen gleichermaßen gefährdenden Großrisiken hervorgebrachten, globalen Bewusstseinswandel (vgl. James und Steger 2016). Das Auftreten neuer Großrisiken ist nicht zu bestreiten. Doch im bisherigen Verlauf der Geschichte waren Menschen immer je nach Region, sozialer Schicht und anderen sozialen Faktoren sehr unterschiedlich von alten und neuen Gefahren bedroht oder betroffen. Zudem weist *Luhmann* (1986) darauf hin, dass die einzelnen Subsysteme, wie z. B. die Wirtschaft, Umweltprobleme nur in ihren „Sprachen" oder Codes verarbeiten können. In betriebswirtschaftlichen Überlegungen gehen Umweltbelange als Kosten oder auch als Werbemöglichkeiten ein. In Religion und Ethik werden sie moralisiert. In der Medizin werden sie in Gesundheitsfragen transformiert.

Dass das Umweltbewusstsein sich in den letzten Jahrzehnten bedeutsam und positiv gewandelt hat, ist durch Umfragen nachgewiesen; doch wie hat es das Alltagsverhalten beeinflusst (Kuckartz 2013; Brand und Reusswig 2020)? Der stärkste Einfluss ist dort festzustellen, wo eine unmittelbare Schädigung von Konsumenten befürchtet wird, d. h. Kosten-Nutzen-Überlegungen dominieren. Wenn der Konsument seine Gesundheit gefährdet sieht und über die nötigen finanziellen Ressourcen verfügt, dann ist er bereit, teure „Bioprodukte" zu kaufen. Dagegen lässt sich am Beispiel Auto darstellen, dass die Energiekrise von 1973/74, die von vielen als Wendepunkt angesehen wurde, und auch das zunehmende Wissen über den Klimawandel in den vergangenen Jahrzehnten kaum einen Einfluss auf den Konsum hatten. Die Autos werten den Kraftstoff besser aus, doch auch die Konsumgewohnheiten haben sich angepasst, d. h. fordern mehr „Leistung", Ausstattung, Bequemlichkeit, Sicherheit *(Rebound-Effekt)*. Energiesparen ist nicht zu einer allgemeinen Attitüde oder gar einer neuen Werthaltung geworden, sondern es wird über staatliche Maßnahmen, Preise, steuerliche Vergünstigungen und andere nutzenorientierte Mechanismen geregelt. Insgesamt hat sich die Überflussgesellschaft ausgeweitet, ihre Werte, wie Leistung, Konkurrenz, instrumentelle Rationalität, Hedonismus und Luxuskonsum sind gestärkt worden, insofern Verschwendung und Ressourcenverbrauch weiterhin Status- und Distinktionsmerkmale sind.

Die Zerstörung der kollektiven Güter
Menschliche Gruppen waren immer von natürlichen Ressourcen abhängig und kämpften darum: Wasser, gute Böden, Klima, Bodenschätze, andere Ressourcen.
Wem gehört das Meer? Wasser, das alle benötigten, über das jedoch eine kleine Gruppe die Verfügungsgewalt hatte, war ein bedeutsamer Machtfaktor. Heute gibt es Konflikte um große Flüsse zwischen verschiedenen Staaten: Nil, Euphrat, Tigris, Mekong. Lokale Wasserressourcen konnten teilweise privatisiert werden, doch die Luft, der Regen und der überwiegende Teil der Weltmeere sind kollektive Güter. Kollektive Güter waren und sind gefährdet, da sie aufgrund von individuellen oder gruppenspezifischen Interessen übernutzt oder zerstört werden können.
Viehzüchter besitzen ein gemeinsames Stück Land, auf das sie ihre Rinder treiben können. Da abzusehen ist, dass dieses Stück Land übernutzt wird, ist es für den einzelnen Herdenbesitzer individuell rational, möglichst häufig und möglichst viele Tiere auf dieses Stück Land zum Weiden zu treiben. Dadurch wird jedoch die Übernutzung beschleunigt. Es gibt viele Beispiele der Zerstörung kollektiver Güter: Überfischung, wilde Müllablagerung, Erschließung von Traumstränden.
In vielen Großstädten sind Straßen oder Stadtviertel herabgekommen: eingeschlagene Fensterscheiben, Müll auf den Straßen, zugenagelte Türen, ausgebrannte Häuser. Wenn solche Zeichen der Zerstörung öffentlicher (und auch privater) Güter gesetzt sind, dann wird die Zerstörung progressiv weiter betrieben. Zerstörung ist ansteckend.
Diese *Tragödie der Allmende* (Hardin 1968) ist kein Naturgesetz und keine unveränderbare soziale „Tatsache". Die Nobelpreisträgerin *Elinor Ostrom* (1999), hat gezeigt, dass lokale Gemeinschaften Regeln gefunden haben, Gemeinschaftsgüter nachhaltig zu nutzen. Trittbrettfahrer *(free rider)* werden in kleinen Gruppen eher entdeckt. Doch sind dezentrale Lösungen nicht generell einsetzbar. Wie also die Bewahrung kollektiver oder öffentlicher Güter auf größerer Ebene absichern?

Globalisierung, Technisierung, Internationalisierung und Modernisierung begünstigen es, dass Zerstörer von Kollektivgütern, z. B. der Ozonschicht oder von Teilen der Ozeane, schwerer identifizierbar sind, die nationalen Sanktionssysteme nicht greifen und die Verursacher auch nicht unbedingt selbst betroffen sind. Personen oder Gruppen, die über genügend Kapital verfügen, können größere Zerstörungen bewirken und können sich gleichzeitig vor möglichen Sanktionen und unerwünschten Folgen besser schützen. Wenn sie ein Gebiet übernutzt haben, ziehen sie ihr Kapital dort ab und investieren es in einem anderen noch intakten Gebiet.

Zugleich führt die Globalisierung zunehmend auch zu einer globalen Beobachtung eines Teils der Umweltzerstörung und damit zu einer entsprechenden Kommunikation, Transparenz und Sensibilisierung. Die Möglichkeiten, internationale Akteure zu beeinflussen, sind damit ebenfalls gegeben, da deren Verkaufserfolge auch vom Image und von Vertrauen abhängig sind (Brand und Reusswig 2020).

Die Zukunft des sozialen und kulturellen Wandels

Menschen haben eine große Menge von Kulturen, Institutionen und sozialen Gebilden erfunden, weiterentwickelt, zerstört, vergessen, ausgegraben oder in neue Gebilde eingebaut. Wohin geht die Kulturreise? Vielleicht befindet sich die Menschheit, besser gesagt eine privilegierte Minderheit, auf dem Weg ins selbst produzierte Paradies:

• Sieg über Krankheit, Hunger und Krieg und zuletzt über den Tod.
• Direkte Herstellung von Glück und Zufriedenheit durch Medikamente, Gentechnik oder andere technische Verfahren.
• Ausweitung des menschlichen Bewusstseins durch Informations- und Neurotechnologien.

Doch es gibt auch andere Visionen. Befinden sich die Menschen oder ein großer Teil von ihnen auf einer riesigen Titanic? Zwar verläuft die Entwicklung der Menschheit immer mehr von Menschen gesteuert (Naturbeherrschung), trotzdem, nein gerade deswegen, ist sie nicht vorhersagbar. Scheinbar paradox. Inzwischen gibt es wissenschaftlich gut gesicherte Vorhersagen, vor allem bezüglich des zu erwartenden Klimawandels. Doch entscheidend ist, dass die alltagsbezogenen Kognitionen, Emotionen und Handlungsstrategien der meisten Menschen Erkenntnisse aus diesen wissenschaftlichen Klimamodellen nicht adäquat verarbeiten können. Dennoch werden die unbeabsichtigten Wirkungen des Handelns der Menschen immer bedeutsamer. Durch Maschinen, Organisationen, Theorien und Netzwerke haben Menschen so komplexe Strukturen geschaffen, dass sich die Möglichkeiten angenehmer und unangenehmer „Überraschungen" vervielfältigt haben.

Beschleunigter gesellschaftlicher Wandel, Modernisierung, Technisierung und Globalisierung beunruhigen viele. Und viele „bleiben auf der Strecke". Wer kennt sich noch mit wirtschaftlichen und steuerlichen Fragen aus? Nur etwas für Spezialisten. Welcher Laie kann die Arbeit eines Arztes, Juristen oder Technikers beurteilen? Viele fühlen sich ausgeliefert. Doch nicht nur die Professionellen machen Erwachsene zu Kindern, auch die Kinder. Kinder wissen bereits in manchen Bereichen mehr als ihre Eltern und Großeltern.

Doch nicht nur das Wissen wird schneller „wertlos", auch die Wirklichkeit, bzw. was viele für die Wirklichkeit halten, politische, wirtschaftliche und kulturelle Ereignisse. Ungewissheit breitet sich aus: ob die Partnerschaft hält, ob man den Beruf, den man erlernt hat, ausüben kann und wie lange, ob man eine Arbeitsstelle bekommt und wie lange man sie behalten wird, und ob die eigene Seele unsterblich ist.

Doch vielleicht sind diese Verunsicherungen und Veränderungen nur Luxus- oder Oberflächenphänomene. Die genetischen Grundstrukturen sind seit hunderttausenden Jahren ziemlich stabil. Die Lebensverhältnisse hunderter Millionen von Menschen sind miserabel – wie auch in den vergangenen Jahrtausenden. Es gibt Milliarden, die keinen Fernseher, kein Handy und selbstverständlich keinen Computer haben. Auch in den Industrieländern gibt es wichtige Bereiche, die nur schwach modernisiert sind: Was Mütter mit ihren kleinen Kindern machen. Oder der Wein, das Bier, nicht die Herstellung, sondern der Konsum, haben sich wenig verändert. Nägel schneiden. Zwar bewegen sich immer mehr im Cyberspace – doch viele verhalten sich dort wie auf der Dorfstraße. Es existiert alles nebeneinander: die Steinzeit und das postelektronische Zeitalter.

Wir sitzen alle in einem Boot, dem Raumschiff Erde – viele werden freilich frühzeitig aus dem Boot gestoßen.

Für Soziologen sind in der Öffentlichkeit geäußerte Ideen über die Zukunft der Menschheit Material für gesellschaftliche Diagnosen (Giddens 1999): Welche Interessen vertreten die Propheten? Welche Gruppen sind dafür empfänglich? Unter welchen politischen und ökonomischen Bedingungen verbreiten sich Utopien, Prophezeiungen und Katastrophenszenarien?

Zum Vertiefen

Zu sozialen Bewegungen und ihrem aktuellen Einfluss auf die Demokratie:

Della Porta, Donatella. 2020. *Die schöne neue Demokratie. Über das Potenzial sozialer Bewegungen.* Frankfurt, New York: Campus.

Zum Verhältnis Natur, Umwelt und sozialem Wandel:

Brand, Karl-Werner (Hg.). 2017. *Die sozial-ökologische Transformation der Welt. Ein Handbuch.* Frankfurt/M.: Campus.

Schlussbemerkungen

Was wird geschehen und was sollen wir tun?

Verstärkung der Ungleichheit

Im 21. Jahrhundert werden sich die Unterschiede zwischen den Menschen weiter verstärken: reich – arm, klug – dumm, schön – hässlich, kurzlebig – langlebig, bekannt – unbekannt, überall gewesen – nirgends gewesen usw. Es wird also nicht ein Jahrhundert der Gleichheit, sondern der Ungleichheit, noch stärker als das 20. Jahrhundert.

Verstärkung der Gleichheit

Eine „Massenelite" wird die eigenen Körper mit professioneller Hilfe nach Standardtypen stylen. Da dies technisch immer besser gelingen wird, wird es ebenso wie das 20. Jahrhundert auch ein Jahrhundert der Gleichheit. Vor allem technologisch strukturierte Standardrollen wie der Autofahrer, der Patient, der Fast-Food-Esser oder der Handynutzer werden global verankert. Die technologisch und ökonomisch gestützten Gleichheitsanforderungen werden freilich einem beschleunigten Wandel unterworfen, erfordern Ressourcen und erzeugen dadurch ständig Zurückbleibende, Versager, die sich verbergen, um nicht das Bild zu stören, d. h. die Gleichheit produziert Ungleichheit.

© VS Verlag für Sozialwissenschaften | Springer Fachmedien Wiesbaden GmbH,   287
Wiesbaden 2021
K. Feldmann und S. Immerfall, *Soziologie kompakt*,
https://doi.org/10.1007/978-3-658-31450-7_11

Und die Freiheit?

Die subjektive Freiheit ist ein Wachstumswert – allerdings werden die Frei-heitsvorstellungen nicht zuletzt durch Medienkonsum strukturiert. Der dem Wirt-schaftssystem angepasste instrumentelle Aktivismus und Konstruktivismus (Ich muss meines Ichs Schmied sein) wird sich weiter ausbreiten. Doch auch die Kontrolle wird zunehmen (vgl. Power 1999), sowohl die sanfte, kaum merk-bare als auch die harte (Videoüberwachung, Einweisung), wobei der Unterschied zwischen Selbst- und Fremdkontrolle „objektiv" immer unklarer und damit der ideologischen Manipulation unterworfen wird (Zuboff 2019). Trotzdem wird die privilegierte Minderheit Wert auf die ihrem Habitus entsprechende Selbstkon-trolle, die die „anderen" möglichst wenig erhalten sollen, legen, für die man zunehmend Ressourcen benötigt (Zeit für Bildung, selbstbestimmtes Körper- und Psychotraining, Reisen in Luxuszonen, Gated Communities etc.). Dadurch wird ein altes Gesetz bestätigt: Die Herstellung von Freiheit (für eine Minder-heit) ist mit der Produktion von und der Sensibilisierung für Ungleichheit (bei Beobachtern) verbunden.

Es wird ein weiteres Jahrhundert der Beschleunigung, nicht nur im räum-lichen Transport, sondern vor allem im Informationsaustausch und in der Kommunikation.

Folglich wird man ständig neue Ebenen und Methoden der Komprimierung, Zusammenfassung, Fokussierung, Abdunkelung, Hervorhebung und Selektion entwickeln. „Soziologie kompakt" liegt damit schon im Trend.

Informations- und Biotechnologie

Die beiden Technologien, denen schon seit Jahrzehnten eine große Zukunft vorausgesagt wurde, werden weiter an Bedeutung gewinnen:

• Informations- und Kommunikationstechnologien
• Biotechnologie.

Es handelt sich um Befreiungs- und Überwachungstechnologien: Befreiung von Kommunikationsschranken, von Körpergrenzen, von Einschränkung durch die Umwelt; doch auch um Kontrolle: Netzwerke, Bio-Politik, Panoptikum.

Organisationsentwicklung

Die meisten alten Organisationen, Kirchen, Schulen, Ämter, Banken etc. werden zwar weiterbestehen, doch von neuen Organisationen und „Gemeinschaften" – auch mafiöser Art – unterlaufen oder „bepilzt", die sich vor allem über die Informations- und Kommunikationstechnologien und die Internationalisierung der menschlichen Beziehungen bilden. Die multinationalen Konzerne werden in der Konkurrenz mit den kleinen und mittleren Staaten und Organisationen weiter an Macht gewinnen.

Umstrukturierung, Arbeitslosigkeit und Migration (auch Auswanderung!) werden noch an Bedeutung gewinnen. Mit ihren veralteten und trägen Bildungssystemen und ihren rückständigen, von allzu vielen Juristen geleiteten Staatsmaschinen werden Deutschland, Österreich und andere Staaten Schwierigkeiten haben, die großen Probleme der Zukunft zu bewältigen.

Prophezeiungen

Die hier genannten Vorhersagen sind sehr allgemein gehalten. Für die Details sind Wahrsager und Trendforscher zuständig.

Keiner kam 1850 auf folgende Ideen: Amerika steigt zur Supermacht auf, Deutschland wird zwei Weltkriege (den zweiten gemeinsam mit Japan) anzetteln, die Superbombe wird erprobt und dann nicht mehr angewendet.

Keiner kam 1945/1946 auf folgende Ideen: es fallen nach den Zerstörungen von Hiroshima und Nagasaki in den folgenden sechs Jahrzehnten keine weiteren Atombomben, Deutschland und Japan werden zu führenden ökonomischen Mächten, der osteuropäische Kommunismus fällt ohne großen Krieg in sich zusammen.

Keiner kam 1980 auf folgende Ideen: In kaum 10 Jahren werden die Sowjetunion und ihre osteuropäischen Vasallenstaaten kollabieren. Im 21. Jahrhundert wird China zur ökonomischen Supermacht aufsteigen.

Prävention statt Prophetie

Die Stärke der Soziologie liegt nicht in der Vorhersage sozialer Großereignisse, sondern in der Erklärung, Deutung und Prävention. Soziologie und Psychologie sind allmählich in das Denken der westlichen Eliten eingedrungen und haben sich als ideologiezersetzende und vorurteilsverhindernde Medizin bewährt. Selbstverständlich haben sie auch bei der Produktion neuer Ideologien und Vorurteile mitgewirkt.

Wertfreiheit!?

Manche meinen, ein Wissenschaftler solle nicht Ideologe, Guru oder Manipulator sein, doch schon die natürliche Sprache, die hier benutzt wird, verhindert „Wertfreiheit". Die Auswahl bestimmter Ansätze oder Theorien impliziert immer schon eine Wertung. Widerstände bestehen in der Zunft, wenn Sozialwissenschaftler direkte Ratschläge erteilen oder Verhaltensregeln aufstellen. Doch wenn man den Ratgeber auslagert, und dieser Abschnitt liegt außerhalb des Haupttextes, kann man mündigen Lesern ein derartiges Angebot machen. Also schließen wir gleich einige wertbeladene Vorschläge an:

1. Fallen Sie nicht einer sogenannten Mastertheorie zum Opfer. Basteln Sie lieber aus Bausteinen selbst Theorien, bzw. wenden Sie auf Ereignisse mindestens zwei Theorien zur Erklärung an.
2. Seien Sie mutig, brechen Sie aus Theorien, Texten und anderen Angeboten das heraus, was Sie brauchen. Denken Sie kreativ und gegen den Strich.
3. Denken Sie nicht nur, sondern beobachten und befragen Sie. Stellen Sie den Menschen, mit denen Sie verkehren, ungewöhnliche Fragen. Prüfen Sie verschiedene Wirklichkeitskonstruktionen auf ihre Brauchbarkeit hin.
4. Diskutieren Sie mit Personen, die nicht ihre Positionen vertreten, die Ihnen – in intelligenter Weise – widersprechen.
5. Beschaffen Sie sich Informationen möglichst aus erstklassigen Quellen, also nicht aus mittelmäßigen Zeitungen, Fernsehsendungen, obskuren Internetmitteilungen oder von Verwandten oder guten Bekannten. Besser ein guter Informant als zehn schlechte. Doch besser zehn schlechte, wenn Sie sich die Qualitätsbeurteilung zutrauen, als keiner. Bei Medien verwenden Sie immer

mehrere, also nicht eine Tageszeitung, eine Radiostation, ein Internetportal, ein ‚Soziales Medium'.

6. Betrachten Sie sich selbst als Teilchen oder als Welle in verschiedenen Systemen. Doch seien Sie selbstbewusst vor allem gegenüber Personen, die sich selbst nicht als Teilchen sehen (wollen). Scheuen Sie sich nicht, ab und zu ungewöhnlich und provokant zu reagieren. Wenn Sie sich zu sehr anpassen, dann verkümmern Sie und meist ist der soziale Erfolg trotz aalglatter Kriecherei nicht überwältigend.

Es gibt viele aktive Nutzungsmöglichkeiten soziologischen und sozialpsychologischen Denkens und Forschens im Alltag:

Genau hinsehen! Neugierig sein! Hinter die Kulissen blicken!

Jemand bekommt ein Angebot, in einem anderen Staat, einer anderen Stadt eine Arbeitsstelle anzutreten. Eine Analyse ist empfehlenswert: Sozialstruktur des Staates, der Stadt usw. Wenn man umziehen will, sollte man stundenlang in der Umgebung des neuen Hauses oder der neuen Wohnung herumgehen, die Straßen, die Geschäfte, die Menschen beobachten, mit ihnen über dies und das sprechen, sich den Kindergarten und die Schule, in die das eigene Kind einmal gehen wird, von innen ansehen, die nächstliegende Bahnstation inspizieren, mit öffentlichen Verkehrsmitteln auf verschiedenen Strecken zu dem künftigen Wohnort fahren (auch zu später Stunde), auf das Bauamt gehen, die Nachbarn in Gespräche verwickeln, sich die Fensterdekorationen der Umgebung ansehen, den Anteil der Leute mit herabgezogenen Mundwinkeln berechnen und auf diese Weise die Städte, Stadtteile, Wohnungen und Nachbarschaften vergleichen. Die Zeit, die man auf diese Weise verbraucht, ist gut investiert! Und wenn man geschickt ist, kann man es sowohl unter Urlaub als auch unter Sport oder Kulturveranstaltung verbuchen. Wenn man einen wirklich guten Makler oder andere kompetente Menschen kennt, kann man einen Teil der Arbeit auslagern. Vor allem soll man wichtige Entscheidungen interaktiv treffen. Wer mit vielen anderen interagiert, möglichst über verschiedene Kanäle, face to face, Telefon, Besuch, Email usw., der wird sich nicht nur besser fühlen, seine Erfolgschancen steigen auch.

Der Alltagsforscher

Welche beruflichen Rollen spielen wir (ich, meine Familie, meine Freunde)? Wie lange werden wird noch an den jeweiligen Arbeitsstellen sein? Wohin bewegen sich die Organisationen, von denen man abhängig ist? Wie haben sich die Rituale im privaten und beruflichen Bereich in den letzten 10 oder 20 Jahren gewandelt? Welche Personen vermeidet man, welche sucht man auf? Hat sich der Kreis der Kollegen/Kolleginnen und der Freunde, mit denen man kommuniziert, vergrößert oder verringert, qualitativ verbessert oder verschlechtert?

Hinweise für den ernsthaften Soziologen

Ja, ja, das ist alles gut und schön, doch was hat es mit Gesellschaft oder Theorie über Gesellschaft zu tun? Die Daten, die bei den vorgeschlagenen Erforschungen der eigenen sozialen Umwelt gewonnen werden, können in Mikro- und Makroperspektive betrachtet und gedeutet werden. Die Theorien werden mit Emotionen verbunden und besser verankert. Der Alltagsforscher ist weniger Opfer des Alltags als Macher. Doch die Handlungsmöglichkeiten sind häufig beschränkt. Je mehr man durchschaut, umso frustrierter ist man!?

Beobachtung + Theorie + Kreativität + Netzwerkbildung erweitern den Horizont und vergrößern die Handlungs- und Erfolgschancen.

Nur wer handelt, wird Erfolg haben. Wenn man anderen hilft, ihnen Ratschläge gibt, auf sie eingeht, sie nicht gängelt, dann wird man Positives zurückerhalten. Wer lose Netzwerke knüpft oder sich einlinkt, wird langfristig gewinnen: lächeln, grüßen, sich erkundigen, Tipps geben, anrufen, E-Mails schreiben und beantworten, jemanden als geeignet für eine Rolle oder Position empfehlen, positive Erwartungen äußern, zuhören, das Kind nicht einfach im Kindergarten abgeben, sondern mit den Erzieherinnen sprechen, die Kindergruppe beobachten, mit Eltern sprechen, ein anderes Kind einladen.

Konfliktansatz

Man sollte freilich auch die Schattenseiten des wachen, vorhersehenden und netzwerkakrobatischen Verhaltens bedenken. Je mehr wache und vorhersehende, gebildete und aufgeklärte Menschen miteinander konkurrieren, umso raffinierter, kultivierter und komplexer wird der Kampf – doch das ist ja wünschenswert, da die meisten die primitive Gewalt verabscheuen. Gibt es realistische Alternativen zum zivilisierten Konkurrenzkampf? Die Kooperation kultivieren, z. B. in der Schule, in der bisher weder die Gruppenkonkurrenz noch die Kooperation professionell gestaltet wurde, also für Gesamt- und Ganztagsschulen eintreten, bzw. eine Alternativschule auswählen!

Doch folgendes Gesetz gilt trotz allen Solidaritätsbemühungen:

> Je höher der Anteil der gebildeten, kritischen, aufgeklärten Menschen in einer Gruppe oder Gesellschaft wird, umso mehr muss man sich abstrampeln, um nicht abzusteigen, zurückzufallen, an den Rand gedrängt zu werden.

Die Leser sind im Laufe der Lektüre dieser Schrift gereift, sodass der Autor auch die dunklen Seiten der Soziologie kurz beleuchten darf.

- Soziologie kann Ideologien und Weltanschauungen und damit uns alle stören, denn alle Menschen benötigen auch Gedanken- und Gefühlsnebel.
- Auch wenn man nicht militant oder berufsbedingt für die Armen, Unterprivilegierten und Unterdrückten eintritt, ergibt sich durch soziologisches Erkennen eine implizite Kritik an Herrschaftsverhältnissen. Die Äußerung solcher Kritik ist nur an wenigen Stellen unserer pluralistischen Gesellschaft karrierefördernd.
- Soziologie kann auch Apathie, Gleichgültigkeit und Fatalismus begünstigen, wenn schnelle und den Einzelnen befriedigende Handlungsstrategien gewünscht werden und man sich ins systemtheoretische Labyrinth begibt oder alles perspektivisch betrachtet – und zum Zauderer wird bzw. unter Handlungshemmung leidet. Gegen Handlungshemmung helfen Gruppen, in denen es spontan und experimentell zugeht.

> Wer sich auf den Weg sozialwissenschaftlicher Erkenntnis begibt, dem ist im eigenen Interesse der instrumentelle Aktivismus als Leitideologie zu empfehlen.

Soziologisches Wissen kann man verwenden, um Universitätsprofessor, Mutter Theresa, Lenin, Freiheitsheld, Präsident zu spielen, oder einfach um sich im alltäglichen Konkurrenzkampf besser durchzusetzen. Dies sind auch keineswegs unvereinbare Optionen: in der ersten Lebenshälfte A, dann B. Oder vormittags C, nachmittags D, abends E. Oder....

Zuletzt als Belohnung oder Verführung für diejenigen, die so lange durchgehalten haben, oder für die Wissenssatten, die nur die Schlussbemerkungen lesen, noch einige Geheimtipps. Was liegt im Schatzkästlein der Soziologie?

Die „Protestantische Ethik" von Max Weber, „Selbstmord" von Durkheim (1983), „Philosophie des Geldes" von Simmel, „Prozess der Zivilisation" von Elias (1976), „Die feinen Unterschiede" von Bourdieu, „Die gesellschaftliche Konstruktion der Wirklichkeit" von Berger und Luckmann, „Wir alle spielen Theater" von Goffman, „Die Arbeitslosen von Marienthal" von Jahoda, Lazarsfeld und Zeisel, „Die Dialektik der Aufklärung" von Horkheimer und Adorno, „Die Seele im technischen Zeitalter" von Gehlen, „Kannibalen und Könige" von Harris, intellektuelle Abenteuer, im Kontrast zum süßlichen oder glutanimierten medialen Fast-Food, und zur Adelung oder Wachstumsanregung des persönlichen Bewusstseins besser geeignet.

Zitierte Literatur

Abels Heinz. 2012. Interaktionismus. In *Handbuch Bildungs- und Erziehungssoziologie. Bildung und Gesellschaft*, Hrsg. U. Bauer, U. Bittlingmayer & A. Scherr, 405–421 Wiesbaden: VS Verlag.

Abels, Heinz. 2020. *Soziale Interaktion*. Wiesbaden: Springer.

Albert, Mathias, et al. 2019. Jugend 2019-18. Shell Jugendstudie: Eine Generation meldet sich zu Wort. Weinheim: Beltz.

Albrecht, Gary. L. 2005. The sociology of health and illness. In *The Sage handbook of sociology*, Hrsg. Craig Calhoun, Chris Rojek & Bryan Turner, 267–283. London: Sage.

Alfermann, Dorothee. 1996. *Geschlechterrollen und geschlechtstypisches Verhalten*. Stuttgart: Kohlhammer.

Allmendinger, Jutta & Thomas Hinz. 1999. Geschlechtersegregation im Erwerbsbereich. In *Deutschland im Wandel*, Hrsg. Wolfgang Glatzer & Ilona Ostner, 191–205. Opladen: Springer VS.

Allmendinger, Jutta. 2012. *Schulaufgaben. Wie wir das Bildungssystem verändern müssen, um unseren Kindern gerecht zu werden*. München: Pantheon.

Andersen, Margaret & Howard F. Taylor. 2004. *Sociology*. 3. ed., Belmont, CA: Wadsworth.

Archer, Dane & Rosemary Gartner. 1976. Violent acts and violent times: A comparative approach to postwar homicide rates. *American Sociological Review* 41, 6: 937–963.

Arendt, Hanna. 2002. *Vita Activa oder Vom täglichen Leben*. München: Piper.

Ariès, Philippe. 1975. *Geschichte der Kindheit*. München: dtv.

Arnim, Hans Herbert von. 2004. *Das System. Die Machenschaften der Macht*. München: Droemer Knaur.

Arránz Becker, O., Katharin Loter, & S. Becker. 2018. Familie und Gesundheit: Ein methodenkritischer Blick auf die aktuelle Forschung. In *Handbuch Gesundheitssoziologie*, Hrsg. P. Kriwy P & M. Jungbauer-Gans. Wiesbaden: Springer VS.

Asch, Solomon. 1951. Effects of group pressure upon the modification and distortion of judgments. In *Groups, leadership, and men*, Hrsg. Harold Guetzkow, 177–190. Pittsburgh: Carnegie Press.

Auspurg, Katrin, Corinna Frodermann & Thomas Hinz Thomas. 2014. Berufliche Umzugsentscheidungen in Partnerschaften: Eine experimentelle Prüfung von Verhandlungstheorie, Frame-Selektion und Low-Cost-These. Kölner *Zeitschrift für Soziologie* und Sozialpsychologie 66, 1: 21–50.

© VS Verlag für Sozialwissenschaften | Springer Fachmedien Wiesbaden GmbH, 295
Wiesbaden 2021
K. Feldmann und S. Immerfall, *Soziologie kompakt*,
https://doi.org/10.1007/978-3-658-31450-7

Baier, Dirk. 2005. Abweichendes Verhalten im Jugendalter. Ein empirischer Vergleichverschiedener Erklärungsansätze. *Zeitschrift für Soziologie der Erziehung und Sozialisation* 25, 4: 381–398.

Baker, John, Kathleen Lynch, Sara Cantillon & Judy Walsh. 2009. *Equality. From Theory to Action.* 2. Aufl., Basingstoke: Palgrave.

Ballantine, Jeanne H., Floyd M. Hammack & Jenny Stuber. 2017. *The sociology of Education.* 8. Aufl., New York: Routledge.

Basow, Susan A. 1992. *Gender stereotypes and roles.* 3. Aufl., Pacific Grove, CA: Cengage Learning.

Baumert, Jürgen (Hrsg.). 2001. *Pisa 2000. Basiskompetenzen von Schülerinnen und Schülern im internationalen Vergleich.* Opladen: Leske + Budrich.

Baumert, Jürgen. 2003. PISA 2000 – Die Studie im Überblick. Grundlagen, Methoden und Ergebnisse. *Politische Studien*, Sonderheft 3: 8–35.

Beck, Ulrich & Elisabeth Beck-Gernsheim. 1990. *Das ganz normale Chaos der Liebe.* Frankfurt: Suhrkamp.

Beck, Ulrich. 1983. Jenseits von Stand und Klasse? In *Soziale Ungleichheiten*, Sonderbd. 2 ed. Soz. Welt, Hrsg. Reinhard Kreckel. Göttingen: Schwartz.

Beck, Ulrich. 1988. *Gegengifte. Die organisierte Unverantwortlichkeit.* Frankfurt: Suhrkamp.

Beck, Ulrich. 2015. *Risikogesellschaft. Auf dem Weg in eine andere Moderne.* (zuerst 1986) Frankfurt/M.: Surhkamp.

Beck, Ulrich, Anthony Giddens & Scott Lash. 1996. *Reflexive Modernisierung. Eine Kontroverse.* Frankfurt: Suhrkamp.

Becker, Anne E. 2004. Television, disordered eating, and young women in Fiji: Negotiating body image and identity during rapid social change. *Culture, Medicine, and Psychiatry* 28, 533–559.

Becker, Barbara & Christian Hüls. 2004. Zwischen Allmacht und Ohnmacht: Spielräume des „Ich" im Cyberspace. In *Soziologie des Cyberspace. Medien, Strukturen und* Semantiken, Hrsg. Udo Thiedeke, 170–192. Wiesbaden: VS Verlag für Sozialwissenschaften.

Becker, Gary S. 1981. *A Treatise on the Family.* Cambridge, MA: Harvard University Press.

Becker, Rolf & Wolfgang Lauterbach (Hrsg.). 2016. *Bildung als Privileg. Erklärungen und Befunde zu den Ursachen der Bildungsungleichheit.* (5., akt. Neuaufl.). Wiesbaden: Springer VS.

Becker, Rolf. 2017a. Bildungssoziologie – Was sie ist, was sie will, was sie kann. In *Lehrbuch der Bildungssoziologie.* 3. Aufl, Hrsg. Rolf Becker, 1–32. Wiesbaden: Springer VS.

Becker, Rolf. 2017b. Entstehung und Reproduktion dauerhafter Bildungsungleichheiten. In *Lehrbuch der Bildungssoziologie*, 3. Aufl., Hrsg. Rolf Becker, 89–150. Wiesbaden: Springer VS.

Becker, Sascha O. & Ludger Wößmann. 2009. Was Weber Wrong? A Human Capital Theory of Protestant Economic History. *The Quarterly Journal of Economics* 124, 2: 531–596.

Becker-Schmidt, Regina & Gudrun A. Knapp. 2020. *Feministische Theorien zur Einführung*, 7. Aufl., Hamburg: Junius.

Beckert, Jens. 2018. *Imaginierte Zukunft. Fiktionale Erwartungen und die Dynamik des Kapitalismus.* Berlin: Suhrkamp.

Bellah, Robert N. 1970. *Beyond belief. Essays on Religion in a Post-Traditional World.* New York: University of California Press.

Berger, Johannes. 2005. Soziale Institutionen, technischer Fortschritt und wirtschaftliche Leistungsfähigkeit. In *Welten des Kapitalismus*, Hrsg. Max Miller, 49–82. Frankfurt: Campus Verlag.

Bernstein, Basil. 1977. *Beiträge zu einer Theorie des pädagogischen Prozesses*. Frankfurt: Suhrkamp.

Bertelsmann Stiftung (Hrsg.). 2002. *Vereinbarkeit von Familie und Beruf.*, Gütersloh: Benchmarking Deutschland Aktuell. [https://www.familienhandbuch.de/cms/Familienpolitik_Vereinbarkeit.pdf].

Bertram, Hans & Maria Hennig. 1995. Eltern und Kinder. Zeit, Werte und Beziehungen zu Kindern. In *Kinder in Deutschland*, Hrsg. Bernhard Nauck & Hans Bertram. Opladen: Springer VS.

Best, Raphaela. 1989. We've All Got Scars: *What Boys and Girls Learn in Elementary School*. (1st ed. 1983) Bloomington: Indiana University Press.

Bien, Walter (Hrsg.). 1996. *Familie an der Schwelle zum neuen Jahrtausend*. Opladen: Springer VS.

Bildungsbericht 2018: Autorengruppe Bildungsberichterstattung. 2018. *Bildung in Deutschland 2018. Ein indikatorengestützter Bericht mit einer Analyse zu Wirkungen und Erträgen von Bildung*. Bielefeld: wbv.

Birg, Herwig. 2006. *Die ausgefallene Generation. Was die Demographie über unsere Zukunft sagt*. München: C.H. Beck.

Blockmans, Wim. 1998. *Geschichte der Macht in Europa*. Völker – Staaten – Märkte. Frankfurt: Campus Verlag.

Blömeke, Sigrid & Bardo Herzig. 2009. Schule als gestaltete und zu gestaltende Institution – ein systematischer Überblick über aktuelle und historische Schultheorien. In *Handbuch Schule. Theorie – Organisation – Entwicklung*, Hrsg. S. Blömeke et al., 15–28. Bad Heilbrunn: Klinkhardt.

Blossfeld, Hans-Peter, Gwendolin Josephine Blossfeld & Pia Nicoletta Blossfeld. 2019. Soziale Ungleichheiten und Bildungsentscheidungen im Lebensverlauf. Die Perspektive der Bildungssoziologie. *Journal for educational research online* 11, 1: 16–30.

Bodenmann, Guy et al. 2007. The role of stress in divorce: a three-nation retrospective study. *Journal of Social and Personal Relationships* 24, 5:707–728.

Bohn, Cornelia & Alois Hahn. 1999. Pierre Bourdieu. In *Klassiker der Soziologie*, Bd. 2, Hrsg. Dirk Kaesler, 252–271. München: C.H. Beck.

Bois-Reymond, Manuela du. 1994. Die moderne Familie als Verhandlungshaushalt. In *Kinderleben*, Hrsg. Manuela du Bois-Reymond, Peter Büchner, Heinz-Hermann Krüger, Jutta Ecarius, Burkhard Fuhs, 137–219. Wiesbaden: Springer VS.

Boli, John & Francisco O. Ramirez. 1986. World culture and the institutional development of mass education. In *Handbook of Theory and Research for the Sociology of Education*, Hrsg. John G. Richardson, 65–92. Westport: Greenwood Press.

Borgna, Camilla, Christian Brzinsky-Fay, Martina Dieckhoff, Martina, Anne Christine Holtmann & Heike Solga. 2019. Beyond Schools. The Social Embeddedness of Educational Inequality. In *Research Handbook on the Sociology of Education*, Hrsg. Rolf Becker, 575–589. Cheltenham, UK: Edward Elgar.

Bornschier, Volker. 1998. *Westliche Gesellschaft – Aufbau und Wandel*. Zürich: Seismo.

Bos, Wilfried, Eva-Maria Lankes, Manfred Prenzel, Knut Schwippert, Renate Valtin & Gerd Walther (Hrsg.). 2003. *Erste Ergebnisse aus IGLU*. Münster: Waxmann.

Boudon, Raymond & Francois Bourricaud. 1992. *Soziologische Stichworte*. Opladen: VS Verlag für Sozialwissenschaften.
Boudon, Raymond. 1980. *Die Logik des gesellschaftlichen Handelns. Eine Einführung in die soziologische Denk- und Arbeitsweise*. Neuwied: Luchterhand.
Boudon, Raymond. 1988. *Ideologie*. Reinbek: Rowohlt.
Bourdieu, Pierre & Franz Schultheis. 2009. *Das Elend der Welt*. 9. Aufl. (zuerst 1997), Stuttgart: utb.
Bourdieu, Pierre & James S. Coleman. 2019. *Social Theory for a Changing Society*. (zuerst 1991) London: Taylor & Francis.
Bourdieu, Pierre. 1983. Ökonomisches Kapital, kulturelles Kapital, soziales Kapital. In *Soziale Ungleichheiten*, Hrsg. Reinhard Kreckel, 183 ff. Göttingen: Schwartz,.
Bourdieu, Pierre. 1987. *Die feinen Unterschiede. Kritik der gesellschaftlichen Urteilskraft*. (zuerst 1982) Frankfurt: Suhrkamp.
Bourdieu, Pierre. 1989. *Satz und Gegensatz. Über die Verantwortung des Intellektuellen*. Berlin: Wagenbach.
Bourdieu, Pierre. 1998. *Praktische Vernunft*. Frankfurt : Suhrkamp.
Bowles, Samuel & Herbert Gintis. 1976. *Schooling in Capitalist America: Educational Reform and the Contradictions of Economic Life*. New York: Basic Books.
Bowman, Jennifer L. & David C. Dollahite. 2013. "Why would such a person dream about heaven?" Family, faith, and happiness in arranged marriages in India. *Journal of Comparative Family Studies* 44, 2: 207–225.
Bowman, Nicholas David, David Keith Westerman & Christopher James Claus. 2012. How demanding is social media: Understanding social media diets as a function of perceived costs and benefits–A rational actor perspective. *Computers in Human Behavior* 28, 6: 2298–2305.
Brady, David, Jason Beckfield & Martin Seeleib-Kaiser. 2005. Economic Globalization and the Welfare State in Affluent Democracies, 1975–2001. *Amer. Soc. Rev.* 70: 921–948.
Brand, Karl-Werner & Fritz Reusswig. 2020. Umwelt. In *Lehrbuch der Soziologie*. 4., erw. Aufl., Hrsg. Hans Joas & Steffen Mau, S. 865–899. Frankfurt/M.: Campus.
Brand, Karl-Werner. 2013. *Neue soziale Bewegungen: Entstehung, Funktion und Perspektive neuer Protestpotentiale. Eine Zwischenbilanz*. Wiesbaden: Springer.
Braudel, Fernand. 1985. *Sozialgeschichte des 15. und 18. Jahrhunderts*. München: Kindler Verlag.
Braun, Michael. 1998. Soziale Ungleichheit und Wohlfahrtsstaat: Einstellungswandel in Ost- und Westdeutschland. In *Blickpunkt Gesellschaft 4*, Hrsg. Michael Braun & Peter Mohler, 115–138. Opladen: Springer VS.
Breen, Richard, ed. 2004. *Social mobility in Europe*. Reprinted. Oxford: Oxford University Press.
Browning, Christopher R. 1994. *Ganz normale Männer: Das Reserve-Polizeibataillon 101 und die „Endlösung" in Polen*. Reinbek: Rowohlt.
Bründel, Heidrun & Klaus Hurrelmann. 2017. *Kindheit heute. Lebenswelten der jungen Generation*. Weinheim: Beltz.
Büchner, Peter. 1985. *Einführung in die Soziologie der Erziehung und des Bildungswesens*. Darmstadt: Wbg Academic.
Buckingham, Alan. 1999. Is there an underclass in Britain? *Brit. J. Sociology* 50, 1: 49–75.

Bude, Heinz. 1998. Die Überflüssigen als transversale Kategorie. In *Alte Ungleichheiten Neue Spaltungen*, Hrsg. Peter A. Berger & Michael Vester, 363–382. Opladen: Springer VS.

Bühler-Niederberger, Doris. 2020. *Lebensphase Kindheit. Theoretische Ansätze, Akteure und Handlungsräume*. (2., überar. Aufl.) Weinheim: Beltz Juventa.

Burkart, Günter. 2019. Liebe: historische Formen und theoretische Zugänge. In *Handbuch Interdisziplinäre Geschlechterforschung. Geschlecht und Gesellschaft*, Hrsg. B. Kortendiek, B. Riegraf & K. Sabisch, 1093–1102. Wiesbaden: Springer VS.

Burr, Vivien. 1998. *Gender and social psychology*. London: Routledge.

Burzan, Nicole. 2016. Zur Gültigkeit der Individualisierungsthese – Eine kritische Systematisierung empirischer Prüfkriterien. *Zeitschrift für Soziologie* 40, 6: 418–443.

Cabanas, Edgar & Eva Illouz. 2019. *Das Glücksdiktat – Und wie es unser Leben beherrscht*. Suhrkamp.

Calhoun, Craig, Donald Light & Suzanna Keller. 1994. *Sociology*. 6. ed., New York: McGraw Hill.

Calogero, Rachel M., Michael Boroughs, J. Kevin Thompson. 2007. The Impact of Western Beauty Ideals on the Lives of Women: A Sociocultural Perspective. In *The Body Beautiful*, Hrsg. V. Swami & A. Furnham, 259–298. London: Palgrave Macmillan.

Case, Anne, & Angus Deaton. 2020. *Deaths of Despair and the Future of Capitalism*. Princeton, N.J.: Princeton University Press.

Chirot, Daniel. 1985. The rise of the West. *Amer. Soc. Rev.* 50: 181–195.

Christakis, Nicholas A. 2019. *Blueprint. The evolutionary origins of a good society*. New York, NY: Little, Brown Spark.

Christakis, Nicholas A. & James H. Fowler. 2009. *Connected. The surprising power of our social networks and how they shape our lives*. New York: Little Brown and Co.

Christie, Nils. 2005. *Wieviel Kriminalität braucht die Gesellschaft?* München: C.H. Beck.

Cohen, Daniel. 1998. *Fehldiagnose Globalisierung*. Frankfurt: Campus Verlag.

Cohen, Mark A, 2016. The costs of white-collar crime. *The Oxford handbook of white-collar crime*: 78–98.

Coleman, James S. 1986. *Die asymmetrische Gesellschaft*. Weinheim: Beltz.

Coleman, James S. 1990. *Foundations of social theory*. Alexandria, VA: Belknap Press of Harvard University Press.

Collins, Randall. 2011. *Dynamik der Gewalt. Eine mikrosoziologische Theorie*. Hamburg: Hamburger Edition.

Cortina, Kai S., Jürgen Baumert, Achim Leschinsky, Karl U. Mayer & Luitgard Trommer (Hrsg.). 2003. *Das Bildungswesen der Bundesrepublik Deutschland. Strukturen und Entwicklung im Überblick*. Reinbek: Rowohlt.

Cremer, Georg. 2017. *Armut in Deutschland. Wer ist arm?, was läuft schief?, wie können wir handeln?* München: C. H. Beck.

Dahrendorf, Ralf. 1999. Karl Marx. In *Klassiker der Soziologie*. Bd. 1, Hrsg. Dirk Kaesler, 58–73. München: C.H. Beck.

Danielson, Wayne A. & Dominic L. Lasorsa. 1997. Perceptions of social change. In *Text analysis for the social sciences*, Hrsg. Carl W. Roberts, 103–116. Mahwah, NJ: Taylor & Francis.

Davis, Kingsley & Wilbert E. Moore. 1945. Some principles of stratification. *Amer. Soc. Rev.* 10: 242 ff.

Davoli, Maddalena & Horst Entorf. 2018. The PISA Shock, Socioeconomic Inequality, and School Reforms in Germany. Bonn: *IZA Policy Paper* No. 140.

Deaton, Angus. 2017. *Der große Ausbruch. Von Armut und Wohlstand der Nationen.* Stuttgart: Klett-Cotta.

Deutsches Jugendinstitut. *Zahlen – Daten – Fakten. Jugendgewalt.* München 2019. https://www.dji.de/fileadmin/user_upload/jugendkriminalitaet/Z-D-F_Jugendgewalt_Apr2019.pdf.

Dex, Shirley. 2004. Work and families. In *The Blackwell companion to the sociology of families*, Hrsg. Jacqueline Scott, Judith Treas & Martin Richards, 435–456. Oxford: Blackwell.

Diamond, Jared. 1998. *Arm und reich.* Frankfurt: Fischer.

Dickman, Samuel L., David U. Himmelstein & Steffie Woolhandler. 2017. Inequality and the health-care system in the USA. *The Lancet* 389.10077: 1431–1441.

Diekmann, Andreas. 2007. *Empirische Sozialforschung.* (zuerst 1995) Reinbek: Rowohlt.

Dienel, Christiane. 2003. Die Mutter und ihr erstes Kind – individuelle und staatliche Arrangements im europäischen Vergleich. *Z. f. Familienforschung* 15, 2: 120–145.

Dimmel, Nikolaus & Johann J. Hagen. 2005. *Strukturen der Gesellschaft. Familie, soziale Kontrolle, Organisation und Politik.* Wien: Facultas.

Dixit, Avinash K., Susan Skeath & David Mcadams. 2020: *Games of Strategy.* 5. Aufl. New York: W. W. Norton.

Dörner, Dietrich. 2003. *Die Logik des Misslingens. Strategisches Denken in komplexen Situationen.* (zuerst 1989) Reinbeck: Rowohlt.

Dravenau, Daniel & Olaf Groh-Samberg. 2005. Bildungsbenachteiligung als Institutioneneffekt. In *Institutionalisierte Ungleichheiten*, Hrsg. Peter A. Berger & Heike Kahlert, 103–129. Weinheim: Beltz.

Dreher, Walter. 1982. *Gesprächsanalyse: Macht als Kategorie männlichen Interaktionsverhaltens. Sprecherwechsel und Lachen.* Unveröff. MA-Arbeit. FU Berlin.

Dreitzel, Hans P. & Dietmar Kamper. 1983. Wozu noch Soziologie? Zur Situation eines überstrapazieren Fachs. *Süddeutsche Zeitung*, Nr. 220 vom 24./25. 8. 1983: 113.

Dubet, Francois & Didier Lapeyronnie. 1994. *Im Aus der Vorstädte.* Stuttgart: Klett-Cotta.

Durkheim, Emile. 1976. *Regeln der soziologischen Methode, hg. von R. König. Neuwied: Luchterhand.*

Durkheim, Emile. 1983. *Der Selbstmord.* Frankfurt: Suhrkamp.

Durkheim, Emilie. 2001. *Die elementaren Formen des religiösen Lebens.* Frankfurt: Suhrkamp.

Eckes, Thomas. 2008. Geschlechterstereotype: Von Rollen, Identitäten und Vorurteilen. In *Handbuch Frauen-und Geschlechterforschung*, 171–182. VS Verlag für Sozialwissenschaften.

Edelmann, Walter & Simone Wittmann. 2019. *Lernpsychologie.* 8. Aufl., (zuerst 2000) Weinheim: Beltz.

Egger, Matthias, Thomas E. Dorner, Michael Simon & David Schwappach. 2018. Gesundheitssysteme. In *Public Health Kompakt*, Hrsg. Matthias Egger, Oliver Razum & Anita Rieder, 117–159 Berlin: de Gruyter.

Eibl-Eibesfeldt, Irenäus. 1993. Krieg und Frieden. Zur Naturgeschichte der Aggression. In *Funkkolleg Der Mensch*, Studienbr. 10, Tübingen: Beltz.

Eickelpasch, Rolf & Claudia Rademacher. 2013: *Identität* (4. Aufl.). Bielefeld: transcript.

Eifler, Eike Friederike, Alexander Starr & Rainer Riemann. 2019. The Genetic and Environmental Effects on School Grades in Late Childhood and Adolescence. *PloS one* 14/12: e0225946.

Eisenstadt, Samuel N. 1966. *Von Generation zu Generation. Altersgruppen und Sozialstruktur.* München: Juventa.

Elias, Norbert. 1976. *Über den Prozeß der Zivilisation.* 2 Bde. Frankfurt: Suhrkamp.

Elias, Norbert. 1989. *Studien über die Deutschen. Machtkämpfe und Habitusentwicklung im 19. und 20. Jahrhundert.* Frankfurt: Suhrkamp.

El-Mafaalani, Aladin. 2020. *Mythos Bildung. Die ungerechte Gesellschaft, ihr Bildungssystem und seine Zukunft.* Köln: Kiepenheuer & Witsch.

Elsässer, Lea. 2018. *Wessen Stimme zählt? Soziale und politische Ungleichheit in Deutschland.* Frankfurt am Main: Campus.

Engelhardt, Carina / Wagener, Andreas. 2018. What do Germans think and know about income inequality? A survey experiment. *Socio-Economic Review* 6, 4: 743–767.

Enste, Dominik H., Theresa Eyerund, Lena Suling & Anna-Carina Tschörner. 2019. *Glück für Alle? Eine interdisziplinäre Bilanz zur Lebenszufriedenheit.* München, Wien: De Gruyter Oldenbourg.

Entwisle, Doris R. & Karl. L. Alexander. 1992. Summer setback: race, poverty, school composition, and mathematics achievement in the first two years of school. *Amer. Soc. Rev.* 57: 72–85.

Erickson, Bonnie. 2004. Social networks. In *The Blackwell companion to sociology,* Hrsg. Judith R. Blau, 314–326. (zuerst 2001) Oxford: Blackwell.

Erikson, Robert & John H. Goldthorpe.1992. *The constant flux. A study of class mobility in industrial societies.* Oxford: Clarendon Press.

Ervin-Tripp, Susan M. 1964. Interaction of language, topic and listener. *American Anthropologist* 66: 86–102.

Esser, Hartmut, 1999a: *Soziologie. Allgemeine Grundlagen* (3. Aufl.) Frankfurt/M.: Campus.

Esser, Hartmut, 1999b. *Soziologie: spezielle Grundlagen – Band 1: Situationslogik und Handeln.* Frankfurt/M.: Campus.

Esser, Hartmut. 2002. *Soziologie. Spezielle Grundlagen. Bd. 1: Situationslogik und Handeln.* (zuerst 1999) Frankfurt: Campus Verlag.

Esser, Hartmut, 2014. Stabilität, Wandel und Zerfall ehelicher Beziehungen: das Modell der Frame-Selektion. In *Familiensoziologie. Ein Lehr- und Studienbuch,* Hrsg. Rosemarie-Nave-Herz, 195–212 Berlin: De Gruyter.

Etzioni, Amitai, 2015: The Moral Effects of Economic Teaching. *Sociological Forum* 30, 1: 228–233.

Etzioni, Amitai. 1975. *A comparative analysis of complex organizations.* New York: Free Press.

Etzioni, Amitai. 1997. *Die faire Gesellschaft.* Frankfurt: Fischer.

Europäische Kommission. 2003. *Die soziale Lage in der Europäischen Union 2003.* Luxemburg.

Farkas, George. 2000. Teaching low-income children to read at grade level. *Contemporary Sociology* 29, 1: 53–62.

Farwick, Andreas. 2012: Segregation. In *Handbuch Stadtsoziologie,* Hrsg. Frank Eckardt, 381–419. Wiesbaden: VS Verlag.

Fein, Helen. 1993. *Genocide. A sociological perspective.* London: Sage.

Feldmann, Klaus. 1984. Soziologische Überlegungen zur Organisation von kooperativem Lernen und Arbeiten in Schulen. In *Kooperatives Lernen*, Hrsg. Günter L. Huber, 220–231. Weinheim: Beltz.

Feldmann, Klaus. 1995. Leben und Tod im Werk von Talcott Parsons. In *Der Tod ist ein Problem der Lebenden*, Hrsg. Klaus Feldmann & Werner Fuchs-Heinritz, 140–172.

Feldmann, Klaus. 1997. *Sterben und Tod. Sozialwissenschaftliche Theorien und Forschungsergebnisse*. Opladen: Springer VS.

Feldmann, Klaus. 2002. *Die Strafe*. Univ. Hannover. [https://www.feldmann-k.de/texte/bildung-und-erziehung.28/articles/die-strafe.html?file=tl_files/kfeldmann/pdf/bildung-erziehung/strafe.pdf].

Feldmann, Klaus. 2005. *Erziehungswissenschaft im Aufbruch. Eine Einführung*. Wiesbaden: Springer VS.

Feldmann, Klaus. 2010. *Tod und Gesellschaft. Sozialwissenschaftliche Thanatologie im Überblick*. 2. überarb. Aufl. Wiesbaden: VS Verlag.

Fend, Helmut. 2009. *Neue Theorie der Schule*. 2. Aufl., Wiesbaden: Springer VS.

Feyerabend, Paul. 1976. *Wider den Methodenzwang. Skizze einer anarchistischen Erkenntnistheorie*. Frankfurt: Suhrkamp.

Fischer-Kowalski, Marina, and Helga Weisz. 1998. Gesellschaft als Verzahnung materieller und symbolischer Welten. *Soziologie und Natur*, 145–172. Wiesbaden: VS Verlag für Sozialwissenschaften.

Foucault, Michel. 1973. *Die Geburt der Klinik: eine Archäologie des ärztlichen Blicks*. Frankfurt: Fischer.

Foucault, Michel. 1977. *Überwachen und Strafen. Die Geburt des Gefängnisses*, Frankfurt: Suhrkamp.

Foucault, Michel. 1982. The subject and power. In *Michel Foucault*, Hrsg. Hubert Dreyfus & Paul Rabinow, 208–226 Chicago: University of Chicago Press.

Frank, Robert H., Thomas Gilovich, & Dennis T. Regan. 1993. Does Studying Economics Inhibit Cooperation? *Journal of Economic Perspectives*, 7 (2): 159–171.

Freud, Sigmund. 1986. Warum Krieg? (1933) In *Kulturtheoretische Schriften*, Hrsg. Sigmund Freud, 271–286 Frankfurt: Fischer.

Freund, Peter E. S., Meredith B. McGuire & Linda S. Podhurst. 2003. *Health, Illness and the Social Body: A Critical Sociology*. Upper Saddle River, NJ: Prentice Hall.

Friedrichs, Jürgen. 1999. Die Delegitimierung sozialer Normen. In *Soziale Integration*, Hrsg. Jürgen Friedrichs & Wolfgang Jagodzinski, Opladen: Springer VS.

Fröhlich, Gerhard. 1991. „Inseln zuverlässigen Wissens im Ozean menschlichen Nichtwissens". Zur Theorie der Wissenschaften bei Norbert Elias. In *Der unendliche Prozeß der Zivilisation*, Hrsg. Helmut Kuzmics & Ingo Mörth, 95–112. Frankfurt: Campus Verlag.

Fröhlich, Gerhard. 1994. Kapital, Habitus, Feld, Symbol. In *Das symbolische Kapital der Lebensstile, Hrsg. Ingo Mörth* & Gerhard Fröhlich. Frankfurt: Campus Verlag.

Fröhlich, Gerhard. 2003. Wie rein ist die Wissenschaft? – Fälschung und Plagiat im rauen Wissenschaftsalltag. In *echt_falsch*, Hrsg. Hannes Etzlstorfer, Willibald Katzinger & Wolfgang Winkler, 72–93. Wien: Kremayr & Scheriau.

Fuchs-Heinritz, Werner & Alexandra König. 2005. *Pierre Bourdieu. Eine Einführung*. Stuttgart: utb.

Fuchs-Heinritz, Werner, Daniela Klimke, Rüdiger Lautmann, Otthein Rammstedt, Hanns Wienold, Urs Stäheli & Christoph Weischer (Hrsg.). 2020. *Lexikon zur Soziologie.* (zuerst 1995), Opladen: VS Springer.

Fuchs-Heinritz, Werner. 1998. *Auguste Comte.* Opladen: Springer VS.

Funcke, Dorett, & Bruno Hildenbrand. 2018. *Ursprünge und Kontinuität der Kernfamilie.* Springer VS, Wiesbaden.

Geertz, Clifford. 1964. Ideology as a cultural system. In *Ideology and discontent*, Hrsg. David E. Apter, 47–76. Glencoe, Ill: Free Press.

Gehlen, Arnold. 2009. *Der Mensch, seine Natur und seine Stellung in der Welt.* (14. Aufl., zuerts 1944) Wiebelsheim: Aula Verlag.

Gehlen, Arnold. 2004. Die Seele im technischen Zeitalter. In: ders., *Gesamtausgabe*, Bd. 6, Frankfurt, 1–137.

Geisler, Esther, et al. 2018. *Familien nach Trennung und Scheidung in Deutschland.* Univ. Rostock, 2018. file:///D:/User/Documents/gesamtdoc/Geisler,%20Esther,%20et%20al. %20Familien%20nach%20Trennung%20und%20Scheidung%20in%20Deutschland.%20 (2018).pdf.

Geißler, Rainer. 2005. Die Metamorphose der Arbeitertochter zum Migrantensohn In *Institutionalisierte Ungleichheiten*, Hrsg. Peter A. Berger & Heike Kahlert, 71–100. München: Beltz.

Geißler, Rainer. 2014. *Die Sozialstruktur Deutschlands.* 7. Aufl., Opladen: Springer VS.

Gelles, Richard J. & Ann Levine. 1999. *Sociology. An introduction.* (1st ed. 1999) New York: McGraw-Hill College.

Gerbner, George, Larry Gross, Michael Morgan & Nancy Signorielli. 1982. Charting the mainstream: television's contributions to political orientations. *J. of Communication* 1: 100–127.

Gerhards, Jürgen, Tim Sawert, Tim & Ulrich Kohler. 2019. Des Kaisers alte Kleider: Fiktion und Wirklichkeit des Nutzens von Lateinkenntnissen. *Kölner Zeitschrift für Soziologie und Sozialpsychologie* 71, 2: 309–326.

Gerlach Philipp. 2017. The games economists play: Why economics students behave more selfishly than other students. *PLoS ONE* 12(9): e0183814. https://doi.org/10.1371/journal. pone.0183814.

Germov, John. 2018. *Second Opinion. An Introduction to Health Sociology.* 6th ed. Oxford: Oxford University Press.

Gern, Christiane. 1992. *Geschlechtsrollen: Stabilität oder Wandel? Eine empirische Analyse anhand von Heiratsinseraten.* Opladen: Springer VS.

Giddens, Anthony. 1986. *Die Konstitution der Gesellschaft.* Frankfurt: Campus Verlag.

Giddens, Anthony. 1995. *Konsequenzen der Moderne.* Frankfurt: Suhrkamp.

Giddens, Anthony. 1999. *Soziologie.* 2. Aufl., Graz/ Wien: Nausner Consulting.

Gijsbert Stoet & David C. Geary, 2018: The Gender-Equality Paradox in Science, Technology, Engineering, and Mathematics Education. *Psychological Science* 29, 4: 581–593.

Gildemeister, Regine. 2019. Doing Gender: eine mikrotheoretische Annäherung an die Kategorie Geschlecht. In *Handbuch Interdisziplinäre Geschlechterforschung*, 409–417. Springer VS, Wiesbaden.

Gill, Bernhard. 2005. *Schule in der Wissensgesellschaft.* Wiesbaden: VS Verlag für Sozialwissenschaften.

Gilligan, Carol. 2016. *In a Different Voice: Psychological Theory and Women's Development.* Cambridge, (zuerst 1982) MA: Harvard University Press.

Gleich, Uli. 1998. Talkshows im Fernsehen – Inhalte und Wirkungen Zuschauer- und Kandidatenmotive. *Media Perspektiven* 12: 625 ff.

Gneezy, Uri & Aldo Rustichini. 2000. A Fine Is a Price. *The Journal of Legal Studies* 29, no. 1: 1–17.

Goffman, Erving. 1973. *Interaktion. Spaß am Spiel, Rollendistanz.* München: Piper.

Goffman, Erving. 1994. *Interaktionsrituale. Über Verhalten in direkter Kommunikation.* (zuerst 1986) Frankfurt: Suhrkamp.

Goffman, Erving. 2001. *Interaktion und Geschlecht,* (zuerst 1994) Frankfurt: Campus Verlag.

Goldberg, Susan & Michael Lewis. 1969. Play behavior in the year-old infant: early sex differences. *Child Development* 40: 21–31.

Gomolla, Mechtild & Frank-Olaf Radtke. 2009. Institutionelle Diskriminierung. Die Herstellung ethnischer Differenz in der Schule. (zuerst 2002) Opladen: Springer VS.

Good, Jessica J., Lylan Wingfield, Lylan & Julie Woodzicka. 2010: The Effects of Gender Stereotypic and Counter-Stereotypic Textbook Images on Science Performance. *The Journal of Social Psychology* 150, 2: 132–147.

Gordon, Robert J. 2016. *The rise and fall of American growth. The U.S. standard of living since the Civil War.* Princeton: Princeton University Press.

Gottfredson, Michael R. & Travis Hirschi. 1995. National crime control policies. *Society* 32, 2: 30 36.

Gottschall, Karin. 2003. Von Picht zu PISA. In *Entstaatlichung und soziale Sicherheit.* 2 Bde. + CD-ROM, Hrsg. Jutta Allmendinger, 888–901. Opladen: VS Verlag für Sozialwissenschaften.

Grabka, Markus M., Jan Goebel & Stefan Liebig. 2019. Wiederanstieg der Einkommensungleichheit – aber auch deutlich steigende Realeinkommen. *DIW- Wochenbericht* 19/2019, S. 343–353.

Griese, Hartmut & Jürgen Mansel. 2003. Sozialwissenschaftliche Jugendforschung. In *Soziologische Forschung: Stand und Perspektiven,* Hrsg. Barbara Orth, Thomas Schwietring & Johannes Weiß, 169–194, Opladen: Springer VS.

Groß, Martin. 2015.Die Entstrukturierungsdebatte. In *Klassen, Schichten, Mobilität,* 89–115. Springer VS, Wiesbaden.

Gross, Peter. 1994. *Die Multioptionsgesellschaft.* Frankfurt: Suhrkamp.

Grünheid, Evelyn. 2004. Junge Frauen in Deutschland: bei hoher Ausbildung kinderlos? *psychosozial 27,* 1: 37–46.

Grunow, Daniela. 2019. Comparative Analyses of Housework and Its Relation to Paid Work. Institutional Contexts and Individual Agency. *Kölner Zeitschrift für Soziologie und Sozialpsychologie* 71: 247–284.

Gugutzer, Robert. 2015. *Soziologie des Körpers.* 5. Aufl., Bielefeld: transcript.

Gustafsson, Björn & Mats Johansson. 1999. In search of smoking guns: what makes income inequality vary over time in different countries? *American Sociol. Rev.* 64: 585–605.

Habermas, Jürgen. 2011. *Theorie des kommunikativen Handelns.* 2 Bde. 8. Aufl., (zuerst 1981) Frankfurt: Suhrkamp.

Hackauf, Horst & Gerda Winzen. 2004. *Gesundheit und soziale Lage von jungen Menschen in Europa.* Wiesbaden: Springer VS.

Hagenaars, Aldi J.M., Klaas de Vos & M. Ashgar Zaidi. 1994. *Poverty statistics in the late 1980s.* Luxemburg: European Comunities.

Hahn, Alois, Willy H. Eirmbter and Rüdiger Jacob. 1992. AIDS, Risiko oder Gefahr? *Soz. Welt*: 400–421.

Halfmann, Jost. 1996. *Makrosoziologie moderner Gesellschaften.* München: Beltz Juventa.

Hall, Peter M. & Patrick McGinty 2002. Restructuring. In *Education and sociology: an encyclopedia*, Hrsg. David L. Levinson, Peter W. Cookson & Alan R. Sadovnik, 495–500. London: Taylor & Francis.

Hall, Wayne. 1986. Social class and survival on the S.S.Titanic. *Social Science and Medicine* 22: 687–690.

Haller, Max. 1999. *Soziologische Theorie im systematisch-kritischen Vergleich.* Opladen: Westdeutscher Verlag.

Hamm, Bernd. 1996. *Struktur moderner Gesellschaften.* Stuttgart: utb.

Hank, Karsten et al. (Hrsg.), 2019: *Alternsforschung: Handbuch für Wissenschaft und Praxis.* Baden-Baden: Nomos.

Hank, Karsten, Michaela Kreyenfeld & C. Katharina Spieß. 2004. Kinderbetreuung und Fertilität in Deutschland. *Zeitschrift für Soziologie* 33, 3: 228–244.

Hannover, Bettina & Ilka Wolter. 2019. Geschlechtsstereotype: wie sie entstehen und sich auswirken. In *Handbuch Interdisziplinäre Geschlechterforschung*, 201–210. Springer VS, Wiesbaden,.

Hardin, Garrett. 1968. The tragedy of the commons. *Science*, 162: 1243–1248.

Hargreaves, Andy. 2003. Teaching in the knowledge society: education in the age of insecurity. Buckingham: Teachers' College Press.

Harris, Marvin. 1990. *Kannibalen und Könige. Die Wachstumsgrenzen der Hochkulturen.* Stuttgart: Klett-Cotta.

Harris, Marvin. 1991. *Menschen.* Stuttgart: Klett-Cotta.

Hartmann, Michael. 2002. *Der Mythos von den Leistungseliten. Spitzenkarrieren und soziale Herkunft in Wirtschaft, Politik, Justiz und Wissenschaft.* Frankfurt am Main: Campus.

Hartmann, Michael. 2004. *Elitesoziologie.* Frankfurt am Main: Campus.

Hartmann, Michael. 2010. Elites and power structure. In: *Handbook of European Societies*, Hrsg. Stefan Immerfall & Göran Therborn, 291–323. New York: Springer.

Hartmann, Michael. 2016. *Die globale Wirtschaftselite. Eine Legende.* Frankfurt am Main: Campus.

Hartmann, Michael. 2018: *Die Abgehobenen. Wie die Eliten die Demokratie gefährden.* Frankfurt am Main: Campus.

Hausen, Karin. 1976. Die Polarisierung der Geschlechtscharaktere in der Neuzeit. *In Sozialgeschichte der Familie in der Neuzeit Europas*, Hrsg. Werner Conze. Stuttgart: Klett.

Hauser, R. 2001. Einkommen und Vermögen. In *Handwörterbuch zur Gesellschaft Deutschlands*, Hrsg. Bernhard Schäfers & Wolfgang Zapf, 154–166. (zuerst 1998) Opladen: Springer VS.

Hayek, Friedrich A. von. 1971. *Die Verfassung der Freiheit.* (zuerst 1971) Tübingen: Mohr Siebeck.

Hechter, Michael & Satoshi Kanazawa. 1993. Group solidarity and social order in Japan. *Journal of Theoretical Politics* 5:455–493.

Helbig, Marcel, & Stefanie Jähnen. 2018. *Wie brüchig ist die soziale Architektur unserer Städte? Trends und Analysen der Segregation in 74 deutschen Städten*, P 2018–001. Berlin: Wissenschaftszentrum Berlin für Sozialforschung.

Hennig, Margaret & Anne Jardim. 1977. *The managerial woman*. Garden City, NY: Wiley & Son.

Henninger, Annette & Angelika von Wahl. 2010. Das Umspielen von Veto-Spielern. Wie eine konservative Familienministerin den Familialismus des deutschen Wohlfahrtsstaates unterminiert. In *Die zweite Große Koalition. Eine Bilanz der Regierung Merkel 2005–2009*, Hrsg. Christoph Egle, 361–379 in: Egle, Christoph. Wiesbaden: VS.

Herlyn, Ingrid, Angelika Kistner, Heike Langer-Schulz & Bianca Lehmann. 1998. *Großmutterschaft im weiblichen Lebenszusammenhang*. Pfaffenweiler: Centaurus Verlag.

Herrmann, Ulrich. 2004. Bildungsstandards – Erwartungen und Bedingungen, Grenzen und Chancen. In *Standards, Evaluation und neue Methoden*, Hrsg. Institut für Schulentwicklung PH Schwäbisch Gmünd. Baltmannsweiler: Schneider Hohengehren.

Herzer, Manfred. 1998. *Ehescheidung als sozialer Prozeß*. Opladen: Springer VS.

Herzlich, Claudine, Janine Pierret, and Gabriele Krüger-Wirrer. 1991. *Kranke gestern, Kranke heute: die Gesellschaft und das Leiden*. München: Beck.

Herzog, Walter, 2011. Schule und Schulklasse als soziale Systeme. In *Lehrbuch der Bildungssoziologie* (2. überarb. Aufl.), Hrsg. Rolf Becker, 163–202 Wiesbaden: VS Verlag.

Hickel, Jason, 2018. *Die Tyrannei des Wachstums: Wie globale Ungleichheit die Welt spaltet und was dagegen zu tun ist* München: dtv.

Hirsch, Fred. 1991. *Die sozialen Grenzen des Wachstums*, (zuerst 1980) Reinbek: Rowohlt.

Hochschild, Arlie R. 1989. *The second shift: working parent and the revolution at home*. New York: Viking Pr.

Hochschild, Arlie R. 2004. The commodity frontier. In *Self, social structure, and beliefs*, Hrsg. Jeffrey C. Alexander, Gary T. Marx, Christine L. Williams, C.L., 38–56. Berkeley: University of California Press.

Hoffmann, Dagmar. 2018. Kinder, Jugend und Medien. In *Handbuch Kindheits- und Jugendsoziologie*, Hrsg. Andreas Lange,Herwig Reiter, Sabina Schutter & Christine Steiner, 681–692 Wiesbaden: Springer.

Hoffmann-Lange, U./ Bürklin, W. 1999. Generationswandel in der (west)deutschen Elite. In *Deutschland im Wandel*, Hrsg. Wolfgang Glatzer & Ilona Ostner, 163–178. Opladen: Springer VS.

Hofmann, J. 2004. Staatliche Schulverwaltung: Resistent gegen Veränderungen? In *Schulen forschend entwickeln*, Hrsg. Ulrika Popp & Sabine Reh, 193–204. München: Beltz Juventa.

Hofstede, Geert. 1980. *Culture's consequences: international differences in work-related values*. Beverly Hills: Sage.

Honneth, Axel. 1994. *Desintegration*. Frankfurt: Springer.

Honneth, Axel. 1999. Jürgen Habermas. In *Klassiker der Soziologie*, Bd. 2, Hrsg. Dirk Kaesler, 230–251. München: C.H. Beck.

Höpflinger, Francois. 1997. Haushalts- und Familienstrukturen im intereuropäischen Vergleich. In *Die westeuropäischen Gesellschaften im Vergleich*, Hrsg. Stefan Hradil & Stefan Immerfall, 97–138. Opladen: Springer VS.

Horkheimer, Max & Theodor W. Adorno. 1988. *Dialektik der Aufklärung*. (zuerst 1947) Frankfurt: Fischer.

Horster, Detlef. 2005. *Niklas Luhmann*. 2. Aufl., München: C.H. Beck.

Hout, Michael. 2012. Demographic methods for the sociology of religion. In *Handbook of the sociology of religion*, Hrsg. Michele Dillon, 79–84. (zuerst 2005) Cambridge: Cambridge University Press.

Hradil, Stefan. 1997. Soziale Ungleichheiten, Milieus und Lebensstile in der Europäischen Union. In *Die westeuropäischen Gesellschaften im Vergleich*, Hrsg. Stefan Hradil & Stefan Immerfall, 475–520. Opladen: Springer VS.

Hradil, Stefan. 2003. Die Suche nach Sicherheit und Gemeinschaft in der individualisierten Gesellschaft. In *Die Verbesserung des menschlichen Zusammenlebens*, Hrsg. Karl-Heinz Hillmann & Georg Oesterdiekhoff, 111–126. Opladen: Springer VS.

Hradil, Stefan. 2006. *Die Sozialstruktur Deutschlands im internationalen Vergleich*. Wiesbaden: VS Verlag für Sozialwissenschaften.

Hradil, Stefan. 2013. *Sozialstrukturanalyse in einer fortgeschrittenen Gesellschaft: von Klassen und Schichten zu Lagen und Milieus*. Springer-Verlag.

Huntington, Samuel P. 1996. *Kampf der Kulturen*. München: Goldmann Verlag.

Hurrelmann, Klaus & Gudrun Quenzel. 2016. *Lebensphase Jugend. Eine Einführung in die sozialwissenschaftliche Jugendforschung*, 13. Aufl., Weinheim: Beltz.

Huyssen, Andreas. 1981. Das Versprechen der Natur. Alternative Naturkonzepte im 18. Jahrhundert. In *Natur u. Natürlichkeit*, Hrsg. Reinhold Grimm & Jost Hermand, 1–18. Königstein: Athenäum.

Illouz, Eva, 2011: *Warum Liebe weh tut: eine soziologische Erklärung*. Frankfurt/M.: Suhrkamp,.

Immerfall, Stefan. 1995. *Einführung in den europäischen Gesellschaftsvergleich. Ansätze – Problemstellungen – Befunde*. Passau: richard rothe.

Immerfall, Stefan. 2018. *Europa. Politisches Einigungswerk und gesellschaftliche Entwicklung: eine Einführung*. 2. Aufl. Wiesbaden: Springer VS.

Inglehart, Ronald F. 2008. Changing values among western publics from 1970 to 2006. *West European Politics* 31, 1–2: 130–146.

Inglehart, Ronald, Miguel Basanez & Alejandro Moreno. 1998. *Human values and beliefs: a cross-cultural sourcebook*. Ann Arbor: University of Michigan Pr.

Inglehart, Ronald. 1989. *Kultureller Umbruch. Wertewandel in der westlichen Welt*. Opladen: Campus Verlag.

Inglehart, Ronald. et al. 2000. *World Values Surveys and European Values Surveys*. Ann Arbor: University of Michigan Pr.

Jäger, Wieland & Hanns-Joachim Meyer. 2003. *Sozialer Wandel in soziologischen Theorien der Gegenwart*. Wiesbaden: Springer VS.

Jahoda, Marie, Paul F. Lazarsfeld, and Hans Zeisel. 1975. *Die Arbeitslosen von Marienthal*. Frankfurt am Main: Suhrkamp.

James, Paul & Manfred B. Steger. 2016. Globalization and global consciousness: Levels of connectivity. In *Global culture: Consciousness and connectivity*, Hrsg. Roland Robertson & Dido Buhari Gulmez, 21–40 Farnham: Ashgate.

Janis, Irving L. 1982. *Groupthink: psychological studies of policy decisions and fiascos*. 2. Aufl., Boston: Cengage Learning.

Jensen, Thor Ø. 2003. Das inverse Gesetz der medizinischen Versorgung von Hart: Über die Verteilung von Gesundheitsressourcen. In *Theorien und Methoden in den Sozialwissenschaften*, Hrsg. Stein U. Larsen & Ekkart Zimmermann, 179–200. Opladen: Springer VS.

Joas, Hans & Wolfgang Knöbl. 2004. *Sozialtheorie*. Frankfurt: Suhrkamp.

Joas, Hans. 1996. Die Modernität des Krieges. *Leviathan* 24, 1: 13–27.

Joas, Hans. 2003. George Herbert Mead. In *Klassiker der Soziologie*, Bd. 1, Hrsg. Dirk Kaesler, 171–189. München: C.H. Beck.

Johnson, David T. 2007. Crime and punishment in contemporary Japan. *Crime and Justice* 36, 1: 371–423.

Jörns, Klaus-Peter. 1999. *Die neuen Gesichter Gottes. Was die Menschen heute wirklich glauben*. 2. Aufl., München: C.H. Beck.

Junge, Matthias & Götz Lechner (Hrsg.) 2004. *Scheitern. Aspekte eines sozialen Phänomens*. Wiesbaden: Springer VS.

Jurczok, Anne, 2019. *Schulwahl unter „gleichwertigen" Einzelschulen. Elterliche Übergangsentscheidungen im zweigliedrigen Sekundarschulsystem*. Wiesbaden: Springer.

Jutz, Regina (2019): The impact of social policies on health inequalities in Europe. *Dissertationsschrift*, Universität Mannheim, https://madoc.bib.uni-mannheim.de/51145/.

Kaelble, Harmut, 1997. Europäische Vielfalt und der Weg zu einer europäischen Gesellschaft. In *Die westeuropäischen Gesellschaften im Vergleich*, Hrsg. S. Hradil & S. Immerfall, 27–68. Wiesbaden: VS Verlag für Sozialwissenschaften.

Kaelble, Hartmut (Hrsg.) 1998. *Gesellschaften im Umbruch*. Frankfurt: Lang.

Kaelble, Hartmut. 2017. *Mehr Reichtum, mehr Armut. Soziale Ungleichheit in Europa vom 20. Jahrhundert bis zur Gegenwart*. Frankfurt am Main: Campus.

Kaiser, Gert, Johannes Siegrist, Eva Rosenfeld & Katharina Wetzel-Vandai. 1996. *Die Zukunft der Medizin – Neue Wege zur Gesundheit?* Frankfurt am Main: Campus Verlag.

Kalb, Don. 2011. Introduction. In *Headlines of nation, subtexts of class: Working class populism and the return of the repressed in neoliberal Europe*, Hrsg. D. Kalb & G. Halmai, 1–36. New York: Berghahn.

Kammeyer, Kenneth C.W. & George Ritzer. 1997. *Sociology: experiencing changing societies*, 7. Aufl., Boston: Allyn & Bacon.

Kampshoff, Marita & Claudia Wiepcke. 2019. Geschlechtersensible Berufliche Orientierung – Fachdidaktischer Dreischritt für einen zeitgemäßen Wirtschaftsun-terricht. In *Berufsorientierung in der Schule: Gegenstandder ökonomischen Bildung*, Hrsg. Rudolf Schröder, 91–106. Wiesbaden: Springer.

Käsler, Dirk (Hrsg.). 2003a. *Klassiker der Soziologie, Bd. 1, Von Auguste Comte bis Norbert Elias*. (zuerst 1999) München: C.H. Beck.

Käsler, Dirk. (Hrsg.). 2003b. *Klassiker der Soziologie. Bd. 2, Von Talcott Parsons bis Pierre Bourdieu*. (zuerst 1999) München: C.H. Beck.

Käsler, Dirk. 2014. *Max Weber. Eine Einführung in Leben, Werk und Wirkung*. 4. Aufl., Frankfurt am Main: Campus Verlag.

Katona, George. 1962. *Die Macht des Verbrauchers*. Düsseldorf: Econ-Verlag.

Kaufmann, Franz-Xaver. 1990. *Die Zukunft der Familie*. München: C.H. Beck.

Kaufmann, Franz-Xaver. 2005. *Schrumpfende Gesellschaft*. Frankfurt: Suhrkamp.

Kaufmann, Franz-Xaver. 2019. Gesellschaftliche Folgen des Bevölkerungrückgangs. In *Bevölkerung–Familie–Sozialstaat*, Hrsg. Timan Mayer, 37–53. Wiesbaden: Springer VS.

Kaur, Ravinder. 2016. *Too Many Men Too Few Women Social Consequences of Gender Imbalance in India and China*. Hyderabad: Orient Blackswan.

Kenworthy, Lane. 2004. *Egalitarian capitalism. Jobs, incomes, and growth in affluent countries*. New York: Russel Sage Foundation.

Kern, K. 2004. Sozialkapital, Netzwerke und Demokratie. In *Zivilgesellschaft und Sozialkapital*, Hrsg. Ansgar Klein, Kristine Kern, Brigitte Geißel & Maria Berger, 109–130.

Kerschke-Risch, Pamela. 2004. Relegitimierung sozialer Normen? In *Angewandte Soziologie*, Hrsg. Robert Kecskes, Michael Wagner & Christof Wolf, 177–198. Wiesbaden: Springer VS.

Kickbusch, Ilona & Susanne Hartung. 2014. *Die Gesundheitsgesellschaft. Konzepte für eine gesundheitsförderliche Politik* (2., vollst. überarb. Aufl.) Bern: Hans Huber.

Kim, Tae Jun and Olaf von dem Knesebeck. 2015. Is an insecure job better for health than having no job at all? A systematic review of studies investigating the health-related risks of both job insecurity and unemployment. *BMC public health* 15, 1: 985.

Kindler-Röhrborn, Andrea & Bettina Pfleiderer. 2012. Gendermedizin – Modewort oder Notwendigkeit? – Die Rolle des Geschlechts in der Medizin. *XX Die Zeitschrift für Frauen in der Medizin* 1, 3: 146–152.

Klages, Helmut. 1998. Wertewandel und Moralität. In *Das Moralische in der Soziologie*, Hrsg. Günther Lüschen, 107–125. Opladen: Springer VS.

Klandermans, Bert. 2004. Why social movements come into being and why people join them. In *The Blackwell companion to sociology*, Hrsg. Judith R. Blau, 268–281. (zuerst 2001) Oxford: Blackwell.

Kleemans, Edward R. 2014. Theoretical perspectives on organized crime. In *Oxford handbook of organized crime*, Hrsg. Letizia Paoli, 32–52. Oxford Univ. Press.

Klein Thomas. 2015. Partnerwahl. In *Handbuch Familiensoziologie*, Hrsg. Paul Hill Johannes Kopp, 321–344. Wiesbaden: Springer VS.

Klein, Ansgar, Hans-Josef Legrand & Thomas Leif (Hrsg.). 2013. *Neue soziale Bewegungen: Impulse, Bilanzen und Perspektiven*. Wiesbaden: Springer.

Klein, Thomas & Wolfgang Lauterbach. 1994. Bildungseinflüsse auf Heirat, die Geburt des ersten Kindes und die Erwerbsunterbrechung von Frauen. *Kölner Zeitschrift für Soziologie und Sozialpsychologie* 46, 2: 46: 278–298.

Klös, Hans-Peter & Reinhold Weiß (Hrsg.). 2003. *Bildungs-Benchmarking Deutschland*. Köln: IW Medien.

Kneip, Sascha, Wolfgang Merkel & Bernhard Weßels (Hrsg.) 2020. *Legitimitätsprobleme. Zur Lage der Demokratie in Deutschland*. Wiesbaden: VS Springer.

Kohn, Melvin L., Atsushi Naoi, Carrie Schoenbach, Carmi Schooler & Kazimierz M. Slomczynski. 1990. Position in the class structure and psychological functioning in the United States, Japan and Poland. *Amer. J. Sociol.* 95: 964–1008.

Kollmayer, Marlene, Barbara Schober & Christiane Spiel. 2018. Gender stereotypes in education: Development, consequences, and interventions. European *Journal of Developmental Psychology* 15, 4: 361–377.

Konietzka, Dirk & Tom Hensel. 2017. Berufliche Erstausbildung im Lebensverlauf. Grundlagen und empirische Befunde. In *Lehrbuch der Bildungssoziologie*, Hrsg. Rolf Becker, 281–308. Wiesbaden: Springer VS.

König, René. 1978. *Emile Durkheim zur Diskussion*. München: Carl Hanser.

Kotthoff, Helga. 2001. Vom Lächeln der Mona Lisa zum Lachen der Hyänen. In *Das Gelächter der Geschlechter*, Hrsg. Helga Kotthoff, 121–164. (zuerst 1996) Konstanz: UVK.

Kraemer, Klaus. 1997. *Der Markt der Gesellschaft*. Opladen: Springer VS.

Krenek, Alexander & Margit Schratzenstaller. A European net wealth tax. No. 561. WIFO Working Papers, 2018. Zucman, Gabriel. Global wealth inequality. *Annual Review of Economics* 11 (2019), 109–138.

Kron, Thomas. 2002. Individualisierung – allgemeine Tendenzen und der deutsche Sonderweg. In *Soziologische Gegenwartsdiagnosen II*, Hrsg. Ute Volkmann & Uwe Schimank, 257–290. Opladen: Springer VS.

Kuckartz, Udo. 2013. *Umweltbewusstsein und Umweltverhalten*. Wiesbaden: Springer.

Kunczik, Michael. 2003. Herbert Spencer. In *Klassiker der Soziologie*, Bd. 1, Hrsg. Dirk Kaesler, 74–93. (zuerst 1999) München: C.H. Beck.

Kuper, Harm & Thiel, Felicitas. 2018. Erziehungswissenschaftliche Institutionen und Organisationsforschung. In *Handbuch Bildungsforschung*. 3. Aufl, Hrsg. Rudolf Tippelt & Bernhard Schmidt-Hertha, 587–606 Wiesbaden: Springer.

Kuzmics, Helmut & Ingo Mörth (Hrsg.). 1991. *Der unendliche Prozeß der Zivilisation*. Frankfurt am Main: Campus Verlag.

Lamnek, Siegfried. 1994. *Neue Theorien abweichenden Verhaltens*. Stuttgart: utb.

Lampe, Klaus. 2019. Die Geschichte des Begriffs organisierte Kriminalität. In *Drogen, Darknet und Organisierte Kriminalität: Herausforderungen für Politik, Justiz und Drogenhilfe*, 23–49.

Landes, Daniel. 2009. *Wohlstand und Armut der Nationen*. (zuerst 1999) Berlin: Pantheon Verlag.

Lange, Andreas, et al. (Hrsg). 2018 *Handbuch Kindheits-und Jugendsoziologie*. Springer VS.

Lantermann, Ernst-Dieter, Eva Rodermund-Schmitt & Rainer K. Silbereisen. 1998. *Aussiedler in Deutschland*. Opladen: VS Verlag für Sozialwissenschaften.

LaPiere, Richard T. 1934. Attitudes vs. actions. *Social Forces* 13: 230–237.

Lasswell, Harold. 1960. The structure and function of communication in society. In *The communication of ideas*, Hrsg. Lyman Bryson. New York: Cooper Square Publishers.

Latour, Bruno. 2008. *Wir sind nie modern gewesen. Versuch einer symmetrischen Anthropologie*. (zuerst 1998) Frankfurt: Suhrkamp.

Lattimore, Pamela K. & Cynthia A. Nahabedian. 1997. *The nature of homicide: trends and changes*. Washington, DC: Diane Pub Co.

Lee, Alfred M. & Lee, Elizabeth B. 1939. *The fine art of propaganda*. New York: Harcourt Brace.

Leinberger, Paul & Bruce Tucker. 1991. *The new individualists: the generation after the organization man*. New York: Harpercollins.

Lenartz, Norbert/Soellner, Renate & Georg Rudinger. 2018. Health Literacy. In: Kriwy P., Jungbauer-Gans M. (Hrsg.) *Handbuch Gesundheitssoziologie*. Wiesbaden: Springer VS.

Lenski, Gerhard E. 1966. *Power and privilege: A theory of stratification*. New York: McGraw-Hill Book.

Lenski, Gerhard E. 1978. Die evolutionäre Analyse sozialer Struktur. In *Theorien sozialer Strukturen*, Hrsg. Peter Michael Blau, 129–145. Wiesbaden: Springer VS.

Lindenberg, Siegwart, (1985): An assessment of the new political economy: Its potential for the social sciences and for sociology in particular. *Sociological Theory* 3, 1: S. 99–114.

Lindsey, Linda L. & Stephen Beach. 2004. *Sociology*. 3. Aufl., Upper Saddle River, NJ: Pearson.

Loeber, Heinz-Dieter & Wolf-Dieter Scholz. 2003. Von der Bildungskatastrophe zum PISA-Schock. In *PISA 2000 als Herausforderung*, Hrsg. Barbara Moschner, Hanna Kiper & Ulrich Kattmann, 241–286. Hohengehren: Schneider.

Lofland, John & Rodney Stark. 1965. Becoming a world-saver: a theory of conversion to a deviant perspective. *American Sociological Review* 54: 49–66.

Lüdtke, Hartmut. 1989. *Expressive Ungleichheit. Zur Soziologie der Lebensstile*. Opladen: Springer VS.

Luhmann, Niklas. 1984. *Soziale Systeme*. Frankfurt: Suhrkamp.

Luhmann, Niklas. 1986. *Ökologische Kommunikation*. Opladen: Springer VS.

Luhmann, Niklas. 1994. *Liebe als Passion*. Frankfurt: Suhrkamp.

Luhmann, Niklas. 2010. *Das Erziehungssystem der Gesellschaft*. (zuerst 2002) Frankfurt: Suhrkamp.

Luhmann, Niklas. 2018a. Was ist Kommunikation? In *Soziologische Aufklärung 6: Die Soziologie und der Mensch*, Hrsg. Niklas Luhmann, 113–124. (zuerst 1995b) Opladen: Springer VS.

Luhmann, Niklas. 2018b. Wie ist Bewusstsein an Kommunikation beteiligt? In *Soziologische Aufklärung 6: Die Soziologie und der Mensch*, Hrsg. Niklas Luhmann, 37–54. (zuerst 1995a) Opladen: Springer VS.

Lukes, Steven. 2005. Invasionen des Marktes. In *Welten des Kapitalismus*, Hrsg. Max Miller, 357–385. Frankfurt am Main: Campus Verlag.

MacBeath, John & Lejf Moos (Hrsg.). 2004. *Democratic learning*. London: Taylor & Francis.

Macionis, John. J. 2003. *Sociology*. 9. Aufl., Upper Saddle River, NJ: Prentice Hall.

Mackenbach, Johan P. 2020. Why? In *A History of Population Health*, 279–323 Leiden, NL: Brill.

Mäder, Ueli. 2019. Zur Ökonomisierung gesellschaftlicher Verhältnisse. In *Wandel der Öffentlichkeit und der Gesellschaft*, Hrsg. Mark Eisenegger, Linards Udris & Patrick Ettinger, 197–209. Wiesbaden: Springer VS.

Mann, Michael. 1994. *Geschichte der Macht*. 2 Bde. Frankfurt am Main: Campus Verlag.

Maslow, A. 1981. *Motivation und Persönlichkeit*. (zuerst 1977) Olten: Rowohlt.

Mazzurana, Thomas. 2018. Zur Soziologie der Scheidung In *Über die Rechtfertigung der Scheidung*, 11–35. Wiesbaden: Springer VS.

McDermott, Ray P. & Lois Hood. 1982. Institutional psychology and the ethnography of schooling. *Ethnography and Education*: 232–248.

McNeill, William H. 1984. *The pursuit of power*. (zuerst 1982) Chicago: The University of Chicago Press.

Mead, George. H. 1980. Geist, Identität und Gesellschaft. Gesammelte Aufsätze. 2 Bde. Frankfurt: Suhrkamp.

Meller, Harald & Michael Schefzik, (Hrsg.). 2017. *Krieg – eine archäologische Spurensuche*. Stuttgart: Theiss-Verlag.

Merton, Robert K. 1968. *Social theory and social structure*. New York: Macmillan USA.

Meulemann, Heiner. 1999. Der Wert Leistung in Deutschland 1956 bis 1996. In *Deutschland im Wandel*, Hrsg. Wolfgang Glatzer & Ilona Ostner, 115–130. Opladen: Springer VS.

Meulemann, Heiner. 2002. Werte und Wertewandel im vereinten Deutschland. *Aus Politik und Zeitgeschichte*, B 37–38:13–22.

Meyrowitz, J. 1991. *Die Fernsehgesellschaft. Wirklichkeit und Identität im Medienzeitalter*. 2 Bde, (zuerst 1987) Weinheim: Beltz.

Michels, Robert. 1989. Zur Soziologie des Parteiwesens. (zuerst 1925) Leipzig: Kröner.

Milanovic, Branko. *Capitalism, alone: The future of the system that rules the world.* Harvard University Press, 2019.

Milgram, Stanley. 1982. *Das Milgram-Experiment.* (zuerst 1974) Hamburg: Rowohlt.

Milkie, Melissa A., Kei M. Nomaguchi & Kathleen E. Denny. 2015. Does the Amount of Time Mothers Spend With Children or Adolescents Matter? *Journal of Marriage and Family* 77 (2): 355–372.

Mills, C.Wright. 2000. The power elite. (zuerst 1956) New York: Oxford University Press.

Moscovici, Serge. 1976. *Social influence and social change.* London: Academic Press.

Muckenhuber Johanna & Volk Hannah. 2018. Gesundheitliche Ungleichheit im internationalen Vergleich. In: Kriwy P., Jungbauer-Gans M. (Hrsg.) *Handbuch Gesundheitssoziologie.* Wiesbaden: Springer VS.

Müller, Hans-Peter. 2003. Emile Durkheim. In *Klassiker der Soziologie,* Bd. 1, Hrsg. Dirk Kaesler, 150–160. (zuerst 1999) München: C.H. Beck.

Müller, Walter & Dietmar Haun. 1994. Bildungsungleichheit im sozialen Wandel. *Kölner Z. Soziol. Sozialpsychol.* 46: 1–42.

Münchmeier, Richard. 1998. Jugend als Konstrukt. *Z. f. Erziehungswissenschaft* 1, 1: 103–118.

Murdock, George P. 2012. Social structure. (zuerst 1949) New York: Ulan Press.

Nadwornicek, Felicitas, 2016. Lehrererwartungseffekte und symbolische Gewalt im deutschen Bildungssystem. In *Symbolische Ordnung und Bildungsungleichheit in der Migrationsgesellschaft,* 311–330. Wiesbaden: Springer VS.

Naidoo, Jennie, & Jane Wills. 2019. *Lehrbuch Gesundheitsförderung.* 3., aktualisierte Auflage. Göttingen: Hogrefe.

National Research Council. 2012. Deterrence and the death penalty. *National Academies Press,* 2012.

Nave-Herz, Rosemarie. 1998. Die These über den „Zerfall der Familie". In Die Diagnosefähigkeit der Soziologie, Hrsg. Jürgen Friedrichs, M. Rainer Lepsius & Karl Ulrich Mayer. *Kölner Z. Soz. Sozialps., Sonderh.* 38: 286–315.

Nave-Herz, Rosemarie. 2019. *Familie heute. Wandel der Familienstrukturen und Folgen für die Erziehung.* 7., überarb. Aufl. Darmstadt: wbg Theiss.

Nave-Herz, Rosemarie. 2019. *Familie heute. Wandel der Familienstrukturen und Folgen für die Erziehung.* 7., überarb. Aufl., Darmstadt: wbg Theiss.

Neckel, Sighard. 2016. „Die Refeudalisierung des modernen Kapitalismus." In *Kapitalismus und Ungleichheit. Die neuen Verwerfungen,* Hrsg. Heinz Bude & Philipp Staab, 157–174.

Neckel, Sighart et al. 2010. *Sternstunden der Soziologie.* Frankfurt am Main: Campus.

Nederveen Pieterse, J. 2005. Global inequality: bringing politics back in. In *The Sage handbook of sociology,* Hrsg. Craig Calhoun, Chris Rojek & Bryan S. Turner, 423–441. London: Sage.

Nestvogel, Renate. 2008. Sozialisationstheorien: traditionslinien, debatten und perspektiven. In *Handbuch Frauen-und Geschlechterforschung,* 159–170. VS Verlag für Sozialwissenschaften.

Neuberger, Oswald, Walter Conradi & Walter Maier. 1985. Individuelles Handeln und sozialer Einfluß. Opladen: VS Verlag für Sozialwissenschaften.

Newcomb, Horace M. & Paul M. Hirsch. 1986. Fernsehen als kulturelles Forum. *Rundfunk und Fernsehen* 34: 177–190.

Niederbacher, Arne & Peter Zimmermann. 2011. *Grundwissen Sozialisation.* 4. Aufl., Wiesbaden: Springer.

Niehues, Judith. 2014. Subjektive Ungleichheitswahrnehmung und Umverteilungspräferenzen. *iw trends* 41: 1–19.

Noelle-Neumann, Elisabeth & Renate Köcher. 2002. *Allensbacher Jahrbuch der Demoskopie 1998–2002,* Bd. 11, München: Saur.

Noelle-Neumann, Elisabeth. 1980. *Die Schweigespirale.* München: Piper.

Noll, Heinz-Herbert & Stefan Weick. 2012: Nicht einmal jeder Dritte empfindet soziale Unterschiede in Deutschland als gerecht: Analysen zur Entwicklung von Einstellungen zur sozialen Ungleichheit in Deutschland. *Informationsdienst Soziale Indikatoren* 48: 6–11.

Noll, Heinz-Herbert. 1999. Subjektive Schichteinstufung. In *Deutschland im Wandel,* Hrsg. Wolfgang Glatzer & Ilona Ostner, 147–162. Opladen: Springer VS.

Nollmann, Gerd. 1997. *Konflikte in Interaktion, Gruppe und Organisation. Zur Konfliktsoziologie der modernen Gesellschaft.* Opladen: Springer VS.

North, Douglass C., 1988. *Theorie des institutionellen Wandels.* (amerik. 1981) Tübingen: Mohr.

O. N., 2019: *The Scully Effect: I Want to Believe in STEM.* Los Angeles: The Geena Davis Institute on Gender in Media [https://seejane.org/wp-content/uploads/x-files-scully-effect-report-geena-davis-institute.pdf].

OECD (Hrsg.). 2000. *Education at a glance. OECD indicators.* Paris.

OECD (Hrsg.). 2001. *Knowledge and skills for life. First results from PISA 2000.* Paris.

OECD (Hrsg.). 2002. *Bildung auf einen Blick, OECD-Indikatoren* 2002. Paris.

OECD (Hrsg.). 2004. *Das Lernen lernen.* Paris.

Oertelt-Prigione, Sabine & Sarah Hiltner. 2020. Medizin: Gendermedizin im Spannungsfeld zwischen Zukunft und Tradition. In *Handbuch Interdisziplinäre Geschlechterforschung,* Hrsg. Beate Kortendiek, Birgit Riegraf & Katja Sabisch, 741–750 Wiesbaden: Springern.

Oesterdiekhoff, Georg W. 2006. Modernisierungstheorie und Wandel der Weltgesellschaft. *Soziologie 35,* 1: 26–41.

Ostrom, Elinor. 1999. *Die Verfassung der Allmende.* Tübingen: Mohr Siebeck.

Parsons, Talcott & Gerald M. Platt. 1973. *The American university.* Cambridge: Harvard University Press.

Parsons, Talcott. 1991. The social system. (zuerst 1951) New York: Taylor & Francis.

Parsons, Talcott. 2009. Das System moderner Gesellschaften. (zuerst 1972) München: Juventa.

Pérez-Moreno, Salvador & Elena Bárcena-Martín. 2019. Secular Stagnation and Income Class Structure in Europe: Policy and Institutional Implications. In *Frontiers of Heterodox Macroeconomics,* 323–370. Cham: Palgrave Macmillan.

Peuckert, Rüdiger. 2019. *Familienformen im sozialen Wandel.* 9., überarb. Aufl. Wiesbaden: Springer VS.

Pfeiffer, Christian. 1997. *Jugendkriminalität und Jugendgewalt in europäischen Ländern.* Hannover: Kriminologisches Forschungsinstitut Niedersachsen e. V.

Pfeiffer, Christian. et al. 1999. *Ausgrenzung, Gewalt und Kriminalität im Leben junger Menschen.* 3. Aufl., Hannover: Deutsche Vereinigung für Jugendgerichte und Jugendgerichtsilfen.

Pfeiffle, Horst. 2006. Wissensmanagement. In *Pädagogisches Glossar der Gegenwart,* Hrsg. Agnieszka Dzierzbicka & Alfred Schirlbauer. Wien: Löcker Verlag.

Piketty, Thomas. 2014. *Das Kapital im 21. Jahrhundert*. München: CH Beck.

Piketty, Thomas. 2021. *Kapital und Ideologie*. München: CH Beck, 2014.

Plumpe, Werner. 2017. *Das kalte Herz. Geschichte und Zukunft des Kapitalismus*. Berlin: Rowohlt Berlin.

Polanyi, Karl (1978) [1944]: *The Great Transformation. Politische und ökonomische Ursprünge von Gesellschaften und Wirtschaftssystemen*. Frankfurt am Main: Suhrkamp.

Popper, Karl. R. 2002. *Logik der Forschung*. (zuerst 1969) Tübingen: Mohr Siebeck.

Postman, Neil. 1987. *Das Verschwinden der Kindheit*. (zuerst 1983) Frankfurt: Fischer.

Power, Michael. 1999. *The audit society. Rituals of verification*. Oxford: Oxford University Press.

Prahl, Hans-Werner/ Schroeter, Klaus R. 1996. *Soziologie des Alterns*. Paderborn: utb.

Prenzel, Manfred, 2018. Rückwirkungen von Large Scale Assessments auf das Bildungssystem. *Recht der Jugend und des Bildungswesens* 66, 1: 27–39.

President's Commission on Organized Crime. 1985. *Records of Hearings*. Washington, DC: U.S. Government Printing Office.

Preston, Samuel H. 1984. Children and the elderly in the U.S. *Scientific American*, Dec. 44–49.

Putnam, Robert D. (Hg.) 2001. *Gesellschaft und Gemeinsinn. Sozialkapital im internationalen Vergleich*. Gütersloh: Bertelsmann Stiftung.

Reckwitz, Andreas. 2017. *Die Gesellschaft der Singularitäten – Zum Strukturwandel der Moderne*. Berlin: Suhrkamp.

Reckwitz, Andreas. 2019. *Das Ende der Illusionen*. Berlin: Suhrkamp.

Reemtsma, Jan Philipp. 2016. *Gewalt als Lebensform*. Zwei Reden. Stuttgart: Reclam.

Regitz-Zagrosek, Vera & Stefanie Schmid-Altringer. 2020. *Gendermedizin: Warum Frauen eine andere Medizin brauchen*. München: Scorpio Verlag,.

Regitz-Zagrosek, Vera. 2017. Geschlecht und Herz-Kreislauf-Erkrankungen. *Internist* 58: 336–343.

Rehberg, Karl-Siegbert. 2020. Kultur. In *Lehrbuch der Soziologie*. 4. Aufl., Hrsg. Hans Joas & Steffen Mau, S. 133–169. Frankfurt/M.: Campus.

Reiman, Jeffrey. 2016. *The rich get richer and the poor get prison*. 10. Aufl., Boston: Taylor & Francis.

Riesman, David, Reuel Denney & Nathan Glazer. 1968. *Die einsame Masse*. (zuerst 1968) Hamburg: Rowohlt.

Ritzer, George. 1995. *Die McDonaldisierung der Gesellschaft*. 2. Aufl., Frankfurt: Fischer.

Robertson, Roland. 1992. *Globalization. Social theory and global culture*. London: Sage.

Röhler, Karl Alexander & Johannes Huinink. 2010: Pair Relationships and Housework. In *Dividing the Domestic. Men, Women, and Household Work in Cross-National Perspective*, Hrsg. Judith Treas, Sonja Drobnič, 192–13 Stanford: Stanford University Press.

Rolff, Hans-Günter & Peter Zimmermann. 2001. *Kindheit im Wandel*. 5. Aufl., Weinheim: Beltz.

Rosenau, James N. 1990. *Turbulence in world politics*. Brighton: Princeton University Press.

Rössel, Jörg & Claudia Beckert-Zieglschmid. 2002. Die Reproduktion kulturellen Kapitals. *Zeitschrift für Soziologie* 31, 6: 497–513.

Roth, Anja & Michaela Slotwinski. 2020: January 13, 2020: Gender Norms and Income Misreporting within Households. ZEW – Centre for European Economic Research Discussion Paper No. 20–001 [https://www.zew.de/fileadmin/FTP/dp/dp20001.pdf; 14.02.2020].

Rubenstein, Richard L. 2000. Afterword: Genocide and civilization. In *Genocide and the modern age*, Hrsg. Isidor Wallimann & Michael N. Dobkowski, 283–298. (1st ed. 1987) Westport: Syracuse University Press.

Rucht, Dieter & Friedhelm Neidhardt. 2020. Soziale Bewegungen und kollektive Aktionen. In *Lehrbuch der Soziologie*, 4. Aufl., Hrsg. Hans Joas & Steffen Mau, 831–864. Frankfurt/M.: Campus.

Rudolph, Steffen. 2019. *Digitale Medien, Partizipation und Ungleichheit*. Wiesbaden: Springer VS.

Rust, Holger. 2002. *Zurück zur Vernunft: wenn Gurus, Powertrainer und Trendforscher nicht mehr weiterhelfen*. Wiesbaden: Gabler Verlag.

Sack, Fritz. 2020. Abweichung und Kriminalität. In *Lehrbuch der Soziologie*. 4. Aufl., Hrsg. Hans Joas & Steffen Mau, S. 275–319. Frankfurt/M.: Campus.

Salomo, Katja. 2019. The Residential Context as Source of Deprivation: Impacts on the Local Political Culture. Evidence from the East German State Thuringia. *Political Geography* 69, March: 103–117.

Sampson, Robert J. & John H. Laub. 1995. *Crime in the making*. Cambridge, Mass: Harvard University Press.

Samtleben, Claire. 2019. „Auch an erwerbsfreien Tagen erledigen Frauen einen Großteil der Hausarbeit und Kinderbetreuung." *DIW-Wochenbericht* 86, 10: 139–144.

Sawyer, Wendy. 2018. The gender divide: Tracking women's state prison growth. *Prison Policy Initiative* 9 [https://troutinmilk.com/wp-content/uploads/2018/10/Women-Incarcerated-US-Popiltion.pdf].

Schaefer, Richard T. & Robert P. Lamm. 1995. *Sociology*. 5. Aufl., New York: McGraw-Hill.

Scharenberg, Katja, 2014. Macht die Klasse einen Unterschied? Klassenkomposition und Schulleistung am Ende der Grundschulzeit. In *Empirische Bildungsforschung und evidenzbasierte Reformen im Bildungswesen*, Hrsg. Kerstin Drossel, Rolf Strietholt, Wilfried Bos, 47–64, Münster: Waxmann.

Scheidel, Walter. 2018. *Nach dem Krieg sind alle gleich. Eine Geschichte der Ungleichheit*. Darmstadt: wbg Theiss.

Schellhoss, Hartmut. 2019. Sind die Ausländer generell krimineller? *NK Neue Kriminalpolitik* 31, 2: 163–168.

Scherer, K.R. 2014. Emotion. In *Sozialpsychologie*, Hrsg. Wolfgang Stroebe, Klaus Jonas & Miles Hewstone, 293–330. Berlin: Springer.

Scherschel, Karin & Stefan Immerfall. 2020. Migration, Ethnic Conflicts, and Racism. In: *Wiley Blackwell Encyclopedia of Sociology*, 2nd Edition.

Scheuch, Erwin K. 2003. *Sozialer Wandel*. 2 Bde. Wiesbaden: Springer VS.

Schiller, Herbert. I. 1976. Communication and Cultural Domination. (1st ed. 193) White Plains, NY: Taylor & Francis.

Schimank, Uwe. 2005. *Die Entscheidungsgesellschaft*. Wiesbaden: Springer VS.

Schimank, Uwe. 2007. Ökologische Gefährdungen, Anspruchsinflationen und Exklusionsverkettungen – Niklas Luhmanns Beobachtung der Folgeprobleme funktionaler Differenzierung. In *Soziologische Gegenwartsdiagnosen I*, Hrsg. Uwe Schimank & Ute Volkmann, 125–142. (zuerst 2000) Opladen: Springer VS.

Schneider, L./ Silverman, A. 1997. Global sociology. New York.

Schneider, Linda & Arnold Silverman. 2012. *Global sociology*. 6. Aufl., New York: McGraw-Hill Book.

Schneider, Simone M. & Juan C. Castillo. Poverty attributions and the perceived justice of income inequality: A comparison of East and West Germany. *Social Psychology Quarterly* 78, 3 (2015): 263–282.

Schönpflug, Wolfgang & Ute. 2014. *Psychologie*. (zuerst 1997) Hamburg: Nikol.

Schröder, Christoph, Judutg Niehues & Maximilian Stockhausen. 2019: *IW Gutachten Teilhabemonitor 2019*. INDSM, Köln. [https://www.iwkoeln.de/fileadmin/user_upload/Studien/Gutachten/PDF/2019/Gutachten_INSM-Teilhabemonitor.pdf; 02.02.2020].

Schulz, Jonathan F., Duman Bahrami-Rad, Jonathan Beauchamp & Joseph Henrich, 2019: The Church, intensive kinship, and global psychological variation. *Science* 6466, 707, 8. November.

Schulz, Jonathan F., Duman Bahrami-Rad, Jonathan P. Beauchamp & Joseph Henrich. 2019. The Church, intensive kinship, and global psychological variation. *Science* 366, 707: 1–12.

Schulze, Gerhard. 1992. *Die Erlebnisgesellschaft. Kultursoziologie der Gegenwart*. Frankfurt am Main: Campus Verlag.

Scott, Alan. 2001b. The political sociology of war. In *The Blackwell companion to political sociology*, Hrsg. Kate Nash & Alan Scott, 183–194. Oxford: Blackwell.

Scott, John. 2001a. Studying power. In *The Blackwell companion to political sociology*, Hrsg. Kate Nash & Alan Scott, 82–94. Oxford: Blackwell.

Seder, J. Patrick & Shigehiro Oishi. 2012. Intensity of smiling in Facebook photos predicts future life satisfaction. *Social Psychological and Personality Science* 3, 4: 407–413.

Sennett, Richard. 2005 *Die Kultur des neuen Kapitalismus*. Berlin: Berlin Verlag.

Shanahan, Michael J. & Jason Freeman. 2018. Wie Gene das Sozialverhalten prägen - und umgekehrt. In *Leben bleibt rätselhaft*, Hrsg. A. Jahn, 139–153 Berlin, Heidelberg: Springer.

Shorter, Edward. 1990. Die Geburt der modernen Familie. (zuerst 1977) Reinbek: Rowohlt.

Sieferle, Rolf P. 1984. *Fortschrittsfeinde? Opposition gegen Technik und Industrie von der Romantik bis zur Gegenwart*. München: C.H. Beck.

Siegrist, Johannes & Michael Marmot, Hrsg. 2008. *Soziale Ungleichheit und Gesundheit. Erklärungsansätze und gesundheitspolitische Folgerungen*. Bern: Huber.

Siegrist, Johannes. 1996. Der medizinische und gesellschaftliche Fortschritt. In *Die Zukunft der Medizin. Neue Wege zur Gesundheit?*, Hrsg. Gert Kaiser, Johannes Siegrist, Eva Rosenfeld & Katharina Wetzel-Vandai. Frankfurt am Main: Campus.

Silbereisen, Rainer K, Ernst-Dieter Lantermann und Eva Schmitt-Rodermund (Hrsg.). 1999. *Aussiedler in Deutschland*. Opladen: Leske + Budrich.

Silbereisen, Rainer K., Laszlo A. Vaskovics & Jürgen Zinnecker (Hrsg.). 1996. *Jungsein in Deutschland. Jugendliche und junge Erwachsene 1991 und 1996*. Opladen: VS Verlag für Sozialwissenschaften.

Simmel, Georg. 1983. *Schriften zur Soziologie*, Frankfurt: Suhrkamp.

Singly, Francois de. 1994. *Die Familie der Moderne*. Konstanz: uvk.

Sinus-Institut. 1998. *Die Sinus-Milieus und ihre Anwendung*. Heidelberg.

Skopcol, Theda. 2015. *States and social revolutions: a comparative analysis of France, Russia and China*. (1st ed. 1979) (zuerst 1979) Cambridge: Cambridge University Press.

Slupina, Manuel et al. 2019. *Die demografische Lage der Nation. Wie zukunftsfähig Deutschlands Regionen sind*. Berlin-Institut für Bevölkerung und Entwicklung.

Smeeding, Timothy & Céline Thévenot. 2016. Addressing child poverty: How does the United States compare with other nations? *Academic pediatrics* 16, 3: S67–S75.

Smelser, N. J. 1962. *Theory of collective behavior.* New York: Nabu Press.

Smelser, N. J. 1998. The rational and the ambivalent in the social sciences. In *The social edges of psychoanalysis*, Hrsg. Neil J. Smelser 168–194. Berkeley: University of California Press.

Smith-Lovin, Lynn. 2004. Social psychology. In *The Blackwell companion to sociology*, Hrsg. Judith R. Blau, 407–420. (zuerst 2001) Oxford: Blackwell.

Sobotka, Tomáš & Éva Beaujouan. 2014. Two Is best? The persistence of a two-child family ideal in Europe. *Population and Development Review* 40, 3: 391–419.

Solga, Heike, 2013. Meritokratie – die moderne Legitimation ungleicher Bildungschancen. In *Institutionalisierte Ungleichheiten. Wie das Bildungswesen Chancen blockiert*, Hrsg. Peter A. Berger & Heike Kahlert, 19–38. (zuerst 2005) Weinheim: Juventa.

Solomon, Sheldon, Jeff Greenberg & Tom Pyszczynski. 1991. A terror management theory of social behavior. In *Advances in Experimental Social Psychology* 24: 93–159.

Spitzer, Manfred. 2018. *Einsamkeit. Die unerkannte Krankheit: schmerzhaft, ansteckend, tödlich.* München: Droemer.

Stack, Carol B. 1983. *All our kin: strategies for survival in a black community.* (zuerst 1974) New York: Basic Books.

Stark, Rodney. 1998. *Sociology.* 7. Aufl., Belmont, CA: Wadsworth.

Stemen, Don. 2017: The Prison Paradox: More Incarceration Will Not Make Us Safer. *For the Record Evidence Brief Series.* Retrieved from Loyola eCommons, Criminal Justice & Criminology: Faculty Publications & Other Works.

Stephens, William N. 1963. *The family in cross-cultural perspective.* New York: Holt.

Stevens, Fred. 2001. The convergence and divergence of modern health care systems, pp. 159–176 in William C. Cockerham (ed.) *The Blackwell Companion to Medical Sociology.* Oxford: Blackwell.

Stichweh, Rudolf. 2003. Niklas Luhmann. S. 206–229 in: Dirk Käsler (Hrsg) *Klassiker der Soziologie. Bd. 2, Von Talcott Parsons bis Pierre Bourdieu.* (zuerst 1999) München: C.H. Beck.

Stollberg, Gunnar, 2012. Gesundheit und Krankheit als soziales Problem. In *Handbuch soziale Probleme.* (2., überarb. Aufl.), Hrsg. Günter Albrecht & Axel Groenemeyer, 624–667. Heidelberg: Springer.

Stouffer, Samuel A. et al. 1949. *The American soldier.* vol. I–II. Princeton, NJ: Princeton University Press.

Streckeisen, Ursula. 2001. *Die Medizin und der Tod. Über berufliche Strategien zwischen Klinik und Pathologie.* Opladen: Leske + Budrich.

Streeck, Wolfgang, 2015. *Gekaufte Zeit: Die vertagte Krise des demokratischen Kapitalismus.* Berlin: Suhrkamp.

Stroebe, W. & Jonas, K. 1996. Grundsätze des Einstellungserwerbs und Strategien der Einstellungsänderung. In: *Sozialpsychologie*, Hrsg. Stroebe, W. et al., 253–292. Berlin: Springer.

Stroebe, Wolfgang & Margaret Stroebe. 1991. Partnerschaft, Familie und Wohlbefinden. In *Wohlbefinden*, Hrsg. Andrea Abele und Peter Becker, 155–174. Weinheim: Juventa.

Strohmeier, Peter. 1997. Strukturierung familialer Entwicklung – ein europäischer Vergleich. In: *Familienleitbilder und Familienrealitäten*, Hrsg. Laszlo Vaskovics, 289–307. Opladen: Springer VS.

Stromquist, Nelly P. 2016. Using regression analysis to predict countries' economic growth: Illusion and fact in education policy. *Real-World Economics Review* 76: 65–74.

Tajfel, Henry & John Turner, 1979. An integrative theory of intergroup conflict. In *The social psychology of intergroup relations*, Hrsg. William G. Austin & Stephen Worchel. Monterey: Brooks/Cole Publishing Company.

Tews, Hans-Peter. 1993. Neue und alte Aspekte des Strukturwandels des Alters. In *Lebenslagen im Strukturwandel des Alters*, Hrsg. Hans-Peter Tews, 15–42. Opladen: Springer VS.

Therborn, Göran. 2004. *Between sex and power. Family in the world, 1900–2000.* London: Routledge.

Therborn, Göran. 2013. *The Killing Fields of Inequality.* Cambridge: Polity.

Thibaut, John W. & Harald H. Kelley. 1966. *The social psychology of groups.* New York: Transaction Publisher.

Thomas, Jürgen. 1998. Familie und Delinquenz: empirische Untersuchungen zur Brauchbarkeit einer entwicklungsdynamisch orientierten sozialen Kontrolltheorie. *Kölner Zeitschrift für Soziologie und Sozialpsychologie* 50, 2: 310–326.

Thome, Helmut. 2005. Wertewandel in Europa aus der Sicht der empirischen Sozialforschung. In *Die kulturellen Werte Europas*, Hrsg. Hans Joas & Klaus Wiegandt, 386–443. Frankfurt: Fischer.

Tillmann, Klaus-Jürgen. 2005. Viel Selektion – wenig Leistung. Ein empirischer Blick auf Erfolg und Scheitern in deutschen Schulen. In *Bildung: Gestalten – Erforschen – Erlesen*, Hrsg. Hermann Avenarius, Eckhart Klieme, Klaus Klemm & Jutta Roitsch, 123–136. München: Hermann Luchterhand Verlag.

Tischler, Henry L. 1999. *Introduction to Sociology.* 6. Aufl., Fort Worth: Harcourt Press.

Torney-Purta, Judith, Rainer Lehmann, Hans Oswald & Wolfram Schulz. 2001. *Citizenship and education in twenty-eight countries.* Amsterdam: Eburon Publishers.

Touraine, Alain. 1995. *Critique of modernity.* Oxford: Blackwell.

Tronu, Paola. 2005. Family and the private sphere. In *Comparing European societies*, Hrsg. Gianfranco Bettin Lattes & Ettore Recchi. 115–154. Bologna: Monduzzi.

Turner, Bryan S. 2008. *The body and society.* 3. Aufl., London: Sage.

Turner, Jonathan H. & David E. Boyns. 2002. The return of grand theory. In *Handbook of sociological theory*, Hrsg. Jonathan H. Turner, 353–378. New York: Springer.

U.S. Bureau of the Census. 1995. Statistical abstracts of the United States. Washington D.C.

Vallet, L.-A. 1999. Quarante années de mobilité sociale en France. *Revue Francaise de Sociologie*, 40: 15–64.

Van Oorschot, Wim. 2006. Making the difference in social Europe: deservingness perceptions among citizens of European welfare states. *Journal of European Social Policy* 16, 1: 23–42.

Vandecandelaere, Machteld, et al., 2016. The effects of early grade retention: Effect modification by prior achievement and age. *Journal of school psychology* 54: 77–93.

Varela, María do Mar Castro & Nikita Dhawan. 2020. *Postkoloniale Theorie: Eine kritische Einführung.* 3. Aufl. Stuttgart: UTB.

Vasseur, Véronique. 2000. *Médecin-chef à la prison de la Santé.* Paris: Hachette.

Vester, Michael, Peter von Oertzen, Heiko Geiling, Thomas Hermann und Dagmar Müller. 2001. *Soziale Milieus im gesellschaftlichen Strukturwandel* (zuerst 1993). Köln: Suhrkamp.

Vester, Michael. 2003. Schieflagen sozialer Gerechtigkeit. In *Probleme sozialer Integration*, Hrsg. Heiko Geiling, 19–38. Münster: LIT.

Vester, Michael. 2013. Die selektive Bildungsexpansion. 39–70 in *Institutionalisierte Ungleichheiten. Wie das Bildungswesen Chancen blockiert*, Hrsg. Peter A. Berger & Heike Kahlert. Weinheim: Juventa.

Vock, Miriam & Anna Gronostaj. 2017. *Umgang mit Heterogenität in Schule und Unterricht* (2. Aufl.). Berlin: Friedrich-Ebert-Stiftung.

Voigt, Matthias, 2018. *Bildungsarmut*. Wiesbaden: Springer.

Wallerstein, Immanuel. [1988] 2011. *The modern world system. vol. III*. New York, Cambridge: University of California Press.

Waters, Judith & George Ellis. 1995. The selling of gender identity. In *Advertising and culture*, Hrsg. Mary Cross, 91–104. Westport: Praeger.

Watt, Laura & Mark Elliot. 2017. Continuity and change in sexual attitudes: A cross-time comparison of tolerance towards non-traditional relationships. *The Sociological Review* 65, 4: 832–849.

Watzlawick, Paul, Janet H. Beaven & Don. D. Jackson. 2011. *Menschliche Kommunikation*. Bern: Hofgrefe.

Weber, M. [1920] 1988. Die protestantische Ethik und der Geist des Kapitalismus. In: Ders., *Gesammelte Aufsätze zur Religionssoziologie*. Tübingen: Mohr Siebeck.

Weber, Max. 1980.*Wirtschaft und Gesellschaft*. Tübingen: Mohr Siebeck.

Weber, Max. 1988. *Gesammelte Aufsätze zur Soziologie und Sozialpolitik*. 2. Aufl., Tübingen: Mohr Siebeck.

Weede, Erich. 1988. Der Sonderweg des Westens. *Zeitschrift für Soziologie* 17, 3: 172–186.

Weede, Erich. 2003. Menschliches Zusammenleben aus der Perspektive von Public Choice, Austrian Economics and Constitutional Economics. In *Die Verbesserung des menschlichen Zusammenlebens*, Hrsg. Karl-Heinz Hillmann & Georg Oesterdiekhoff, 65–78. Opladen: Springer VS.

Welshman, John. 2013. *Underclass: A History of the Excluded Since 1880*. London: Bloomsbury.

Welzer, Harald. 2007. *Täter: Wie aus ganz normalen Menschen Massenmörder werden*. Hamburg: S. Fischer.

Wendebourg, Elisabeth. 2004. *Geschlecht verstehen. Entwicklung eines multimedialen Lernprogramms zur Analyse von Werbebotschaften*. Hamburg: Dr. Kovac Verlag.

West, Candace & Don H. Zimmerman. 1987. Doing Gender. *Gender & Society*, 1: 125–151.

Weymann, Ansgar. 1998. *Sozialer Wandel. Theorien zur Dynamik der modernen Gesellschaft*. München: Beltz Juventa.

Weymann, Ansgar. 2020. Interaktion, Sozialstruktur und Gesellschaft. In *Lehrbuch der Soziologie*. 4., erw. Aufl., Hrsg. Hans Joas & Steffen Mau, 171–207. Frankfurt/M.: Campus.

Whitty, Geoff & Sally Power. 2003. Making sense of education reform: global and national influences. In *The international handbook on the sociology of education*, Hrsg. Carlos A. Torres & Ari Antikainen, 305–324. Lanham: Rowman & Littlefield.

Wieland, Dirk. 2004. Die Grenzen der Individualisierung. Opladen: Springer VS.

Wilkinson, R.G. & K.E Pickett. 2018. *The Inner Level. How more equal societies reduce stress, restore sanity and improve everyone's wellbeing*. London: Allen Lane.

Wilkinson, Richard G. 1996. *Unhealthy societies*. London: Routledge.

Wilkinson, Richard G. 2005. The impact of inequality. How to make sick societies healthier. New York: The New Press.

Will, J.A. et al. 1976. Maternal behavior and perceived sex of infant. *American Journal of Orthopsychiatry*, 46: 135–139.

Williams, John E. & Deborah L. Best. 1990. *Measuring sex stereotypes. A multination study*. Newbury Park, Calif.: Sage.

Willis, Frank & Roger A. Carlson. 1993. Singles ads: gender, social class, and time. *Sex Roles* 29: 387–404.

Willis, Leigh A. & Stefan Immerfall. 2020. Health and Race. In *Wiley Blackwell Encyclopedia of Sociology*, 2nd Edition.

Willis, Paul. 1981. *Learning to Labour: How Working Class Kids Get Working Class Jobs*. New York: Columbia Univ Press.

Willke, Helmut. 2003. *Heterotopia. Studien zur Krisis der Ordnung moderner Gesellschaften*. Frankfurt: Suhrkamp.

Willke, Helmut. 2005. Symbolische Systeme. Grundriss einer soziologischen Theorie. Weilerswist: Velbrück.

Wilson, Edwar O. 2000. *Sociobiology. The new synthesis*. (zuerst 1975) Cambridge, Mass: Harvard University Press.

Wirth, Heike & Paul Lüttinger. 1998. Klassenspezifische Heiratsbeziehungen im Wandel? *Kölner Z. Soz. Sozialpsychol.* 50: 47–77.

Wiswede, Günter. 1998. *Soziologie*. 3. Aufl., Landsberg: MI.

Wolf, Arthur P. 1995. *Sexual attraction and childhood association: a Chinese brief for Edward Westermarck*. Stanford: Stanford University Press.

Wood, Julia T. 1999. *Gendered lives*. 3. Aufl., Belmont, CA: Woodsworth Publishing.

World Values Survey, *1990–1993*. 1994. Ann Arbor, Mich.

Wouters, Cas. 1979. Informalisierung und der Prozeß der Zivilisation. In *Materialien zu N. Elias Zivilisationstheorie*, Hrsg. Peter Gleichmann, Hermann Korte & Johann Goudsblom, 279 ff. Frankfurt: Suhrkamp.

Wrangham, Richard. 2019. *The Goodness Paradox. How male resentment created tolerance, morality and homo sapiens*. London: Profile Books.

Yankelovich, D. 1994. How changes in the economy are reshaping American values. In *Values and public policy*, Hrsg. Henry J. Aaron, Thomas E. Mann & Timothy T. Taylor, 16–53. Washington, DC: Brookings Institution Press.

Zimbardo, Philip. 2016. *Der Luzifer-Effekt: Die Macht der Umstände und die Psychologie des Bösen*. Heidelberg: Springer.

Zimmer, Dieter E. 1999. Ein Kind ist schwer zu verderben. *Die Zeit Nr. 29*, 15.7.1999.

Zuboff, Shoshana. 2019. *The Age of Surveillance Capitalism: The Fight for a Human Future at the New Frontier of Power*. (dt. Das Zeitalter des Überwachungskapitalismus) London: Profile Books.

Stichwortverzeichnis

© VS Verlag für Sozialwissenschaften | Springer Fachmedien Wiesbaden GmbH, 321
Wiesbaden 2021
K. Feldmann und S. Immerfall, *Soziologie kompakt*,
https://Doi.org/10.1007/978-3-658-31450-7

The manufacturer's authorised representative in the EU is Springer
Nature Customer Service Centre GmbH, Europaplatz 3, 69115 Heidelberg,
Germany. If you have any concerns regarding our products, please
contact ProductSafety@springernature.com

Printed and bound by CPI Group (UK) Ltd, Croydon, CR0 4YY

28/04/2026

02098495-0002